Heidelberger betriebswirtschaftliche Studien

AF816036

Heidelberger betriebswirtschaftliche Studien

Wilhelm, J.: Finanztitelmärkte und Unternehmensfinanzierung. 1983 *vergriffen*

Bitz, M., Hemmerde, W., Rausch, W.: Gesetzliche Regelungen und Reformvorschläge zum Gläubigerschutz. Eine ökonomische Analyse. 1986 *vergriffen*

Schildbach, Th.: Jahresabschluß und Markt. 1986 *vergriffen*

Laux, H., Liermann, F.: Grundfragen der Erfolgskontrolle. 1986 *vergriffen*

Heinrich, Claus E.: Mehrstufige Losgrößenplanung in hierarchisch strukturierten Produktionsplanungssystemen. 1987 *vergriffen*

Heidenberger, K.: Quantitative Modelle für das Strategische Management. 1990 *vergriffen*

Kasper, H.: Die Handhabung des Neuen in organisierten Sozialsystemen. 1990 *vergriffen*

Ewert, R.: Wirtschaftsprüfung und asymmetrische Information. 1990.
ISBN 3-540-53057-6

Schuster, P.: Erfolgsorientierte Steuerung kleiner und mittlerer Unternehmen. Funktionale, instrumentelle und organisatorische Aspekte eines größengerechten Controlling-Systems. 1991. ISBN 3-540-53715-5

Laux, H., Schenk-Mathes, H. Y.: Lineare und nichtlineare Anreizsysteme. Ein Vergleich möglicher Konsequenzen. 1992. ISBN 3-7908-0596-3

Schwinger, R.: Einkommens- und konsumorientierte Steuersysteme. Wirkungen auf Investition, Finanzierung und Rechnungslegung. 1992.
ISBN 3-7908-0597-1

Pfaff, D.: Kostenrechnung, Unsicherheit und Organisation. 1993 *vergriffen*

Schöbel, R.: Kapitalmarkt und zeitkontinuierliche Bewertung. 1995.
ISBN 3-7908-0835-0

Sander, M.: Internationales Preismanagement. 1997. ISBN 3-7908-0991-8

König, R.: Wirtschaftliche Effizienz und Steuerreformen. 1997.
ISBN 3-7908-0998-5

Ossadnik, W.: Mehrzielorientiertes strategisches Controlling. 1998.
ISBN 3-7908-1088-6

Dyckhoff, H., Ahn, H.: Produktentstehung, Controlling und Umweltschutz. 1998. ISBN 3-7908-1098-3

Ralf Diedrich

Entscheidungen bei Ungewißheit

Axiomensysteme für reichhaltige Ergebnis- und Zustandsräume

Mit 11 Abbildungen

Physica-Verlag
Ein Unternehmen
des Springer-Verlags

Priv.-Doz. Dr. Ralf Diedrich
z. Zt. Universität Leipzig
Professur für Rechnungswesen
Marschnerstr. 31
04109 Leipzig

Als Habilitationsschrift auf Empfehlung der Wirtschafts- und Sozialwissenschaftlichen Fakultät der Universität zu Köln gedruckt mit Unterstützung der Deutschen Forschungsgemeinschaft

ISBN 978-3-7908-1167-4 ISBN 978-3-642-52424-0 (eBook)
DOI 10.1007/978-3-642-52424-0

Die Deutsche Bibliothek – CIP-Einheitsaufnahme
Entscheidungen bei Ungewißheit: Axiomensysteme für reichhaltige Ergebnis- und Zustandsräume / Hrsg.: Ralf Diedrich. – Heidelberg: Physica-Verl., 1999
(Heidelberger betriebswirtschaftliche Studien)
ISBN 978-3-7908-1167-4

Dieses Werk ist urheberrechtlich geschützt. Die dadurch begründeten Rechte, insbesondere die der Übersetzung, des Nachdrucks, des Vortrags, der Entnahme von Abbildungen und Tabellen, der Funksendung, der Mikroverfilmung oder der Vervielfältigung auf anderen Wegen und der Speicherung in Datenverarbeitungsanlagen, bleiben, auch bei nur auszugsweiser Verwertung, vorbehalten. Eine Vervielfältigung dieses Werkes oder von Teilen dieses Werkes ist auch im Einzelfall nur in den Grenzen der gesetzlichen Bestimmungen des Urheberrechtsgesetzes der Bundesrepublik Deutschland vom 9. September 1965 in der jeweils geltenden Fassung zulässig. Sie ist grundsätzlich vergütungspflichtig. Zuwiderhandlungen unterliegen den Strafbestimmungen des Urheberrechtsgesetzes.

© Physica-Verlag Heidelberg 1999

Die Wiedergabe von Gebrauchsnamen, Handelsnamen, Warenbezeichnungen usw. in diesem Werk berechtigt auch ohne besondere Kennzeichnung nicht zu der Annahme, daß solche Namen im Sinne der Warenzeichen- und Markenschutz-Gesetzgebung als frei zu betrachten wären und daher von jedermann benutzt werden dürften.

Umschlaggestaltung: Erich Kirchner, Heidelberg

SPIN 10695271 88/2202-5 4 3 2 1 0 –
Gedruckt auf säurefreiem und alterungsbeständigem Papier

Sabine und Moritz

Vorwort

Nach einem langen Dornröschenschlaf hat die Entscheidungstheorie für Ungewißheitssituationen in den letzten zehn Jahren eine stürmische Entwicklung genommen, in deren Verlauf etliche Alternativen zur Erwartungsnutzentheorie entwickelt worden sind. Welche Konsequenzen sich hieraus für die ökonomische Theorie ergeben werden, ist heute noch kaum absehbar. Schon jetzt scheint jedoch klar, daß ein an spezifische Problemstellungen angepaßtes entscheidungstheoretisches Instrumentarium zu einer realitätsgerechteren Modellierung von Wirtschaftssubjekten beitragen kann: Die Erwartungsnutzentheorie bietet zwar eine gleichmäßig gute Approximation tatsächlichen Entscheidungsverhaltens; in bezug auf manche Problemstellungen besitzen alternative entscheidungstheoretische Konzeptionen aber eine größere Erklärungskraft. Dies und die zunehmende Bedeutung, die der Interaktion eigennutzmaximierender Wirtschaftssubjekte in der betriebswirtschaftlichen Theorie zukommt, machen deutlich, warum sich ein Betriebswirt im Rahmen seiner Habilitationsschrift mit solchen Konzeptionen beschäftigt.

Habilitationsprojekte können an vielen Widrigkeiten scheitern. Es ist deshalb nicht nur ein guter Brauch, sondern auch eine gerne wahrgenommene Verpflichtung, denjenigen zu danken, die das Entstehen der Habilitationsschrift gefördert haben. Besonders hervorheben möchte ich Herrn Prof. Dr. Günter Sieben, der mich in jeder Phase der Habilitation fachlich und als Mensch nach besten Kräften unterstützt hat. Mein Dank gilt ferner Herrn Prof. Dr. Franz Eisenführ für die rasche Begutachtung der Habilitationsschrift und der Deutschen Forschungsgemeinschaft für die Bewilligung einer Druckkostenbeihilfe. Den größten Beitrag zum Gelingen des Projekts haben zweifelsohne Sabine und Moritz geleistet; ihnen ist die Arbeit gewidmet.

Köln, im Juli 1998 — Ralf Diedrich

Inhaltsverzeichnis

1 Einleitung

1.1 Einordnung des Untersuchungsgegenstands

Die Vorläufer der modernen entscheidungstheoretischen Forschung lassen sich bis in das Jahr 1738 zurückverfolgen. In seiner Arbeit "Specimen theoriae novae de mensura sortis"[1] vertrat Daniel Bernoulli die These, daß nicht die Maximierung des erwarteten Reichtums, sondern die Maximierung des Erwartungswertes des Nutzens, der mit dem Reichtum verbunden ist, Maxime menschlicher Entscheidungen sein solle. Formal entspricht das von Bernoulli entwickelte Entscheidungskriterium demjenigen der heute weithin gebräuchlichen Erwartungsnutzentheorie; von der Interpretation her bestehen jedoch erhebliche Unterschiede, die es rechtfertigen, den Beginn der modernen entscheidungstheoretischen Forschung auf das Jahr 1944 zu datieren, in dem v. Neumann/Morgenstern[2] ihre Axiomatisierung der Erwartungsnutzentheorie für Risikosituationen erstmals vorgestellt haben.

Bekanntlich werden Alternativen bei v. Neumann/Morgenstern als Ergebnisverteilungen modelliert, die auf exogen vorgegebenen und damit zunächst im Sinne der objektiven Wahrscheinlichkeitsauffassung zu interpretierenden Wahrscheinlichkeitsmaßen beruhen. Objektive Wahrscheinlichkeiten für wirtschaftliche Sachverhalte sind jedoch nicht oder so gut wie nicht bekannt.[3] Es stellte daher einen für die ökonomische Forschung vielleicht nicht minder bedeutsamen Durchbruch dar, als es Savage[4] 1954 gelang, die Axiomatisierung von v. Neumann/Morgenstern mit der in den zwanziger und dreißiger Jahren dieses Jahrhunderts von Ramsey[5] und de Finetti[6] erarbeiteten Theorie subjektiver Wahrscheinlichkeiten zu verbinden und die Erwartungsnutzentheorie auf der Basis der subjektiven Wahrscheinlichkeitsauffassung neu zu begründen (subjektive Erwartungsnutzentheorie). Fortan stand ein tragfähiges axiomatisches Fundament zur Verfügung, auf dessen Grundlage z. B. die Informationstheorie und die Agency Theorie auch ohne Rückgriff auf exogen vorgegebene Wahrscheinlichkeiten aufgebaut werden konnten.

Parallel dazu blieben die axiomatischen Grundlagen der Entscheidungstheorie Gegenstand intensiver Forschungsbemühungen. In den sechziger und siebziger Jahren ging es dabei vornehmlich um die Aufhebung technischer Restriktionen der Axiomensysteme von v. Neumann/Morgenstern und Savage. Zwei Beispiele seien genannt: Erstens, das Repräsentationstheorem von v. Neu-

---

[1] Siehe Bernoulli (1738).
[2] Siehe v. Neumann/Morgenstern (1944).
[3] Vgl. Eisenführ/Weber (1994), S. 150-154.
[4] Siehe Savage (1954).
[5] Siehe Ramsey (1926).
[6] Siehe de Finetti (1937).

mann/Morgenstern bezieht sich nur auf einfache Alternativen, also auf Ergebnisverteilungen, die mit Wahrscheinlichkeit eins zu einem Ergebnis aus einer endlichen Teilmenge des Ergebnisraums führen. Blackwell/Girshick[1] und Fishburn[2] zeigten, wie sein Geltungsbereich durch die Einführung weiterer, als Dominanzprinzipien interpretierbarer Axiome auf alle Alternativen, also auch solche mit unendlich vielen möglichen Ergebnissen, ausgeweitet werden kann. Und zweitens, das subjektive Wahrscheinlichkeitsmaß, dessen Existenz aus dem Axiomensystem von Savage resultiert, ist nur endlich, aber nicht abzählbar additiv, in mancherlei Hinsicht ein Mangel, der von Arrow[3] im Rahmen seiner Axiomatisierung der subjektiven Erwartungsnutzentheorie abgestellt wurde.

Waren die in den sechziger und siebziger Jahren vorgestellten alternativen Axiomatisierungen der Erwartungsnutzentheorie unter technischen Gesichtspunkten von Interesse, so sind die Entwicklungen in der ersten Hälfte der achtziger Jahre unter ökonomischen Aspekten bedeutsam. Schon früh hatte sich gezeigt, daß die Axiome von v. Neumann/Morgenstern und Savage im Widerspruch zu oftmals bestätigten empirischen Befunden stehen. Die allseits bekannten, von Allais[4] und Ellsberg[5] geschilderten Phänomene, die die Inadäquatheit des Unabhängigkeitsaxioms von v. Neumann/Morgenstern und des Sure Thing Principle von Savage als Verhaltensannahme belegen, markieren hier nur die Spitze des Eisbergs; sie wurden in der Folgezeit um eine Vielzahl empirischer Befunde ergänzt, die die Erwartungsnutzentheorie ebenfalls nicht zu erklären vermag. Auch das als Reaktion auf diese Befunde häufig vorgebrachte Argument, Marktprozesse führten zur Ausmerzung systematischer Verstöße gegen die Axiome der Erwartungsnutzentheorie und evtl. verbleibende unsystematische Abweichungen verlören in der aggregierten Betrachtung an Bedeutung,[6] ließ sich auf Dauer nicht halten; entsprechende Untersuchungen deuteten vielmehr darauf hin, daß Marktergebnisse in systematischer Weise von der Erwartungsnutzentheorie abweichendes Verhalten widerspiegeln.[7]

Die zunehmende Evidenz, daß Verstöße gegen die Axiome von v. Neumann/Morgenstern und Savage in praktischen Entscheidungssituationen eher

---

1 Blackwell/Girshick (1954), S. 104-111, berücksichtigen Alternativen mit abzählbar vielen möglichen Ergebnissen.

2 Fishburn (1967a, 75a) bezieht alle Alternativen in die Betrachtung ein.

3 Siehe Arrow (1972).

4 Siehe Allais (1953).

5 Siehe Ellsberg (1961).

6 Zu diesem Argument siehe Einhorn (1982); Russell/Thaler (1985), S. 1074; Hogarth/Reder (1986), S. S190; Tversky/Kahneman (1986), S. S251-S252; Weber (1989), S. 453-454; Camerer/Loewenstein/Weber (1989), S. 1233-1234; Frey/Eichenberger (1989), S. 423-424; Weber (1993a), S. 33.

7 Siehe z. B. Plott (1986).

die Regel als die Ausnahme sind und das Ergebnis ökonomischer Prozesse systematisch beeinflussen, mündete schließlich in der Erkenntnis, daß ein zielgerichteter Ausbau der positiven ökonomischen Theorie zumindest partiell die Zugrundelegung alternativer Verhaltensannahmen erfordert. Für die Entscheidungstheorie ergab sich hieraus die Notwendigkeit, Alternativen zur Erwartungsnutzentheorie zu entwickeln, die mit den empirischen Befunden besser in Einklang stehen. Diesem Erfordernis entsprechend wurde eine Vielzahl von mehr oder weniger gut ausgebauten theoretischen Ansätzen bis vollständig axiomatisierten alternativen Entscheidungstheorien für Risikosituationen erarbeitet, von denen die wohl wichtigsten die Prospekttheorie von Kahneman/Tversky[1], die gewichtete Nutzentheorie für Risikosituationen von Chew/MacCrimmon[2], die Skew-Symmetric Bilinear Nutzentheorie von Fishburn[3] sowie die rangabhängige Nutzentheorie für Risikosituationen von Quiggin und anderen[4] sind. Hervorzuheben sind des weiteren Ansätze, die auf die Berücksichtigung psychologischer Einflußfaktoren wie z. B. der potentiellen Enttäuschung darüber, im Rahmen der ergriffenen Alternative kein besseres Ergebnis erzielt zu haben, oder des potentiellen Bedauerns, eine bestimmte Alternative ergriffen zu haben, abstellen.[5]

Gleichzeitig mit der Entwicklung alternativer Entscheidungstheorien für Risikosituationen wurde auch die bis dahin von nahezu allen Autoren vertretene Ansicht, daß nur die Erwartungsnutzentheorie dem Rationalitätspostulat der normativen Entscheidungstheorie gerecht werden könne, zunehmend in Zweifel gezogen. Mangels einer allgemein akzeptierten Definition dessen, was unter Rationalität eigentlich zu verstehen ist, war der ausschließliche Rationalitätsanspruch der Erwartungsnutzentheorie meist indirekt mit sogenannten Money-Pump oder Dutch Book Argumenten begründet worden; es geht dabei um den Nachweis, daß ein Entscheidungsträger, der gegen die Axiome der Erwartungsnutzentheorie verstößt, von anderen ausgebeutet werden kann.[6] Insbesondere Machina[7] wies darauf hin, daß Money-Pump und Dutch Book Argumente regelmäßig auf zusätzlichen Annahmen darüber aufbauen, in welcher Weise aus einer Präferenzrelation auf sequentielles Ent-

---

1 Siehe Kahneman/Tversky (1979).

2 Erstmals publiziert in Chew (1983).

3 Siehe Fishburn (1982, 84a).

4 Siehe Quiggin (1982); Quiggin/Wakker (1994) und die darin enthaltenen Literaturangaben.

5 Ansätze zur Berücksichtigung potentiellen Bedauerns enthalten Bell (1982) und Loomes/Sugden (1982). Potentielle Enttäuschung berücksichtigen Bell (1985), Loomes/Sugden (1986) und Gul (1991).

6 Der energischste Verfechter dieser Argumente ist Raiffa (1968); zum Dutch Book Argument in bezug auf nichtadditive subjektive Wahrscheinlichkeiten siehe auch schon de Finetti (1937).

7 Siehe Machina (1989).

scheidungsverhalten geschlossen werden kann. Ersetzt man diese Annahmen durch andere, so ist eine Ausbeutung des Entscheidungsträgers nicht länger in jedem Fall möglich. Ob tatsächlich allein die Erwartungsnutzentheorie dem Rationalitätspostulat der normativen Entscheidungstheorie gerecht werden kann, muß vor diesem Hintergrund bezweifelt werden. Eine abschließende Klärung dieser Frage ist derzeit noch nicht in Sicht, so daß die Erforschung alternativer Entscheidungstheorien auch unter normativen Gesichtspunkten wünschenswert erscheint.

Wie die Erwartungsnutzentheorie für Risikosituationen von v. Neumann/ Morgenstern besitzen die vornehmlich in der ersten Hälfte der achtziger Jahre entwickelten Ansätze und Theorien den Nachteil, daß sie auf exogen vorgegebenen Wahrscheinlichkeiten aufbauen. Ab ungefähr Mitte der achtziger Jahre wurde folgerichtig daran gearbeitet, auch die Entscheidungstheorie für Ungewißheitssituationen - die Darstellung konzentriert sich im folgenden auf diesen Zweig der Entscheidungstheorie - durch Repräsentationstheoreme und Axiomensysteme zu bereichern, die dem hohen Maßstab der Axiomatik von Savage im Hinblick auf formale Strenge und Eleganz gerecht werden und besser mit den empirischen Befunden in Einklang stehen. Anders als bei der subjektiven Erwartungsnutzentheorie ging es dabei zunächst nicht um die Neubegründung alternativer Entscheidungstheorien für Risikosituationen auf der Basis der subjektiven Wahrscheinlichkeitsauffassung. Vielmehr wurden neue Wege eingeschlagen, die u. a. eine grundsätzliche Abkehr von Wahrscheinlichkeiten üblicher Prägung als subjektiver Maße des Für-wahr-Haltens beinhalten. Die wichtigsten hier einzuordnenden Axiomatisierungen sind diejenigen der Skew-Symmetric Additive Nutzentheorie von Fishburn[1] und der Choquet Nutzentheorie von Gilboa[2]; in der jüngeren Vergangenheit datiert die Axiomatisierung einer Regret Theorie von Sugden[3]. Die Skew-Symmetric Additive Nutzentheorie ist durch eine Abschwächung des Ordnungsaxioms in dem Sinne gekennzeichnet, daß auch intransitive Präferenzrelationen zugelassen werden. Die Choquet Nutzentheorie wurde primär konzipiert, um das Ellsberg Paradox zu erklären; im Kern steht eine Modifikation des Sure Thing Principles von Savage. Die Regret Theorie bedient sich mengenspezifischer Präferenzrelationen, um die Auswirkungen potentiellen Bedauerns zu erfassen.

Der axiomatische Ansatz von Savage, auf dem alle diese Axiomatisierungen basieren, impliziert einen mindestens abzählbar unendlichen und in gewissem Sinne reichhaltigen Zustandsraum; der Ergebnisraum unterliegt keinen Restriktionen. Ende der achtziger bzw. Anfang der neunziger Jahre wurden von

---

[1] Siehe Fishburn (1989a).
[2] Siehe Gilboa (1987).
[3] Siehe Sugden (1993).

Wakker[1] und Nakamura[2] alternative Axiomatisierungen der subjektiven Erwartungsnutzentheorie und der Choquet Nutzentheorie auf der Basis eines topologischen bzw. algebraischen Ansatzes vorgestellt, die einen beliebigen bzw. endlichen Zustandsraum und einen unendlichen, in gewissem Sinne reichhaltigen Ergebnisraum zur Folge haben. 1992 modifizierten Tversky/Kahneman[3] ihre Prospekttheorie aus dem Jahr 1979 im Hinblick auf eine Repräsentation der Präferenzrelation mittels des Choquet Integrals (kumulative Prospekttheorie). Sarin/Wakker[4] gingen in einer Arbeit aus dem gleichen Jahr davon aus, daß der Entscheidungsträger Ereignisse mit und ohne Ambiguität unterscheiden kann, und entwickelten auf dieser Grundlage ein vergleichsweise einfaches Axiomensystem der Choquet Nutzentheorie. Nakamura publizierte 1993 einen Aufsatz, der sich mit der axiomatischen Charakterisierung und der numerischen Repräsentation von Präferenzrelationen auf der Grundlage unscharfer Wahrscheinlichkeitseinschätzungen beschäftigt, die durch obere und untere (additive) Wahrscheinlichkeitsmaße repräsentiert werden können. Chew/Karni[5] und Oginuma[6] stellten 1994 alternative Axiomatisierungen der Choquet Nutzentheorie vor, die auf den Ansätzen von Nakamura bzw. Savage basieren.

Um einer subjektivistischen Neubegründung auch der in der ersten Hälfte der achtziger Jahre entwickelten alternativen Entscheidungstheorien für Risikosituationen näher zu kommen, erörterten Machina/Schmeidler[7] 1992 die Frage, welche Anforderungen an Präferenzen gestellt werden müssen, um die Existenz und die Eindeutigkeit eines subjektiven Wahrscheinlichkeitsmaßes im üblichen Sinne zu gewährleisten. Präferenzen, die diese und einige darüber hinausgehende Anforderungen erfüllen, werden seitdem als wahrscheinlichkeitsbasiert (Probabilistically Sophisticated) bezeichnet. Auf der Grundlage der Arbeit von Machina/Schmeidler axiomatisierte Nakamura[8] 1995 eine subjektive rangabhängige Nutzentheorie (Probabilistically Sophisticated Rank-Dependent Utility). Im gleichen Jahr erweiterte Grant[9] das Konzept wahrscheinlichkeitsbasierter Präferenzen, indem er auch solche Präferenzrelationen zuließ, die zwar auf die Existenz und die Eindeutigkeit (additiver) subjektiver Wahrscheinlichkeiten und auf die Geltung des Reduktionsprin-

---

1 Siehe Wakker (1989a, b); die Anwendung auf die subjektive Erwartungsnutzentheorie enthält schon Wakker (1984).
2 Siehe Nakamura (1990, 92).
3 Siehe Tversky/Kahneman (1992).
4 Siehe Sarin/Wakker (1992).
5 Siehe Chew/Karni (1994).
6 Siehe Oginuma (1994).
7 Siehe Machina/Schmeidler (1992).
8 Siehe Nakamura (1995a).
9 Siehe Grant (1995).

zips, nicht aber auf die Geltung des stochastischen Dominanzprinzips schließen lassen.

Die letztgenannten, beispielhaft angeführten Entwicklungen sind bereits typisch für die heutige Situation der entscheidungstheoretischen Forschung: Im Vordergrund steht weniger die Erarbeitung gänzlich neuartiger entscheidungstheoretischer Konzeptionen als der Ausbau und die weitere Erforschung der vornehmlich in den achtziger Jahren entwickelten Alternativen zur Erwartungsnutzentheorie. Einen Schwerpunkt bildet erstens die Untersuchung der ökonomischen Implikationen dieser Alternativen; z. B. geht es um die Fragen, wie nichtadditive Wahrscheinlichkeiten im Zuge der Informationsverarbeitung angepaßt und wie spieltheoretische Konzepte im Hinblick auf nichtadditive Wahrscheinlichkeitsmaße modifiziert werden können. Empirische Untersuchungen dienen zweitens dazu, die Validität der Alternativen zur Erwartungsnutzentheorie aus deskriptiver Sicht zu überprüfen und Anhaltspunkte für die Entwicklung neuer, noch besser mit den empirischen Befunden in Einklang stehender Entscheidungstheorien zu gewinnen. Schließlich werden drittens die axiomatischen Grundlagen der Alternativen zur Erwartungsnutzentheorie weiter erforscht, wozu einerseits Beziehungen zwischen vorhandenen Axiomensystemen hergestellt und andererseits neue Axiomensysteme kreiiert werden, die allgemeinen Anforderungen an die Axiomatisierung in der einen oder anderen Weise besser gerecht werden oder bestimmte Aspekte der jeweiligen Entscheidungstheorie hervorheben. Ziel dabei ist es letztlich, zu einem besseren Verständnis der Möglichkeiten zu gelangen, menschliches Entscheidungsverhalten adäquat durch numerische Strukturen abzubilden.

1.2 Problemstellung

Der dritten vorgenannten Entwicklungslinie ist die vorliegende Arbeit zuzuordnen. Es geht um einen axiomatischen Ansatz der Entscheidungstheorie für Ungewißheitssituationen, aus dem leicht verständliche Axiomensysteme hervorgehen und der die Lösung einiger bislang noch ungelöster Axiomatisierungsprobleme erlaubt. Auf der Grundlage dieses Ansatzes werden Axiomensysteme für die subjektive Erwartungsnutzentheorie sowie für die wichtigsten Alternativen zur Erwartungsnutzentheorie entwickelt und bereits bekannten Axiomensystemen - soweit vorhanden - gegenübergestellt.

Charakteristisch für den verfolgten Ansatz ist ein Axiom, das die Existenz von Sicherheitsäquivalenten für Teilalternativen postuliert und diese Sicherheitsäquivalente mit bestimmten Eigenschaften ausstattet. Der konzeptionelle Hintergrund dieses Axioms wird anhand folgender Passage aus Savages grundlegendem Werk "Foundations of Statistics" erörtert:

"Jones is faced with the decision whether to buy a certain sedan for a thousand dollars, a certain convertible also for a thousand dollars, or to buy neither and continue carless. The simplest analysis, and the one generally assumed, is that Jones is deciding between three definite and sure enjoyments, that of the sedan, the convertible, or the thousand dollars. Chance and uncertainty are considered to have nothing to do with the situation. This simple analysis may well be appropriate in some contexts; however, it is not difficult to recognize that Jones must in fact take account of many uncertain future possibilities in actually making his choice. The relative fragility of the convertible will be compensated only if Jone's hope to arrange a long vacation in a warm and scenic part of the country actually materializes; Jones would not buy a car at all if he thought it likely that he would immediately be faced by a financial emergency arising out of the sickness of himself or of some member of his family; he would be glad to put the money into a car, or almost any durable goods, if he feared extensive inflation. This brings out the fact that what are often thought of as consequences (that is sure experiences of the deciding person) in isolated decision situations typically are in reality highly uncertain. Indeed, in the final analysis, a consequence is an idealization that can perhaps never be well approximated."[1]

Das Beispiel und die nachfolgende Analyse verdeutlichen, daß es sich bei Ergebnissen nicht um finale, mit einem sicheren Nutzen einhergehende Sachverhalte, sondern um Teilalternativen handelt, die zu einem geringeren oder zu einem höheren Nutzen führen können. Im Rahmen des axiomatischen Ansatzes von Anscombe/Aumann werden Ergebnisse deshalb als Wahrscheinlichkeitsverteilungen auf der Basis der objektiven Wahrscheinlichkeitsauffassung modelliert.[2] Will man die Einführung objektiver Wahrscheinlichkeiten aus den in der Einleitung bereits genannten Gründen vermeiden und den angeführten Überlegungen dennoch gerecht werden, so sind Ergebnisse im Sinne von Positionen zu interpretieren[3], deren Nutzen unter anderem von den Einschätzungen des Entscheidungsträgers bezüglich der weiteren Entwicklung der relevanten Umwelt abhängt. Diese Interpretation eröffnet die Möglichkeit, einer Alternative auch nach nur partieller Auflösung der modellierten Ungewißheit ein Ergebnis als den Träger des Nutzens zuzuweisen, den der Entscheidungsträger mit dieser Alternative in der eingetretenen Situation

---

[1] Savage (1954), S. 83-84; die Hervorhebung durch Kursivschrift ist im Original nicht vorhanden. In gleichem Sinne führen v. Winterfeldt/Edwards (1986), S. 66, aus: "Outcomes are essentially fictions, though indispensible ones; the truth is that life goes on after the outcome occurs."

[2] Siehe Anscombe/Aumann (1963).

[3] Vgl. LaValle (1992), S. 112.

verbindet. Will man den üblichen Modellierungsrahmen nicht derart weitgehend modifizieren, so ist es alternativ möglich, den Ergebnisraum mit Ergebnissen auszustatten, die an die Stelle von Teilalternativen treten können, ohne daß sich die Präferenzen des Entscheidungsträgers im Hinblick auf die betreffende Alternative verändern. Genau dies wird durch die Einführung eines Axioms erreicht, das die Existenz von Sicherheitsäquivalenten für Teilalternativen postuliert.

Die Annahme der Existenz von Sicherheitsäquivalenten für Teilalternativen hat zwar einen reichhaltigen Ergebnisraum zur Folge, ist aber für die Entwicklung von Axiomensystemen, aus denen sich die angestrebten Repräsentationstheoreme ableiten lassen, unter strukturellen Aspekten noch zu schwach. Folglich werden weitere Axiome benötigt, die die strukturellen Charakteristika der Entscheidungssituation betreffen. Im Mittelpunkt steht dabei ein Axiom, das einen reichhaltigen Zustandsraum im Sinne von Savage impliziert. Jedes Ereignis A kann demnach in zwei Ereignisse zerlegt werden, von denen eines eine vorgegebene subjektive Wahrscheinlichkeit im Intervall [0, P(A)] einnimmt. Infolge der Reichhaltigkeit des Zustandsraums existieren überabzählbar viele Ereignisse, der Zustandsraum ist mindestens abzählbar unendlich und auch der Ergebnisraum enthält überabzählbar viele Elemente.

Die strukturellen Restriktionen des im Rahmen dieser Arbeit verfolgten axiomatischen Ansatzes gehen damit weiter als diejenigen anderer Ansätze, die regelmäßig entweder einen reichhaltigen Zustandsraum mit mindestens abzählbar vielen Elementen (Ansatz von Savage) oder einen - freilich in anderem Sinne - reichhaltigen Ergebnisraum mit unendlich vielen Elementen (algebraischer und topologischer Ansatz) implizieren.[1] Während sie bei den letztgenannten Ansätzen jedoch primär aus mathematischen Erfordernissen resultieren, lassen sie sich hier wie erörtert mit konzeptionellen Überlegungen bezüglich der Interpretation von Ergebnissen unterlegen. Vor dem Hintergrund dieser Überlegungen stellt sich die Annahme der Existenz von Sicherheitsäquivalenten für Teilalternativen nicht als strukturelle Restriktion, sondern als das Resultat einer vollständigen und zweckentsprechenden Inventarisierung des Ergebnisraums dar. Für diese Sichtweise spricht auch, daß aus ihr allein noch keine Schlußfolgerungen bezüglich der Mächtigkeit des Ergebnisraums gezogen werden können: bei endlich vielen Alternativen und einem endlichen Zustandsraum würden weiterhin nur endlich viele Ergebnisse existieren. Daß der Ergebnisraum unendlich viele Elemente enthält, ist demnach lediglich ein Reflex auf die Reichhaltigkeit des Zustandsraums. Die im Vergleich zu anderen Ansätzen weitergehenden strukturellen Restriktionen werden dadurch relativiert.

---

[1] Allerdings ist auch der Anwendungsbereich des in Nakamura (1990) verwendeten algebraischen Ansatzes infolge der Zugrundelegung eines endlichen Zustandsraums in zweifacher Hinsicht eingeschränkt.

Aus deskriptiver Sicht können die eingeführten strukturellen Restriktionen auf plausible Annahmen hinsichtlich der Möglichkeiten des Entscheidungsträgers zurückgeführt werden, Sicherheitsäquivalente zu bestimmen und Ereignisse im Wege gedanklicher Operationen oder tatsächlicher Handlungen zu zerlegen. So haben die befragten Entscheidungsträger bei der Anwendung von Sicherheitsäquivalenzmethoden[1] zur Bestimmung von Nutzenfunktionen meist keinerlei Schwierigkeiten, Sicherheitsäquivalente für Alternativen anzugeben; es ist zu vermuten, daß die Zuordnung von Sicherheitsäquivalenten zu Teilalternativen ebensowenig Probleme bereitet. Der Reichhaltigkeit des Zustandsraums liegt die Annahme zugrunde, daß der Entscheidungsträger über einen Zufallsmechanismus verfügt, mittels dessen er den Zustandsraum in Ereignisse mit beliebiger subjektiver Wahrscheinlichkeit zerlegen kann. Diese Annahme korrespondiert in gewisser Weise mit den Wahrscheinlichkeitsäquivalenzmethoden zur Bestimmung von Nutzenfunktionen; die Erfahrungen mit dieser Methode deuten darauf hin, daß die Konstruktion entsprechender Ereignisse ebenfalls als unproblematisch empfunden wird.

Selbst wenn man die eingeführten strukturellen Restriktionen als möglicherweise zu weitgehend ansieht, ist doch zumindest zu konstatieren, daß die Implikation unendlicher Ergebnis- und Zustandsräume einer Nutzung der vorgestellten Repräsentationstheoreme in der ökonomischen Analyse häufig nicht entgegensteht. Dies ist z. B. dann nicht der Fall, wenn der Definitionsbereich der betrachteten Nutzenfunktionen einem Intervall aus der Menge der reellen Zahlen entspricht und stetige Wahrscheinlichkeitsverteilungen in die Betrachtung einbezogen werden. Da der Geltungsbereich der behandelten Repräsentationstheoreme Alternativen mit endlich vielen möglichen Ergebnissen umfaßt, ist ihre Nutzung auch in den Fällen möglich, in denen nur endlich viele Ergebnisse und Zustände existieren. Sie setzt dann allerdings die Annahme voraus, daß der Entscheidungsträger den Ergebnis- und den Zustandsraum in der angegebenen Weise konsistent erweitern kann. Eine solche Annahme ist der Entscheidungstheorie keineswegs fremd: die meist konstruktiven Beweise von Repräsentationstheoremen der Entscheidungstheorie für Ungewißheitssituationen bauen regelmäßig auf der Annahme der Existenz fiktiver Alternativen auf. Eine strukturelle Restriktion wird hierin meist nicht gesehen: es wird angenommen, die Präferenzen des Entscheidungsträgers seien unabhängig von der Existenz oder Nichtexistenz solcher Alternativen. Die Annahme der Existenz von Sicherheitsäquivalenten für Teilalternativen läßt sich offensichtlich in gleicher Weise rechtfertigen.

Schließlich zahlt sich die Inkaufnahme der weitergehenden strukturellen Restriktionen in zweierlei Hinsicht aus: Zum einen ist es aufgrund der Annahme

---

[1] Zu den Sicherheits- und Wahrscheinlichkeitsäquivalenzmethoden zur Bestimmung von Nutzenfunktionen siehe einführend Farquhar (1984).

der Existenz von Sicherheitsäquivalenten für Teilalternativen möglich, nahezu alle Axiome leicht verständlich auf der Grundlage von Ergebnissen zu formulieren. Zum anderen gelingt auf der Basis des verfolgten Ansatzes die Lösung einiger bislang ungelöster Axiomatisierungsprobleme. Im dritten Kapitel wird ein Repräsentationstheorem der Skew-Symmetric Additive Nutzentheorie von Fishburn vorgestellt, dessen Geltungsbereich alle Alternativen - also auch solche mit unendlich vielen möglichen Ergebnissen - umfaßt; ein entsprechendes Resultat lag bislang noch nicht vor. Das vierte Kapitel beinhaltet die - ebenfalls noch ausstehende - Axiomatisierung einer subjektiven gewichteten Nutzentheorie; eine Abschwächung des Axiomensystems führt zu einer Axiomatik der implizit gewichteten Nutzentheorie für Ungewißheitssituationen und damit zu einer alternativen axiomatischen Charakterisierung wahrscheinlichkeitsbasierter Präferenzen im Sinne von Grant. Im sechsten Kapitel schließlich wird eine auf Ungewißheitssituationen zugeschnittene Axiomatisierung der bislang nur für Risikosituationen axiomatisierten Disappointment Aversion Theorie von Gul vorgestellt.

1.3 Gang der Untersuchung

Der Hauptteil der Arbeit ist in sechs Kapitel gegliedert, die im Kern die Axiomatisierung jeweils einer Entscheidungstheorie auf der Grundlage des verfolgten Ansatzes enthalten. Den Ausgangspunkt bildet eine alternative Axiomatisierung der subjektiven Erwartungsnutzentheorie (Axiomatik A) im zweiten Kapitel, in deren Rahmen auch die im folgenden nahezu durchgängig beibehaltene Modellierung der Entscheidungssituation erläutert wird. Im Anschluß daran geht es im dritten Kapitel um eine Axiomatisierung der Skew-Symmetric Additive Nutzentheorie von Fishburn (Axiomatik B), die die Berücksichtigung von Alternativen mit unendlich vielen möglichen Ergebnissen erlaubt. Das vierte Kapitel beinhaltet die Axiomatisierung einer subjektiven gewichteten Nutzentheorie (Axiomatik C) und eine Axiomatik der implizit gewichteten Nutzentheorie für Ungewißheitssituationen (Axiomatik C'). Im fünften Kapitel wird eine alternative Axiomatisierung der Choquet Nutzentheorie (Axiomatik D) erörtert, die ohne den Begriff der Komonotonie auskommt. Die Einführung zweier Axiome, die die Existenz und die Eindeutigkeit eines abzählbar additiven subjektiven Wahrscheinlichkeitsmaßes garantieren, führt zu einem Axiomensystem der subjektiven rangabhängigen Nutzentheorie (Axiomatik D'). Das sechste Kapitel behandelt den Einfluß der potentiellen Enttäuschung des Entscheidungsträgers auf dessen Entscheidungen; es geht um eine Ungewißheitsaxiomatisierung der Disappointment Aversion Theorie von Gul (Axiomatik E). Im siebten Kapitel schließlich wird eine alternative Axiomatisierung der Regret Theorie von Sugden vorgestellt, die zeigt, wie mengenspezifische Präferenzrelationen im Rahmen des verfolgten Ansatzes berücksichtigt werden können (Axiomatik F). Die Arbeit schließt mit einer zusammenfassenden Beurteilung des verfolgten axiomatischen Ansatzes. Dabei werden Bezüge zur Analyse mehrstufiger Entscheidungsprobleme aufgezeigt, die vermuten lassen, daß sich der verfolgte Ansatz auch in dieser Hinsicht als fruchtbar erweisen könnte.

Alle Kapitel sind in prinzipiell gleicher Weise aufgebaut. Zur Einführung werden jeweils die empirischen Befunde skizziert, die eine Abschwächung von Axiomatik A im Hinblick auf die behandelte Entscheidungstheorie nahelegen; ferner wird erörtert, wie diese Abschwächung unter normativen Gesichtspunkten zu beurteilen ist. Es geht darum, die Motivation für die folgende Axiomatisierung aufzuzeigen; die Darstellung ist knapp gehalten, weil insbesondere zu den empirischen Befunden eine Fülle von Literatur vorliegt.

Im weiteren wird erläutert, in welcher Weise die Axiome von Axiomatik A abgeschwächt oder angepaßt werden müssen, um den empirischen Befunden gerecht zu werden. Die dabei angestellten Überlegungen münden in der Vorstellung eines Axiomensystems, das ein für die jeweilige Entscheidungstheorie charakteristisches Repräsentationstheorem impliziert. Sofern additive Wahrscheinlichkeitsmaße Verwendung finden, wurden die Axiomensysteme so gestaltet, daß die Wahrscheinlichkeitseinschätzungen des Entscheidungsträgers mittels eines abzählbar additiven subjektiven Wahrscheinlichkeitsmaßes repräsentiert werden können. Dies ist zweckmäßig, weil der überwiegende Teil der Literatur zur Wahrscheinlichkeitstheorie auf der Annahme abzählbar additiver Wahrscheinlichkeitsmaße aufbaut und ein uneingeschränkter Zugriff auch auf diejenigen Resultate ermöglicht werden sollte, die diese Eigenschaft voraussetzen. Zudem wurde von Wakker gezeigt, daß die subjektive Erwartungsnutzentheorie Verstöße gegen das Prinzip der strikten stochastischen Dominanz zuläßt, sofern nur die endliche Additivität des subjektiven Wahrscheinlichkeitsmaßes gewährleistet ist.[1] Aufgrund der Bedeutung, die dem Prinzip der stochastischen Dominanz zukommt, ist es sinnvoll, derartige Verstöße von vornherein auszuschließen.

Im Zuge der Erläuterung des jeweils vorgestellten Axiomensystems und des dazugehörigen Repräsentationstheorems werden auch die Zusammenhänge mit vorher behandelten Axiomatisierungen ausführlich erörtert, um Anhaltspunkte für die Beurteilung der entwickelten Axiomatik zu gewinnen. Dem gleichen Zweck dient eine Gegenüberstellung mit anderen Axiomatisierungen der behandelten Entscheidungstheorie, die sich an die Erläuterung des Axiomensystems und des dazugehörigen Repräsentationstheorems anschließt. Angesichts der Vielzahl entsprechender Vorschläge in der Literatur mußte dabei im ersten und im vierten Kapitel eine Auswahl getroffen werden; als Auswahlkriterium diente die Vergleichbarkeit der Axiomensysteme, die eine

---

[1] Siehe Wakker (1993a); Stinchcombe (1997).

gewisse Übereinstimmung in bezug auf grundlegende Sachverhalte erfordert: Alle für die Gegenüberstellung herangezogenen Axiomensysteme basieren auf einer in gleicher Weise modellierten Entscheidungssituation[1]; insbesondere wird davon ausgegangen, daß es sich bei Ergebnissen um prinzipiell beliebige Sachverhalte handelt[2]. Keine Rolle für die Auswahl spielte die eher formale Unterscheidung in algebraische, topologische und Savage-ähnliche Ansätze; alle drei Typen sind vertreten.[3]

Welche Beziehungen zwischen den entwickelten Axiomensystemen bestehen, läßt sich nicht nur im Wege des Vergleichs der jeweiligen Axiome, sondern auch durch eine Gegenüberstellung ihrer Implikationen erschließen. Am Schluß jedes Kapitels werden deshalb die grundlegenden Implikationen der behandelten Entscheidungstheorie aufgeführt. Gleichzeitig wird damit aufgezeigt, in welcher Weise sich die in den Axiomen verankerten Charakteristika der Präferenzen des Entscheidungsträgers in der numerischen Repräsentation der Präferenzrelation widerspiegeln. Da die erörterten Sachverhalte nicht im Kern der Thematik dieser Arbeit stehen, besitzt die Darstellung den Charakter eines Überblicks.

In den Anhängen zu den Kapiteln werden die Beweise der vorgestellten Repräsentationstheoreme ausführlich dargestellt. Häufig konnten diese Beweise durch Nachweis der Geltung der Prämissen anderer Beweise des gleichen Sachverhalts geführt werden. Einem direkten Beweis wurde immer dann der Vorzug gegeben, wenn die Annahme der Existenz von Sicherheitsäquivalenten für Teilalternativen eine vereinfachte Beweisführung erlaubt. Im Anschluß an das Literaturverzeichnis findet sich eine Übersicht über die vorgestellten Axiomensysteme, die es dem Leser ermöglichen soll, das jeweils behandelte Axiomensystem im Auge zu behalten.

---

[1] Dies schließt z. B. die Axiomensysteme von Jeffrey (1967), Bolker (1967) und Domotor (1978) auf der Basis eines vereinheitlichten Ergebnis- und Zustandsraums, das Axiomensystem der bedingten subjektiven Erwartungsnutzentheorie von Luce/Krantz (1971) und die Axiomatik der subjektiven Erwartungsnutzentheorie von Sarin/Wakker (1997) aus.

[2] Von diesem Auswahlkriterium sind z. B. das Axiomensystem von Wakker (1989c), bei dem Annahmen über die Risikoaversion des Entscheidungsträgers im Fall rein monetärer Ergebnisse direkt in die Axiomatik einbezogen werden, das Axiomensystem von Gul (1992), der ebenfalls ausschließlich monetäre Ergebnisse betrachtet, und Axiomensysteme auf der Basis des Ansatzes von Anscombe/Aumann (1963) wie z. B. die Axiomatisierungen der Erwartungsnutzentheorie von Fishburn (1967b, 69, 72a), der gewichteten Nutzentheorie von Hazen (1987) und der Choquet Nutzentheorie von Schmeidler (1989) betroffen.

[3] Zu dieser Unterscheidung siehe Wakker (1988a); Wakker (1991), S. 501; Wakker (1993b), S. 1; Nakamura (1993), S. 34.

2 Eine Axiomatisierung der subjektiven Erwartungsnutzentheorie auf der Grundlage reichhaltiger Ergebnis- und Zustandsräume als Ausgangspunkt der Untersuchung

2.1 Modellierung der Entscheidungssituation

Die im folgenden erläuterte Modellierung der Entscheidungssituation entspricht bis auf wenige technische Details derjenigen in Savages grundlegendem Werk zur subjektiven Erwartungsnutzentheorie.[1] Ausgangspunkt ist die Identifikation der möglichen Ergebnisse, wobei unter einem Ergebnis nach Maßgabe der Ausführungen in der Einleitung eine vollständige Beschreibung aller Sachverhalte zu verstehen ist, die aus der Entscheidung resultieren können und mit denen der Entscheidungsträger einen Nutzen verbindet.[2] Es wird davon ausgegangen, daß die möglichen Ergebnisse vollständig erfaßt sind und sich gegenseitig ausschließen, so daß in jedem Fall genau eines der betrachteten Ergebnisse eintritt. Ergebnisse werden mit x, y, z bezeichnet und im Ergebnisraum X zusammengefaßt. In X sei eine σ-Algebra[3] $\mathcal{X}$ erklärt, die insbesondere alle einelementigen Mengen enthält; auf weitere Eigenschaften von $\mathcal{X}$ wird im jeweiligen Kontext hingewiesen.

Zu welchem Ergebnis eine Entscheidung führt, hängt nicht nur von der ergriffenen Alternative, sondern auch von Sachverhalten ab, die dem Entscheidungsträger im Entscheidungszeitpunkt unbekannt sind. Eine erschöpfende Beschreibung aller gegenwärtigen und künftigen Sachverhalte, die das Ergebnis der anstehenden Entscheidung beeinflussen, ohne ihrerseits vom Entscheidungsträger beeinflußt werden zu können, wird als Zustand bezeichnet. Wie in bezug auf die Ergebnisse wird unterstellt, daß die Zustände vollständig erfaßt sind und sich gegenseitig ausschließen, so daß genau ein Zustand eine korrekte Beschreibung der ergebnisrelevanten Umwelteinflüsse darstellt. Um Nutzen- und Wahrscheinlichkeitseinschätzungen separieren zu können, wird ferner davon ausgegangen, daß der Eintritt eines Zustands als solcher

---

[1] Siehe Savage (1954), S. 13-21. Eine exzellente Einführung bieten auch Fishburn (1970), S. 163-174, Fishburn (1981a), S. 140-145.

[2] Eine anschauliche Charakterisierung dessen, was Ergebnisse ausmacht, enthält Sieben (1968), S. 18.

[3] Ein einer Menge X zugeordnetes Mengensystem $\mathcal{X}$ ist eine σ-Algebra, wenn $\mathcal{X}$ alle Vereinigungsmengen abzählbar vieler seiner Elemente, das Komplement jedes seiner Elemente sowie die Menge X enthält; zu maß- und wahrscheinlichkeitstheoretischen Grundbegriffen siehe z. B. Fishburn (1972b), S. 70-78.

für den Entscheidungsträger nicht mit einem Nutzen einhergeht.[1] Zustände werden mit s, t, r, die Menge möglicher Zustände, der Zustandsraum, wird mit S bezeichnet. In S sei eine σ-Algebra $\mathcal{S}$ erklärt, deren Elemente als die vom Entscheidungsträger beobachtbaren Ereignisse A, B, C interpretiert werden. Da alle möglichen Zustände in S erfaßt sind, bezeichnet ∅ das unmögliche und S das sichere Ereignis. Abweichend von der Modellierung bei Savage, der die Potenzmenge auf S als die Menge möglicher Ereignisse heranzieht, wird hier eine σ-Algebra betrachtet, weil von vornherein auf abzählbar additive subjektive Wahrscheinlichkeitsmaße abgestellt wird.[2]

Auf der Grundlage von (X, $\mathcal{X}$) und (S, $\mathcal{S}$) werden die zur Entscheidung anstehenden Alternativen als meßbare Funktionen f, g, h: S → X modelliert. Eine Alternative ordnet demnach jedem Zustand genau ein Ergebnis zu, und jedem Ergebnis kann ein Ereignis zugeordnet werden. Alternativen werden mit f, g, h, die Menge denkbarer Alternativen wird mit F bezeichnet. Alternativen mit einer endlichen Menge möglicher Ergebnisse heißen einfache[3], Alternativen, die mit Sicherheit zu einem bestimmten Ergebnis führen, heißen sichere Alternativen. Für sichere Alternativen und Ergebnisse werden die gleichen Symbole verwendet. x bezeichnet also sowohl ein Ergebnis als auch eine sichere Alternative, X sowohl den Ergebnisraum als auch die Menge sicherer Alternativen. Die Darstellung von Alternativen erfolgt mittels einer vereinfachten Notation: x A y B z bezeichnet die Alternative, die bei Eintritt des Ereignisses A das Ergebnis x, bei Eintritt des Ereignisses B das Ergebnis y und ansonsten das Ergebnis z erbringt; A und B sind zwangsläufig disjunkt. Bei der Notierung x A y B \ A z wird A ⊆ B unterstellt; im Text unterbleibt ein entsprechender Hinweis. Die Alternative f A g führt bei Eintritt des Ereignisses A zu dem durch f und ansonsten zu dem durch g zugeordneten Ergebnis; f und g werden in diesem Zusammenhang als Teilalternativen bezeichnet.

---

[1] Zu den Problemen, die mit dieser Annahme einhergehen, siehe Shafer (1986), S. 473f.

[2] Ob ein abzählbar additives Wahrscheinlichkeitsmaß auf der Potenzmenge von S errichtet werden kann, ist bei Zugrundelegung der üblichen mengentheoretische Axiome unentscheidbar, vgl. Wakker (1993c), S. 200. Bei Zugrundelegung einer σ-Algebra bestehen derartige Probleme nicht.

[3] Der Ausdruck einfache Alternative wird hier in einem etwas anderen Sinne als z. B. in Fishburn (1970), S. 194, verwendet. Während dort eine einfache Alternative mit subjektiver Wahrscheinlichkeit eins zu einem Ergebnis aus einer endlichen Teilmenge des Ergebnisraums führt, wird hier davon ausgegangen, daß {f(s): s ∈ S} eine endliche Teilmenge von X ist, sofern es sich bei f um eine einfache Alternative handelt. Diese Definition verwendet auch Fishburn in neueren Arbeiten; vgl. Fishburn (1988a), S. 160.

Der Entscheidungsträger orientiert sich bei seinen Entscheidungen an den Präferenzen, die er den zur Entscheidung anstehenden Alternativen entgegenbringt.[1] Diese Präferenzen werden durch eine zweistellige Relation $\precsim$ auf F abgebildet. f $\precsim$ g bedeutet, daß der Entscheidungsträger g gegenüber f schwach präferiert. Auf der Grundlage von $\precsim$ werden die Relationen $\succsim$, $\prec$, $\succ$ und $\sim$ auf F definiert. f $\succsim$ g ist gleichbedeutend mit g $\precsim$ f. f $\prec$ g (f $\succ$ g) wird definiert durch f $\precsim$ g (g $\precsim$ f) und nicht g $\precsim$ f (f $\precsim$ g) und deutet als Negation von g $\precsim$ f (f $\precsim$ g) auf eine strikte Präferenz für g gegenüber f (für f gegenüber g) hin. f $\sim$ g gilt, wenn f $\precsim$ g und g $\precsim$ f gelten, und kennzeichnet eine Indifferenzsituation, in der der Entscheidungsträger die betrachteten Alternativen gleichmäßig präferiert. Auf der Basis der Präferenzrelationen auf F werden Präferenzrelationen auf dem Ergebnisraum in der Weise definiert, daß x $\precsim$ z sowohl eine schwache Präferenz für die sichere Alternative z gegenüber der sicheren Alternative x als auch eine schwache Präferenz für das Ergebnis z gegenüber dem Ergebnis x anzeigt. Gleiches gilt für x $\succsim$ z, x $\prec$ z, x $\succ$ z und x $\sim$ z. Eine Teilmenge $Z \subseteq X$ mit $Z = \{y \in X: x \succsim y, y \succsim z\}$ ($\{y \in X: x \succ y, y \succsim z\}$, $\{y \in X: x \succsim y, y \succ z\}$, $\{y \in X: x \succ y, y \succ z\}$) heißt abgeschlossenes (linksseitig halboffenes, rechtsseitig halboffenes, offenes) Präferenzintervall und wird durch [x, z] ((x, z], [x, z) bzw. (x, z)) symbolisiert.

Obwohl im folgenden durchgängig Ungewißheitssituationen betrachtet werden, ist es bisweilen zweckmäßig, eine auf Risikosituationen zugeschnittene Notation zu verwenden. Die bei Existenz eines subjektiven Wahrscheinlichkeitsmaßes P auf S durch Alternativen induzierten Wahrscheinlichkeitsverteilungen auf X (Ergebnisverteilungen) werden dabei mit p, q, r, die Menge der Ergebnisverteilungen wird mit $\mathcal{P}$ bezeichnet. Wenn Bezüge zur Entscheidungstheorie für Risikosituationen hergestellt werden, dienen die Symbole p, q, r und $\mathcal{P}$ auch zur Bezeichnung von Ergebnisverteilungen bzw. Mengen von Ergebnisverteilungen auf der Basis exogen vorgegebener Wahrscheinlichkeiten. Ergebnisverteilungen, die mit Wahrscheinlichkeit eins zu einem Ergebnis aus einer endlichen Teilmenge des Ergebnisraums führen, heißen einfache Ergebnisverteilungen. p(x) ist die Wahrscheinlichkeit, mit der die Ergebnisverteilung p zu dem Ergebnis x führt. Zwischen degenerierten Ergebnisverteilungen, d. h. solchen, die mit Wahrscheinlichkeit eins zu einem bestimmten Ergebnis führen, und den entsprechenden Ergebnissen wird in der Notation nicht unterschieden. $\lambda\, p + (1-\lambda)\, q$ mit $\lambda \in [0, 1]$ bezeichnet eine gemischte Ergebnisverteilung, die jedes Ergebnis $x \in X$ mit der Wahrscheinlichkeit $\lambda\, p(x) + (1-\lambda)\, q(x)$ erbringt. Induzieren die Alternativen f und g die Ergebnisverteilungen p bzw. q, so ist p $\precsim$ q gleichbedeutend mit f $\precsim$ g.

[1] Zum Verhältnis von (unbeobachtbaren) Präferenzen und (beobachtbaren) Wahlhandlungen siehe van Acker (1990), S. 10-15, Fishburn (1991a), S. 117.

Auf der Grundlage der Präferenzrelation $\precsim$ auf $\mathcal{P}$ werden wie oben die Präferenzrelationen $\succsim$, $\prec$, $\succ$ und die Indifferenzrelation $\sim$ auf $\mathcal{P}$ definiert.

2.2 Axiomatik A und Repräsentationstheorem

2.2.1 Darstellung und Erläuterung der Axiome

Die im folgenden vorgestellte Axiomatik der subjektiven Erwartungsnutzentheorie wird in späteren Kapiteln auf vielfältige Weise modifiziert, um für alternative numerische Repräsentationen der Präferenzrelation eine axiomatische Grundlage zu gewinnen. Im Vordergrund steht dabei die Frage, in welcher Weise die Axiome angepaßt werden müssen, um die Aspekte der Entscheidungsfindung, die durch die jeweilige Repräsentation erfaßt werden sollen, zu berücksichtigen. Axiomatik A ist aber nicht nur als Ausgangspunkt für die diesbezüglichen Überlegungen, sondern aufgrund der besonderen intuitiven Eingängigkeit der Axiome auch für sich genommen von Interesse.

Die Axiome und die dazugehörigen Definitionen lauten im Überblick:

Definition A1: Wahrscheinlichkeitsrelation

Für alle $A, B \in \mathcal{S}$ gilt $A \precsim B$, wenn es $x, z \in X$ mit $x \succ z$ gibt, für die gilt
$$x\,A\,z \precsim x\,B\,z.$$

Definition A2: Nullereignis

$A \in \mathcal{S}$ ist ein Nullereignis, wenn für alle $x, y, z \in X$ gilt
$$x\,A\,z \sim y\,A\,z.$$

Axiom A1: Schwache Präferenzordnung

Für alle $f, g \in F$ gilt $\quad f \precsim g$ *oder* $g \precsim f$,
für alle $f, g, h \in F$ gilt $\quad f \precsim g$ *und* $g \precsim h \Rightarrow f \precsim h$.

Axiom A2: Monotonieprinzip

Für alle $x, y, z \in X$ und alle $A \in \mathcal{S}$ gilt
$$x \precsim y \Leftrightarrow x\,A\,z \precsim y\,A\,z,$$
sofern es sich bei A nicht um ein Nullereignis handelt.

Axiom A3: Unabhängigkeit der Wahrscheinlichkeitsrelation

Für alle $x, z, x', z' \in X$ mit $x \succ z$ und $x' \succ z'$ sowie für alle $A, B \in \mathcal{S}$ gilt
$$x\,A\,z \sim x\,B\,z \Leftrightarrow x'\,A\,z' \sim x'\,B\,z'.$$

Axiom A4: Existenz vorziehenswürdiger Ergebnisse

Es gibt $x, z \in X$ *mit* $x \succ z.$

Axiom A5: Existenz von Sicherheitsäquivalenten für Teilalternativen

Für alle $f \in F$ *und alle* $A \in \mathcal{S}$ *gibt es ein* $x \in X$*, so daß für alle* $g \in F$ *gilt* $f\,A\,g \sim x\,A\,g.$

Axiom A6: Atomfreiheit der Ereignisalgebra

Für alle $A \in \mathcal{S}$ *und alle* $x, y, z \in X$ *mit* $x\,A\,z \succ y \succ z$ *gibt es ein* $B \in \mathcal{S}$ *mit* $B \subset A$*, so daß gilt* $x\,B\,z \sim y.$

Axiom A7: Monotone Stetigkeit der Wahrscheinlichkeitsrelation

Für alle $x, z \in X$ *mit* $x \succ z$*, jede Ereignisfolge* $\{A_i\}$ *mit* $A_i \subseteq A_{i+1}$ *für* $i = 1, 2, \ldots$ *sowie alle* $B \in \mathcal{S}$ *gilt*

$$x \bigcup_{i=1}^{\infty} A_i\, z \precsim x\,B\,z \Leftarrow x\,A_i\,z \precsim x\,B\,z \text{ für } i = 1, 2, \ldots .$$

Definition A1 findet sich in der hier angeführten oder in leicht abgewandelter Form in nahezu allen axiomatisierten Entscheidungstheorien für Ungewißheitssituationen. Sie beruht auf der für die subjektive Wahrscheinlichkeitsauffassung grundlegenden Erkenntnis Ramseys "... that the degree of a belief is a causal property of it, which we can express vaguely as the extent to which we are prepared to act on it."[1] und präzisiert den angenommenen Zusammenhang zwischen den Präferenzen des Entscheidungsträgers und seinen Wahrscheinlichkeitseinschätzungen: Der Entscheidungsträger hält das Ereignis B für wahrscheinlicher als das Ereignis A, wenn er eher auf den Eintritt von B zu wetten bereit ist als auf den Eintritt von A. Analog zu den Präferenzrelationen $\succsim$, $\prec$, $\succ$ und $\sim$ auf F werden auf der Grundlage der Wahrscheinlichkeitsrelation $\precsim$ die Relationen $\succsim$, $\prec$, $\succ$ und $\sim$ auf $\mathcal{S}$ definiert. Die Verwendung derselben Symbole für Wahrscheinlichkeits- und Präferenzrelationen ist unkritisch, da aus dem jeweiligen Kontext stets hervorgeht, um welche Relation es sich handelt.

Der durch Definition A2 eingeführte Begriff des Nullereignisses kennzeichnet eine spezielle Klasse von Ereignissen, deren Eigenschaften im Rahmen der Axiomatik besonderer Berücksichtigung bedürfen. Es handelt sich um Ereignisse, die der Entscheidungsträger für so unwahrscheinlich hält, daß er den möglichen Ergebnissen bei Eintritt dieser Ereignisse bei der Beurteilung der Alternativen keine Bedeutung beimißt. Ist A ein Nullereignis, so gilt $x\,A\,z \sim z$ für alle x und z. Axiom A4 und Definition A1 lassen auf $A \sim \emptyset$

---

[1] Ramsey (1926), S. 71.

schließen. Nullereignisse sind also ebenso (un-)wahrscheinlich wie das unmögliche Ereignis. Auch Definition A2 liegt in der einen oder anderen Form nahezu allen axiomatisierten Entscheidungstheorien für Ungewißheitssituationen zugrunde.

Gemäß Axiom A1 ist die Präferenzrelation $\precsim$ vollständig und transitiv; es handelt sich um eine schwache Präferenzordnung auf F. Die strikten Präferenzrelationen $\prec$ und $\succ$ sind demzufolge irreflexiv, asymmetrisch und transitiv; die Indifferenzrelation $\sim$ ist reflexiv, asymmetrisch und transitiv, es handelt sich um eine Äquivalenzrelation. Aus Axiom A1 geht hervor, daß der Entscheidungsträger stets entweder f gegenüber g oder g gegenüber f strikt präferiert oder f und g gegenüber indifferent ist. Für Situationen, in denen keiner dieser drei Fälle zutrifft, läßt Axiom A1 keinen Raum. Ferner wird der Entscheidungsträger h gegenüber f schwach präferieren, wenn er h gegenüber g und g gegenüber f schwach präferiert. Die Präferenzrelation konstituiert damit eine schwache Präferenzordnung auf der Menge der Alternativen. Axiom A1 ist grundlegend für alle Entscheidungstheorien für Ungewißheitssituationen, die mit schwachen Präferenzordnungen arbeiten. Es wird im nächsten Kapitel abgeschwächt, um zu einer numerischen Repräsentation intransitiver Präferenzrelationen zu gelangen.

Das in Axiom A2 verankerte Monotonieprinzip ist notwendig für die Linearität des Präferenzfunktionals in subjektiven Wahrscheinlichkeiten und stellt dasjenige Axiom dar, das in Verbindung mit Axiom A5 die Menge zulässiger Präferenzordnungen am stärksten beschneidet. Es besagt, daß die Präferenzen des Entscheidungsträgers in bezug auf x A z und y A z nur von den Präferenzen im Hinblick auf x und y, nicht aber von dem gemeinsamen Ergebnis z abhängen. Die Einschränkung auf Ereignisse, die nicht Nullereignisse sind, ist aufgrund der rückwärts gerichteten Implikation notwendig; würde sie unterbleiben, wäre die Axiomenmenge {A1, A2, A4} inkonsistent, was für $A = \emptyset$ leicht verifiziert werden kann. Das Monotonieprinzip wirkt zwar auf den ersten Blick recht plausibel, Verstöße gegen die Implikationen von Axiom A2 und Axiom A5 sind aber nicht nur empirisch beobachtbar, sondern auch durchaus überzeugend zu begründen. Die in den folgenden Kapiteln behandelten Entscheidungstheorien wurden fast durchgängig entwickelt, um auch für solche Präferenzordnungen eine numerische Repräsentation zu gewinnen, die diese beiden Axiome ausschließen.

In welcher Weise die Axiome die Menge der zulässigen Präferenzordnungen eingrenzen, läßt sich auch an ihren direkten Implikationen ersehen. Als erstes ist dabei das Dominanzprinzip anzuführen, das maßgeblich auf Axiom A2 zurückzuführen ist und unter Zuhilfenahme der Axiome A1 und A5 sowie von Definition A2 problemlos im Wege der vollständigen Induktion abgeleitet werden kann:

Dominanzprinzip

Für alle x_i, $y_i \in X$ und alle $A_i \in \mathcal{S}$ mit $i = 1, \ldots, n$ gilt

$$x_i \precsim y_i \text{ für } i = 1, \ldots, n$$

$$\Rightarrow$$

$$x_n A_n x_{n-1} A_{n-1} \ldots x_2 A_2 x_1 \precsim y_n A_n y_{n-1} A_{n-1} \ldots y_2 A_2 y_1,$$

sofern zusätzlich $x_i \prec y_i$ für ein $i \in \{1, \ldots, n\}$ gilt und A_i kein Nullereignis ist, gilt auch

$$x_n A_n x_{n-1} A_{n-1} \ldots x_2 A_2 x_1 \prec y_n A_n y_{n-1} A_{n-1} \ldots y_2 A_2 y_1.$$

Eine einfache Alternative wird demnach gegenüber einer anderen einfachen Alternative schwach präferiert, wenn sie in keinem Fall zu einem schlechteren Ergebnis führt; sie wird strikt präferiert, wenn darüber hinaus der Eintritt eines besseren Ergebnisses nicht ganz unwahrscheinlich ist. Das Dominanzprinzip gilt sowohl unter deskriptiven als auch unter normativen Gesichtspunkten als weitestgehend unproblematisch und wird von allen im folgenden behandelten Axiomensystemen impliziert. Das Monotonieprinzip ist in Verbindung mit den Axiomen A1 und A5 sowie Definition A2 für seine Geltung zwar hinreichend, aber nicht notwendig. Folglich können auch Axiomensysteme, die Axiom A2 nicht vorsehen, das Dominanzprinzip implizieren.

Axiom A3 stellt die Unabhängigkeit der Wahrscheinlichkeitsrelation von den zu ihrer Definition herangezogenen Ergebnissen sicher und bringt damit die bei der Modellierung der Entscheidungssituation angelegte Separation von Wahrscheinlichkeits- und Nutzeneinschätzungen zum Ausdruck. Es besagt, daß der Wettgewinn und der Wetteinsatz keine Rolle dafür spielen, ob der Entscheidungsträger eine Wette auf den Eintritt von A gegenüber einer Wette auf den Eintritt von B präferiert. Hierfür sind vielmehr ausschließlich seine Wahrscheinlichkeitseinschätzungen im Hinblick auf A und B maßgebend. Im Kontext der übrigen Axiome reicht es aus, dies nur für den Fall der Indifferenzrelation auf $\mathcal{S}$ explizit in der Axiomatik zu verankern.[1] Zusammen mit Axiom A1 stellt Axiom A3 sicher, daß von den drei Fällen A $\prec$ B, A $\succ$ B und A $\sim$ B nur einer zutreffen kann, worin eine grundlegende Voraussetzung für die sinnvolle Abgrenzung von Wahrscheinlichkeitsrelationen liegt.

Zusammen mit den Axiomen A1, A2 und A5 und den Definitionen A1 und A2 impliziert Axiom A3 das Reduktionsprinzip:[2]

---

[1] Siehe Lemma A1 im Anhang zu diesem Kapitel.
[2] Siehe Lemma A3 im Anhang zu diesem Kapitel.

Reduktionsprinzip

Für alle $x_i \in X$ *und alle* $A_i, B_i, C_i, D_i \in \mathcal{S}$ *mit* $A_i \sim C_i$ *und* $B_i \sim D_i$ *für* $i = 1, \dots, n$ *gilt* $x_n A_n \dots x_2 A_2 x_1 \precsim x_n B_n \dots x_2 B_2 x_1$

$$\Leftrightarrow$$

$$x_n C_n \dots x_2 C_2 x_1 \precsim x_n D_n \dots x_2 D_2 x_1.$$

Die Präferenzen des Entscheidungsträgers hängen demnach ausschließlich von seinen Wahrscheinlichkeitseinschätzungen im Hinblick auf die Ereignisse ab, die bei den betrachteten (einfachen) Alternativen zu den möglichen Ergebnissen führen. Das Reduktionsprinzip bildet die Brücke zwischen der Entscheidungstheorie für Ungewißheitssituationen und derjenigen für Risikosituationen: Eine zu einer Entscheidungstheorie für Ungewißheitssituationen äquivalente Entscheidungstheorie für Risikosituationen kann nur dann existieren, wenn das Reduktionsprinzip gilt.

Während die Axiome A1 bis A3 in erster Linie die Menge der zulässigen Präferenzordnungen eingrenzen, ohne Aussagen über strukturelle Aspekte der Entscheidungssituation zu machen, bestimmen die Axiome A4 bis A7 vordringlich letztere; präferentielle Aspekte treten demgegenüber in den Hintergrund. Axiom A4 ist von Bedeutung insofern, als ohne die Existenz zweier Ergebnisse, von denen der Entscheidungsträger das eine dem anderen strikt präferiert, alle Alternativen gleichmäßig präferiert werden; dies folgt für einfache Alternativen unmittelbar aus dem Dominanzprinzip. Von einem echten Entscheidungsproblem kann dann wohl kaum die Rede sein, weshalb Axiom A4 auch als Nichttrivialitätsbedingung zu bezeichnen ist. Ohne Axiom A4 wäre zudem die Existenz der Wahrscheinlichkeitsrelation nicht sichergestellt, womit die Grundlage für die Repräsentation der Wahrscheinlichkeitseinschätzungen des Entscheidungsträgers durch ein Wahrscheinlichkeitsmaß entfiele. Dementsprechend wird Axiom A4 in gleicher oder ähnlicher Form auch in allen folgenden Axiomensystemen Verwendung finden.

Gemäß Axiom A5 existiert für jede Teilalternative ein sicherheitsäquivalentes Ergebnis in dem Sinne, daß der Entscheidungsträger gegenüber der entsprechend modifizierten und der ursprünglichen Alternative indifferent ist. Die Annahme der Existenz von Sicherheitsäquivalenten für Teilalternativen, die in Axiom A5 in idealtypischer Weise zum Ausdruck kommt, wurde bereits in der Einleitung erörtert. Im Rahmen von Axiomatik A fungiert Axiom A5 hauptsächlich als eine Art Ausweitungsprinzip, das die in den Axiomen A1 bis A3 verankerten Charakteristika der Präferenzordnung des Entscheidungsträgers auf Alternativen mit mehr als zwei möglichen Ergebnissen überträgt. Dies ermöglicht auch den relativ einfachen Induktionsbeweis im Anhang zu diesem Kapitel. Axiom A5 wird in den folgenden Kapiteln in verschiedener

Weise modifiziert, um den jeweiligen Anforderungen an ein derartiges Ausweitungsprinzip gerecht zu werden.

Die Axiome A6 und A7 beschreiben in erster Linie strukturelle Eigenschaften der Entscheidungssituation, die für die Repräsentation der Wahrscheinlichkeitseinschätzungen des Entscheidungsträgers durch ein abzählbar additives Wahrscheinlichkeitsmaß bedeutsam sind. Gemäß Axiom A6 existiert im Fall $x\,A\,z \succ y \succ z$ ein Ereignis $B \subset A$, so daß $x\,B\,z \sim y$ gilt. Wie in der Einleitung bereits angedeutet, kann man sich dies etwa so verdeutlichen, daß der Entscheidungsträger entweder intuitiv oder mittels eines Zufallsmechanismus in der Lage ist, A so in $A \setminus B$ und B zu zerlegen, daß $x\,B\,z$ jeden gewünschten Wert im Präferenzintervall $(x\,A\,z, z)$ annimmt. Für $A = S$ liefert Axiom A6 eine indirekte Rechtfertigung für die übliche Meßprozedur zur Bestimmung von Nutzenfunktionen.

Das zuletzt angeführte Axiom A7 ist eher technischer Natur und dient vorwiegend dazu, die abzählbare Additivität des Wahrscheinlichkeitsmaßes zu etablieren, durch das die Wahrscheinlichkeitseinschätzungen des Entscheidungsträgers repräsentiert werden. Es kann etwa so gedeutet werden, daß eine Alternative nicht über einen bestimmten Punkt hinaus verbessert werden kann, wenn keine der sukzessiven Verbesserungen isoliert betrachtet hierfür ausreicht. Axiom A7 bringt damit eine im Prinzip einfache Tatsache zum Ausdruck, die nur aufgrund der Verwendung einer unendlichen Folge von Ereignissen kompliziert anmutet; es muß in dieser oder sehr ähnlicher Form in jeder Axiomatik der subjektiven Erwartungsnutzentheorie Verwendung finden, die auf abzählbar additive subjektive Wahrscheinlichkeitsmaße abstellt.

2.2.2 Eigenschaften der Wahrscheinlichkeitsrelation und Repräsentation durch ein abzählbar additives Wahrscheinlichkeitsmaß

Typischerweise wird bei der Ableitung eines Repräsentationstheorems der subjektiven Erwartungsnutzentheorie zunächst die Existenz und die Eindeutigkeit eines Wahrscheinlichkeitsmaßes gezeigt, das mit der Wahrscheinlichkeitsrelation in einem noch zu präzisierenden Sinne in Einklang steht; auf dieser Grundlage wird dann anschließend die Existenz einer Nutzenfunktion mit den gewünschten Eigenschaften bewiesen. Diese Vorgehensweise wird auch im folgenden eingeschlagen. Zunächst werden dazu einige Eigenschaften der Wahrscheinlichkeitsrelation erläutert, die aus den Axiomen resultieren und aus denen die Existenz und die Eindeutigkeit des gesuchten Wahrscheinlichkeitsmaßes abgeleitet werden kann. Grundlegend sind folgende Eigenschaften:[1]

Grundlegende Eigenschaften der Wahrscheinlichkeitsrelation

Für alle A, B, C $\in \mathcal{S}$ *gilt*

a) $A \precsim B$ *oder* $B \precsim A$,
$A \precsim B$ *und* $B \precsim C \Rightarrow A \precsim C$,

b) $A \cap C = B \cap C = \varnothing \Rightarrow [A \precsim B \Leftrightarrow A \cup C \precsim B \cup C]$,

c) $\varnothing \precsim A \precsim S$ *und* $\varnothing \prec S$.

Gemäß a) ist die Wahrscheinlichkeitsrelation vollständig und transitiv; es handelt sich um eine schwache (Wahrscheinlichkeits-)Ordnung auf $\mathcal{S}$. Folglich hält der Entscheidungsträger immer entweder A für wahrscheinlicher als B oder B für wahrscheinlicher als A oder A und B für gleichwahrscheinlich. Ferner wird der Entscheidungsträger C als mindestens so wahrscheinlich wie A ansehen, wenn C für ihn mindestens so wahrscheinlich ist wie B und B mindestens so wahrscheinlich wie A. Diese Eigenschaften der Wahrscheinlichkeitsrelation gehen im wesentlichen direkt aus den Axiomen A1 und A3 hervor. Obwohl man durchaus bezweifeln kann, daß der Entscheidungsträger zu entsprechend differenzierten Wahrscheinlichkeitseinschätzungen in der Lage ist, werden sie im folgenden durchgängig beibehalten, weil nicht die Repräsentation von Wahrscheinlichkeitsrelationen, sondern die Repräsentation von Präferenzrelationen im Vordergrund steht.[2]

Die unter b) angeführte Eigenschaft der Wahrscheinlichkeitsrelation geht im wesentlichen aus Axiom A2 hervor und ist notwendig, um die Additivität des gesuchten Wahrscheinlichkeitsmaßes sicherzustellen. Sie bringt zum Ausdruck, daß die Wahrscheinlichkeitsrelation zwischen den zusammengesetzten Ereignissen $A \cup C$ und $B \cup C$ derjenigen zwischen A und B entspricht, sofern A und C bzw. B und C nicht gleichzeitig eintreten können, und wird aufgrund des engen Zusammenhangs mit der Additivität von Wahrscheinlichkeitsmaßen im folgenden als Additivität der Wahrscheinlichkeitsrelation bezeichnet.[3] Die Additivität der Wahrscheinlichkeitsrelation ist nur dann eine

---

[1] Siehe Lemma A2 im Anhang zu diesem Kapitel.

[2] a) ist offensichtlich notwendig für die Repräsentation $A \precsim B \Leftrightarrow P(A) \le P(B)$; Abschwächungen von a) können folglich bestenfalls zu Repräsentationen der Form $A \prec B \Rightarrow P(A) < P(B)$ oder $A \precsim B \Rightarrow P(A) \le P(B)$ führen. Solche Repräsentationen wurden in der Theorie qualitativer Wahrscheinlichkeiten intensiv untersucht; in der Entscheidungstheorie spielen sie nur eine untergeordnete Rolle. Sie werden allenfalls verwendet, um die Vagheit von Präferenzen und Wahrscheinlichkeitseinschätzungen zu berücksichtigen; ein Beispiel ist Fishburn (1975b).

[3] Wakker (1990a), S. 123, verwendet die Bezeichnung ordinale Additivität.

plausible Annahme, wenn die Wahrscheinlichkeitseinschätzungen des Entscheidungsträgers im Hinblick auf A und B in gewisser Weise unabhängig von seiner Wahrscheinlichkeitseinschätzung im Hinblick auf C sind. Hierauf wird im Zusammenhang mit der Choquet Nutzentheorie zurückzukommen sein.

Zum Verständnis von c) vergegenwärtige man sich, daß der Zustandsraum annahmegemäß alle möglichen Zustände enthält und daß $\emptyset$ und S aus diesem Grund als unmögliches bzw. sicheres Ereignis bezeichnet werden können. Es ist dann nur folgerichtig, daß der Entscheidungsträger kein Ereignis für unwahrscheinlicher hält als $\emptyset$ und kein Ereignis für wahrscheinlicher als S. Ebenso einleuchtend ist, daß das sichere Ereignis S als wahrscheinlicher angesehen wird als das unmögliche Ereignis $\emptyset$.

Die angeführten Eigenschaften der Wahrscheinlichkeitsrelation müssen in jedem Fall erfüllt sein, wenn die Wahrscheinlichkeitseinschätzungen des Entscheidungsträgers durch ein Wahrscheinlichkeitsmaß im üblichen Sinne repräsentiert werden sollen. Sie sind hierfür jedoch weder im Fall eines endlichen noch im Fall eines unendlichen Zustandsraums hinreichend.[1] Bezüglich weiterer Eigenschaften, die die Existenz und die Eindeutigkeit des angestrebten Wahrscheinlichkeitsmaßes in Verbindung mit a), b) und c) sicherstellen, wurde in der Literatur eine Fülle von Vorschlägen unterbreitet, die in der Regel den Charakter hinreichender, aber nicht unbedingt notwendiger Bedingungen tragen. Unterschiede resultieren in Abhängigkeit davon, ob ein endlicher oder ein unendlicher Zustandsraum zugrundegelegt wird und ob, wenn letzteres der Fall ist, ein endlich additives oder ein abzählbar additives Wahrscheinlichkeitsmaß etabliert werden soll.[2]

Die im folgenden erörterten, auf den Fall unendlicher Zustandsräume und abzählbar additiver Wahrscheinlichkeitsmaße zugeschnittenen und von den Axiomen A1 bis A7 implizierten Eigenschaften der Wahrscheinlichkeitsrelation wurden erstmals von Villegas untersucht.[3] Zu ihrer Darstellung sind zunächst einige Begriffe einzuführen: Ein Ereignis $A \succ \emptyset$ ist ein Atom, wenn es kein Ereignis $B \subset A$ gibt, für das $A \succ B \succ \emptyset$ gilt. Eine Ereignisalgebra ist atomfrei, wenn sie keine Atome beinhaltet. Eine monoton steigende (fallende) Ereignisfolge ist eine Folge $\{A_i\}$ mit $A_i \in \mathcal{S}$ und $A_i \subseteq A_{i+1}$ ($A_{i+1} \subseteq A_i$) für $i = 1, 2, \ldots$. $\bigcup_{i=1}^{\infty} A_i$ ($\bigcap_{i=1}^{\infty} A_i$) wird als Grenzwert einer solchen Folge be-

[1] Gegenbeispiele finden sich in Kraft/Pratt/Seidenberg (1959), S. 415-416, bzw. Savage (1954), S. 40.

[2] Einen ausgezeichneten Überblick über die früheren Arbeiten bietet Fishburn (1986). Wichtige Arbeiten, die dieser Überblick nicht enthält, sind Chateauneuf (1985) und Lehrer (1991).

[3] Siehe Villegas (1964).

zeichnet. Aus den Axiomen A1, A2, A5 und A6 sowie den Definitionen A1 und A2 resultiert:[1]

Bedingte Atomfreiheit der Ereignisalgebra

Im Fall der Existenz eines Ereignisses $A^* \in \mathcal{S}$ mit $\varnothing \prec A^* \prec S$ existiert für jedes Ereignis $A \in \mathcal{S}$ mit $A \succ \varnothing$ ein Ereignis $B \in \mathcal{S}$ mit $B \subset A$ und $A \succ B \succ \varnothing$.

Außer im Grenzfall sicherer Erwartungen kann demnach jedes nicht ganz unwahrscheinliche Ereignis in zwei Ereignisse zerlegt werden, die weniger wahrscheinlich als das Ausgangsereignis sind. Bei iterativer Anwendung resultiert eine monoton fallende Folge von Ereignissen, von denen jedes weniger wahrscheinlich als sein Vorgänger ist. Das Gegenstück zu einer atomfreien Ereignisalgebra ist ein atomfreies Wahrscheinlichkeitsmaß. Ein solches liegt immer dann vor, wenn für jedes Ereignis $A \in \mathcal{S}$ mit $P(A) > 0$ und für beliebiges $0 < \lambda < 1$ ein Ereignis $B \subset A$ existiert, für das $P(B) = \lambda\, P(A)$ gilt.[2]

Die zuletzt behandelte Eigenschaft beinhaltet eine Aussage über das Verhalten der Wahrscheinlichkeitsrelation in bezug auf den Grenzwert monoton steigender oder fallender Ereignisfolgen. Sie geht aus den Axiomen A4 und A7 sowie aus Definition A1 hervor:[3]

Monotone Stetigkeit der Wahrscheinlichkeitsrelation

Für jede monoton steigende Ereignisfolge $\{A_i\}$ mit $i = 1, 2, \ldots$ sowie alle $B \in \mathcal{S}$ mit $A_i \precsim B$ für $i = 1, 2, \ldots$ gilt $\bigcup_{i=1}^{\infty} A_i \precsim B$.

Der Grenzwert einer monoton steigenden Folge von Ereignissen kann demnach nicht wahrscheinlicher als ein anderes Ereignis sein, wenn keines der Glieder dieser Folge wahrscheinlicher als dieses Ereignis ist. Das damit stabilisierte Grenzverhalten der Wahrscheinlichkeitsrelation ermöglicht es, die Atomfreiheit der Ereignisalgebra zur Konstruktion einer monoton fallenden Folge von Ereignissen zu nutzen, die gegen ein Nullereignis konvergiert.[4] Die Wahrscheinlichkeit jedes Ereignisses kann dann im Wege der Grenzwertbildung mit wachsender Genauigkeit auf der Grundlage immer kleinerer Maßeinheiten bestimmt werden. Darüber hinaus ist die monotone Stetigkeit der

---

[1] Siehe Lemma A2 im Anhang zu diesem Kapitel.

[2] Zur Definition eines atomfreien Wahrscheinlichkeitsmaßes vgl. Machina/Schmeidler (1992), S. 751.

[3] Siehe Lemma A2 im Anhang zu diesem Kapitel.

[4] Vgl. Lemma 3 in Villegas (1964), S. 1790.

Wahrscheinlichkeitsrelation notwendig und hinreichend für die abzählbare Additivität des auf diese Weise gewonnenen Wahrscheinlichkeitsmaßes.

Damit sind alle Vorarbeiten abgeschlossen, um festzuhalten:[1]

> ***Repräsentationstheorem A, Teil I***
>
> *Bei Geltung der Axiome A1 bis A7 existiert genau ein abzählbar additives Wahrscheinlichkeitsmaß P, so daß für alle A, B* $\in \mathcal{S}$ *gilt*
>
> $$P(A) \leq P(B) \Leftrightarrow A \precsim B.$$
>
> *Im Fall der Existenz eines Ereignisses* $A^* \in \mathcal{S}$ *mit* $P(A^*) \in (0, 1)$ *ist P atomfrei.*

Das Theorem präzisiert zunächst, was unter einem Wahrscheinlichkeitsmaß zu verstehen ist, das mit der Wahrscheinlichkeitsrelation verträglich ist oder mit ihr in Einklang steht: Ein derartiges Wahrscheinlichkeitsmaß ordnet A genau dann eine höhere Wahrscheinlichkeit als B zu, wenn der Entscheidungsträger A für wahrscheinlicher als B hält, und wird deshalb als subjektives Wahrscheinlichkeitsmaß bezeichnet. Die eigentliche Aussage des Theorems lautet dann, daß ein subjektives Wahrscheinlichkeitsmaß existiert und daß dieses Wahrscheinlichkeitsmaß eindeutig bestimmt ist. Des weiteren ist zu ersehen, daß entweder alle Ereignisse eine subjektive Wahrscheinlichkeit aus {0, 1} annehmen oder jedes Ereignis A in zwei Ereignisse zerlegt werden kann, von denen eines eine vorgegebene subjektive Wahrscheinlichkeit in (0, P(A)) besitzt. Außer im Grenzfall sicherer Erwartungen kann demnach von der Existenz von Ereignissen mit beliebigen subjektiven Wahrscheinlichkeiten ausgegangen werden. Dies hat offensichtlich zur Folge, daß die Ereignisalgebra überabzählbar viele Ereignisse beinhaltet; der Zustandsraum enthält ebenfalls unendlich viele Elemente, wobei offen bleibt, ob es sich um abzählbar oder überabzählbar viele Elemente handelt.[2] Aufgrund der Tatsache, daß gemäß Axiom A5 für alle x A z mit $x \succ z$ ein Sicherheitsäquivalent existiert, ist der Ergebnisraum überabzählbar.

2.2.3 Repräsentation der Präferenzordnung mittels des Präferenzfunktionals der subjektiven Erwartungsnutzentheorie

Zum Beweis seines Repräsentationstheorems der subjektiven Erwartungsnutzentheorie hat Savage gezeigt, daß die von ihm konzipierten Axiome die Existenz und die Eindeutigkeit eines subjektiven Wahrscheinlichkeitsmaßes,

---

[1] Siehe den Beweis von Repräsentationstheorem A, Teil I, im Anhang zu diesem Kapitel.

[2] Ein Beispiel für einen abzählbaren Zustandsraum enthält Wakker (1993c), S. 202.

das Reduktionsprinzip und ein Axiomensystem der Erwartungsnutzentheorie für Risikosituationen implizieren. Die Geltung des Theorems resultiert dann unmittelbar aus den Arbeiten von v. Neumann/Morgenstern und anderen zur axiomatischen Fundierung der Erwartungsnutzentheorie für Risikosituationen. Ein solches, eher indirektes Vorgehen war zum damaligen Zeitpunkt sinnvoll, um den Zusammenhang zwischen der Entscheidungstheorie für Ungewißheitssituationen und derjenigen für Risikosituationen zu verdeutlichen und gleichzeitig herauszustellen, daß der Ungewißheitsansatz der grundlegendere ist. In neueren Arbeiten und auch im folgenden wird ein derartiger Umweg nicht beschritten; oftmals ist dies auch gar nicht möglich, weil - wie z. B. bei der Choquet Nutzentheorie - keine äquivalente Entscheidungstheorie für Risikosituationen existiert.

Im Mittelpunkt des nun skizzierten und im Anhang zu diesem Kapitel ausführlich dargestellten Beweises steht die Konstruktion einer Nutzenfunktion, die die Präferenzordnung des Entscheidungsträgers mittels des Präferenzfunktionals der subjektiven Erwartungsnutzentheorie zu repräsentieren erlaubt. Die Bestimmung dieser Nutzenfunktion erfolgt zunächst im Hinblick auf alle Ergebnisse in einem beliebigen Präferenzintervall [x, z], das durch die Ergebnisse x und z mit $x \succ z$ begrenzt wird. Der Nutzen eines Ergebnisses y mit $x \succsim y \succsim z$ wird mit u[y] bezeichnet und als die subjektive Wahrscheinlichkeit eines Ereignisses A definiert, für das $x\,A\,z \sim y$ gilt. Es zeigt sich, daß diese Definition konsistent auf alle Ergebnisse ausgeweitet werden kann.

Auf der Grundlage der so definierten Nutzenfunktion läßt sich der Beweis des im folgenden angeführten Repräsentationstheorems in recht einfacher Weise führen. Zunächst wird gezeigt, daß für alle $x, y \in X$ ein $x' \in X$ existiert, so daß für alle $A, B \in \mathcal{S}$ mit konstantem $\frac{P(A)}{P(A) + P(B)}$ und für alle $z \in X$ $x\,A\,y\,B\,z \sim x'\,A \cup B\,z$ gilt.[1] Werden ausschließlich einfache Alternativen in die Betrachtung einbezogen, so impliziert dies in Verbindung mit den Axiomen A1, A2 und A5 sowie Definition A2 die Betweenness-Eigenschaft, nach der für alle $p, q \in \mathcal{P}$ und für beliebiges $\lambda \in (0, 1)$ $p \sim q \Rightarrow p \sim \lambda\,p + (1-\lambda)\,q$ gilt[2]. Zur Verdeutlichung betrachte man $x\,A\,y$ und $y\,B\,z$ mit $x\,A\,y \sim y\,B\,z$. Aus dem angeführten Ergebnis resultiert das Vorhandensein von $x', y' \in X$ mit $x\,A\,y \sim x'$ und $y\,B\,z \sim y'$. Die Axiome A1 und A2 sowie Definition A2 ergeben $x\,A\,y \sim x'\,E\,y' \sim y\,B\,z$ für alle $E \in \mathcal{S}$ mit $P(E) = \lambda \in (0, 1)$. Es folgt

---

1 Siehe Lemma A4 im Anhang zu diesem Kapitel.

2 Vgl. z. B. Chew/Epstein/Segal (1991), S. 142. Alternativ läßt sich die Betweenness-Eigenschaft auch wie folgt charakterisieren: für alle $p, q \in \mathcal{P}$ und für beliebiges $\lambda \in (0, 1)$ gilt $p \prec q \Rightarrow p \prec \lambda\,p + (1-\lambda)\,q$ und $\lambda\,p + (1-\lambda)\,q \prec q$; vgl. z. B. Chew (1989), S. 275; Camerer/Ho (1994), S. 170. Die beiden Formulierungen sind unter den üblicherweise zusätzlich getroffenen Annahmen äquivalent.

x A y ~ x C y D z ~ y B z für alle C, D ∈ S mit P(C) = λ P(A) und P(D) = λ P($\bar{A}$) + (1-λ) P(B). Berücksichtigt man, daß die durch x C y D z induzierte Ergebnisverteilung eine Mischung der durch x A y und y B z induzierten Ergebnisverteilungen darstellt, so wird der Zusammenhang mit der Betweenness-Eigenschaft offensichtlich. Ebenfalls offensichtlich ist, daß die Betweenness-Eigenschaft im Wege der Induktion mit Bezug auf alle einfachen Alternativen etabliert werden kann.

Aus der Definition der Nutzenfunktion sowie dem angeführten Ergebnis folgt, daß x A z ~ y genau dann gilt, wenn u[x] P(A) + u[z] (1 - P(A)) = u[y] ist.[1] Hieraus resultiert bereits die Geltung des angestrebten Repräsentationstheorems für alle Alternativen mit zwei möglichen Ergebnissen. Axiom A5 erlaubt es, dieses Resultat im Wege der Induktion auf alle einfachen Alternativen auszuweiten:

Repräsentationstheorem A, Teil II

Bei Geltung der Axiome A1 bis A7 existiert eine Funktion u: X → ℝ, so daß für alle $x_i \in X$ und alle A_i, $B_i \in S$ mit i = 1, ..., n gilt

$$x_n A_n x_{n-1} A_{n-1} \ldots x_2 A_2 x_1 \precsim x_n B_n x_{n-1} B_{n-1} \ldots x_2 B_2 x_1$$

$$\Leftrightarrow$$

$$\sum_{i=1}^{n} u[x_i]\, P(A_i) \leq \sum_{i=1}^{n} u[x_i]\, P(B_i).$$

Die Funktion u ist bis auf positive lineare Transformationen eindeutig bestimmt.

Da einfache Alternativen nur endlich viele Ergebnisse erbringen können, lassen sich zwei einfache Alternativen immer in der Form $x_n A_n x_{n-1} A_{n-1} \ldots x_2 A_2 x_1$ und $x_n B_n x_{n-1} B_{n-1} \ldots x_2 B_2 x_1$ mit i = 1, ..., n darstellen. Aus Repräsentationstheorem A geht folglich hervor, daß eine Nutzenfunktion existiert, auf deren Grundlage die Präferenzordnung des Entscheidungsträgers auf der Menge der einfachen Alternativen mittels des Präferenzfunktionals der subjektiven Erwartungsnutzentheorie repräsentiert werden kann. Diese Nutzenfunktion ist bis auf positive lineare Transformationen eindeutig bestimmt: Handelt es sich bei u um eine Nutzenfunktion mit den angeführten Eigenschaften, so ist auch u' = a u + b mit a > 0 eine derartige Funktion. Umgekehrt ist jede Funktion u', die wie u die angeführten Eigenschaften aufweist, in der Form a u + b mit a > 0 darstellbar.

Die damit gefundene numerische Repräsentation der Präferenzordnung des Entscheidungsträgers ist noch nicht in jeder Hinsicht befriedigend, weil in vielen ökonomischen Anwendungen von Alternativen mit einer unendlichen

---

[1] Hierzu und zum folgenden siehe den Beweis von Repräsentationstheorem A, Teil II, im Anhang zu diesem Kapitel.

Menge möglicher Ergebnisse ausgegangen wird. Zwar läßt sich der Geltungsbereich des angeführten Repräsentationstheorems unter Zuhilfenahme von Definition A2 und Axiom A5 problemlos auf alle Alternativen ausweiten, die mit subjektiver Wahrscheinlichkeit eins zu einem Ergebnis aus einer endlichen Teilmenge des Ergebnisraums führen, eine Erweiterung auf alle Alternativen ist jedoch auf der Grundlage der Axiome A1 bis A7 nicht möglich. Infolge des Grenzwertcharakters von Integralen erfordert eine solche Erweiterung die Einfügung eines weiteren Axioms:

Axiom A8: Schwaches Zustandsdominanzprinzip

Für alle f, g $\in$ *F gilt*

$$f(s) \precsim g(s) \text{ für alle } s \in S \Rightarrow f \precsim g.$$

Axiom A8 besagt, daß eine Alternative einer anderen gegenüber schwach präferiert wird, wenn sie in jedem Zustand zu einem mindestens gleichwertigen Ergebnis führt. Es handelt sich offensichtlich um eine Erweiterung des ersten Teils des Dominanzprinzips mit Bezug auf Alternativen mit unendlich vielen möglichen Ergebnissen. Axiom A8 hat insbesondere zur Folge, daß u[x] beschränkt ist. Infolgedessen existieren weder Ergebnisse noch Alternativen, die der Entscheidungsträger für unendlich erstrebenswert oder ablehnungswürdig erachtet.[1] Insgesamt läßt sich zeigen:[2]

Erweiterung zu Repräsentationstheorem A

Bei zusätzlicher Geltung von Axiom A8 ist die Funktion u beschränkt und es gilt für alle f, g $\in$ *F*

$$f \precsim g \Leftrightarrow \int_S u[f(s)]\, dP \leq \int_S u[g(s)]\, dP.$$

Der Beweis, daß sich die Präferenzrelation mit Hilfe des Präferenzfunktionals der subjektiven Erwartungsnutzentheorie numerisch repräsentieren läßt, ist damit abgeschlossen. Da es sich bei P um ein abzählbar additives subjektives Wahrscheinlichkeitsmaß handelt und da auch Alternativen mit unendlich vielen möglichen Ergebnissen erfaßt sind, weist das Resultat einen Allgemeinheitsgrad auf, der abgesehen von den strukturellen Restriktionen in bezug auf

---

1 Der wohlbekannte "Beweis" von Pascal, daß der Glauben an Gott rational sei, geht davon aus, daß Ergebnissen wie z. B. der Rettung der Seele vor der ewigen Verdammnis ein unendlicher Nutzen zukommt. Der Autor hält es hier mit Arrow: "... but the humble economist may be excused for regarding such choices as beyond the scope of his theories."; Arrow (1972) S. 23.

2 Siehe den Beweis der Erweiterung zu Repräsentationstheorem A im Anhang zu diesem Kapitel.

den Zustands- und den Ergebnisraum für alle wahrscheinlichkeitstheoretischen und ökonomischen Anwendungen ausreichend ist.

2.3 Gegenüberstellung mit alternativen Axiomensystemen der subjektiven Erwartungsnutzentheorie

2.3.1 Axiomensysteme auf der Grundlage reichhaltiger Zustandsräume

2.3.1.1 Das Axiomensystem von Savage

Das Axiomensystem von Savage gilt gemeinhin als die eleganteste Axiomatisierung der subjektiven Erwartungsnutzentheorie, weil es einen äußerst gelungenen Kompromiß im Hinblick auf die konkurrierenden Ziele intuitive Verständlichkeit und schwacher struktureller Restriktionen darstellt. In der hier gewählten Notation lauten Savages Axiome:[1]

Definition AS1: Bedingte Präferenzrelation

Für alle $f, g \in F$ und alle $A \in \mathcal{S}$ gilt $f \precsim_A g$, wenn für alle $h \in F$ gilt

$$f\,A\,h \precsim g\,A\,h.$$

Definition AS2: Wahrscheinlichkeitsrelation

Für alle $A, B \in \mathcal{S}$ gilt $A \precsim B$, wenn für alle $x, z \in X$ mit $x \succ z$ gilt

$$x\,A\,z \precsim x\,B\,z.$$

Definition AS3: Nullereignis

$A \in \mathcal{S}$ ist ein Nullereignis, wenn für alle $f, g \in F$ gilt

$$f \precsim_A g.$$

Axiom AS1: Schwache Präferenzordnung

Für alle $f, g \in F$ gilt $\quad f \precsim g$ *oder* $g \precsim f$,
für alle $f, g, h \in F$ gilt $\quad f \precsim g$ *und* $g \precsim h \Rightarrow f \precsim h$.

Axiom AS2: Sure Thing Principle I

Für alle $f, g, h, h' \in F$ und alle $A \in \mathcal{S}$ gilt

$$f\,A\,h \precsim g\,A\,h \Rightarrow f\,A\,h' \precsim g\,A\,h'.$$

---

[1] Vgl. Savage (1954), S. 17-82.

Axiom AS3: Sure Thing Principle II

Für alle f, $g \in F$, alle x, $y \in X$ und alle $A \in \mathcal{S}$ gilt

$$x \precsim y \Leftrightarrow x\,A\,f \precsim_A y\,A\,g,$$

sofern es sich bei A nicht um ein Nullereignis handelt.

Axiom AS4: Unabhängigkeit der Wahrscheinlichkeitsrelation

Für alle x, z, x', $z' \in X$ mit $x \succ z$ und $x' \succ z'$ sowie für alle A, $B \in \mathcal{S}$ gilt $x\,A\,z \precsim x\,B\,z \Rightarrow x'\,A\,z' \precsim x'\,B\,z'$.

Axiom AS5: Existenz vorziehenswürdiger Ergebnisse

Es gibt x, $z \in X$ mit $x \succ z$.

Axiom AS6: Zerlegbarkeit des Zustandsraums

Für alle f, $g \in F$ mit $f \prec g$ und alle $x \in X$ existiert eine endliche Zerlegung $\{E_i\}$ von S mit $i = 1, \ldots, n$ und $E_i \in \mathcal{S}$ für alle i, so daß $x\,E_i\,f \prec g$ ($f \prec x\,E_i\,g$) für alle i gilt.

Auf der Grundlage dieser Axiome beweist Savage zunächst die Existenz und die Eindeutigkeit eines endlich additiven subjektiven Wahrscheinlichkeitsmaßes.[1] Aufgrund der nur endlichen Additivität kann Savage davon ausgehen, daß es sich bei $\mathcal{S}$ um die Potenzmenge auf S handelt; er selbst merkt allerdings hierzu an, daß ohne weiteres auch eine σ-Algebra von Ereignissen hätte zugrundegelegt werden können.[2] Im weiteren zeigt Savage dann, daß sich die Präferenzordnung des Entscheidungsträgers auf der Menge aller Alternativen, die mit subjektiver Wahrscheinlichkeit eins zu einem Ergebnis aus einer endlichen Teilmenge des Ergebnisraums führen, durch das Präferenzfunktional der subjektiven Erwartungsnutzentheorie repräsentieren läßt.

Die Erweiterung des Repräsentationstheorems auf alle Alternativen erfolgt unter Zuhilfenahme von Axiom AS7:

Axiom AS7: Schwaches bedingtes Zustandsdominanzprinzip

Für alle f, $g \in F$ und alle $A \in \mathcal{S}$ gilt

$$f \precsim_A g(s) \text{ für alle } s \in A \Rightarrow f \precsim_A g$$

und

$$f \succsim_A g(s) \text{ für alle } s \in A \Rightarrow f \succsim_A g.$$

---

[1] Zum Beweis des Repräsentationstheorems von Savage siehe Savage (1954), S. 33-40 und 70-82. Eine ausführliche Darstellung enthält Fishburn (1970), S. 191-210.

[2] Siehe Savage (1954), S. 42.

Savage selbst hat die Erweiterung des Repräsentationstheorems zunächst nur für Alternativen bewiesen, die mit subjektiver Wahrscheinlichkeit eins zu einem Ergebnis mit endlichem Nutzen führen. Fishburn gelang es zu zeigen, daß Axiom AS7 die Beschränktheit der Nutzenfunktion impliziert, weshalb allen Ergebnissen ein nur endlicher Nutzen zukommt.[1]

Ein Vergleich mit der in den vorherigen Abschnitten vorgestellten Axiomatik der subjektiven Erwartungsnutzentheorie offenbart viele Gemeinsamkeiten, aber auch einige Unterschiede. Zunächst verwendet Savage bei der Formulierung von Definition AS3 und Axiom AS3 eine bedingte Präferenzrelation, die durch Definition AS1 eingeführt wird. Dies hätte ohne weiteres auch vermieden werden können, so daß Definition AS1 keiner weiteren Erörterung bedarf. Die Definition der Wahrscheinlichkeitsrelation, die Axiomensystem AS zugrundeliegt, bedient sich eines Allquantors statt eines Existenzquantors und besitzt damit zunächst einen engeren Anwendungsbereich als Definition A1. Bei Geltung von Axiom AS4, das auch aus den Axiomen A1 bis A7 abgeleitet werden kann, sind beide Definitionen äquivalent, so daß es als eine Frage des Geschmacks bezeichnet werden kann, welcher Definition der Vorzug gegeben wird. Definition AS3 entspricht Definition A2 vor dem Hintergrund von Definition AS1 und Axiom AS1 auf der einen und von Axiom A5 auf der anderen Seite.

Savages Ordnungsaxiom AS1 ist identisch mit Axiom A1. Axiom A2 impliziert zusammen mit Axiom A5 und unter Beachtung der Definitionen A2 und AS3 die Axiome AS2 und AS3; die Einfügung von Axiom A5 erlaubt es demnach, das bei Savage in zwei Axiome aufgespaltene Sure Thing Principle gewissermaßen in einem Axiom zusammenzufassen.[2] Die Axiome A3 und AS4 erfüllen offensichtlich die gleiche Funktion, wobei Axiom A3 vor dem Hintergrund von Axiom A6 etwas schwächer formuliert werden konnte.[3] Axiom A5 besitzt in Savages Axiomatisierung kein Äquivalent; infolgedessen bleibt der Ergebnisraum bei Savage beliebig. Axiom AS6 impliziert die Atomfreiheit der Ereignisalgebra und ermöglicht es darüber hinaus, eine monoton fallende Ereignisfolge zu konstruieren, die gegen ein Nullereignis konvergiert; es ist damit unter strukturellen Gesichtspunkten hinreichend, um ein mit der Wahrscheinlichkeitsrelation verträgliches Wahrscheinlichkeitsmaß zu konstruieren. Die monotone Stetigkeit der Wahrscheinlichkeitsrelation und damit die abzählbare Additivität des subjektiven Wahrscheinlichkeitsmaßes können auf der Grundlage von Axiom AS6 allerdings nicht abgeleitet werden. Bei dem von Savage zur Erweiterung des Repräsentationstheorems ein-

---

1 Vgl. Fishburn (1970), S. 194.

2 Eine eingehende Erörterung des Sure Thing Principle von Savage enthält Fishburn/Wakker (1995), S. 1136-1137.

3 Vgl. Lemma A1 im Anhang zu diesem Kapitel.

geführten Axiom AS7 handelt es sich um eine angepaßte Version des in Axiom A8 verankerten schwachen Zustandsdominanzprinzips.

Die Gemeinsamkeiten des in den vorigen Abschnitten erörterten Axiomensystems mit der Axiomatik Savages erlauben es, Axiomensystem A als eine Modifikation des Axiomensystems von Savage anzusehen. Dementsprechend lassen sich weite Teile des Beweises von Repräsentationstheorem A, Teil II, auch durch den Nachweis führen, daß System A die Axiome von Savage impliziert. Allerdings würde dieser Beweis - vor allem im Hinblick auf Axiom AS6 - nicht wesentlich einfacher als derjenige, der im Anhang zu diesem Kapitel angeführt ist, weshalb einem direkten Beweis der Vorzug gegeben wurde. Nach Ansicht des Autors sind die Axiome von Axiomatik A intuitiv etwas leichter verständlich als diejenigen von Savage, was insbesondere auf die Tatsache zurückzuführen ist, daß die präferentiellen Axiome infolge der Annahme der Existenz von Sicherheitsäquivalenten für Teilalternativen ausschließlich auf der Grundlage von Ergebnissen formuliert werden konnten.

2.3.1.2 Das Axiomensystem von Arrow

Das Axiomensystem von Arrow bietet sich für eine Gegenüberstellung mit Axiomatik A an, weil es anders als dasjenige von Savage von vornherein auf abzählbar additive subjektive Wahrscheinlichkeitsmaße abstellt und deshalb ein Axiom enthalten muß, das in Verbindung mit den übrigen Axiomen die monotone Stetigkeit der Wahrscheinlichkeitsrelation impliziert. Arrow geht davon aus, daß es sich bei $\mathcal{S}$ um eine σ-Algebra handelt, die alle einelementigen Mengen $\{s\}$ enthält. Seine Axiome lauten in einer für die Gegenüberstellung mit Axiomatik A geeigneten Form:[1]

Definition AA1: Wahrscheinlichkeitsrelation

Für alle $A, B \in \mathcal{S}$ gilt $A \precsim B$, wenn es $x, z \in X$ mit $x \succ z$ gibt, für die gilt

$$x\,A\,z \precsim x\,B\,z.$$

Definition AA2: Nullereignis

$A \in \mathcal{S}$ ist ein Nullereignis, wenn für alle $f, g \in F$ gilt

$$f \precsim g \Leftrightarrow f \precsim_{S \setminus A} g.$$

[1] Vgl. Arrow (1972). Die Definition der Wahrscheinlichkeitsrelation wurde aus Axiomatik A übernommen, weil sie aus der Originalquelle nicht eindeutig hervorgeht. Axiom AA7 wird von Arrow implizit eingeführt.

Axiom AA1: Schwache Präferenzordnung

Für alle f, g $\in F$ gilt $f \precsim g$ *oder* $g \precsim f$,
für alle f, g, h $\in F$ gilt $f \precsim g$ *und* $g \precsim h \Rightarrow f \precsim h$.

Axiom AA2: Monotone Stetigkeit der Wahrscheinlichkeitsrelation

Für alle f, g $\in F$ mit $f \succ g$, alle $x \in X$ und jede Ereignisfolge $\{A_i\}$ mit $A_{i+1} \subseteq A_i$ für $i = 1, 2, \ldots$ sowie mit $\bigcap_{i=1}^{\infty} A_i = \varnothing$ gilt für hinreichend große i $x\,A_i\,f \succ g$ *und* $f \succ x\,A_i\,g$.

Axiom AA3: Eigenschaften der bedingten Präferenzrelation

Für alle f, g, h $\in F$ und alle $A \in \mathcal{S}$ gilt

$$f \precsim_A g \text{ oder } g \precsim_A f,$$

$$f \precsim_A g \text{ und } g \precsim_A h \Rightarrow f \precsim_A h$$

und $f\,A\,h \sim_{S \setminus A} g\,A\,h$.

Axiom AA2 gilt auch für die bedingte Präferenzrelation.

Axiom AA4: Dominanzprinzip für alle Alternativen

Für alle f, g $\in F$ und für jede Zerlegung $\{A_i\}$ von S mit $A_i \in \mathcal{S}$ für alle $i \in I$ gilt $f \precsim_{A_i} g$ *für alle* $i \Rightarrow f \precsim g$.
Existiert ferner eine Teilmenge $J \subseteq I$ mit $\bigcup_{j \in J} A_j \in \mathcal{S}$ und $f \prec_{A_j} g$ für alle j, so gilt auch $f \prec g$, sofern es sich bei $\bigcup_{j \in J} A_j$ nicht um ein Nullereignis handelt.

Axiom AA5: Unabhängigkeit der bedingten Präferenzrelation

Für alle f, g, f', g' $\in F$, alle x, y $\in X$ und alle s, t $\in S$ gilt

$$x\,\{s\}\,f \precsim_{\{s\}} y\,\{s\}\,g \Leftrightarrow x\,\{t\}\,f' \precsim_{\{t\}} y\,\{t\}\,g'.$$

Axiom AA6: Unabhängigkeit der Wahrscheinlichkeitsrelation

Für alle x, z, x', z' $\in X$ mit $x \succ z$ und $x' \succ z'$ sowie für alle A, B $\in \mathcal{S}$ gilt $x\,A\,z \precsim x\,B\,z \Rightarrow x'\,A\,z' \precsim x'\,B\,z'$.

Axiom AA7: Existenz vorziehenswürdiger Ergebnisse

Es gibt x, z $\in X$ mit $x \succ z$.

Axiom AA8: Atomfreiheit der Ereignisalgebra

Für jedes Ereignis $A \in \mathcal{S}$ mit $A \succ \varnothing$ existiert ein Ereignis $B \in \mathcal{S}$ mit

$$B \subset A \text{ und } A \succ B \succ \varnothing.$$

Auf der Grundlage dieser Axiome zeigt Arrow die Existenz und die Eindeutigkeit eines abzählbar additiven subjektiven Wahrscheinlichkeitsmaßes sowie die Existenz einer bis auf positive lineare Transformationen eindeutig bestimmten Nutzenfunktion, die eine Repräsentation der Präferenzordnung des Entscheidungsträgers mittels des Präferenzfunktionals der subjektiven Erwartungsnutzentheorie erlaubt.[1] Der Anwendungsbereich des Repräsentationstheorems umfaßt von vornherein alle Alternativen, also auch solche, die unendlich viele Ergebnisse mit einer von Null verschiedenen subjektiven Wahrscheinlichkeit erbringen. Da die Definition AA1 und die Axiome AA1, AA6 und AA7 mit den entsprechenden Definitionen und Axiomen in Axiomatik A bzw. Axiomatik AS übereinstimmen, werden im folgenden nur die Definitionen AA2 sowie die Axiome AA2, AA3, AA4, AA5 und AA8 näher betrachtet.

Wie Savage verwendet Arrow bei der Formulierung seiner Axiome eine bedingte Präferenzrelation, die die Präferenzen des Entscheidungsträgers für den Fall zum Ausdruck bringt, daß der Eintritt eines Ereignisses mit Sicherheit bekannt ist. Während Savage diese Relation aber aus der (unbedingten) Präferenzrelation ableitet, handelt es sich bei Arrow um ein originäres Konzept, dessen wichtigste Eigenschaften durch Axiom AA3 näher bestimmt werden und dessen Zusammenhang mit der (unbedingten) Präferenzrelation aus Axiom AA4 hervorgeht. Vergleicht man Definition AA2 mit der Definition von Nullereignissen bei Savage, so werden auch inhaltliche Unterschiede deutlich; denn Definition AA2 läßt - anders als Definition AS3 - $f \prec_A g$ auch dann zu, wenn es sich bei A um ein Nullereignis handelt. Hiervon wird bei der Formulierung der Axiome AA4 und AA5 Gebrauch gemacht.

Axiom AA4 entspricht für endliche Zerlegungen $\{A_i\}$ im wesentlichen dem Dominanzprinzip, das in Abschnitt II.B.1 aus Definition A2 und den Axiomen A1, A2 und A5 abgeleitet wurde. Da Arrow davon ausgeht, daß S alle einelementigen Mengen enthält, impliziert Axiom AA4 auch das in Axiom A8 verankerte schwache Zustandsdominanzprinzip[2] und eine geringfügig schwächere Version von Axiom AS7[3]. Dies ermöglicht es, das Repräsentationstheorem von vornherein im Hinblick auf alle Alternativen zu formulieren. Axiom AA5 ist eng verwandt mit Axiom A2 und Axiom AS3: alle diese Axiome erlauben es, auf der Grundlage der Präferenzrelation auf F eine Präferenzrelation auf dem Ergebnisraum zu definieren, bei der es sich um eine schwache Ordnung handelt. Dementsprechend lassen sich die Axiome A2 und AS3 unter Beachtung der jeweils maßgeblichen Definitionen aus Axiom AA5 in Verbindung mit Axiom AA4 herleiten. Axiom AA8 begründet die Atomfreiheit der Ereignisalgebra; in Axiomatik A geht diese Eigenschaft der

---

[1] Vgl. Arrow (1972), S. 26-54.
[2] Vgl. Lemma 1 in Arrow (1972), S. 25.
[3] Vgl. Lemma 1 in Arrow (1972), S. 36.

Wahrscheinlichkeitsrelation in erster Linie aus den Axiomen A5 und A6 hervor, bei Savage resultiert sie vor allem aus Axiom AS6.

Axiom AA2 dient wie Axiom A7 in erster Linie dazu, die monotone Stetigkeit der Wahrscheinlichkeitsrelation und damit die abzählbare Additivität des Wahrscheinlichkeitsmaßes sicherzustellen, das die Wahrscheinlichkeitseinschätzungen des Entscheidungsträgers repräsentiert. Das Axiom besagt, daß eine verschwindend geringe Modifikation einer Alternative die Präferenzordnung des Entscheidungsträgers nicht verändert. Hieraus folgt unmittelbar, daß keinem Ergebnis ein unendlich großer Nutzen zukommt, was aus Axiom A7 nicht abgeleitet werden kann. Da Axiom AA2 ebenso wie Axiom A7 die monotone Stetigkeit der Wahrscheinlichkeitsrelation impliziert, hätte anstelle von Axiom A7 in Axiomatik A auch Axiom AA2 verwendet werden können. Nach Ansicht des Autors wäre damit jedoch kein wesentlicher Zuwachs an Verständlichkeit erzielt worden, so daß die Entscheidung zugunsten des schwächeren Axioms A7 fiel.

Insgesamt betrachtet wirkt die Axiomatik von Arrow um einiges komplizierter als Axiomatik A oder das Axiomensystem von Savage. Nach Ansicht des Autors liegt dies hauptsächlich an der Formulierung von Axiom AA4, die eine andersartige Behandlung der bedingten Präferenzrelation erforderlich macht und eine Ausstattung der Ereignisalgebra mit allen einelementigen Mengen nahelegt. Es gelang auf diesem Wege zwar, das Dominanzprinzip und das Zustandsdominanzprinzip in dem recht eingängigen Axiom AA4 zusammenzuführen; der durch die Folgewirkungen bedingte Verlust an intuitiver Verständlichkeit wird dadurch aber wohl nicht aufgewogen. Zu kritisieren ist auch, daß die Atomfreiheit der Ereignisalgebra ad hoc eingeführt und nicht aus einem Axiom abgeleitet wird, das die Präferenzordnung des Entscheidungsträgers betrifft. Einer der großen Vorteile der Axiomatisierung Savages, die Herstellung eines Zusammenhangs zwischen den Wahrscheinlichkeitseinschätzungen und den Präferenzen des Entscheidungsträgers, geht zumindest partiell wieder verloren, wenn ein Axiom unmittelbar an einer Eigenschaft der Wahrscheinlichkeitsrelation anknüpft. Aufgrund dieser Nachteile im Vergleich zu Savages Axiomatisierung der subjektiven Erwartungsnutzentheorie fand die Axiomatik von Arrow in der Literatur kaum weitere Beachtung.[1]

---

1 Ausnahmen sind MacCrimmon/Larsson (1979), S. 340-342; Machina/Schmeidler (1992), S. 771.

2.3.2 Axiomensysteme auf der Grundlage reichhaltiger Ergebnisräume

2.3.2.1 Das Axiomensystem von Nakamura

Das Axiomensystem von Nakamura basiert auf einem algebraischen Ansatz, der durch die Verwendung eines Axioms, das die Lösbarkeit gewisser Gleichungs- oder Ungleichungssysteme gewährleistet, und eines Archimedischen Axioms gekennzeichnet ist.[1] Nakamuras eigentliche Leistung in dem zitierten Beitrag bestand in der Entwicklung einer Axiomatik der Choquet Nutzentheorie, die auf den Fall endlicher Zustandsräume zugeschnitten ist; das im folgenden erläuterte Axiomensystem der subjektiven Erwartungsnutzentheorie stellt gewissermaßen ein Nebenprodukt seiner Arbeit dar. Nakamura geht von einem endlichen Zustandsraum aus und unterstellt wie Savage, daß es sich bei $\mathcal{S}$ um die Potenzmenge auf dem Zustandsraum handelt; seine Axiome lauten:[2]

Definition AN1: Wahrscheinlichkeitsrelation

Für alle $A, B \in \mathcal{S}$ gilt $A \precsim B$, wenn es $x, z \in X$ mit $x \succ z$ gibt, für die gilt

$$x\,A\,z \precsim x\,B\,z.$$

Definition AN2: Nullereignis

$A \in \mathcal{S}$ ist ein Nullereignis, wenn für alle $x, y, z \in X$ mit $x \succsim y \succsim z$ gilt

$$x\,A\,z \sim y\,A\,z.$$

Definition AN3: Universalereignis

$A \in \mathcal{S}$ ist ein Universalereignis, wenn für alle $x, y, z \in X$ mit $x \succsim y \succsim z$ gilt

$$x\,A\,y \sim x\,A\,z.$$

Axiom AN1: Schwache beschränkte Präferenzordnung

Für alle $f, g \in F$ gilt $f \precsim g$ oder $g \precsim f$,
für alle $f, g, h \in F$ gilt $f \precsim g$ und $g \precsim h \Rightarrow f \precsim h$.
Für alle $f \in F$ existieren $x, z \in X$ mit $x \succsim f \succsim z$.

---

[1] Zu diesem Ansatz siehe Krantz u. a. (1971), S. 245-315.

[2] Vgl. Nakamura (1990), S. 348-350. Nakamuras Axiomatik der Choquet Nutzentheorie stellt ursprünglich auf das untere Choquet Integral ab; siehe dazu Abschnitt B.2.b in Kapitel V. Zum Zweck der verbesserten Vergleichbarkeit wurden die Definitionen AN1 und AN2 sowie die Axiome AN3 bis AN5 so angepaßt, daß eine Repräsentation der Präferenzordnung auf der Grundlage des oberen Choquet Integrals resultiert.

Axiom AN2: Lösbarkeitsprinzip (Restricted Solvability)

Für alle $f \in F$, alle x^*, x_*, $z \in X$ und alle $A \in \mathcal{S}$ mit $x^* A\, z \succsim f \succsim x_* A\, z$ existiert ein $y \in X$ mit $$y A\, z \sim f.$$

Axiom AN3: Eingeschränktes Monotonieprinzip

Für alle $x, y, z \in X$ und alle $A \in \mathcal{S}$ gilt
im Fall $x, y \succsim z$ $\quad x \precsim y \Leftrightarrow x A\, z \precsim y A\, z$,
sofern es sich bei A nicht um ein Nullereignis handelt,
und im Fall $x \succsim y, z$ $\quad y \precsim z \Leftrightarrow x A\, y \precsim x A\, z$,
sofern es sich bei A nicht um ein Universalereignis handelt.

Axiom AN4: Monotonie der Wahrscheinlichkeitsrelation

Für alle $x, z \in X$ mit $x \succsim z$ und alle $A, B \in \mathcal{S}$ mit $A \subseteq B$ gilt $$x A\, z \precsim x B\, z.$$

Axiom AN5: Archimedisches Prinzip

Gegeben sei ein Ereignis $A \in \mathcal{S}$, bei dem es sich weder um ein Null- noch um ein Universalereignis handelt. Dann ist jede Ergebnisfolge $\{y_i\}$ mit $y_i \in X$ für $i = 1, 2, \ldots$ endlich, sofern $y^*, y_* \in X$ mit $y^* \succ y_i \succ y_*$ für $i = 1, 2, \ldots$ und $x, z \in X$ mit $x \succ z$ oder $z \succ x$ existieren, so daß gilt
entweder $\quad x, z \succsim y_i$ *und* $x A\, y_i \sim z A\, y_{i+1}$ *für alle* $i = 1, 2, \ldots$
oder $\quad x, z \precsim y_i$ *und* $y_i A\, x \sim y_{i+1} A\, z$ *für alle* $i = 1, 2, \ldots$.

Axiom AN6: Kommutationsprinzip

Für alle x^*, z^*, x_i, y_i, $z_i \in X$ mit $i = 1, \ldots, n$ und alle $A \in \mathcal{S}$ mit $y_i \sim x_i A\, z_i$ für $i = 1, \ldots, n$ sowie alle Zerlegungen $\{A_i\}$ von S mit $A_i \in \mathcal{S}$ für $i = 1, \ldots, n$ und $x^* \sim x_n A_n \ldots x_i A_i \ldots x_1$ sowie $z^* \sim z_n A_n \ldots z_i A_i \ldots z_1$ gilt $$x^* A\, z^* \sim y_n A_n \ldots y_i A_i \ldots y_1.$$

Auf der Grundlage dieser Definitionen und Axiome zeigt Nakamura, daß ein eindeutig bestimmtes subjektives Wahrscheinlichkeitsmaß und eine bis auf positive lineare Transformationen eindeutig bestimmte Nutzenfunktion existieren, auf deren Grundlage die Präferenzrelation mittels des Präferenzfunktionals der subjektiven Erwartungsnutzentheorie repräsentiert werden kann; Voraussetzung hierfür ist die Existenz eines Ereignisses, bei dem es sich weder um ein Null- noch um ein Universalereignis handelt.[1] Da der Zustandsraum annahmegemäß nur endlich viele Elemente enthält, erübrigt sich die

[1] Vgl. Nakamura (1990), S. 350-365.

Frage, ob das resultierende subjektive Wahrscheinlichkeitsmaß endlich oder abzählbar additiv ist. Außerdem existiert in diesem Fall keine Alternative mit unendlich vielen möglichen Ergebnissen, so daß eine entsprechende Erweiterung des Repräsentationstheorems von vornherein ausgeschlossen ist.

Der algebraische Ansatz erlaubt es, das gesuchte subjektive Wahrscheinlichkeitsmaß und die Nutzenfunktion gleichsam simultan zu entwickeln. Es ist daher nicht erforderlich, zunächst eine Wahrscheinlichkeitsrelation zu definieren, auf deren Grundlage ein subjektives Wahrscheinlichkeitsmaß konstruiert werden kann; konsequenterweise findet sich bei Nakamura keine Definition einer Wahrscheinlichkeitsrelation. Definition AN1 wurde hier dennoch aufgeführt, weil sie die Interpretation insbesondere von Axiom AN4 erleichtert. Definition AN2 entspricht weitgehend Definition A2; bei der Einschränkung $x \succsim y \succsim z$ handelt es sich um ein für die Axiomatisierung der subjektiven Erwartungsnutzentheorie unbedeutendes Relikt der zugrundeliegenden Axiomatik der Choquet Nutzentheorie. Gleiches gilt für die Einschränkung $x \succsim y \succsim z$ in Definition AN3. Ein Universalereignis kann demzufolge als ein Ereignis aufgefaßt werden, dessen Komplement ein Nullereignis ist.

Der erste Teil von Axiom AN1 ist inzwischen hinlänglich bekannt und bedarf keiner weiteren Erörterung. Bei der durch den zweiten Teil von Axiom AN1 eingeführten Beschränktheit der Präferenzordnung handelt es sich um eine technisch motivierte Restriktion, die in Axiomatik A unmittelbar aus Axiom A5 resultiert. Axiom AN2 begründet in Verbindung mit dem zweiten Teil von Axiom AN1 die Existenz von Sicherheitsäquivalenten für Alternativen und weist insofern Parallelen zu Axiom A5 auf; die Existenz von Sicherheitsäquivalenten für Teilalternativen kann aus Axiom AN2 allerdings nicht abgeleitet werden. Axiom AN3 geht in Axiom A2 über, sofern man die für die Axiomatisierung der subjektiven Erwartungsnutzentheorie unwesentlichen Einschränkungen $x, y \succsim z$ und $x \succsim y, z$ vernachlässigt. Infolge der Axiome AN1, AN2 und AN3 ist der Ergebnisraum bei Nakamura dicht in dem Sinne, daß für alle $x, z \in X$ mit $x \succ z$ ein $y \in X$ existiert, für das $x \succ y \succ z$ gilt; Voraussetzung hierfür ist wieder die Existenz eines Ereignisses, bei dem es sich weder um ein Null- noch um ein Universalereignis handelt. Ist diese Bedingung erfüllt, so enthält der Ergebnisraum offensichtlich unendlich viele Elemente.

Axiom AN4 hat die Monotonie der Wahrscheinlichkeitsrelation bezüglich der Teilmengenrelation und damit eine für die Choquet Nutzentheorie charakteristische Abschwächung der Additivitätseigenschaft zur Folge. In Axiomatik A resultiert die Monotonie der Wahrscheinlichkeitsrelation - ebenso wie deren Additivität - im wesentlichen aus den Axiomen A2 und A5. Axiom AN5 ist - wie bereits bemerkt - vor allem unter technischen Gesichtspunkten bedeutsam und charakteristisch für den algebraischen Ansatz der Axiomatisierung. Es kann etwa so gedeutet werden, daß ein Ergebnis nicht fortlaufend um einen konstanten Betrag verbessert oder verschlechtert werden kann, ohne beliebig erstrebenswert oder ablehnungswürdig zu werden. Bei Axiom AN6 handelt es sich um eine angepaßte Version eines Isometrieaxioms von Pfanzagl.[1] Das Axiom etabliert eine Kommutationseigenschaft im Hinblick auf die Bildung von Sicherheitsäquivalenten.

Chew/Karni haben gezeigt, daß Axiom AN6 durch das folgende Axiom ersetzt werden kann, ohne daß das Repräsentationstheorem von Nakamura seine Gültigkeit verliert:[2]

Axiom AN6': Alternativenunabhängigkeit

Für alle $x^*_i, y^*_i, x_i, y_i, z_i \in X$ *mit* $i = 1, ..., n$, *alle* $A \in \mathcal{S}$ *mit* $x^*_i \sim x_i A z_i$ *und* $y^*_i \sim y_i A z_i$ *für* $i = 1, ..., n$ *sowie alle Zerlegungen* $\{A_i\}$ *von S mit* $A_i \in \mathcal{S}$ *für* $i = 1, ..., n$ *gilt*

$$x_n A_n \ldots x_i A_i \ldots x_1 \succsim y_n A_n \ldots y_i A_i \ldots y_1$$
$$\Rightarrow$$
$$x^*_n A_n \ldots x^*_i A_i \ldots x^*_1 \succsim y^*_n A_n \ldots y^*_i A_i \ldots y^*_1.$$

Voraussetzung hierfür ist der Ersatz von Axiom AN4 durch das stärkere Axiom AN4':

Axiom AN4': Schwaches Zustandsdominanzprinzip

Für alle $f, g \in F$ *gilt* $f(s) \succsim g(s)$ *für alle* $s \in S \Rightarrow f \succsim g$.

Axiom AN6' basiert auf einem von Gul im Rahmen seiner Axiomatisierung der subjektiven Erwartungsnutzentheorie vorgeschlagenen Axiom.[3] Die Bezeichnung Alternativenunabhängigkeit bezieht sich auf die Alternative $z_n A_n \ldots z_i A_i \ldots z_1$, deren Verknüpfung mit $x_n A_n \ldots x_i A_i \ldots x_1$ und $y_n A_n \ldots y_i A_i \ldots y_1$ zu $x^*_n A_n \ldots x^*_i A_i \ldots x^*_1$ und $y^*_n A_n \ldots y^*_i A_i \ldots y^*_1$ führt, die aber keinen Einfluß auf die Präferenzen des Entscheidungsträgers im Hinblick auf diese Alternativen nimmt. Bei Axiom AN4' handelt es sich um das schon bekannte schwache Zustandsdominanzprinzip, das aufgrund der Einschränkung auf endliche Zustandsräume im vorliegenden Zusammenhang dem Dominanzprinzip entspricht.

---

[1] Siehe Pfanzagl (1959), S. 24 und 38; Pfanzagl (1971), S. 91-94.

[2] Dies folgt aus Lemma 1 in Chew/Karni (1994), S. 472. Die Axiome 1 und 2 folgen aus den Axiomen AN1 bzw. AN2; Axiom 3 ist mit Axiom AN4' identisch.

[3] Vgl. Assumption 2 in Gul (1992), S. 101. Das Axiomensystem von Gul wird im Rahmen dieser Arbeit nicht behandelt, weil es auf der Annahme beruht, X sei eine Teilmenge der reellen Zahlen.

Die Axiomatik Nakamuras weist viele Parallelen zu Axiomatik A auf: Definition AN2 sowie Axiom AN3 bzw. Definition A2 und Axiom A2 sind nahezu identisch, Axiom AN2 begründet ebenso wie Axiom A5 die Existenz von Sicherheitsäquivalenten für Alternativen und beide Axiomatisierungen haben einen dichten Ergebnisraum zur Folge. Kritisch ist die intuitive Verständlichkeit von Axiom AN6 im Vergleich zu Axiom A5 zu beurteilen, dem vergleichbare Funktionen im Rahmen der Axiomatik A zukommen. Axiom AN6' stellt insofern zwar eine Verbesserung dar, ist aber immer noch weniger eingängig als Axiom A5. Zu berücksichtigen ist ferner, daß der Anwendungsbereich von Axiomatik AN auf endliche Zustands- sowie unendliche Ergebnisräume und damit ebenso wie derjenige von Axiomatik A in zweifacher Weise eingeschränkt ist. Ein großer Vorteil von Axiomatik AN besteht darin, daß bei Substitution des Axioms AN6 durch ein schwächeres Axiom eine Axiomatik der Choquet Nutzentheorie resultiert. Hierauf wird in Kapitel V zurückzukommen sein.

2.3.2.2 *Das Axiomensystem von Wakker*

Die Axiomatisierung der subjektiven Erwartungsnutzentheorie von Wakker basiert auf einem topologischen Ansatz: Wakker stattet den Ergebnisraum X mit einer Topologie[1] $\mathcal{T}$ aus und nimmt an, der topologische Raum (X, $\mathcal{T}$) sei zusammenhängend und separabel[2]. Dies hat unmittelbar zur Folge, daß der Ergebnisraum unendlich viele Elemente enthält. Ebenso wie Nakamura unterstellt Wakker einen endlichen Zustandsraum; ferner geht er davon aus, daß es sich bei S um die Potenzmenge auf dem Zustandsraum handelt. Der Alternativenraum wird mit $X^{|S|}$ identifiziert und mit der Produkttopologie[3] $\mathcal{F}$ ausgestattet. Das Ergebnis, das sich bei Eintritt des Zustands s einstellt, be-

[1] Ein einer Menge X zugeordnetes Mengensystem $\mathcal{T}$ ist eine Topologie, wenn es $\varnothing$ und X sowie alle Schnittmengen endlich vieler Elemente und alle Vereinigungsmengen enthält. Die Elemente von $\mathcal{T}$ heißen offene Mengen, ihre Komplemente abgeschlossene Mengen. (X, $\mathcal{T}$) wird als topologischer Raum bezeichnet. Zu den im folgenden verwendeten topologischen Grundbegriffen siehe z. B. Fishburn (1972b), S. 63-69.

[2] (X, $\mathcal{T}$) ist zusammenhängend, wenn $\mathcal{T}$ keine nichtleeren Mengen A und B mit $A \cup B = X$ und $A \cap B = \varnothing$ enthält, d. h., wenn die einzigen gleichzeitig offenen und abgeschlossenen Mengen $\varnothing$ und X sind. (X, $\mathcal{T}$) ist separabel, wenn X eine abzählbare, dichte Teilmenge enthält. Eine Menge $A \subset X$ ist dicht, wenn sie jede nichtleere offene Menge schneidet, d. h., wenn für alle Mengen $B \in \mathcal{T}$ mit $B \neq \varnothing$ $A \cap B \neq \varnothing$ gilt.

[3] Die Produkttopologie $\mathcal{F}$ enthält die Mengen $\Pi_{i=1}^{|S|} A_i$ mit $A_i \in \mathcal{T}$ für alle i = 1, ..., |S| sowie alle Vereinigungsmengen dieser Mengen.

zeichnet Wakker als die s-te Koordinate der jeweiligen Alternative. Die Axiome lauten:[1]

Definition AW1: Koordinatenessentialität

$s \in S$ ist essentiell, wenn es $f \in F$ und $x, y \in X$ gibt, für die gilt

$$x\,\{s\}\,f \succ y\,\{s\}\,f.$$

Axiom AW1: Stetige schwache Präferenzordnung

Für alle $f, g \in F$ gilt $f \precsim g$ *oder* $g \precsim f$,
für alle $f, g, h \in F$ gilt $f \precsim g$ *und* $g \precsim h \Rightarrow f \precsim h$.
$\mathcal{F}$ enthält für beliebiges $g \in F$ die Mengen $\{f\colon f \prec g\}$ und $\{f\colon f \succ g\}$.

Axiom AW2: Kardinale Koordinatenunabhängigkeit

Für alle $f, g, f', g' \in F$, alle $x, y, x', y' \in X$ und alle $s, t \in S$ gilt

$$x\,\{s\}\,f \precsim y\,\{s\}\,g,\ x'\,\{s\}\,f \succsim y'\,\{s\}\,g,\ x\,\{t\}\,f' \succsim y\,\{t\}\,g'$$
$$\Rightarrow$$
$$x'\,\{t\}\,f' \succsim y'\,\{t\}\,g',$$

sofern s essentiell ist.

Auf der Grundlage der topologischen Annahmen sowie der Definition AW1 und der Axiome AW1 und AW2 zeigt Wakker, daß ein eindeutig bestimmtes subjektives Wahrscheinlichkeitsmaß sowie eine bis auf positive lineare Transformationen eindeutig bestimmte, stetige Nutzenfunktion existieren, auf deren Basis die Präferenzrelation mittels des Präferenzfunktionals der subjektiven Erwartungsnutzentheorie repräsentiert werden kann. Analog zu der entsprechenden Einschränkung bei Nakamura ist hierfür Voraussetzung, daß mindestens zwei essentielle Zustände existieren; im Fall nur eines essentiellen Zustands ist das subjektive Wahrscheinlichkeitsmaß ebenfalls eindeutig bestimmt, die Nutzenfunktion dagegen nur bis auf stetige, streng monoton steigende Transformationen.[2] Eine Erweiterung der Axiomatik für den Fall unendlicher Zustandsräume liegt vor[3]; ihre Darstellung würde aber den Rahmen dieser Arbeit sprengen.

---

[1] Wakker hat im Rahmen seiner Axiomatisierung der subjektiven Erwartungsnutzentheorie zunächst auf monetäre Ergebnisse abgestellt; siehe Wakker (1984), S. 111-116. Später erweiterte er den Anwendungsbereich auf beliebige Ergebnisse; siehe Wakker (1989b), S. 78-83. Wakker verwendet auch eine etwas andere Formulierung des hier aufgeführten Axioms AW2.

[2] Vgl. Wakker (1984), S. 113; Wakker (1989b), S. 83.

[3] Siehe Wakker (1989b), S. 93-106.

Eine Gegenüberstellung mit Axiomatik A zeigt zunächst, daß keine Definition einer Wahrscheinlichkeitsrelation benötigt wird; die Gründe hierfür sind ähnlich wie bei Nakamura. Definition AW1 weist enge Parallelen zur Definition A2 von Nullereignissen auf: Ein Zustand ist genau dann essentiell, wenn es sich bei dem entsprechenden Ereignis nicht um ein Nullereignis handelt. In bezug auf Axiom AW1 bedarf lediglich der zweite Teil einer genaueren Betrachtung. Die Stetigkeit der Präferenzrelation hat zunächst zur Folge, daß die Mengen $\{x: u[x] > a\}$ und $\{x: u[x] < a\}$ für alle $a \in \mathbb{R}$ der Topologie $\mathcal{T}$ angehören, so daß u stetig bezüglich der Euklidischen Topologie auf $\mathbb{R}$ ist. Ferner impliziert sie, daß $\mathcal{T}$ für alle $x, z \in X$ die Menge $\{y: x \succ y \succ z\}$ beinhaltet. Da $(X, \mathcal{T})$ separabel ist, X mithin eine dichte Teilmenge enthält, ist diese Menge nicht leer, so daß für alle $x, z \in X$ mit $x \succ z$ ein $y \in X$ mit $x \succ y \succ z$ existiert. Der Ergebnisraum ist folglich dicht im Sinne Nakamuras. Axiom AW2 impliziert zusammen mit Axiom AW1 und unter Berücksichtigung der Definitionen A2 und AW1 Axiom A2, ist aber etwas stärker als dieses, weil es seinerseits nur unter Zuhilfenahme anderer Axiome aus Axiom A2 abgeleitet werden kann.

Anders als die Axiomatik von Nakamura weist die Axiomatik von Wakker - abgesehen von den offensichtlichen Parallelen im Hinblick auf Definition AW1 und Axiom AW1 - nur wenige Gemeinsamkeiten mit Axiomatik A auf. Dies ist in erster Linie auf die topologischen Annahmen zurückzuführen, die die explizite Formulierung von Axiomen im Hinblick auf strukturelle Aspekte der Entscheidungssituation erübrigen. Unter mathematischen Gesichtspunkten ist die Zugrundelegung solcher Annahmen vorteilhaft, weil auf diesem Wege das Instrumentarium der Topologie nutzbar gemacht werden kann. Der intuitiven Verständlichkeit ist sie aber wohl nicht dienlich, da von vornherein darauf verzichtet wird, strukturelle Restriktionen in die "Sprache" der Entscheidungstheorie zu kleiden. Daß dies nicht unbedingt bedeutet, daß von anderen strukturellen Restriktionen ausgegangen wird, wird schon daran deutlich, daß sowohl die Axiomatik von Nakamura als auch diejenige von Wakker auf einen dichten Ergebnisraum (im Sinne Nakamuras) zugeschnitten sind; wie in Abschnitt II.C.2.a bemerkt, gilt dies auch für Axiomatik A. Abschließend sei erwähnt, daß aus Wakkers Axiomatik ebenso wie aus derjenigen von Nakamura durch relativ geringfügige Modifikationen eine Axiomatik der Choquet Nutzentheorie gewonnen werden kann; diese Axiomatik wird in Kapitel V erläutert.

2.4 Grundlegende Implikationen der subjektiven Erwartungsnutzentheorie

Im folgenden werden einige grundlegende Implikationen der subjektiven Erwartungsnutzentheorie im Überblick dargestellt, um einen diesbezüglichen Vergleich mit den nachfolgend erörterten Entscheidungstheorien zu ermöglichen. Ein solcher Vergleich ist im Rahmen der vorliegenden Untersuchung zweckmäßig, weil für die Beurteilung von Axiomensystemen nicht nur die einzelnen Axiome, sondern auch die aus den Axiomensystemen insgesamt resultierenden Implikationen bedeutsam sind. Angesichts der Tatsache, daß zu den zu erörternden Sachverhalten eine Fülle von Literatur vorliegt, kann die Darstellung die Form einer Skizze annehmen.

Lineare und parallele Indifferenzkurven

Die subjektive Erwartungsnutzentheorie impliziert lineare und parallele Indifferenzkurven im Drei-Ergebnis Diagramm[1]:

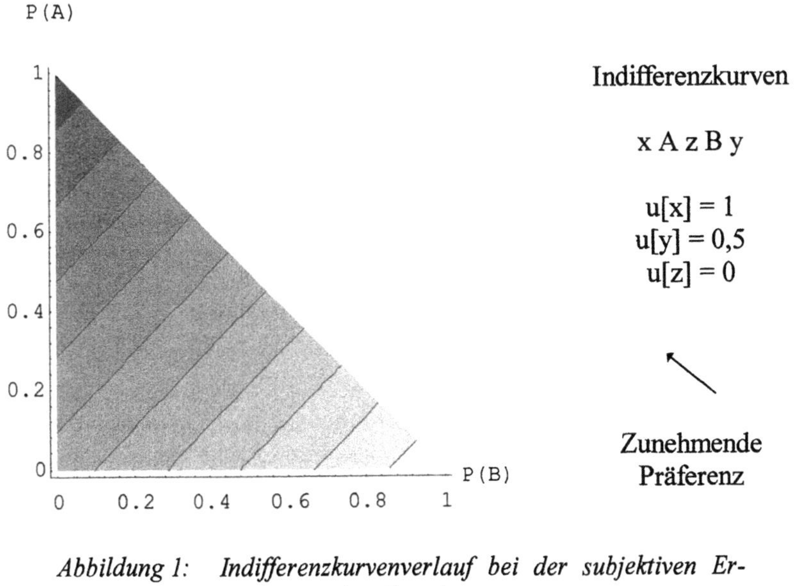

Abbildung 1: Indifferenzkurvenverlauf bei der subjektiven Erwartungsnutzentheorie

[1] Diese Form der graphischen Darstellung findet vornehmlich im Risikokontext Anwendung, kann aber auch der Verdeutlichung von Präferenzrelationen im Ungewißheitsfall dienen, sofern von der Existenz und der Eindeutigkeit subjektiver Wahrscheinlichkeiten auszugehen ist. Sie geht zurück auf Marschak (1950). In der deutschsprachigen Literatur siehe insbesondere Schauenberg (1990). Ein baryzentrisches Koordinatensystem verwendet Fishburn (1988a).

Die Linearität der Indifferenzkurven resultiert aus der in Abschnitt II.B.3 erörterten Betweenness-Eigenschaft. Ihre Parallelität ist eine Folge der ebenfalls aus Axiomatik A resultierenden (stärkeren) Unabhängigkeitseigenschaft der subjektiven Erwartungsnutzentheorie, nach der für alle p, p', q $\in \mathcal{P}$ und für beliebiges $\lambda \in (0, 1)$ $p \precsim p' \Leftrightarrow \lambda p + (1-\lambda) q \precsim \lambda p' + (1-\lambda) q$ gilt[1].

Stochastische Dominanz

Für alle f, g $\in$ F gilt

$$P(\{s: f(s) \succsim x\} \leq P(\{s: g(s) \succsim x\} \text{ für alle } x \in X \Rightarrow f \precsim g,$$

sofern zusätzlich $P(\{s: f(s) \succsim x\} < P(\{s: g(s) \succsim x\}$ *für ein x $\in$ X gilt,*
gilt auch $f \prec g.$

Eine Alternative wird gegenüber einer anderen Alternative schwach präferiert, wenn die subjektive Wahrscheinlichkeit, ein zumindest nicht schlechteres als ein beliebiges gegebenes Ergebnis zu erzielen, bei der ersten Alternative für jedes derartige Ergebnis mindestens so groß ist wie bei der zweiten (schwaches stochastisches Dominanzprinzip). Sie wird strikt präferiert, wenn darüber hinaus die subjektive Wahrscheinlichkeit, ein besseres als ein bestimmtes gegebenes Ergebnis zu erzielen, bei der ersten Alternative zumindest für ein derartiges Ergebnis größer als bei der zweiten ist (striktes stochastisches Dominanzprinzip). Während das strikte stochastische Dominanzprinzip aus dem Axiomensystem von Savage infolge der nur endlichen Additivität des subjektiven Wahrscheinlichkeitsmaßes im allgemeinen nicht abgeleitet werden kann,[2] deckt Axiomatik A auch diese strenge Form stochastischer Dominanz ab.

Messung von Risikoeinstellungen

Handelt es sich bei dem Ergebnisraum um eine Teilmenge der reellen Zahlen - typischerweise wird von monetären Ergebnissen ausgegangen -

---

[1] Es handelt sich um die Konjunktion von $p \prec p' \Rightarrow \lambda p + (1-\lambda) q \prec \lambda p' + (1-\lambda) q$ und $p \sim p' \Rightarrow \lambda p + (1-\lambda) q \sim \lambda p' + (1-\lambda) q$, jeweils für alle p, p', q $\in \mathcal{P}$ und beliebiges $\lambda \in (0, 1)$. Die erste Bedingung entspricht dem üblicherweise verwendeten Unabhängigkeitsaxiom der Erwartungsnutzentheorie für Risikosituationen, die zweite Bedingung resultiert im Risikokontext aus der Hinzunahme des Ordnungsaxioms und eines geeigneten Stetigkeitsaxioms; so etwa in Jensen (1967). Notwendig und hinreichend für die Linearität und Parallelität der Indifferenzkurven ist $p \sim p' \Rightarrow \lambda p + (1-\lambda) q \sim \lambda p' + (1-\lambda) q$ für alle p, p', q $\in \mathcal{P}$ und beliebiges $\lambda \in (0, 1)$.

[2] Vgl. Wakker (1993a); Stinchcombe (1997). Selbstverständlich impliziert das Axiomensystem von Savage auch das strikte stochastische Dominanzprinzip, sofern ausschließlich einfache Alternativen in die Betrachtung einbezogen werden.

und unterstellt man eine streng monoton steigende, zweimal differenzierbare Nutzenfunktion, so läßt sich die Risikoeinstellung des Entscheidungsträgers in geeigneter Weise durch das lokale (absolute) Risikoaversionsmaß

$$r(x) = -\frac{u''[x]}{u'[x]}$$

von Arrow/Pratt[1] charakterisieren. Es basiert auf der Überlegung, daß das Sicherheitsäquivalent einer Alternative für einen risikoaversen Entscheidungsträger zumindest nicht größer als der Erwartungswert der induzierten Ergebnisverteilung sein wird (Risikoaversion im Sinne von Arrow/Pratt). Dies ist genau dann der Fall, wenn $u''[x] \leq 0$ für alle $x \in X$ gilt; da u jedoch nur bis auf positive lineare Transformationen eindeutig bestimmt ist, eignet sich die zweite Ableitung der Nutzenfunktion nicht, um die Risikoeinstellung eines Entscheidungsträgers näher zu kennzeichnen. Das Risikoaversionsmaß von Arrow/Pratt dagegen ist invariant gegenüber solchen Transformationen und bietet damit die Möglichkeit, die Risikoeinstellung zweier Entscheidungsträger zu vergleichen.

Dynamisch konsistentes und konsequentes Entscheidungsverhalten

Geht man davon aus, daß eine mehrstufige Alternative einer einstufigen mit gleicher Ergebnisverteilung äquivalent ist (Reduktionsprinzip für mehrstufige Alternativen[2]) und daß der Entscheidungsträger die anstehenden Alternativen aus einer ganzheitlichen Perspektive beurteilt, so impliziert die subjektive Erwartungsnutzentheorie dynamisch konsistentes und konsequentes Entscheidungsverhalten: In einem nachgelagerten Knoten eines Entscheidungsbaums wird genau diejenige Entscheidung getroffen, die für das Erreichen dieses Knotens im Planungszeitpunkt vorgesehen war.[3] Gleichzeitig hängt jede Entscheidung ausschließlich von der Situation im Entscheidungszeitpunkt und von künftigen Gegebenheiten ab; die historische Entwicklung, die zu dem jeweils betrachteten Entscheidungsknoten geführt hat, spielt keine Rolle (Consequentialism).[4] Das Roll-Back

---

[1] Siehe Pratt (1964), Arrow (1970).

[2] Die Bedeutung dieser Annahme im Rahmen der Betrachtung mehrstufiger Entscheidungsprobleme wurde erstmals von Samuelson erkannt; siehe Samuelson (1952), S. 671. Zum Zusammenhang zwischen der Unabhängigkeitseigenschaft und dem Reduktionsprinzip für mehrstufige Alternativen vgl. Segal (1990, 92).

[3] Zu dieser Definition dynamisch konsistenten Entscheidungsverhaltens vgl. Machina (1989), S. 1636-1637.

[4] Siehe hierzu Hammond (1988a, b); Machina (1989), S. 1639-1642.

Verfahren zur Lösung mehrstufiger Entscheidungsprobleme führt zum gleichen Resultat wie eine ganzheitliche Betrachtung.[1]

Nichtnegativer Wert kostenloser Informationen

Bei Geltung des Reduktionsprinzips für mehrstufige Alternativen besitzt kostenlose Information für einen Entscheidungsträger, dessen Entscheidungen im Einklang mit der subjektiven Erwartungsnutzentheorie stehen, einen nichtnegativen Wert in folgendem Sinn: Hat der Entscheidungsträger kostenlosen Zugang zu einem Informationssystem, so wird er stets zunächst Informationen einholen und erst dann seine Entscheidung treffen. Dies resultiert unmittelbar aus dem für die Informationstheorie fundamentalen Theorem von Blackwell, das unter der Voraussetzung der Geltung der Erwartungsnutzentheorie notwendige und hinreichende Bedingungen dafür angibt, daß alle Entscheidungsträger ein Informationssystem gegenüber einem anderen präferieren.[2]

Existenz von Nash Gleichgewichten

Jedes endliche nichtkooperative Spiel, dessen Spieler Präferenzordnungen gemäß der Erwartungsnutzentheorie aufweisen, besitzt ein Nash Gleichgewicht in gemischten Strategien: Kann ein Spieler davon ausgehen, daß alle anderen Spieler ihrer Gleichgewichtsstrategie folgen, so lohnt es sich für ihn nicht, von seiner Gleichgewichtsstrategie abzuweichen; folglich werden alle Spieler ihren Gleichgewichtsstrategien folgen, sofern das Gleichgewicht eindeutig bestimmt ist. Dieses von Nash bereits 1950 erzielte Resultat[3] ist bekanntlich grundlegend für den Aufbau der nichtkooperativen Spieltheorie. Jeder Versuch, die nichtkooperative Spieltheorie auf der Basis einer alternativen Entscheidungstheorie zu fundieren, stößt auf Probleme, sofern diese die Existenz von Nash Gleichgewichten nicht gewährleistet.

---

[1] Zum Zusammenhang zwischen der Unabhängigkeitseigenschaft, dynamisch konsistentem und konsequentem Entscheidungsverhalten sowie der Anwendbarkeit des Roll-Back Verfahrens vgl. insbesondere LaValle/Wapman (1986); Hammond (1988b), S. 511-513; Machina (1989), S. 1636-1637; Karni/Safra (1989a, b, 91); Dardanoni (1990); Karni/Schmeidler (1991), S. 404; Keller (1992), S. 13-18; Sarin (1992), S. 137-144; LaValle (1992); Sarin/Wakker (1994); Border/Segal (1994); Segal (1997); Eichberger/Grant (1997).

[2] Siehe Blackwell (1953); Blackwell/Girshick (1954), S. 324-331.

[3] Siehe Nash (1950).

2.5 Anhang: Beweis von Repräsentationstheorem A und dessen Erweiterung

Lemma A1:

Für alle x, z, x', z' $\in$ X mit x $\succ$ z und x' $\succ$ z' sowie für alle A, B $\in$ $\mathcal{S}$ gilt

$$x\,A\,z \precsim x\,B\,z \Leftrightarrow x'\,A\,z' \precsim x'\,B\,z'.$$

Beweis:

Vor dem Hintergrund von Axiom A3 ist zu zeigen, daß von x A z $\prec$ x B z auf x' A z' $\prec$ x' B z' geschlossen werden kann. Nach den Axiomen A1 und A2 sowie Definition A2 gilt z $\precsim$ x A z $\prec$ x B z. Die Axiome A1, A5 und A6 gewährleisten die Existenz eines Ereignisses A' $\in$ $\mathcal{S}$ mit A' $\subset$ B, für das x A z $\sim$ x A' z gilt. Aus x A' z B \ A' z $\prec$ x A' x B \ A' z nach Axiom A1 läßt sich durch Anwendung der Axiome A1 und A5 z B \ A' y $\prec$ x B \ A' y gewinnen. Gemäß Definition A2 kann es sich bei B \ A' nicht um ein Nullereignis handeln. Anwendung von Axiom A5 ergibt auch x' A' x' B \ A' z' $\sim$ x' B \ A' y' und x' A' z' B \ A' z' $\sim$ z' B \ A' y'. Aus den Axiomen A1, A2 und A5 folgt x' A' z' $\prec$ x' B z'. Nach Axiom A3 gilt x' A z' $\sim$ x' A' z'. Axiom A1 ergibt x' A z' $\prec$ x' B z'. ■

Lemma A2:

1) Für alle A, B, C $\in$ $\mathcal{S}$ gilt

a) $A \precsim B$ oder $B \precsim A$,

$A \precsim B$ und $B \precsim C \Rightarrow A \precsim C$,

b) $A \cap C = B \cap C = \varnothing \Rightarrow [A \precsim B \Leftrightarrow A \cup C \precsim B \cup C]$,

c) $\varnothing \precsim A \precsim S$ und $\varnothing \prec S$.

2) Im Fall der Existenz eines Ereignisses A^* $\in$ $\mathcal{S}$ mit $\varnothing \prec A^* \prec S$ existiert für jedes Ereignis A $\in$ $\mathcal{S}$ mit $A \succ \varnothing$ ein Ereignis B $\in$ $\mathcal{S}$ mit $B \subset A$ und $A \succ B \succ \varnothing$.

3) Für jede Folge $\{A_i\}$ mit $A_i \subseteq A_{i+1}$ und $A_i \in \mathcal{S}$ für alle i = 1, 2, ... sowie alle B $\in$ $\mathcal{S}$ mit $A_i \precsim B$ für alle i = 1, 2, ... gilt $\bigcup_{i=1}^{\infty} A_i \precsim B$.

Beweis:

1) a) Folgt aus den Axiomen A4 und A1 sowie Definition A1 und Lemma A1.

b) Nach Axiom A4 gibt es x, z $\in$ X mit x $\succ$ z. Man betrachte x A z und x B z sowie x A $\cup$ C z und x B $\cup$ C z. Gemäß Axiom A5 existieren y und y' mit x A z $\sim$ z C y, x B z $\sim$ z C y', x A $\cup$ C z $\sim$ x C y und x B $\cup$ C z $\sim$ x C y'. Aus Axiom A2 und Definition A2 folgt z C y $\precsim$ z C y' $\Leftrightarrow$ x C y $\precsim$ x C y'. Die angestrebte Aussage ergibt sich aus Axiom A1 und Definition A1.

c) $\emptyset \precsim A \precsim S$ folgt aus Axiom A4, Definition A2, Axiom A2 und Definition A1. $\emptyset \prec S$ resultiert aus Axiom A4 und Definition A1.

2) Aus $\emptyset \prec A^* \prec S$ folgt nach Definition A1 $x \succ x\ A^*\ z \succ z$. Gemäß Axiom A5 existiert ein $y \in X$ mit $y \sim x\ A^*\ z$. Axiom A1 ergibt $x \succ y \succ z$. Aus den Definitionen A1 und A2 folgt, daß es sich bei A nicht um ein Nullereignis handeln kann. Aus Axiom A2 resultiert $x\ A\ z \succ y\ A\ z \succ z\ A\ z$. Gemäß den Axiomen A5 und A6 existiert ein $B \in \mathcal{S}$ mit $B \subset A$ und $x\ B\ z \sim y\ A\ z$. Wegen $x\ A\ z \succ x\ B\ z \succ z\ B\ z$ nach Axiom A1 gilt nach Definition A1 $A \succ B \succ \emptyset$.

3) Folgt unmittelbar aus den Axiomen A4 und A7 sowie Definition A1. ■

Beweis von Repräsentationstheorem A, Teil I:

Existiert kein Ereignis $A^* \in \mathcal{S}$ mit $\emptyset \prec A^* \prec S$, so sei $P(A) = 0$ für $A \sim \emptyset$ und $P(A) = 1$ für $A \sim S$. P steht in Einklang mit der Wahrscheinlichkeitsrelation und ist eindeutig definiert. Ansonsten folgt die Existenz und die Eindeutigkeit eines abzählbar additiven Wahrscheinlichkeitsmaßes P mit $P(A) \leq P(B) \Leftrightarrow A \precsim B$ für alle $A, B \in \mathcal{S}$ aus den Lemmata A1 und A2 sowie aus Theorem 3 in Villegas (1964), S. 1794. Existiert ein Ereignis $A^* \in \mathcal{S}$ mit $P(A^*) \in (0, 1)$, so kann jedes Ereignis gemäß Theorem 4 in Villegas (1964), S. 1791, in zwei und folglich auch in 2^n gleichwahrscheinliche Ereignisse zerlegt werden. Zum Beweis, daß unter dieser Voraussetzung für jedes Ereignis $A \in \mathcal{S}$ und für beliebiges $0 \leq \lambda \leq 1$ ein Ereignis $B \subseteq A$ mit $P(B) = \lambda\, P(A)$ existiert, siehe Savage (1954), S. 36, oder Fishburn (1970), S. 199. ■

Lemma A3:

Für alle $x_i \in X$ und alle $A_i, B_i, C_i, D_i \in \mathcal{S}$ mit $A_i \sim C_i$ und $B_i \sim D_i$ für alle i = 1, .., n gilt

$$x_n\ A_n \ldots x_2\ A_2\ x_1 \precsim x_n\ B_n \ldots x_2\ B_2\ x_1 \Rightarrow x_n\ C_n \ldots x_2\ C_2\ x_1 \precsim x_n\ D_n \ldots x_2\ D_2\ x_1.$$

Beweis:

Der Beweis wird durch vollständige Induktion geführt. Aus Axiom A1 folgt $x_1 \sim x_1$, aus den Definitionen A1 und A2 sowie den Axiomen A1 und A2 resultiert $x_2\ A_2\ x_1 \sim x_2\ C_2\ x_1$. Von

$$x_{i-1} \bigcup_{j=i}^{n} A_j\ x_{i-1}\ A_{i-1} \ldots x_1 \sim x_{i-1} \bigcup_{j=i}^{n} C_j\ x_{i-1}\ C_{i-1} \ldots x_1$$

wird ausgegangen. Anwendung von Axiom A5 ergibt

$$x_{i-1} \bigcup_{j=i}^{n} A_j\ x'_{i-1} \sim x_{i-1} \bigcup_{j=i}^{n} C_j\ x''_{i-1}$$

Aus Lemma A2 folgt $\bigcup_{j=i}^{n} A_j \sim \bigcup_{j=i}^{n} C_j$. Handelt es sich bei $\bigcup_{j=1}^{i-1} A_j$ und $\bigcup_{j=1}^{i-1} C_j$ um Nullereignisse, so gilt gemäß Definition A2 auch

$$x_i \bigcup_{j=i}^{n} A_j\ x'_{i-1} \sim x_i \bigcup_{j=i}^{n} C_j\ x''_{i-1}.$$

Zu dem gleichen Ergebnis gelangt man über den Nachweis von $x'_{i-1} \sim x''_{i-1}$ mittels Axiom A2. In jedem Fall folgt

$$x_i \bigcup_{j=i}^{n} A_j \, x_{i-1} \, A_{i-1} \dots x_1 \sim x_i \bigcup_{j=i}^{n} C_j \, x_{i-1} \, C_{i-1} \dots x_1.$$

Die angestrebte Aussage ergibt sich aus Axiom A1. ■

Lemma A4:

Für alle $x, y \in X$ gibt es ein $x' \in X$, so daß für alle $A, B \in \mathcal{S}$ mit konstantem $\frac{P(A)}{P(A)+P(B)}$ und für alle $z \in X$ gilt

$$x \, A \, y \, B \, z \sim x' \, A \cup B \, z.$$

Beweis:

Es gilt $\frac{P(A)}{P(A)+P(B)} \in [0, 1]$; problematisch ist nur der Fall $\frac{P(A)}{P(A)+P(B)} \in (0, 1)$. Mittels Repräsentationstheorem A, Teil I, konstruiere man ein Ereignis $C \in \mathcal{S}$ mit $P(C) = \frac{P(A)}{P(A)+P(B)}$. Offensichtlich ist $P(A) \leq P(C)$ und $P(B) \leq P(\bar{C})$. Gemäß Axiom A5 existiert ein Ereignis $x' \in X$ mit $x \, C \, y \sim x'$. Man zerlege C und $\bar{C}$ mittels Repräsentationstheorem A, Teil I, in jeweils 2^n gleichwahrscheinliche Ereignisse und bezeichne diese mit C_i^n und $\bar{C}_j^n$, $i, j = 1, \dots, 2^n$. Gemäß Axiom A5 existiert für alle i, j ein $x'_{ij} \in X$, so daß für beliebiges $f \in F$

$$x \, C_i^n \, y \, \bar{C}_j^n \, f \sim x'_{ij} \, C_i^n \cup \bar{C}_j^n \, f$$

gilt. Setzt man $f = z$, so gilt nach Lemma A3 $x \, C_i^n \, y \, \bar{C}_j^n \, z \sim x \, C_{i'}^n \, y \, \bar{C}_{j'}^n \, z$ für alle i', j'. Aus den Axiomen A1 und A2 sowie Lemma A3 folgt $x'_{ij} \sim x'_{i'j'}$. Durch induktive Anwendung der Axiome A2 und A5 läßt sich auf $x'_{ij} \sim x'$ für alle i, j und den behaupteten Zusammenhang für $P(A) = m \, 2^{-n} \, P(C)$ und $P(B) = m \, 2^{-n} \, P(\bar{C})$ mit $m, n \in \mathbb{N}$, $m < 2^n$ schließen.
Angenommen, die behauptete Aussage wäre unrichtig, wenn sich P(A) und P(B) nicht durch $P(A) = m \, 2^{-n} \, P(C)$ bzw. $P(B) = m \, 2^{-n} \, P(\bar{C})$ mit $m, n \in \mathbb{N}$, $m < 2^n$ darstellen lassen. Dann müßten Ereignisse $A, B \in \mathcal{S}$ mit $\frac{P(A)}{P(A)+P(B)} = P(C)$ existieren, für die $x \, A \, y \, B \, z \prec x' \, A \cup B \, z$ oder $x \, A \, y \, B \, z \succ x' \, A \cup B \, z$ gilt. Von $x \, A \, y \, B \, z \succ x' \, A \cup B \, z$ sei ausgegangen, der Widerspruchsbeweis für $x \, A \, y \, B \, z \prec x' \, A \cup B \, z$ verläuft analog. Axiom A2 erlaubt es, von $x \succsim y \succsim z$ auszugehen. Aus Lemma A2 sowie den Axiomen A1, A2, A5 und A6 folgt die Existenz eines Ereignisses $D \subset \overline{A \cup B}$ mit $D \succ \emptyset$, für das $x \, A \, y \, B \, z \succ x' \, A \cup B \cup D \, z$ gilt. Von der Existenz von $m, n \in \mathbb{N}$, $m < 2^n$ mit $P(A \cup B \cup D) = m \, 2^{-n}$ ist nach Lemma A3 auszugehen. D wird dann mittels Repräsentationstheorem A, Teil I, so in zwei Ereignisse D_1 und D_2 zerlegt, das $P(D_1) = P(C) \cdot P(D)$ und $P(D_2) = P(\bar{C}) \cdot P(D)$ gilt. Es folgt

$$P(C) = \frac{P(A) + P(D_1)}{P(A) + P(B) + P(D)}.$$

Aus den Axiomen A1, A2 und A5 resultiert $x\ A \cup D_1\ y\ B \cup D_2\ z \succsim x\ A\ y\ B\ z$. Axiom A1 ergibt $x\ A \cup D_1\ y\ B \cup D_2\ z \succ x'\ A \cup B \cup D\ z$. Gemäß dem ersten Teil des Beweises müßte dagegen $x\ A \cup D_1\ y\ B \cup D_2\ z \sim x'\ A \cup B \cup D\ z$ gelten. ■

Beweis von Repräsentationstheorem A, Teil II:[1]

Man betrachte zwei beliebige Ergebnisse $x_1, x_n \in X$ mit $x_n \succ x_1$. Nachgewiesen wird zunächst die Existenz einer Funktion u: $\{x \in X: x_n \succsim x \succsim x_1\} \rightarrow [0, 1]$, die für $f, g \in F$ mit $f = x_n\ A_n\ x_{n-1}\ A_{n-1} \ldots x_2\ A_2\ x_1$ und $g = x_n\ B_n\ x_{n-1}\ B_{n-1} \ldots x_2\ B_2\ x_1$ mit $x_i \succsim x_{i-1}$ für alle $i = 2, \ldots, n$ die geforderten Eigenschaften besitzt. u wird definiert durch $u[x] = P(D_x)$ mit $x_n\ D_x\ x_1 \sim x$ für alle $x \in X$ mit $x_n \succsim x \succsim x_1$. Die Existenz des Ereignisses $D_x \in \mathcal{S}$ ist durch Axiom A6 sichergestellt. Lemma A3 gewährleistet die Unabhängigkeit von dem spezifischen Ereignis D_x. Axiom A5 garantiert die Existenz von $x_f, x_g \in X$ mit $f \sim x_f$ und $g \sim x_g$; aus Axiom A1 folgt $f \precsim g \Leftrightarrow x_f \precsim x_g$. Durch induktive Anwendung der Axiome A2 und A5 läßt sich $x_n \succsim x_f \succsim x_1$ bzw. $x_n \succsim x_g \succsim x_1$ zeigen. Definition A1 ergibt $f \precsim g \Leftrightarrow u[x_f] \leq u[x_g]$. Bewiesen wird $u[x_f] = \sum_{i=1}^{n} u[x_i]\ P(A_i)$.

Für $x, z \in X$ mit $x_n \succsim x, z \succsim x_1$ und $x\ A\ z \sim y$ gilt $u[y] = u[x]\ P(A) + u[z]\ P(\bar{A})$. Von $u[x] = P(D_x)$, $u[y] = P(D_y)$ und $u[z] = P(D_z)$ mit $x_n\ D_x\ x_1 \sim x$, $x_n\ D_y\ x_1 \sim y$ bzw. $x_n\ D_z\ x_1 \sim z$ ist auszugehen. Axiom A1 ergibt $x\ A\ z \sim x_n\ D_y\ x_1$. Man zerlege D_y und $\bar{D}_y$ mittels Repräsentationstheorem A, Teil I, in E_1 und E_2 bzw. E_3 und E_4 mit $P(E_1) = P(A) \cdot P(D_x)$ und $P(E_2) = P(\bar{A}) \cdot P(D_z)$ bzw. $P(E_3) = P(A) \cdot P(\bar{D}_x)$ und $P(E_4) = P(\bar{A}) \cdot P(\bar{D}_z)$. Durch zweimalige Anwendung von Lemma A4 unter Zuhilfenahme der Axiome A2 und A5 erhält man $u[y] = u[x]\ P(A) + u[z]\ P(\bar{A})$.

Axiom A5 gewährleistet die Existenz von Ergebnissen $z_i \in X$, so daß

$$x_n\ A_n \ldots x_i\ A_i\ x_{i-1}\ A_{i-1} \ldots x_2\ A_2\ x_1 \sim x_n\ A_n \ldots x_i\ A_i\ z_{i-1}$$

für $i = 2, \ldots, n-2$ gilt. Gemäß Repräsentationstheorem A, Teil I, und Lemma A4 existieren $x'_i \in X$ mit $i = 1, \ldots, n-1$, für die

$$\begin{array}{llll}
 & x_n\ A_n\ x_{n-1}\ A_{n-1}\ z_{n-2} & \sim & x'_{n-1}\ A_n \cup A_{n-1}\ z_{n-2} \\
\sim & x'_{n-1}\ A_n \cup A_{n-1}\ x_{n-2}\ A_{n-2}\ z_{n-3} & \sim & x'_{n-2}\ A_n \cup A_{n-1} \cup A_{n-2}\ z_{n-3} \\
\sim & \ldots & \sim & \ldots \\
\sim & x'_i \bigcup_{j=i}^{n} A_j\ x_{i-1}\ A_{i-1}\ z_{i-2} & \sim & x'_{i-1} \bigcup_{j=i-1}^{n} A_j\ z_{i-2} \\
\sim & \ldots & \sim & \ldots \\
\sim & x'_4 \bigcup_{j=4}^{n} A_j\ x_3\ A_3\ z_2 & \sim & x'_3 \bigcup_{j=3}^{n} A_j\ z_2 \\
\sim & x'_3 \bigcup_{j=3}^{n} A_j\ x_2\ A_2\ x_1 & \sim & x'_2 \bigcup_{j=2}^{n} A_j\ x_1 \\
 & & \sim & x'_1 \quad \sim \quad x_f
\end{array}$$

[1] Zu Teilen des Beweises vgl. Fishburn (1970), S. 201-206.

und $x'_i \bigcup_{j=i}^{n} A_j\, x_{i-1}\, A_{i-1}\, x_1 \sim x'_{i-1} \bigcup_{j=i-1}^{n} A_j\, x_1$ sowie $x'_i\, A'_{i-1}\, x_{i-1} \sim x'_{i-1}$ mit $P(A'_{i-1}) = \frac{P(\bigcup_{j=i}^{n} A_j)}{P(\bigcup_{j=i-1}^{n} A_j)}$ für $i = 3, ..., n$ $(x'_n = x_n)$ resultiert. Es ergibt sich $u[x'_{i-1}]\, P(\bigcup_{j=i-1}^{n} A_j) = u[x'_i]\, P(\bigcup_{j=i}^{n} A_j) + u[x_{i-1}]\, P(A_{i-1})$ für $i = 2, ... , n$ und damit $u[x_f] = \sum_{i=1}^{n} u[x_i]\, P(A_i)$.

Als nächstes wird gezeigt, daß u bis auf positive lineare Transformationen eindeutig bestimmt ist. Gegeben sei eine Funktion u, so daß für alle $f, g \in F$ mit

$$f = x_n\, A_n\, x_{n-1}\, A_{n-1} \ldots x_2\, A_2\, x_1$$

$$g = x_n\, B_n\, x_{n-1}\, B_{n-1} \ldots x_2\, B_2\, x_1$$

gilt $$f \precsim g \Leftrightarrow \sum_{i=1}^{n} u[x_i]\, P(A_i) \leq \sum_{i=1}^{n} u[x_i]\, P(B_i).$$

Daß diese Beziehung auch für jede positive lineare Transformation u' von u gilt, ist offensichtlich. Zum Beweis, daß es sich bei jeder Funktion u', die diese Beziehung erfüllt, um eine positive lineare Transformation von u handelt, betrachte man die positiven linearen Transformation

$$\bar{u}[x] = \frac{u[x] - u[x_1]}{u[x_n] - u[x_1]} \text{ und } \bar{u}'[x] = \frac{u'[x] - u'[x_1]}{u'[x_n] - u'[x_1]}.$$

Wegen $\bar{u}[x_n] = \bar{u}'[x_n] = 1$ und $\bar{u}[x_1] = \bar{u}'[x_1] = 0$ gilt $\bar{u}[x] = \bar{u}'[x]$ für alle $x \in X$ mit $x_n \succsim x \succsim x_1$. Aus $\bar{u}[x] = \bar{u}'[x]$ resultiert

$$u'[x] = \frac{u'[x_n] - u'[x_1]}{u[x_n] - u[x_1]}\, u[x] - u[x_1]\, \frac{u'[x_n] - u'[x_1]}{u[x_n] - u[x_1]} + u'[x_1].$$

u' ist folglich eine positive lineare Transformation von u.

Schließlich ist zu zeigen, daß der Definitionsbereich von u so ausgeweitet werden kann, daß u die gewünschten Eigenschaften für alle einfachen Alternativen besitzt. Man betrachte hierzu Ergebnisse $x_*, x^* \in X$ mit $x^* \succ x_*$ und $x^* \succ x_n \succ x_1 \succ x_*$. Von der Existenz zweier Funktionen u'_1: $\{x \in X: x_n \succsim x \succsim x_*\} \rightarrow [0, 1]$ und u'_2: $\{x \in X: x^* \succsim x \succsim x_1\} \rightarrow [0, 1]$ mit den gleichen Eigenschaften wie u ist auszugehen. Da diese Eigenschaften von positiven linearen Transformation unberührt bleiben, ist es möglich, an die Stelle von u'_1 und u'_2 die Funktionen

$$u_1[x] = \frac{u'_1[x] - u'_1[x_1]}{1 - u'_1[x_1]} \text{ und } u_2[x] = \frac{u'_2[x]}{u'_2[x_n]}$$

zu setzen. Wegen $u'_1[x_n] = 1$ und $u'_2[x_1] = 0$ gilt $u_1[x_1] = u_2[x_1] = 0$ und $u_1[x_n] = u_2[x_n] = 1$. Man betrachte nun $x \in X$ mit $x_1 \precsim x \precsim x_n$ mit $x_n\, D_x\, x_1 \sim x$. Es gilt

$$u_1[x] = u_1[x_n]\, P(D_x) + u_1[x_1]\, (1 - P(D_x)) = P(D_x) = u[x]$$

$$u_2[x] = u_2[x_n]\, P(D_x) + u_2[x_1]\, (1 - P(D_x)) = P(D_x) = u[x].$$

Dies ermöglicht die Definition einer Funktion u: $X \rightarrow \mathbb{R}$, die für alle $f, g \in F$ die gewünschten Eigenschaften besitzt; wie oben wird gezeigt, daß auch diese Funktion bis auf positive lineare Transformationen eindeutig bestimmt ist. ■

Beweis der Erweiterung zu Repräsentationstheorem A:[1]

Zunächst ist zu zeigen, daß u beschränkt ist. Angenommen, u wäre nach oben unbeschränkt. Dann gäbe es Ergebnisse $x_i \in X$ mit $i = 1, 2, \ldots$, so daß $u[x_i] > 2^i$ mit $x_{i+1} \succ x_i$ für alle $i = 1, 2, \ldots$ ist. Man betrachte dann eine - mittels Repräsentationstheorem A, Teil I, konstruierbare - Folge disjunkter Ereignisse $\{A_i\}$ mit $P(A_i) = 2^{-i}$ für $i = 1, 2, \ldots$ und $f \in F$ mit

$$f = \ldots x_n A_n \ldots x_2 A_2 x_1$$

sowie die Alternativenfolge $\{f_n\}$ mit

$$f_n = x_n \bigcup_{i=n+1}^{\infty} A_i\, x_n A_n \ldots x_2 A_2 x_1.$$

$u[x_n]\, P(\bigcup_{i=n+1}^{\infty} A_i) + \sum_{i=1}^{n} u[x_i]\, P(A_i) > u[x_n]\, P(\bigcup_{i=n+1}^{\infty} A_i) + n \geq n$ zeigt, daß sich für jedes $y \in X$ ein $n \in \mathbb{N}$ mit $y \prec f_n$ finden läßt. Dies wäre offensichtlich nur dann nicht möglich, wenn $u[y]$ den Wert ∞ annimmt, was aber durch Axiom A6 ausgeschlossen ist. Wegen $f(s) \succsim f_n(s)$ für alle $s \in S$ gilt nach Axiom A8 $f \succsim f_n$ für alle $n \in \mathbb{N}$. Aus Axiom A1 folgt $y \prec f$ für alle $y \in X$. Es ergibt sich ein Widerspruch zu Axiom A5, wonach für jedes $f \in F$ ein $z \in X$ mit $z \sim f$ existiert. Analog kann man zeigen, daß auch die Annahme einer nach unten unbeschränkten Nutzenfunktion auf einen Widerspruch führt. Folglich ist u beschränkt.

Im weiteren nutze man die Beschränktheit von u, um mittels einer linearen Transformation $\inf\{u[x]: x \in X\} = 0$ und $\sup\{u[x]: x \in X]\} = 1$ zu gewährleisten. Gemäß Axiom A5 existiert für beliebiges $f \in F$ ein $x \in X$ mit $x \sim f$. Zu zeigen ist

$$x \sim f \Leftrightarrow u[x] = \int_S u[f(s)]\, dP.$$

Es wird davon ausgegangen, daß $\mathcal{X}$ für jedes $a \in \mathbb{R}$ die Menge $\{x: u[x] \leq a\}$ enthält. Man betrachte die Zerlegungsfolge $\{A_i^n\}$ von S mit $A_1^n = \{s: 0 \leq u[f(s)] \leq 1/n\}$ und $A_i^n = \{s: (i\text{-}1)/n < u[f(s)] \leq i/n\}$ für $i = 2, \ldots, n$ und alle $n \in \mathbb{N}$. Aus den Eigenschaften des Integrals folgt für alle $n = 1, 2, \ldots$

$$\sum_{i=1}^{n} \frac{i-1}{n} P(A_i^n) \leq \int_S u[f(s)]\, dP \leq \sum_{i=1}^{n} \frac{i}{n} P(A_i^n).$$

Gemäß Axiom A5 existieren Ergebnisse x_i^n, so daß

$$x_n^n A_n^n \ldots x_i^n A_i^n \ldots x_1^n \sim f$$

gilt. Aus $(i\text{-}1)/n \leq u[f(s)] \leq i/n$ für alle $s \in A_i^n$ mit $i = 1, \ldots, n$ und $P(A_i^n) > 0$ folgt nach Axiom A8 $(i\text{-}1)/n \leq u[x_i^n] \leq i/n$. Denn angenommen, es gälte $u[x_i^n] < (i\text{-}1)/n$ oder $u[x_i^n] > i/n$. Dann müßte nach Axiom A5 und Repräsentationstheorem A, Teil I, ein y bzw. ein y' existieren, für das $u[x_i^n] < u[y] \leq (i\text{-}1)/n$ bzw. $u[x_i^n] > u[y'] \geq i/n$ gilt. Hieraus würde $f(s)\, A_i^n\, y \succsim y$ bzw. $f(s)\, A_i^n\, y' \precsim y'$ für alle $s \in A_i^n$ folgen. Aus Axiom A8 ergäbe sich $f\, A_i^n\, y \succsim y$ bzw. $f\, A_i^n\, y' \precsim y'$ und damit auch $x_i^n\, A_i^n\, y \succsim y$ bzw.

[1] Der Beweis ist im wesentlichen demjenigen in Fishburn (1970), S. 206-210, nachempfunden, konnte aber aufgrund der Annahme der Existenz von Sicherheitsäquivalenten für Teilalternativen verkürzt werden.

$x_i^n\ A_i^n\ y' \precsim y'$. Für $P(A_i^n) > 0$ resultiert demgegenüber nach Axiom A2 $x_i^n\ A_i^n\ y \prec y$ bzw. $x_i^n\ A_i^n\ y' \succ y'$. Für alle n = 1, 2, ... ergibt sich damit

$$\sum_{i=1}^{n} \frac{i-1}{n} P(A_i^n) \leq u[x] \leq \sum_{i=1}^{n} \frac{i}{n} P(A_i^n)$$

Eine Grenzwertbetrachtung zeigt $u[x] = \int_S u[f(s)]\, dP$. ■

3 Zur Berücksichtigung intransitiver Präferenzrelationen: Eine Axiomatisierung der Skew-Symmetric Additive Nutzentheorie auf der Grundlage reichhaltiger Ergebnis- und Zustandsräume

3.1 Empirische Befunde zu und normativer Status von intransitiven Präferenzrelationen

Als konstitutives Merkmal einer schwachen Präferenzordnung hat die in Axiom A1 verankerte Transitivität der Präferenzrelation zur Folge, daß jede endliche Alternativenmenge ein Element besitzt, das gegenüber allen anderen zur Entscheidung anstehenden Alternativen schwach präferiert wird. Dies ermöglicht es, die vom Entscheidungsträger getroffene oder zu treffende Entscheidung im Wege der Maximierung einer Funktion zu bestimmen. Die Transitivität der Präferenzrelation entpuppt sich damit als eine unter mathematischen Gesichtspunkten höchst angenehme Eigenschaft, die insbesondere die Ableitung der Implikationen der subjektiven Erwartungsnutzentheorie erheblich erleichtert. Mathematische Handhabbarkeit ist aber ein allenfalls nachgelagertes Kriterium zur Beurteilung einer Entscheidungstheorie; von ausschlaggebender Bedeutung ist - in Abhängigkeit vom intendierten Anwendungsbereich - ihre Adäquatheit unter deskriptiven oder normativen Gesichtspunkten. Im folgenden werden zunächst empirische Befunde in bezug auf die Transitivität von Präferenzrelationen referiert. Anschließend werden Argumente für und wider die Rationalität intransitiver (nicht notwendig transitiver) Präferenzrelationen erörtert.

Intransitive Präferenzrelationen werden vor allem in multikriteriellen Kontexten beobachtet.[1] Klassisches Beispiel hierfür ist ein Experiment von May, bei dem 62 Studenten aufgefordert wurden, eine Auswahl zwischen hypothetischen Ehepartnern x, y und z mit folgenden Charakteristika zu treffen:[2]

	Intelligenz	Aussehen	Vermögen
x:	Sehr intelligent	Normal	Durchschnittlich
y:	Intelligent	Sehr gut	Arm
z:	Weniger intelligent	Gut	Reich

---

[1] Vgl. May (1954), S. 7; MacCrimmon/Larsson (1979), S. 401. Über entsprechende Experimente berichten May (1954), S. 6-7; MacCrimmon (1968), S. 6-7; Tversky (1969), S. 33-40.

[2] Siehe May (1954), S. 6-7. Die Präferenzrelation der Entscheidungsträger wurde im Wege des paarweisen Vergleichs bestimmt; die Bekundung von Indifferenz war dabei nicht vorgesehen.

17 der 62 Versuchspersonen bekundeten den Präferenzzyklus $\{x \succ y, y \succ z, z \succ x\}$; offenbar wurde jeweils diejenige Alternative bevorzugt, die in zwei der drei angeführten Kriterien vorteilhaft erscheint. In bezug auf intransitive Indifferenzrelationen führen MacCrimmon/Larsson aus: "You may be indifferent between 10 grains of sugar in your coffee and 11 grains of sugar, and between 11 grains and 12 grains, and so forth, but there will come a point, say 1500 grains, which you will not find indifferent to 10 grains."[1] Eine naheliegende Erklärung besteht darin, daß der Entscheidungsträger Unterschiede zwischen verschiedenen Alternativen nur dann erkennt, wenn sie eine gewisse Größenordnung erreichen.[2]

Das verschiedentlich gegen diese Befunde angeführte Argument, die beobachteten intransitiven Präferenzrelationen seien ausschließlich auf zufälliges Fehlverhalten der Versuchspersonen und keineswegs auf systematische Verstöße gegen die Transitivitätseigenschaft zurückzuführen,[3] ist schon angesichts der Regularität der beobachteten Intransitivitäten - keine Versuchsperson wies in dem Experiment von May den alternativ möglichen Präferenzzyklus $\{x \succ z, z \succ y, y \succ x\}$ auf - wenig überzeugend. Zudem widersetzten sich in zumindest einem Experiment einige der Versuchspersonen einer nachträglichen Anpassung ihrer Entscheidungen - bezeichnenderweise mit dem Argument, bei der vergleichenden Beurteilung jeweils zweier Alternativen hätten unterschiedliche Kriterien im Vordergrund gestanden -,[4] so daß zufälliges Fehlverhalten wohl ausgeschlossen werden kann.

Die Hypothese potentiell intransitiver Präferenzrelationen bietet ferner eine verhältnismäßig einfache Erklärung für das Preference Reversal Phänomen. Bei dem Experiment, in dessen Rahmen dieses Phänomen auftritt, werden den Versuchspersonen zwei Wetten mit zumindest annähernd gleichem Erwartungswert vorgelegt, von denen die eine mit hoher Wahrscheinlichkeit zu einem geringen Gewinn (P-Wette) und die andere mit geringer Wahrscheinlichkeit zu einem hohen Gewinn (G-Wette) führt. Die Versuchspersonen werden dann aufgefordert, für diese Wetten zunächst eine Präferenzrelation zu bekunden und anschließend die minimalen Verkaufspreise zu bestimmen, zu denen sie bereit wären, das Recht an der jeweiligen Wette zu veräußern. Es zeigt sich, daß ein großer Teil der Versuchspersonen, die die P-Wette gegenüber der G-Wette präferieren, der G-Wette einen höheren Verkaufspreis zuordnet; der umgekehrte Fall ist dagegen nur selten zu beobachten.

---

[1] MacCrimmon/Larsson (1979), S. 401. Das Beispiel findet sich in ähnlicher Form zuerst in Luce (1956), S. 179.

[2] Vgl. Armstrong (1950), S. 122.

[3] Aus jüngerer Zeit siehe Sopher/Gigliotti (1993a). Das Argument findet sich schon in Davis (1958).

[4] Siehe MacCrimmon (1968), S. 7.

Das Phänomen wurde von Lichtenstein/Slovic und Lindman entdeckt[1] und in der Folgezeit von einer Vielzahl anderer Autoren überprüft und bestätigt[2]. Weitere Untersuchungen zeigten, daß das Preference Reversal Phänomen auch in nicht-monetären Kontexten auftritt,[3] daß es auch dann zu beobachten ist, wenn eine mehrmalige Teilnahme an den betrachteten Wetten zur Disposition steht,[4] und daß es - allerdings weniger häufig - sogar dann auftritt, wenn die Präferenzrelation und die minimalen Verkaufspreise simultan bestimmt werden.[5] Aufgrund der Asymmetrie des Phänomens steht außer Frage, daß es nicht auf zufälliges Fehlverhalten der Versuchspersonen zurückgeführt werden kann.

Interpretiert man die von den Versuchspersonen geäußerten minimalen Verkaufspreise als Sicherheitsäquivalente und bezeichnet die betreffenden Alternativen und ihre Sicherheitsäquivalente mit f und g bzw. x und y, so kommt in dem Preference Reversal Phänomen die intransitive Präferenzrelation $\{f \succ g, f \sim x, x \prec y, y \sim g\}$ zum Ausdruck. Eine Interpretation der minimalen Verkaufspreise als Sicherheitsäquivalente ist allerdings nicht zwingend, und tatsächlich besteht die Möglichkeit, das Phänomen auch auf der Basis transitiver Präferenzrelationen durch einen Verstoß gegen die Unabhängigkeitseigenschaft der subjektiven Erwartungsnutzentheorie oder gegen das Reduktionsprinzip für mehrstufige Alternativen zu erklären.[6] Neuere empirische Arbeiten, deren Untersuchungsdesign zum Teil speziell im Hinblick auf diese

---

1 Siehe Lichtenstein/Slovic (1971, 73) und Lindman (1971).

2 Siehe insbesondere Grether/Plott (1979); Reilly (1982); Pommerehne/Schneider/ Zweifel (1982). Die Intention ihrer Untersuchung beschreiben Grether/Plott so: "This paper reports the results of a series of experiments designed to descredit the psychologists' works as applied to economics."; Grether/Plott (1979), S. 623. Weitere empirische Befunde referieren Slovic/Lichtenstein (1983). Aus jüngster Vergangenheit stammt Ganzach (1996).

3 Siehe z. B. Irwin u. a. (1993).

4 Siehe Wedell/Böckenholt (1990).

5 Siehe Ordonez u. a. (1995).

6 Holt (1986) interpretiert das Untersuchungsdesign aus der Sicht der Versuchspersonen unter Berücksichtigung der zufälligen Auswahl und Ausspielung einer der betrachteten Wetten als zweistufiges Entscheidungsproblem und erklärt das Phänomen darauf aufbauend durch einen Verstoß gegen die Unabhängigkeitseigenschaft. Karni/Safra (1987, 88) zeigen, daß die regelmäßig nach der Becker/De Groot/Marschak (1964) Prozedur ermittelten minimalen Verkaufspreise nur dann den jeweiligen Sicherheitsäquivalenten entsprechen, wenn von der Gültigkeit der Unabhängigkeitseigenschaft ausgegangen wird, und daß das Phänomen mithin auch durch Verstöße gegen die Unabhängigkeitseigenschaft erklärt werden kann. Safra/Segal/Spivak (1990) argumentieren, daß das Phänomen mit sonstigen empirischen Befunden in Einklang steht, die Verstöße gegen die Unabhängigkeitseigenschaft aufzeigen. Segal (1988) stellt ebenfalls auf die Anwendung der Becker/ DeGroot/Marschak Prozedur ab und zeigt, daß auch Verstöße gegen das Reduktionsprinzip für mehrstufige Alternativen das Phänomen erklären.

Erklärungsmöglichkeiten gestaltet wurde, sprechen allerdings eher dafür, das Preference Reversal Phänomen auf intransitive Präferenzrelationen zurückzuführen.[1]

Aus normativer Sicht galten intransitive Präferenzrelationen in der Vergangenheit geradezu als Inbegriff von Irrationalität, während sich in jüngerer Zeit die Ansicht durchzusetzen scheint, daß ein Rationalitätsbegriff, der ausschließlich auf transitive Präferenzrelationen abstellt, von falschen Voraussetzungen ausgeht und zu eng gefaßt ist.[2] Insbesondere zwei Argumente wurden - und werden immer noch - gegen die Berücksichtigung intransitiver Präferenzrelationen im Rahmen der normativen Entscheidungstheorie vorgebracht:[3] Erstens wird behauptet, im Fall eines Präferenzzyklus könne nicht bestimmt werden, wie sich der Entscheidungsträger letztlich entscheiden sollte. Da es aus normativer Sicht letztlich um die Abgabe von Verhaltensempfehlungen geht, wäre dies nicht akzeptabel. Zweitens wird argumentiert, daß intransitive Präferenzrelationen eine Ausbeutung des Entscheidungsträgers in folgender Weise ermöglichen: Angenommen, ein Entscheidungsträger mit der Präferenzrelation $f \succ g$, $g \succ h$ und $h \succ f$ sei die Wette f eingegangen. Dann müßte er bereit sein, jeweils unter Zuzahlung eines gewissen Geldbetrags zunächst f gegen h, dann h gegen g und schließlich g gegen f zu tauschen. Nach Abschluß dieser Transaktionen nähme er wie zu Beginn an der Wette f teil. Seine Vermögensposition wäre aufgrund der geleisteten Zuzahlungen aber schlechter als zuvor. Folglich könnte ein zweiter Entscheidungsträger, der die Intransitivität der Präferenzrelation des ersten Entscheidungsträgers durchschaut, auf dessen Kosten Vorteile erringen (Money-Pump Argument).[4]

Beide Argumente vermögen nicht zu überzeugen. Geht man von einem direkten Zusammenhang zwischen Präferenzrelationen und Entscheidungen aus, so resultiert die im ersten Argument aufgezeigte Problematik nicht aus der Intransitivität der Präferenzrelation, sondern aus der Modellierung der Präferenzen des Entscheidungsträgers durch eine zweistellige Relation.[5] Infolge dieser Modellierung stellt die Präferenzrelation auf einen paarweisen Alternativenvergleich ab; sie kann demnach auch nur im Hinblick auf einen paar-

---

1 Siehe Cox/Epstein (1989); Tversky/Slovic/Kahneman (1990); Loomes (1990); Loomes/Starmer/Sugden (1991a); MacDonald/Huth/Taube (1992).

2 Einen Überblick gibt van Acker (1990), S. 30. Siehe auch Ponsard (1990), S. 279-282.

3 Eine Sammlung der in der Literatur angeführten Argumenten gegen die Rationalität intransitiver Präferenzrelationen findet sich in Fishburn (1991a), S. 116-121.

4 Das Money-Pump Argument geht zurück auf Raiffa (1968), S. 77-79.

5 Den generellen Zusammenhang zwischen Präferenzrelationen und Entscheidungen behandelt van Acker (1990), S. 10-15. Zu der hier getroffenen Aussage vgl. Fishburn (1991a), S. 117-118; Fishburn (1992), S. 4.

weisen Alternativenvergleich interpretiert werden. Aus der intransitiven Präferenzrelation $\{f \succ g, g \succ h, h \succ f\}$ etwa ist dann nur zu schließen, daß sich der Entscheidungsträger in Abhängigkeit davon, ob f und g, g und h oder h und f zur Entscheidung anstehen, für f, g bzw. h entscheiden sollte. Die Ableitung von Verhaltensempfehlungen ist unproblematisch, aufgrund der Interpretation der Präferenzrelation - und nicht aufgrund ihrer Intransitivität - aber eben nur in dem Fall möglich, daß genau zwei Alternativen vorliegen. Folgt man dieser Überlegung, so entpuppt sich die aufgezeigte Problematik als Argument gegen die Modellierung der Präferenzen des Entscheidungsträgers durch eine zweistellige Relation, nicht aber gegen die Berücksichtigung intransitiver Präferenzrelationen. Eine Remodellierung ist offensichtlich auch unter deskriptiven Gesichtspunkten von Interesse; sie wird - wenn auch in etwas anderer Weise als hier angedeutet - in Kapitel VII behandelt.

Bei mehr als zwei Alternativen ist die Herstellung eines direkten Zusammenhangs zwischen einer zweistelligen Präferenzrelation und der zu treffenden Entscheidung von vornherein ausgeschlossen. Präferenzrelationen sind als theoretisches Konstrukt aufzufassen, das der Beschreibung von Präferenzen dient. Die Ableitung einer Verhaltensempfehlung erfordert zusätzlich eine Entscheidungsregel, die den Zusammenhang zwischen der Präferenzrelation und der Entscheidung herstellt. Im Fall transitiver Präferenzrelationen lautet diese Entscheidungsregel, daß sich der Entscheidungsträger für eine Alternative entscheiden sollte, die er gegenüber allen anderen Alternativen zumindest schwach präferiert. Wie zu Beginn dieses Abschnitts erörtert, stellt die Transitivität der Präferenzrelation im Fall endlicher Alternativenmengen die Anwendbarkeit dieser Entscheidungsregel sicher. Die aufgezeigte Problematik ist so gesehen nicht auf die Intransitivität der Präferenzrelation, sondern auf die mangelnde Anwendbarkeit der auf transitive Präferenzrelationen zugeschnittenen Entscheidungsregel zurückzuführen. Tatsächlich existiert jedoch auch bei intransitiven Präferenzrelationen unter bestimmten Bedingungen eine Entscheidungsregel, mittels derer in sinnvoller Weise eine Verhaltensempfehlung entwickelt werden kann; im einzelnen wird dies in Abschnitt III.C erläutert.

Vor dem Hintergrund dieser Überlegungen wird auch deutlich, daß das Money-Pump Argument auf bestimmten Annahmen bezüglich des Zusammenhangs zwischen Präferenzrelationen und Entscheidungen aufbaut. Insbesondere wird aus der Präferenzrelation $\{f \succ g, g \succ h, h \succ f\}$ geschlossen, daß sich der Entscheidungsträger im Rahmen eines mehrstufigen Entscheidungsproblems für f entscheidet, wenn f und g zur Entscheidung anstehen. Dies ist aber keineswegs zwingend, da die Präferenzrelation die Präferenzen des Entscheidungsträgers in einer Situation beschreibt, in der die drei Alternativen f, g und h zu berücksichtigen sind, und mithin auf eine ganzheitliche Perspektive abstellt. Insbesondere ist aus der Präferenzrelation nicht zu ersehen, daß der Entscheidungsträger entsprechenden Tauschgeschäften im Rahmen eines mehrstufigen Entscheidungsproblems überhaupt zustimmt, wenn er sich aus ganzheitlicher Perspektive einmal für f entschieden hat.[1] Es ist vielmehr durchaus denkbar, daß der Entscheidungsträger den Verzicht auf die Teilnahme an einer einmal eingegangenen Wette anders beurteilt als die Teilnahme an der Wette selbst; das Preference Reversal Phänomen bietet hierfür aus deskriptiver Sicht interessante Anhaltspunkte. Insofern ist Fishburn zuzustimmen, wenn er behauptet: "The money-pump concept also reveals a narrow perspective on how choice might be based on preferences, and perhaps a lack of imagination in dealing with cyclic patterns."[2] Damit soll keineswegs bestritten werden, daß intransitive Präferenzrelationen existieren, auf die das Money-Pump Argument anwendbar ist und die dementsprechend - wie gewisse transitive Präferenzrelationen auch - aus normativer Sicht abzulehnen sind. Es kann jedoch nicht davon ausgegangen werden, daß dies für alle intransitiven Präferenzrelationen gilt.

3.2 Axiomatische Erfassung und numerische Repräsentation intransitiver Präferenzrelationen

3.2.1 Axiomatik B und Repräsentationstheorem

3.2.1.1 Anpassung von Axiomatik A im Hinblick auf die Berücksichtigung intransitiver Präferenzrelationen

Die vorstehenden Ausführungen deuten darauf hin, daß intransitive Präferenzrelationen empirisch bedeutsam sind und daß mit Entscheidungen, die intransitive Präferenzrelationen widerspiegeln, nicht unbedingt ein Verstoß gegen das Rationalitätspostulat der normativen Entscheidungstheorie einhergeht. Eine an möglichst exakten Aussagen interessierte ökonomische Theorie sollte demnach über eine axiomatisch fundierte numerische Repräsentation intransitiver Präferenzrelationen verfügen, um das Wissen über Zahlensysteme für die Erforschung der ökonomischen Implikationen intransitiver Präferenzrelationen nutzbar machen zu können. Im folgenden wird zunächst erläutert, in welcher Weise Axiomatik A modifiziert werden muß, um zu einer zweckmäßigen Repräsentation intransitiver Präferenzrelationen zu gelangen. Daran anschließend wird erörtert, wie das bereits im vorherigen Abschnitt aufgezeigte Problem der Entscheidungsfindung auf der Grundlage intransitiver Präferenzrelationen gelöst werden kann. Des weiteren geht es um einige grundlegende Implikationen der entwickelten Axiomatik.

---

[1] Vgl. z. B. Fishburn (1988a), S. 43-44; Fishburn (1988b), S. 7; Fishburn/LaValle (1988), S. 1225; Fishburn (1991a), S. 118; Diedrich (1996), S. 627-629.

[2] Fishburn (1988a), S. 44.

Die einschneidendste Modifikation, die an Axiomatik A vorgenommen werden muß, betrifft offensichtlich Axiom A1, das eine schwache Präferenzordnung auf dem Alternativenraum konstituiert: Allenfalls der erste, die Vergleichbarkeit von Alternativen betreffende Teil von Axiom A1 kann beibehalten werden; der zweite Teil, der die Transitivität der Präferenzrelation begründet, muß entfallen. Damit allein ist es jedoch nicht getan; der Wegfall der Transitivitätseigenschaft erfordert darüber hinaus einige weitere Modifikationen, damit ein Homomorphismus der Präferenzrelation mit einer Relation auf der Menge der reellen Zahlen etabliert werden kann. Für die Behandlung dieser Modifikationen ist es zweckmäßig, das letztlich resultierende Axiomensystem B zunächst im ganzen darzustellen:

Definition B1: Wahrscheinlichkeitsrelation

Für alle $A, B \in \mathcal{S}$ *gilt* $A \precsim B$, *wenn es* $x, z \in X$ *mit* $x \succ z$ *gibt, für die gilt*
$$x\,A\,z \precsim x\,B\,z.$$

Definition B2: Nullereignis

$A \in \mathcal{S}$ *ist ein Nullereignis, wenn für alle* $x, y, z, z' \in X$ *mit* $z \sim z'$ *gilt*
$$x\,A\,z \sim y\,A\,z'.$$

Axiom B1a: Vergleichbarkeit von Alternativen

Für alle $f, g \in F$ *gilt* $\quad f \precsim g$ *oder* $g \precsim f$.

Axiom B1b: Transitivität der Wahrscheinlichkeitsrelation

Für alle $x, z \in X$ *und alle* $A, B, C \in \mathcal{S}$ *gilt*
$$x\,A\,z \precsim x\,B\,z \text{ und } x\,B\,z \precsim x\,C\,z \Rightarrow x\,A\,z \precsim x\,C\,z.$$

Axiom B2: Dominanzprinzip

Für alle $x, y, x', y' \in X$ *und alle* $A \in \mathcal{S}$ *gilt*
$$x \precsim y \text{ und } x' \precsim y' \Rightarrow x\,A\,x' \precsim y\,A\,y',$$
sofern es sich bei A nicht um ein Nullereignis handelt, gilt auch
$$x \prec y \text{ und } x' \precsim y' \Rightarrow x\,A\,x' \prec y\,A\,y'.$$

Axiom B3: Unabhängigkeit der Wahrscheinlichkeitsrelation

Für alle $x, z, x', z' \in X$ *mit* $x \succ z$ *und* $x' \succ z'$ *sowie für alle* $A, B \in \mathcal{S}$ *gilt*
$$x\,A\,z \sim x\,B\,z \Leftrightarrow x'\,A\,z' \sim x'\,B\,z'.$$

Axiom B4: Existenz vorziehenswürdiger Ergebnisse

Es gibt $x, y, z \in X$ *mit* $\quad x \succ y,\ y \succ z$ *und* $x \succ z$.

Axiom B5: Existenz von Sicherheitsäquivalenten für Teilalternativen

Für alle $f, f' \in F$ und alle $A \in \mathcal{S}$ gibt es ein $x \in X$, so daß für alle $g, g' \in F$ gilt $$f\,A\,g \precsim f'\,A\,g' \Leftrightarrow x\,A\,g \precsim f'\,A\,g'.$$

Axiom B6: Atomfreiheit der Ereignisalgebra

Für alle $A \in \mathcal{S}$, alle $x, y, z \in X$ und alle $g \in F$ mit $x\,A\,z \succ g$, $g \succ z$ und $x\,A\,z \succ z$ gibt es ein $B \in \mathcal{S}$ mit $B \subset A$, so daß gilt
$$x\,B\,z \sim g,\ x\,A\,z \succ x\,B\,z \text{ und } x\,B\,z \succ z.$$

Axiom B7: Monotone Stetigkeit der Wahrscheinlichkeitsrelation

Für alle $x, z \in X$ mit $x \succ z$, jede Ereignisfolge $\{A_i\}$ mit $A_i \subseteq A_{i+1}$ für $i = 1, 2, \ldots$ sowie alle $B \in \mathcal{S}$ gilt
$$x \bigcup_{i=1}^{\infty} A_i\, z \precsim x\,B\,z \Leftarrow x\,A_i\,z \precsim x\,B\,z \text{ für alle } i = 1, 2, \ldots .$$

Abgesehen davon, daß Axiom B1a nur den ersten Teil von Axiom A1 umfaßt, ergeben sich Unterschiede im Vergleich zu Axiomatik A bei Definition B2 sowie bei den Axiomen B2, B4, B5 und B6; neu ist Axiom B1b.

Axiom B1b etabliert eine Transitivitätseigenschaft im Hinblick auf alle Teilmengen der Präferenzrelation, die Alternativen mit maximal zwei möglichen Ergebnissen betreffen. Ohne diese Transitivitätseigenschaft könnte - dies ging aus den Ausführungen in Abschnitt II.B.2 hervor - kein Wahrscheinlichkeitsmaß existieren, das mit der durch Definition B1 bestimmten Wahrscheinlichkeitsrelation in Einklang steht. Folglich ist die Einfügung von Axiom B1b oder eines entsprechenden anderen Axioms unabdingbar, wenn Definition B1 beibehalten und auf ein entsprechendes subjektives Wahrscheinlichkeitsmaß nicht verzichtet werden soll. Infolge der Beibehaltung der Transitivitätseigenschaft in bezug auf Teilmengen der Präferenzrelation wird das angestrebte Ziel der Berücksichtigung intransitiver Präferenzrelationen nur zum Teil erreicht. Die empirischen Befunde legen allerdings die Vermutung nahe, daß intransitive Präferenzrelationen nur dann zu erwarten sind, wenn zumindest drei Ergebnisse in die Betrachtung einbezogen werden. Unter normativen Gesichtspunkten dürfte einer partiellen Transitivität der Präferenzrelation ohnehin nichts entgegenstehen, so daß die Einfügung von Axiom B1b vertretbar erscheint.

Axiom B2 beinhaltet anstelle des in Axiom A2 verankerten Monotonieprinzips das Dominanzprinzip für Alternativen mit zwei möglichen Ergebnissen. Schon in Abschnitt II.B.1 war angemerkt worden, daß die Ableitung des Dominanzprinzips aus Axiomatik A die Heranziehung von Axiom A1 erfordert; sie scheitert, sofern nicht mehr von der Transitivität der Präferenzrelation ausgegangen werden kann. Um die Geltung des Dominanzprinzips weiterhin sicherzustellen, muß das Monotonieprinzip in Axiomatik B durch das Dominanzprinzip für Alternativen mit zwei möglichen Ergebnissen ersetzt werden. Bezieht man Axiom B1a in die Betrachtung ein, so ist Axiom B2 im Hinblick auf die Menge zulässiger Präferenzrelationen restriktiver als Axiom A2; denn infolge der aus Axiom B1a resultierenden Reflexivität der Indifferenzrelation impliziert Axiom B2 Axiom A2, während das Umgekehrte nicht der Fall ist.

Die letzte wesentliche Modifikation betrifft Axiom A5. Gemäß diesem Axiom existiert für jede Teilalternative ein sicherheitsäquivalentes Ergebnis in dem Sinne, daß der Entscheidungsträger gegenüber einer entsprechend modifizierten und der ursprünglichen Alternative indifferent ist. Ersetzt man eine Teilalternative durch ihr Sicherheitsäquivalent, so bleiben die Präferenzen des Entscheidungsträgers in bezug auf die betreffende Alternative infolge der in Axiom A1 verankerten Transitivitätseigenschaft unverändert. Aus diesem Grund wurde Axiom A5 in Abschnitt II.B.1 als Ausweitungsprinzip bezeichnet, das die in den Axiomen A1 bis A3 verankerten Charakteristika der Präferenzrelation auf Alternativen mit mehr als drei möglichen Ergebnissen überträgt. Entfällt die Transitivitätseigenschaft, so ist Axiom A5 zu schwach, um diese Funktion zu erfüllen. An die Stelle von Axiom A5 tritt daher Axiom B5, das im wesentlichen dieselbe Idee verkörpert und Axiom A5 impliziert.

Die Modifikationen, die zu Definition B2 und zu den Axiomen B4 und B6 führen, sind von vergleichsweise untergeordneter Bedeutung. Ein Nullereignis gemäß Definition A2 ist gleichzeitig ein Nullereignis nach Definition B2, wenn man die in Axiom A1 verankerte Transitivität der Präferenzrelation und Axiom A2 berücksichtigt. Umgekehrt ist ein Nullereignis gemäß Definition B2 infolge der aus Axiom B1a resultierenden Reflexivität der Indifferenzrelation stets auch ein Nullereignis nach Definition A2. Unter Berücksichtigung des jeweiligen axiomatischen Hintergrundes handelt es sich bei einem Ereignis im Rahmen von Axiomatik A demnach genau dann um ein Nullereignis, wenn das Ereignis auch im Rahmen von Axiomatik B als Nullereignis anzusehen ist; ein inhaltlicher Unterschied zwischen den beiden Definitionen besteht trotz der etwas weiteren Formulierung von Definition B2 letztlich nicht.

Während der Beweis des zu Axiomatik A gehörigen Repräsentationstheorems die Existenz mindestens zweier unterschiedlich präferierter Ergebnisse erfordert, sind zum Beweis des zu Axiomatik B gehörigen Repräsentationstheorems mindestens drei Ergebnisse erforderlich, die der Entscheidungsträger unterschiedlich präferiert. Dementsprechend etabliert Axiom B4 abweichend von Axiom A4 die Existenz mindestens dreier solcher Ergebnisse. Im Fall nur zweier unterschiedlich präferierter Ergebnisse könnte insbesondere die Atomfreiheit der Ereignisalgebra auf der Grundlage der Axiome B1 bis B7 nicht nachgewiesen werden, womit ein wesentlicher Baustein zum Nachweis der Existenz eines eindeutig bestimmten subjektiven Wahrscheinlichkeitsmaßes entfiele. Axiom B6 schließlich stellt nichts anderes dar als eine auf intransitive Präferenzrelationen und auf die Modifikation von Axiom A5 abgestimmte Formulierung von Axiom A6. Es impliziert Axiom A6 und läßt sich unter Zuhilfenahme der Axiome A1 und A5 auch aus Axiom A6 ableiten.

Insgesamt betrachtet scheint Axiomatik B nahezu ebenso eingängig wie Axiomatik A, wenn man von der auf den ersten Blick etwas komplizierter anmutenden Formulierung der Axiome B5 und B6 absieht. Unter axiomatischen Gesichtspunkten kann die Berücksichtigung intransitiver Präferenzrelationen demnach als unproblematisch angesehen werden. Unbefriedigend ist allenfalls Axiom B1b, das ausschließlich durch die Notwendigkeit motiviert ist, die Transitivität der Wahrscheinlichkeitsrelation sicherzustellen, und insofern im Rahmen einer auf Präferenzen und nicht auf Wahrscheinlichkeitseinschätzungen abstellenden Axiomatik einen Fremdkörper darstellt. Eine in dieser Hinsicht befriedigendere Axiomatik wird in Kapitel VII vorgestellt.

3.2.1.2 Repräsentation der Präferenzrelation mittels des Präferenzfunktionals der Skew-Symmetric Additive Nutzentheorie

Intransitive Präferenzrelationen lassen sich nicht auf die gleiche Weise numerisch repräsentieren wie transitive Präferenzrelationen. Denn die übliche Vorgehensweise, jeder Alternative eine reelle Zahl zuzuordnen, und die Präferenzen des Entscheidungsträgers an dem Größenverhältnis dieser Zahlen festzumachen, kommt infolge der Transitivität der Relationen $\leq$, $\geq$, $<$, $>$ und $=$ auf der Menge der reellen Zahlen offensichtlich nur bei transitiven Präferenzrelationen in Frage. Eine auch für die Repräsentation intransitiver Präferenzrelationen geeignete Möglichkeit besteht darin, jeweils zwei Alternativen eine Zahl zuzuordnen, und die Präferenzen des Entscheidungsträgers anhand des Vorzeichens dieser Zahl zu bestimmen.[1] Diese Idee liegt auch der numerischen Repräsentation der gemäß Axiomatik B zulässigen Präferenzrelationen zugrunde.

Im Mittelpunkt steht dabei eine Funktion $u: X \times X \rightarrow \mathbb{R}$, deren Funktionswert als Nutzendifferenz interpretiert werden kann. Dementsprechend gilt $x \precsim y \Leftrightarrow u[x, y] \leq 0$ für alle $x, y \in X$. u nimmt also genau dann den Wert Null an, wenn der Entscheidungsträger gegenüber beiden Ergebnissen indifferent ist; ein Funktionswert größer (kleiner) null dagegen weist auf eine strikte Präferenz für das als erstes (zweites) Argument angeführte Ergebnis hin. Infolge der Asymmetrie der strikten Präferenzrelation muß u[y, x] stets

---

[1] Einen Überblick über die Möglichkeiten, intransitive Präferenzrelationen numerisch zu repräsentieren, gibt Fishburn (1991a), S. 121-130.

kleiner null sein, wenn u[x, y] größer null ist; es liegt nahe, von u[y, x] = -u[x, y] auszugehen. Wie die Präferenzrelation auf der Menge der sicheren Alternativen numerisch repräsentiert wird, ist damit bereits geklärt. Die Repräsentation der Präferenzrelation auf der Menge der einfachen Alternativen ergibt sich auf dieser Grundlage aus einer Gegenüberstellung der bei Eintritt der möglichen Ereignisse jeweils erzielbaren Ergebnisse; sie ist dem folgenden Repräsentationstheorem zu entnehmen:[1]

Repräsentationstheorem B

Bei Geltung der Axiome B1 bis B7 existiert genau ein abzählbar additives, atomfreies Wahrscheinlichkeitsmaß P, so daß für alle $A, B \in \mathcal{S}$ *gilt*

$$P(A) \leq P(B) \Leftrightarrow A \precsim B.$$

Ferner existiert eine Funktion $u: X \times X \to \mathbb{R}$ *mit* $u[x, y] = -u[y, x]$ *für alle* $x, y \in X$*, so daß für alle* $x_i, y_i \in X$ *und alle* $A_i \in \mathcal{S}$ *mit* $i = 1, \ldots, n$ *gilt*

$$x_n A_n x_{n-1} A_{n-1} \ldots x_2 A_2 x_1 \precsim y_n A_n y_{n-1} A_{n-1} \ldots y_2 A_2 x_1$$

$$\Leftrightarrow$$

$$\sum_{i=1}^{n} u[x_i, y_i] P(A_i) \leq 0.$$

Die Funktion u ist bis auf Multiplikationen mit einer positiven Konstanten eindeutig bestimmt.

Repräsentationstheorem B besagt, daß genau ein abzählbar additives Wahrscheinlichkeitsmaß existiert, das mit der Wahrscheinlichkeitsrelation in Einklang steht, und daß dieses Wahrscheinlichkeitsmaß atomfrei ist. Darüber hinaus existiert eine Funktion u: $X \times X \to \mathbb{R}$, auf deren Grundlage die gemäß Axiomatik B zulässigen Präferenzrelationen auf der Menge einfacher Alternativen wie dargestellt numerisch repräsentiert werden können. u ist in der angeführten Weise symmetrisch[2] und bis auf Multiplikationen mit einer positiven Konstanten eindeutig bestimmt: Handelt es sich bei u um eine Funktion mit den angeführten Eigenschaften, so ist auch u' = a u mit a > 0 eine derartige Funktion; umgekehrt kann jede Funktion u', die die gleichen Eigenschaften wie u besitzt, durch Multiplikation von u mit einer positiven Konstanten gewonnen werden.

Der Beweis von Repräsentationstheorem B findet sich im Anhang zu diesem Kapitel; er ist im wesentlichen an den Beweis des Repräsentationstheorems der Skew-Symmetric Additive (SSA) Nutzentheorie von Fishburn ange-

---

[1] Siehe den Beweis von Repräsentationstheorem B, Teil I und Teil II, im Anhang zu diesem Kapitel.

[2] Fishburn bezeichnet eine Funktion mit dieser Eigenschaft als Skew-Symmetric; vgl. z. B. Fishburn (1988a), S. 68.

lehnt[1]. Zunächst wird gezeigt, daß die Wahrscheinlichkeitsrelation und die Ereignisalgebra alle in Abschnitt II.B.2 aufgeführten Bedingungen für die Existenz und die Eindeutigkeit eines mit der Wahrscheinlichkeitsrelation verträglichen, abzählbar additiven Wahrscheinlichkeitsmaßes P erfüllen. Auf der Grundlage der Normierung u[x, z] = 1 für beliebige Ergebnisse x und z mit x ≻ z wird dann die Funktion u wie folgt definiert: es gilt $u[x', z'] = \frac{P(A)}{P(\bar{A})}$ für x' ≻ z' mit x A z' ~ z A x', u[x', z'] = 0 für x' ~ z' und u[x', z'] = -u[z', x'] für x' ≺ z'. Es folgt der Nachweis, daß die Präferenzrelation auf der Menge der einfachen Alternativen mittels der so definierten Funktion wie dargestellt repräsentiert werden kann und daß u bis auf Multiplikationen mit einer positiven Konstanten eindeutig bestimmt ist.

Wie im vorherigen Abschnitt deutlich wurde, impliziert Axiomatik B für transitive Präferenzrelationen Axiomatik A, sofern der Spezialfall lediglich zweier unterschiedlich präferierter Ergebnisse außer acht bleibt. In diesem Fall existiert eine bis auf positive lineare Transformationen eindeutig bestimmte Nutzenfunktion u': X → ℝ mit u[x, y] = u'[x] - u'[y] für alle x, y ∈ X, so daß die numerische Repräsentation der Präferenzrelation in diejenige der subjektiven Erwartungsnutzentheorie übergeht. Umgekehrt läßt sich unschwer zeigen, daß die Präferenzrelation transitiv sein muß, wenn von der Existenz einer derartigen Nutzenfunktion u' ausgegangen werden kann. Daß es sich bei Axiomatik B und Repräsentationstheorem B um Verallgemeinerungen von Axiomatik A bzw. Repräsentationstheorem A handelt, äußert sich des weiteren darin, daß Axiomatik B im Gegensatz zu Axiomatik A das Reduktionsprinzip nicht impliziert. Offensichtlich gilt das Reduktionsprinzip im vorliegenden Zusammenhang, sofern Axiomatik B um die Transitivität der Präferenzrelation ergänzt wird. Interessanterweise hat umgekehrt auch eine Einbeziehung des Reduktionsprinzips in Axiomatik B die Transitivität der Präferenzrelation und damit den Übergang zur subjektiven Erwartungsnutzentheorie zur Folge. Die Transitivität der Präferenzrelation und das Reduktionsprinzip sind folglich bei Geltung von Axiomatik B äquivalent.[2]

Die Ausweitung des Anwendungsbereichs von Repräsentationstheorem B auf alle Alternativen ist auf der Grundlage eines weiteren Axioms möglich:

Axiom B8: Starkes bedingtes Zustandsdominanzprinzip

Für alle f, g ∈ F, alle A ∈ $\mathcal{S}$ und alle z, z' ∈ X gilt

$$f(s)\,A\,z \prec g(s)\,A\,z' \text{ für alle } s \in A \Rightarrow f\,A\,z \prec g\,A\,z'.$$

[1] Siehe Fishburn (1988a), S. 210-215; Fishburn (1989a), S. 196-204.
[2] Dies resultiert unmittelbar aus Theorem 2 in Fishburn (1987), S. 833.

Axiom B8 ist - angesichts der vergleichbaren Funktionen nicht verwunderlich - eng verwandt mit dem in Axiom A8 verankerten und zur Erweiterung von Repräsentationstheorem A herangezogenen schwachen Zustandsdominanzprinzip, unterscheidet sich von diesem aber in zweierlei Hinsicht: Erstens erfordert der im Anhang angeführte Widerspruchsbeweis der Beschränktheit von u die Einführung eines starken anstelle eines schwachen Zustandsdominanzprinzips. Und zweitens erwies sich die Einführung eines in der angeführten Weise bedingten Zustandsdominanzprinzips als zweckmäßig, um die Integralrepräsentation zu etablieren. Aus intuitiver Sicht dürfte beiden Modifikationen nichts entgegenstehen.

Unter Zuhilfenahme von Axiom B8 läßt sich zeigen:

Erweiterung zu Repräsentationstheorem B

Bei zusätzlicher Geltung von Axiom B8 ist die Funktion u beschränkt und es gilt für alle f, g ∈ F

$$f \precsim g \Leftrightarrow \int_S u[f(s), g(s)]\, dP \leq 0.$$

Abgesehen von den strukturellen Restriktionen im Hinblick auf den Zustands- und den Ergebnisraum unterliegt das damit erzielte Resultat keinen Einschränkungen. Dies ist vor allem deshalb erwähnenswert, weil bislang kein vergleichbares Repräsentationstheorem vorliegt, das auch Alternativen mit unendlich vielen möglichen Ergebnissen erfaßt.

3.2.1.3 Gegenüberstellung mit dem Axiomensystem von Fishburn

Ebenso wie Axiomatik B aus Axiomatik A abgeleitet werden kann, läßt sich aus der Axiomatik von Savage ein Axiomensystem gewinnen, das eine numerische Repräsentation intransitiver Präferenzrelationen erlaubt. Dieses Axiomensystem wurde 1986 von Fishburn in einem Arbeitsbericht vorgestellt und erstmals 1988 in eine Publikation aufgenommen. Fishburn geht wie Savage davon aus, daß es sich bei $\mathcal{S}$ um die Potenzmenge auf S handelt. Er stellt dann zunächst fest, daß der von Savage geführte Beweis der Existenz und der Eindeutigkeit eines endlich additiven, mit der Wahrscheinlichkeitsrelation verträglichen Wahrscheinlichkeitsmaßes lediglich die Transitivität der Präferenzrelation in bezug auf Alternativen mit zwei möglichen Ergebnissen erfordert, so daß Axiom AS1 entsprechend modifiziert werden kann, ohne daß dieser Beweis seine Gültigkeit verliert. Im weiteren führt Fishburn den Nachweis, daß die Einfügung eines bedingten Dominanzprinzips und eine geringfügige Modifikation von Axiom AS6 hinreichen, um die im vorherigen

Abschnitt erörterte numerische Repräsentation der Präferenzrelation auf der Menge der einfachen Alternativen zu etablieren. Seine Axiomatik lautet:[1]

Definition BF1: Bedingte Präferenzrelation

Für alle f, g $\in$ *F und alle A* $\in \mathcal{S}$ *gilt* $f \precsim_A g$, *wenn für alle h* $\in$ *F gilt*

$$f\,A\,h \precsim g\,A\,h.$$

Definition BF2: Wahrscheinlichkeitsrelation

Für alle A, B $\in \mathcal{S}$ *gilt* $A \precsim B$, *wenn für alle x, z* $\in X$ *mit* $x \succ z$ *gilt*

$$x\,A\,z \precsim x\,B\,z.$$

Definition BF3: Nullereignis

$A \in \mathcal{S}$ *ist ein Nullereignis, wenn für alle f, g* $\in$ *F gilt*

$$f \precsim_A g.$$

Axiom BF1: Eigenschaften der Präferenzrelation

Für alle f, g $\in$ *F gilt* $\quad f \precsim g$ *oder* $g \precsim f$,
für alle x, z $\in X$ *und alle A, B, C* $\in \mathcal{S}$ *gilt*

$$x\,A\,z \precsim x\,B\,z \text{ und } x\,B\,z \precsim x\,C\,z \Rightarrow x\,A\,z \precsim x\,C\,z.$$

Axiom BF2a: Sure Thing Principle I

Für alle f, g, h, h' $\in$ *F und alle A* $\in \mathcal{S}$ *gilt*

$$f\,A\,h \precsim g\,A\,h \Leftrightarrow f\,A\,h' \precsim g\,A\,h'.$$

Axiom BF2b: Bedingtes Dominanzprinzip

Für alle f, g $\in$ *F und alle A, B* $\in \mathcal{S}$ *mit* $A \cap B = \emptyset$ *gilt*

$$f \precsim_A g \text{ und } f \precsim_B g \Rightarrow f \precsim_{A \cup B} g,$$
$$f \prec_A g \text{ und } f \precsim_B g \Rightarrow f \prec_{A \cup B} g.$$

Axiom BF3: Sure Thing Principle II

Für alle f, g $\in$ *F, alle x, y* $\in X$ *und alle A* $\in \mathcal{S}$ *gilt*

$$x \precsim y \Leftrightarrow x\,A\,f \precsim_A y\,A\,g,$$

sofern es sich bei A nicht um ein Nullereignis handelt.

---

[1] Vgl. Fishburn (1988a), S. 209; Fishburn (1989a), S. 194-196. Fishburn legt seiner Axiomatik die strikte Präferenzrelation zugrunde. Zum Zwecke der leichteren Vergleichbarkeit wurden die Axiome und Definitionen entsprechend angepaßt.

Axiom BF4: Unabhängigkeit der Wahrscheinlichkeitsrelation

Für alle x, z, x', z' $\in X$ *mit* $x \succ z$ *und* $x' \succ z'$ *sowie für alle* $A, B \in \mathcal{S}$ *gilt* $x\,A\,z \precsim x\,B\,z \Leftrightarrow x'\,A\,z' \precsim x'\,B\,z'$.

Axiom BF5: Existenz vorziehenswürdiger Ergebnisse

Es gibt x, z $\in X$ *mit* $x \succ z$.

Axiom BF6: Zerlegbarkeit des Zustandsraums

Für alle f, g $\in F$ *mit* $f \prec g$ *und alle x, y* $\in X$ *existiert eine endliche Zerlegung* $\{E_i\}$ *von S mit* $i = 1, \ldots, n$ *und* $E_i \in \mathcal{S}$ *für alle i, so daß* $x\,E_i\,f \prec y\,E_i\,g$ $(x\,E_i\,f \prec g,\ f \prec y\,E_i\,g)$ *für alle i gilt.*

Hinsichtlich einer Erweiterung des Anwendungsbereichs seines Repräsentationstheorems auf alle Alternativen diskutiert Fishburn verschiedene Axiome, ohne allerdings einen entsprechenden Beweis führen zu können.[1]

Axiomatik BF basiert auf den gleichen Definitionen wie Axiomatik AS von Savage, so daß diesbezüglich auf die Ausführungen in den Abschnitten II.B.1 und II.C.1.a verwiesen werden kann. Axiom BF1 faßt lediglich die Axiome B1a und B1b zusammen und bedarf von daher ebenfalls keiner Erörterung. Die Axiome BF2a, BF2b und BF3, also das in zwei Axiome aufgespaltene Sure Thing Principle von Savage und das bedingte Dominanzprinzip von Fishburn, lassen sich unter Berücksichtigung der jeweiligen Definitionen und in Verbindung mit den übrigen Axiomen der Axiomatik B aus den Axiomen B2 und B5 ableiten; wie schon bei der Erörterung der Axiomatik von Savage zeigt sich, daß das hinter Axiom B5 stehende Ausweitungsprinzip eine Zusammenfassung anderer präferenzbildender Axiome erlaubt. Axiom BF4 erfüllt die gleiche Funktion wie Axiom B3, letzteres konnte allerdings vor dem Hintergrund von Axiom B6 etwas schwächer formuliert werden. Während Axiom B4 die Existenz dreier unterschiedlich präferierter Ergebnisse postuliert, erfordert Axiom BF5 lediglich die Existenz zweier solcher Ergebnisse, was letztlich auf das Auseinanderfallen der Axiome B6 und B7 einerseits und Axiom BF6 andererseits zurückzuführen ist. Bei Axiom BF6 handelt es sich um eine an die hier vorliegende Problemstellung angepaßte, etwas restriktivere Version von Axiom AS6.

In Abschnitt II.C.1.a war Axiomatik A als Modifikation der Axiomatik von Savage bezeichnet worden; analog läßt sich Axiomatik B als Modifikation der Axiomatik von Fishburn bezeichnen. Die zusätzliche Restriktion im Hinblick auf den Ergebnisraum zahlt sich in zweierlei Hinsicht aus: Zum ei-

---

[1] Siehe Fishburn (1988a), S. 215-217; Fishburn (1989a), S. 204-206.

nen kommt Axiomatik B mit einem Axiom weniger als Axiomatik BF aus, wenn man die Zusammenlegung der Axiome B1a und B1b in Axiom BF1 und die Tatsache, daß der Nachweis der abzählbaren Additivität des subjektiven Wahrscheinlichkeitsmaßes die Einfügung eines weiteren Axioms in Axiomatik BF erfordern würde, berücksichtigt. Zum anderen läßt sich Axiomatik B im Gegensatz zu Axiomatik BF durch die Einfügung von Axiom B8 so erweitern, daß der Anwendungsbereich des Repräsentationstheorems alle Alternativen, also auch solche mit unendlich vielen möglichen Ergebnissen, umfaßt. Bezüglich der intuitiven Verständlichkeit steht Axiomatik B Axiomatik BF zumindest nicht nach; aufgrund der engen Verwandtschaft der Axiome BF2a, BF2b und BF3 dürfte die Zusammenlegung dieser Axiome in den Axiomen B2 und B5 der Verständlichkeit eher förderlich sein.

3.2.2 Repräsentation der Präferenzrelation auf der Menge stochastisch unabhängiger Alternativen mittels des Präferenzfunktionals der Skew-Symmetric Bilinear Nutzentheorie

Häufig existiert zu einer axiomatisch fundierten Entscheidungstheorie für Ungewißheitssituationen eine äquivalente, eigenständig axiomatisierte Entscheidungstheorie für Risikosituationen, die an den durch die Alternativen induzierten Ergebnisverteilungen ansetzt und bei der die Präferenzrelation auf der Menge dieser Ergebnisverteilungen mit derjenigen auf dem Alternativenraum in Einklang steht. Als Beispiel sei die Erwartungsnutzentheorie für Risikosituationen von v. Neumann/Morgenstern genannt, die als Spezialfall der subjektiven Erwartungsnutzentheorie von Savage aufgefaßt werden kann. Ein weiteres Beispiel resultiert aus der gewichteten Nutzentheorie von Chew/MacCrimmon auf der einen und der im nächsten Kapitel vorgestellten Ungewißheitsaxiomatisierung dieser Theorie auf der anderen Seite. Ein entsprechender Zusammenhang ist offensichtlich nur möglich, wenn sich die Alternativen aus der Sicht des Entscheidungsträgers vollständig durch die durch sie induzierten Ergebnisverteilungen charakterisieren lassen, und erfordert damit die Geltung des Reduktionsprinzips.

Gilt das Reduktionsprinzip nicht, so ist der Fall denkbar, daß zwei Alternativen, die die gleichen Ergebnisverteilungen induzieren, vom Entscheidungsträger unterschiedlich präferiert werden. Dementsprechend kann zur SSA Nutzentheorie keine äquivalente Entscheidungstheorie für Risikosituationen existieren, weil das Reduktionsprinzip aus deren Präferenzfunktional nicht hervorgeht und folglich auch von Axiomatik B nicht impliziert wird. Dies bedeutet jedoch keineswegs, daß intransitive Präferenzrelationen im Rahmen der Entscheidungstheorie für Risikosituationen nicht berücksichtigt werden können; tatsächlich existiert mit der Skew-Symmetric Bilinear (SSB) Nutzentheorie von Fishburn eine Entscheidungstheorie für Risikosituationen, die speziell im Hinblick auf intransitive Präferenzrelationen konzipiert wurde. Da aus der SSB Nutzentheorie einige interessante, in den nächsten Abschnitten dargestellte Schlußfolgerungen bezüglich der Implikationen intransitiver Präferenzrelationen abgeleitet werden können, ist der Zusammenhang mit der SSA Nutzentheorie von Interesse.

Charakteristisch für die SSB Nutzentheorie ist eine numerische Repräsentation der Präferenzrelation gemäß $p \precsim q \Leftrightarrow \sum_{i=1}^{n} \sum_{j=1}^{m} u[x_i, y_j]\ p(x_i)\ q(y_j) \leq 0$, wobei p und q einfache Ergebnisverteilungen auf der Basis exogen vorgegebener Wahrscheinlichkeiten bezeichnen und u die in Repräsentationstheorem B aufgeführten Eigenschaften besitzt.[1] Nimmt man ausgehend von der SSA Nutzentheorie an, p und q seien die auf der Grundlage des subjektiven Wahrscheinlichkeitsmaßes P durch die einfachen Alternativen f und g induzierten Ergebnisverteilungen und stochastisch unabhängig, so gilt $P(\{s \in S: f(s) = x_i, g(s) = y_j\}) = p(x_i)\ q(y_j)$ für $i = 1, ..., n$ und $j = 1, ..., m$. Wegen $\int_S u[f(s), g(s)]\ dP = \sum_{i=1}^{n} \sum_{j=1}^{m} u[x_i, y_j]\ p(x_i)\ q(y_j)$ resultiert in diesem Fall $f \precsim g \Leftrightarrow \sum_{i=1}^{n} \sum_{j=1}^{m} u[x_i, y_j]\ p(x_i)\ q(y_j) \leq 0$, das Präferenzfunktional der SSA Nutzentheorie geht also in dasjenige der SSB Nutzentheorie über.[2]

Der Zusammenhang zwischen der SSB Nutzentheorie und der SSA Nutzentheorie ist damit zweifacher Art: Erstens wird bei der SSB Nutzentheorie von der Existenz eines Wahrscheinlichkeitsmaßes ausgegangen, auf dessen Grundlage der Entscheidungsträger die Alternativen beurteilt; bei der SSA Nutzentheorie dagegen resultiert die Existenz eines subjektiven Wahrscheinlichkeitsmaßes aus dem zugrundeliegenden Axiomensystem. Es handelt sich um die gleiche Form der Generalisierung, die auch dem Übergang von der Erwartungsnutzentheorie für Risikosituationen von v. Neumann/Morgenstern zu der subjektiven Erwartungsnutzentheorie von Savage zugrundeliegt. Und zweitens basiert die SSB Nutzentheorie auf der für die Entscheidungstheorie für Risikosituationen grundlegenden Annahme, die zur Entscheidung anstehenden Alternativen ließen sich durch die jeweiligen Ergebnisverteilungen vollständig charakterisieren. Aus der Sicht der SSA Nutzentheorie ist diese Annahme nur sinnvoll, wenn die betrachteten Alternativen stochastisch unabhängige Ergebnisverteilungen induzieren. In bezug auf solche Alternativen sind die SSB Nutzentheorie und die SSA Nutzentheorie äquivalent. Demgemäß gelten alle Implikationen der SSB Nutzentheorie auch für die hier axio-

[1] Ein Repräsentationstheorem der SSB Nutzentheorie für einfache Alternativen findet sich erstmals in Fishburn (1982). Die Erweiterung des Anwendungsbereichs ist Fishburn (1984a) zu entnehmen. Die Eigenschaften der Nutzenfunktion behandelt Fishburn (1981b).

[2] Vgl. Loomes/Sugden (1982), S. 810f.; Loomes/Sugden (1987a), S. 272; Fishburn (1987), S. 833f.

matisierte SSA Nutzentheorie, sofern ausschließlich Alternativen mit stochastisch unabhängigen Ergebnisverteilungen in die Betrachtung einbezogen werden.

3.3 Zur Problematik der Entscheidungsfindung bei intransitiven Präferenzrelationen

Eines der in Abschnitt III.A angeführten Argumente gegen die Berücksichtigung intransitiver Präferenzrelationen im Rahmen der normativen Entscheidungstheorie resultierte daraus, daß nur im Fall transitiver Präferenzrelationen jede endliche Alternativenmenge notwendigerweise ein Element besitzt, das allen anderen Alternativen gegenüber präferiert wird. Auf der Grundlage einer intransitiven Präferenzrelation könne, so die Argumentation, aus diesem Grund im allgemeinen keine als rational zu bezeichnende Verhaltensempfehlung entwickelt werden. Dem wurde entgegengehalten, daß das angeführte Argument eigentlich nicht die Berücksichtigung intransitiver Präferenzrelationen, sondern die Anwendbarkeit der auf transitive Präferenzrelationen zugeschnittenen Entscheidungsregel "Ergreife eine Alternative, die allen anderen Alternativen gegenüber schwach präferiert wird" betrifft. Ferner wurde in Abschnitt III.A behauptet, daß auch für intransitive Präferenzrelationen unter bestimmten Bedingungen eine Entscheidungsregel existiert, mittels derer als rational zu bezeichnende Verhaltensempfehlungen entwickelt werden können. Wie die Entscheidungsregel lautet, blieb allerdings noch offen. Diese Lücke gilt es nun zu schließen, wobei davon ausgegangen wird, daß die betrachteten Präferenzrelationen mit Axiomatik B in Einklang stehen.

Vorausgesetzt wird die Existenz eines Zufallsmechanismus, mittels dessen der Entscheidungsträger beliebige, von den Ergebnisverteilungen der Alternativen stochastisch unabhängige Wahrscheinlichkeitsverteilungen erzeugen kann. Eine derartige Verteilung auf einer Menge von Alternativen wird als gemischte Alternative bezeichnet; bei einer gemischten Alternative wird also gleichsam im ersten Schritt mit einer vorgegebenen Wahrscheinlichkeit eine Alternative festgelegt, die dann im zweiten Schritt zu einem bestimmten Ergebnis führt. Bezeichnet man gemischte Alternativen auf einer endlichen Alternativenmenge H mit p_H, q_H, die Wahrscheinlichkeit der Alternative f im Rahmen der gemischten Alternative p_H mit $p_H(f)$ und die Menge der gemischten Alternativen auf H mit $\mathcal{P}_H$, so läßt sich zeigen:

Existenz optimaler gemischter Alternativen auf endlichen Alternativenmengen

Für jede endliche Alternativenmenge H existiert eine gemischte Alternative $p_H \in \mathcal{P}_H$, so daß für alle $q_H \in \mathcal{P}_H$ gilt

$$p_H \succsim q_H.$$

Der Beweis basiert auf dem Minimax Theorem von v. Neumann[1] und auf den Eigenschaften des Präferenzfunktionals der SSB Nutzentheorie. Er wurde von Fishburn zunächst mit Bezug auf die SSB Nutzentheorie geführt,[2] läßt sich aber unter der hier eingeführten Annahme, daß die für die Mischung von Alternativen herangezogenen Wahrscheinlichkeitsverteilungen von den Ergebnisverteilungen der Alternativen stochastisch unabhängig sind, auch ohne weiteres auf die SSA Nutzentheorie übertragen[3].

Steht dem Entscheidungsträger ein entsprechender Zufallsmechanismus zur Verfügung, so läßt sich auf der Grundlage des obigen Resultats folgende Entscheidungsregel für intransitive Präferenzrelationen formulieren: "Ergreife eine gemischte Alternative, die gegenüber allen anderen (gemischten) Alternativen schwach präferiert wird". Die Anwendbarkeit dieser Entscheidungsregel auf endliche Alternativenmengen wird durch das angeführte Resultat sichergestellt. Offensichtlich handelt es sich um eine Verallgemeinerung der Entscheidungsregel für transitive Präferenzrelationen insofern, als beide Entscheidungsregeln bei transitiven Präferenzrelationen zu der gleichen Verhaltensempfehlung führen.

Ein einfaches Beispiel soll die Entwicklung von Verhaltensempfehlungen nach obengenannter Vorschrift verdeutlichen. Betrachtet sei ein Student, dem drei Universitäten mit folgenden Charakteristika zur Auswahl stehen:

	Reputation des Fachbereichs	Lebensqualität im Umfeld	Studien-bedingungen
x:	Ausgezeichnet	Gering	Durchschnittlich
y:	Gut	Hoch	Mangelhaft
z:	Befriedigend	Mittelmäßig	Hervorragend

1 Siehe v. Neumann (1928), S. 307-311.

2 Siehe Fishburn (1984a), S. 136f.; Fishburn (1988a), S. 137-139.

3 Man vergegenwärtige sich dazu, daß bezüglich der gemischten Alternativen p_H und q_H auf der endlichen Alternativenmenge $H = \{f_1, ..., f_n\}$ $p_H \precsim q_H \Leftrightarrow \sum_{i=1}^{n} \sum_{j=1}^{n} \int_S u[f_i(s), f_j(s)]\, dP\, p_H(f_j)\, q_H(f_i) \leq 0$ gilt und daß $u^*[f_i, f_j] = \int_S u[f_i(s), f_j(s)]\, dP$ die gleichen Eigenschaften wie die Nutzenfunktion der SSB Nutzentheorie besitzt.

Der Student bekunde die Präferenzrelation $\{x \succ y, y \succ z, z \succ x\}$; seine Nutzenfunktion sei u[x, y] = 1, u[y, z] = 0,6 und u[x, z] = -0,8. Offensichtlich wird keine der drei Alternativen beiden anderen Alternativen gegenüber schwach präferiert, so daß nicht von vornherein ersichtlich ist, welche Alternative ergriffen werden sollte. Der Student besitze einen Taschenrechner, dessen Funktionsumfang die Erzeugung von Wahrscheinlichkeitsverteilungen umfaßt, und ist dementsprechend in der Lage, auch gemischte Alternativen in die Betrachtung einzubeziehen. Gemäß dem angeführten Resultat existiert eine derartige Alternative $p_{\{x, y, z\}}$, für die $p_{\{x, y, z\}} \succsim x$, $p_{\{x, y, z\}} \succsim y$ und $p_{\{x, y, z\}} \succsim z$ gilt. $p_{\{x, y, z\}}$ läßt sich im Wege der Lösung eines linearen Ungleichungssystems mit $p_{\{x, y, z\}}(x) = 0{,}25$, $p_{\{x, y, z\}}(y) = 0{,}\overline{3}$. und $p_{\{x, y, z\}}(z) = 0{,}41\overline{6}$. ermitteln und wird - wie sich ebenfalls leicht nachweisen läßt - gegenüber allen anderen gemischten Alternativen schwach präferiert.

Die Idee, die zu ergreifende Alternative mittels eines Zufallsmechanismus zu bestimmen, mag auf den ersten Blick mit dem Rationalitätsbegriff der normativen Entscheidungstheorie unvereinbar erscheinen. Etwaige Bedenken gegen die Randomisierung von Alternativen dürften mit dem Hinweis darauf auszuräumen sein, daß das Konzept der gemischten Alternative (Strategie) in der Spieltheorie seit langem etabliert ist. Schwieriger ist dem Hinweis zu begegnen, daß sich der Entscheidungsträger nach der zufälligen Auswahl einer Alternative in einer Situation befindet, in der ein Abweichen von der zunächst festgelegten Vorgehensweise vorteilhaft erscheint. Zu überzeugen vermag dieser Hinweis jedoch ebenfalls nicht. Denn erstens ist an die Möglichkeit einer entsprechenden, z. B. vertraglichen Selbstverpflichtung zu denken; werden durch eine derartige Selbstverpflichtung keine Kosten verursacht, so läßt sie sich ohne weiteres als Bestandteil einer gemischten Alternative interpretieren. Und zweitens unterscheidet sich die Situation des Entscheidungsträgers nach der zufälligen Auswahl einer Alternative grundlegend von derjenigen vorher: die ursprünglich getroffene Entscheidung ist selbst zu einem Datum geworden, dessen Nichtbeachtung ihrerseits - weil zu einem Rückfall in die Problematik des Präferenzzyklus führend - irrationale Züge trägt.[1]

3.4 Grundlegende Implikationen der Skew-Symmetric Additive Nutzentheorie

Der Ausbau der SSA Nutzentheorie und die Ableitung ihrer ökonomischen Implikationen stoßen aus zwei Gründen auf Schwierigkeiten: zum einen aufgrund der Tatsache, daß keine äquivalente Entscheidungstheorie für Risikosituationen existiert, was z. B. eine Charakterisierung der Risikoeinstellung des Entscheidungsträgers anhand der Eigenschaften seiner Nutzenfunktion aus-

---

[1] Vgl. hierzu das Beispiel und die Argumentation in Machina (1989), S. 1639-1644.

schließt, und zum anderen aufgrund der mangelnden Separierbarkeit des Präferenzfunktionals, die als Folge der Berücksichtigung intransitiver Präferenzrelationen die Erklärung tatsächlichen Entscheidungsverhaltens und die Entwicklung von Verhaltensempfehlungen erschwert. Die im folgenden skizzierten Resultate zeigen, daß trotz der dadurch hervorgerufenen Probleme zumindest die SSB Nutzentheorie auf der Grundlage subjektiver Wahrscheinlichkeiten als SSA Nutzentheorie in bezug auf stochastisch unabhängige Alternativen für die Analyse ökonomischer Problemstellungen interessante Ansatzpunkte bietet:

Lineare und zirkulierende Indifferenzkurven

Die Darstellung und Analyse von Indifferenzkurven im Drei-Ergebnis Diagramm baut auf der Annahme auf, daß sich die betrachteten Alternativen vollständig durch die von ihnen induzierten Ergebnisverteilungen charakterisieren lassen. Da das Reduktionsprinzip im Rahmen der SSA Nutzentheorie nicht gilt, ist eine Indifferenzkurvenanalyse sinnvoll nur im Rahmen der SSB Nutzentheorie möglich.[1] Im Fall dreier Ergebnisse x, y und z mit $x \succ y$, $y \succ z$ und $z \succ x$ impliziert die SSB Nutzentheorie lineare, zirkulierende Indifferenzkurven, die sich in einem Punkt innerhalb des Drei-Ergebnis Diagramms schneiden:

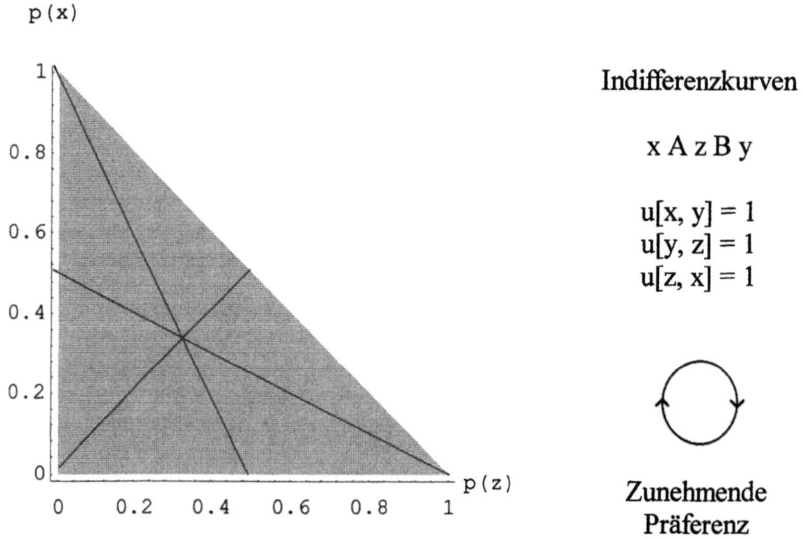

Abbildung 2: Indifferenzkurvenverlauf bei der SSB Nutzentheorie mit $x \succ y$, $y \succ z$ und $z \succ x$

---

[1] Zum folgenden vgl. Fishburn (1988a), S. 70-74; Weber/Camerer (1987), S. 142-144; Fishburn (1988c), S. 277-278.

Notwendige und hinreichende Bedingung für die Linearität der Indifferenzkurven ist die in Abschnitt II.B.3 erörterte und von Axiomatik B in bezug auf Alternativen mit stochastisch unabhängigen Ergebnisverteilungen implizierte Betweenness-Eigenschaft. Daß die Indifferenzkurven einen gemeinsamen Schnittpunkt im Inneren des Drei-Ergebnis Diagramms aufweisen, resultiert aus den im letzten Abschnitt dargestellten Überlegungen zur Existenz einer gemischten Alternative, die gegenüber allen anderen gemischten Alternativen schwach präferiert wird. Bilden die betrachteten Ergebnisse keinen Präferenzzyklus, gilt also $x \succ y$, $y \succ z$ und $x \succ z$, so schneiden sich die Indifferenzkurven - wenn man vom Grenzfall der Erwartungsnutzentheorie absieht - weiterhin in einem Punkt, der aber außerhalb des Drei-Ergebnis Diagramms liegt. Der Indifferenzkurvenverlauf entspricht in diesem Fall demjenigen bei der gewichteten Nutzentheorie; er wird im nächsten Kapitel erläutert, in dem es um eine Ungewißheitsaxiomatisierung dieser Theorie geht.

Stochastische Dominanz

Die dem stochastischen Dominanzprinzip zugrundeliegende Betrachtung kumulierter Wahrscheinlichkeiten ist sinnvoll nur möglich, wenn von einer schwachen Präferenzordnung auf X ausgegangen wird.[1] Daß das stochastische Dominanzprinzip im Rahmen der SSA Nutzentheorie auch unter dieser Voraussetzung nicht gilt, resultiert bereits aus der Möglichkeit, daß zwei Alternativen die gleiche Ergebnisverteilung induzieren, die eine gegenüber der anderen aber gleichwohl strikt präferiert wird; die SSB Nutzentheorie steht - zumindest in bezug auf einfache Alternativen - genau dann in Einklang mit dem schwachen stochastischen Dominanzprinzip, wenn $x \succsim y \Rightarrow u[x, z] \geq u[y, z]$ für alle $x, y, z \in X$ gilt; $x \succsim y \Leftrightarrow u[x, z] \geq u[y, z]$ für alle $x, y, z \in X$ ist notwendig und hinreichend für die Geltung des strikten stochastischen Dominanzprinzips.[2]

Messung von Risikoeinstellungen

Es wurde bereits darauf hingewiesen, daß die Risikoeinstellung eines Entscheidungsträgers im Rahmen der SSA Nutzentheorie mangels Geltung des Reduktionsprinzips nicht in der üblichen Weise charakterisiert werden kann. Die bezüglich der SSB Nutzentheorie insbesondere von Nakamura angestellten Überlegungen sind denjenigen von Arrow/Pratt weitgehend

---

1 Anhand eines Beispiels läßt sich leicht verdeutlichen, daß hieraus nicht auf eine transitive Präferenzrelation auf F geschlossen werden kann.

2 Vgl. den Beweis in Fishburn (1988a), S. 152-154. Siehe auch Fishburn (1984a), S. 140-144; Fishburn (1984b), S. 86-87. Daß die Indifferenzkurven in der obigen Abbildung teilweise eine negative Steigung aufweisen, ist vor diesem Hintergrund darauf zurückzuführen, daß von $x \succ y$ und $u[x, z] < u[y, z]$ ausgegangen wird.

analog.[1] Nakamura setzt voraus, daß es sich bei dem Ergebnisraum um eine Teilmenge der reellen Zahlen mit $u[x, y] > 0$ für $x > y$ handelt, daß das Sicherheitsäquivalent jeder Alternative eindeutig bestimmt ist und daß die betrachteten Nutzenfunktionen im gesamten Definitionsbereich nach der ersten Argumentvariablen partiell differenzierbar sind, wobei $u_1[x, x] \neq 0$ für alle $x \in X$ gilt. Er zeigt dann, daß sich die Risikoeinstellung des Entscheidungsträgers durch das lokale Risikoaversionsmaß

$$r(x, y) = \frac{u_1[y, y]}{u[x, y]}$$

für $x \neq y$ zweckmäßig charakterisieren läßt: Der Entscheidungsträger ist genau dann risikoavers im Sinne von Arrow/Pratt, wenn $r(x, y) \geq 1/(x - y)$ für alle $x, y \in X$ mit $x \neq y$ gilt. Des weiteren spiegelt eine Nutzenfunktion genau dann eine größere Risikoaversion als eine andere wider (das Sicherheitsäquivalent einer Alternative ist bei der ersten Nutzenfunktion genau dann kleiner als bei der zweiten), wenn $r(x, y)$ bei der ersten Nutzenfunktion für alle $x, y \in X$ mit $x \neq y$ einen größeren Wert annimmt als bei der zweiten. Auf der Grundlage von $r(x, y)$ läßt sich ein symmetrisches lokales Risikoaversionsmaß $r^s(x, y) = r(x, y) + r(y, x)$ definieren, dessen Grenzwert $\lim_{y \to x} r^s(x, y)$ für $u[x, y] = u'[x] - u'[y]$, also im Fall der Erwartungsnutzentheorie, in das Arrow/Pratt Maß übergeht. $r^s(x, y) \geq 0$ für alle $x, y \in X$ ist notwendig, aber nicht hinreichend für Risikoaversion.

Potentiell dynamisch inkonsistentes oder inkonsequentes Entscheidungsverhalten

Sowohl die SSA Nutzentheorie als auch die SSB Nutzentheorie lassen dynamisch inkonsistentes oder inkonsequentes Entscheidungsverhalten zu. Zur Verdeutlichung betrachte man ein zweistufiges Entscheidungsproblem, bei dem sich der Entscheidungsträger in der ersten Stufe entweder für y oder für eine in der zweiten Stufe zu treffende Auswahl zwischen x und z entscheiden muß, und gehe von der Geltung des Reduktionsprinzips für mehrstufige Alternativen aus. Im Fall der Präferenzrelation $\{x \succ y, y \succ z, z \succ x\}$ wird der Entscheidungsträger bei ganzheitlicher Betrachtung gemäß den Ausführungen im letzten Abschnitt eine gemischte Alternative ergreifen. Fällt die Zufallsauswahl auf x, so gerät er in der zweiten Stufe in eine Situation, in der seine Präferenzrelation eine Entscheidung für z nahelegt, obwohl die ursprünglich ergriffene Alternative eine Entscheidung für x erfordert. Das Entscheidungsverhalten ist dynamisch inkonsi-

[1] Zum folgenden vgl. Nakamura (1989); Überlegungen zur Charakterisierung der Risikoeinstellung des Entscheidungsträgers im Rahmen der SSB Nutzentheorie finden sich auch in Fishburn (1984b), S. 84-86; Fishburn (1988a), S. 155-157.

stent, wenn nicht die Entscheidung getroffen wird, die anfangs für das Erreichen dieses Knotens vorgesehen war. Es ist inkonsequent, wenn der Entscheidungsträger bei seiner Entscheidung für x bleibt, weil diese Entscheidung durch die nun nicht mehr vorhandene Alternative y beeinflußt wurde. Das Roll-Back Verfahren zur Lösung mehrstufiger Entscheidungsprobleme führt offensichtlich nicht zu der gleichen Lösung wie eine ganzheitliche Betrachtung.[1]

Potentiell negativer Wert kostenloser Informationen

Kostenlose Information kann im Rahmen der SSB Nutzentheorie und damit auch im Rahmen der SSA Nutzentheorie einen negativen Wert besitzen, sofern von der Geltung des Reduktionsprinzips für mehrstufige Alternativen und von konsequentem Entscheidungsverhalten ausgegangen wird. Zur Verdeutlichung betrachte man zwei Alternativen p^* und q^*, die bei Eintritt eines Ereignisses A zu den Ergebnisverteilungen p bzw. q und ansonsten zu dem Ergebnis z führen. Weiter sei angenommen, daß p und q mit Wahrscheinlichkeit 0,5 die Ergebnisse x bzw. y und ansonsten das Ergebnis z erbringen. Es gelte $\{x \succ y, y \succ z, x \succ z\}$ mit $u[x, y] = 1$, $u[x, z] = 0{,}5$ und $u[y, z] = 1$; A besitze die Wahrscheinlichkeit 0,4. Gemäß der SSB Nutzentheorie gilt $q^* \succ p^*$. Dem Entscheidungsträger werde nun ein kostenloses Informationssystem angeboten, das vollständigen Aufschluß über den Eintritt von A gibt, bevor eine Entscheidung getroffen werden muß. Erhält er eine Information, die auf den Eintritt von A schließen läßt, so entscheidet er sich - konsequentes Entscheidungsverhalten im Sinne der Ausführungen in Abschnitt II.D vorausgesetzt - gemäß der SSB Nutzentheorie für p. Die Wahrscheinlichkeit hierfür entspricht derjenigen von A, so daß die Annahme des Informationssystems der Alternative p^* gleichkommt. Folglich lehnt der Entscheidungsträger das Informationssystem ab und ergreift die Alternative q^*. Zu einer Beurteilung dieses Resultats unter normativen Gesichtspunkten und unter Berücksichtigung der Annahme konsequenten Entscheidungsverhaltens vergleiche die Ausführungen im nächsten Abschnitt.

Existenz von Nash Gleichgewichten

Da das Reduktionsprinzip im Rahmen der SSA Nutzentheorie nicht gilt, beschränken sich die hierzu angestellten Überlegungen auf die SSB Nutzentheorie. Jedes endliche nichtkooperative Spiel, dessen Spieler Präferenzrelationen gemäß der SSB Nutzentheorie aufweisen, besitzt ein Nash Gleichgewicht in gemischten Strategien. Der Beweis für diese Aussage

---

[1] Eine vertiefende Betrachtung insbesondere der Frage, wie sich mehrstufige Entscheidungsprobleme auf der Grundlage der im letzten Abschnitt formulierten Entscheidungsregel lösen lassen, enthält Fishburn/LaValle (1988).

läßt sich völlig analog zu demjenigen von Nash führen.[1] Gemischten Strategien kommt dabei eine doppelte Funktion zu: Erstens verhindert der Einsatz eines Zufallsmechanismus wie auch im Rahmen der Erwartungsnutzentheorie die Antizipation der Entscheidungen eines Spielers durch den oder die anderen Spieler. Und zweitens existiert für jeden Spieler eine gemischte Strategie, die gegenüber jeder anderen Strategie zumindest schwach präferiert wird, so daß es sich auch im Fall von Präferenzzyklen für keinen Spieler lohnt, von seiner Gleichgewichtsstrategie abzuweichen; dies resultiert aus den Ausführungen im letzten Abschnitt.

3.5 Anhang: Beweis von Repräsentationstheorem B und dessen Erweiterung

Lemma B1:

Für alle $x, z, x', z' \in X$ mit $x \succ z$ und $x' \succ z'$ sowie für alle $A, B \in \mathcal{S}$ gilt

$$x\,A\,z \precsim x\,B\,z \Leftrightarrow x'\,A\,z' \precsim x'\,B\,z'.$$

Beweis:

Vor dem Hintergrund von Axiom B3 ist zu zeigen, daß von $x\,A\,z \prec x\,B\,z$ auf $x'\,A\,z' \prec x'\,B\,z'$ geschlossen werden kann. Nach den Axiomen B1a, B1b und B2 gilt $z \precsim x\,A\,z \prec x\,B\,z$. Axiom B6 gewährleistet die Existenz eines Ereignisses $A' \in \mathcal{S}$ mit $A' \subset B$, für das $x\,A\,z \sim x\,A'\,z$ gilt. Aus $x\,A'\,z\,B \setminus A'\,z \prec x\,A'\,x\,B \setminus A'\,z$ nach Axiom B1b läßt sich durch Anwendung von Axiom B5 $z\,\overline{B}\,y \prec z\,\overline{B}\,x$ gewinnen. B kann gemäß Axiom B1a und Definition B2 kein Nullereignis sein. Die Axiome B1a und B2 ergeben $y \prec x$ und $x\,\overline{B}\,y \prec x$. Es folgt $z\,B \setminus A'\,x \prec x$, woraus nach Axiom B1a und Definition B2 geschlossen werden kann, daß auch $B \setminus A'$ kein Nullereignis ist. Aus den Axiomen B1a, B2 und B5 folgt $x'\,A'\,z'\,B \setminus A'\,z' \precsim x'\,A'\,x'\,B \setminus A'\,z' \Leftrightarrow z'\,\overline{B}\,y' \precsim z'\,\overline{B}\,x' \Leftrightarrow y' \precsim x' \Leftrightarrow x'\,\overline{B}\,y' \precsim x'\,\overline{B}\,x' \Leftrightarrow z'\,B \setminus A'\,x' \precsim x'$. Aus Axiom B2 folgt $z'\,B \setminus A'\,x' \prec x'$ und mithin $x'\,A'\,z' \prec x'\,B\,z'$. Nach Axiom B3 gilt $x'\,A\,z' \sim x'\,A'\,z'$. Axiom B1b ergibt $x'\,A\,z' \prec x'\,B\,z'$. ■

Lemma B2:

1) Für alle $A, B, C \in \mathcal{S}$ gilt
   - a) $$A \precsim B \text{ oder } B \precsim A,$$ $$A \precsim B \text{ und } B \precsim C \Rightarrow A \precsim C,$$
   - b) $$A \cap C = B \cap C = \varnothing \Rightarrow [A \precsim B \Leftrightarrow A \cup C \precsim B \cup C],$$
   - c) $$\varnothing \precsim A \precsim S \text{ und } \varnothing \prec S.$$

[1] Vgl. Fishburn/Rosenthal (1986).

2) Für jedes Ereignis $A \in \mathcal{S}$ mit $A \succ \varnothing$ existiert ein Ereignis $B \in \mathcal{S}$ mit $B \subset A$ und $A \succ B \succ \varnothing$.

3) Für jede Folge $\{A_i\}$ mit $A_i \subseteq A_{i+1}$ und $A_i \in \mathcal{S}$ für alle i = 1, 2, ... sowie alle $B \in \mathcal{S}$ mit $A_i \precsim B$ für alle i = 1, 2, ... gilt $\bigcup_{i=1}^{\infty} A_i \precsim B$.

Beweis:

1) a) Folgt aus den Axiomen B4, B1a und B1b sowie Definition B1 und Lemma B1.

b) Nach Axiom B4 gibt es $x, z \in X$ mit $x \succ z$. Man betrachte x A z und x B z sowie $x\ A \cup C\ z$ und $x\ B \cup C\ z$. Gemäß Axiom B5 existieren y und y' mit $x\,A\,z \precsim x\,B\,z \Leftrightarrow z\,C\,y' \precsim z\,C\,y''$ und $x\,A \cup C\,z \precsim x\,B \cup C\,z \Leftrightarrow x\,C\,y' \precsim x\,C\,y''$. Handelt es sich bei $\bar{C}$ um ein Nullereignis, so folgt $x\,A\,z \sim x\,B\,z$ und $x\,A \cup C\,z \sim x\,B \cup C\,z$ aus Axiom B1a, Definition B2 und der Anwendung von Axiom B5. Ansonsten resultiert $x\,A\,z \precsim x\,B\,z \Leftrightarrow x\,A \cup C\,z \precsim x\,B \cup C\,z$ aus den Axiomen B1a und B2 sowie der Anwendung von Axiom B5. Die angestrebte Aussage ergibt sich aus Definition B1.

c) $\varnothing \precsim A \precsim S$ folgt aus den Axiomen B4, B1a, B2 und B1b und Definition B1. $\varnothing \prec S$ resultiert aus Axiom B4 und Definition B1.

2) Gemäß Axiom B4 existieren $x, y, z \in X$ mit $x \succ y$, $y \succ z$ und $x \succ z$. Aus den Definitionen B1 und B2 sowie Axiom B1a folgt, daß es sich bei A nicht um ein Nullereignis handeln kann. Aus Axiom B2 resultiert $x\,A\,z \succ y\,A\,z$, $y\,A\,z \succ z\,A\,z$ und $x\,A\,z \succ z\,A\,z$. Gemäß Axiom B6 existiert ein $B \in \mathcal{S}$ mit $B \subset A$ und $x\,A\,z \succ x\,B\,z$, $x\,B\,z \succ z\,A\,z$ und $x\,A\,z \succ z\,A\,z$. Nach Definition B1 gilt $A \succ B \succ \varnothing$.

3) Folgt unmittelbar aus den Axiomen B4 und B7 sowie Definition B1. ■

Repräsentationstheorem B, Teil I:

Bei Geltung der Axiome B1 bis B7 existiert genau ein abzählbar additives, atomfreies Wahrscheinlichkeitsmaß P, so daß für alle $A, B \in \mathcal{S}$ gilt

$$P(A) \leq P(B) \Leftrightarrow A \precsim B.$$

Beweis:

Wie Repräsentationstheorem A, Teil I. ■

Lemma B3a:[1]

Für alle $x_1, x_2, y_1, y_2 \in X$ und alle paarweise disjunkten Ereignisse $A_1, A_2, B_1, B_2 \in \mathcal{S}$ mit $A_1 \sim B_1$ und $A_2 \sim B_2$ gilt

$$x_2\, A_2\, x_1\, A_1\, z \precsim y_2\, A_2\, y_1\, A_1\, z \Leftrightarrow x_2\, B_2\, x_1\, B_1\, z \precsim y_2\, B_2\, y_1\, B_1\, z.$$

Beweis:

Handelt es sich bei $A_1 \cup A_2$ und folglich auch $B_1 \cup B_2$ um Nullereignisse, so gilt gemäß Axiom B1a und Definition B2 $x\, A_1 \cup A_2\, z \sim y\, A_1 \cup A_2\, z$ bzw. $x\, B_1 \cup B_2\, z \sim y\, B_1 \cup B_2\, z$ für alle $x, y \in X$. Durch Anwendung von Axiom B5 läßt sich auf $x_2\, A_2\, x_1\, A_1\, z \sim y_2\, A_2\, y_1\, A_1\, z$ und $x_2\, B_2\, x_1\, B_1\, z \sim y_2\, B_2\, y_1\, B_1\, z$ schließen. Sind weder $A_1 \cup A_2$ noch $B_1 \cup B_2$ Nullereignisse, so muß $A_1 \sim B_1 \succ \emptyset$ oder $A_2 \sim B_2 \succ \emptyset$ gelten. Ohne Einschränkung der Allgemeinheit sei im folgenden von $A_2 \sim B_2 \succ \emptyset$ ausgegangen. Aus Axiom B5 ergibt sich

$$x_2\, A_2\, x_1\, A_1\, y_2\, B_2\, y_1\, B_1\, z \precsim y_2\, A_2\, y_1\, A_1\, x_2\, B_2\, x_1\, B_1\, z$$
$$\Leftrightarrow$$
$$x'\, A_2 \cup B_2\, y' \precsim x''\, A_2 \cup B_2\, y''.$$

Aus den Axiomen B1a, B2 und B1b sowie Definition B1 folgt

$$x_2\, A_2\, y_2 \sim x_2\, B_2\, y_2 \text{ und } x_1\, A_1\, y_1 \sim x_1\, B_1\, y_1.$$

Die Axiome B1a, B5 und B2 ergeben

$$x_2\, A_2\, y_2\, B_2\, y_2 \sim x_2\, B_2\, y_2\, A_2\, y_2 \Leftrightarrow x'\, A_2 \cup B_2\, y_2 \sim x''\, A_2 \cup B_2\, y_2 \Leftrightarrow x' \sim x'',$$
$$x_1\, A_1\, y_1\, B_1\, y_1 \sim x_1\, B_1\, y_1\, A_1\, y_1 \Leftrightarrow x'_1\, A_1 \cup B_1\, y_1 \sim y'_1\, A_1 \cup B_1\, y_1 \Leftrightarrow x'_1 \sim y'_1,$$

wobei letzteres $A_1 \cup B_1 \succ \emptyset$ erfordert. Aus Axiom B1a, B2 und B5 bzw. Definition B2 und Axiom B1a sowie B5 folgt $x_1\, A_1\, y_1\, B_1\, z \sim x_1\, B_1\, y_1\, A_1\, z$. Aus Axiom B5 resultiert $z\, A_2 \cup B_2\, y' \sim z\, A_2 \cup B_2\, y''$. Axiom B2 ergibt $y' \sim y''$ im Fall $A_2 \cup B_2 \prec S$. Es folgt $x'\, A_2 \cup B_2\, y' \sim x''\, A_2 \cup B_2\, y''$ nach Axiom B2 bzw. Definition B2. Folglich ist

$$x_2\, A_2\, x_1\, A_1\, y_2\, B_2\, y_1\, B_1\, z \sim y_2\, A_2\, y_1\, A_1\, x_2\, B_2\, x_1\, B_1\, z.$$

Erneute Anwendung von Axiom B5 ergibt

$$x_2\, A_2\, x_1\, A_1\, y_2\, B_2\, y_1\, B_1\, z \sim y_2\, A_2\, y_1\, A_1\, x_2\, B_2\, x_1\, B_1\, z$$
$$\Leftrightarrow$$
$$x^*\, A_1 \cup A_2\, y^* \sim x^*\, A_1 \cup A_2\, y^{**}.$$

Aus Axiom B2 resultiert $\quad x^* \precsim x^{**} \Leftrightarrow y^* \succsim y^{**}.$

Aus den Axiomen B5 und B2 ergibt sich

$$x_2\, A_2\, x_1\, A_1\, z \precsim y_2\, A_2\, y_1\, A_1\, z \Leftrightarrow x^*\, A_1 \cup A_2\, z \precsim x^{**}\, A_1 \cup A_2\, z \Leftrightarrow x^* \precsim x^{**}$$

und $x_2\, B_2\, x_1\, B_1\, z \precsim y_2\, B_2\, y_1\, B_1\, z \Leftrightarrow z\, A_1 \cup A_2\, y^{**} \precsim z\, A_1 \cup A_2\, y^* \Leftrightarrow y^{**} \precsim y^*$. ■

---

[1] Die Lemmata B3a bis B5 basieren auf der Beweisidee in Fishburn (1988a), S. 210-215; Fishburn (1989a), S. 196-204.

Lemma B3b:

Für alle $x_1, x_2, y_1, y_2 \in X$ und alle A, B $\in \mathcal{S}$ mit A ~ B gilt

$$x_2\, A\, x_1 \precsim y_2\, A\, y_1 \Leftrightarrow x_2\, B\, x_1 \precsim y_2\, B\, y_1.$$

Beweis:

Mittels Repräsentationstheorem B, Teil I, zerlege man A und $\bar{A}$ sowie B und $\bar{B}$ in 2^n disjunkte und gleichwahrscheinliche Ereignisse A_i und $\bar{A}_j$ bzw. B_k und $\bar{B}_l$ mit i, j, k, l = 1, ... , 2^n. Aus Lemma B3a folgt für alle i ≠ i' und j ≠ j' sowie k ≠ k' und l ≠ l'

$$x_2\, A_i\, x_1\, \bar{A}_j\, z \precsim y_2\, A_i\, y_1\, \bar{A}_j\, z \Leftrightarrow x_2\, A_{i'}\, x_1\, \bar{A}_{j'}\, z \precsim y_2\, A_{i'}\, y_1\, \bar{A}_{j'}\, z$$

und $$x_2\, B_k\, x_1\, \bar{B}_l\, z \precsim y_2\, B_k\, y_1\, \bar{B}_l\, z \Leftrightarrow x_2\, B_{k'}\, x_1\, \bar{B}_{l'}\, z \precsim y_2\, B_{k'}\, y_1\, \bar{B}_{l'}\, z.$$

Aus den Axiomen B5 und B2 resultiert für alle i, j, k, l = 1, ... , 2^n

$$x_2\, A_i\, x_1\, \bar{A}_j\, z \precsim y_2\, A_i\, y_1\, \bar{A}_j\, z \Leftrightarrow x_{ij}\, A_j \cup \bar{A}_j\, z \precsim y_{ij}\, A_i \cup \bar{A}_j\, z \Leftrightarrow x_{ij} \precsim y_{ij}$$

und $$x_2\, B_k\, x_1\, \bar{B}_l\, z \precsim y_2\, B_k\, y_1\, \bar{B}_l\, z \Leftrightarrow x_{kl}\, B_k \cup \bar{B}_l\, z \precsim y_{kl}\, B_k \cup \bar{B}_l\, z \Leftrightarrow x_{kl} \precsim y_{kl}.$$

Bei geeigneter Wahl von n lassen sich immer paarweise disjunkte A_{i*}, $\bar{A}_{j*}$, B_{k*} und $\bar{B}_{l*}$ finden. Aus Lemma B3a folgt dann

$$x_2\, A_{i*}\, x_1\, \bar{A}_{j*}\, z \precsim y_2\, A_{i*}\, y_1\, \bar{A}_{j*}\, z \Leftrightarrow x_2\, B_{k*}\, x_1\, \bar{B}_{l*}\, z \precsim y_2\, B_{k*}\, y_1\, \bar{B}_{l*}\, z.$$

Aus der Anwendung von Axiom B5 sowie Axiom B2 und dem voranstehenden Ergebnis folgt $x_{ij} \precsim y_{ij} \Leftrightarrow x_{kl} \precsim y_{kl}$ für alle i, j, k, l = 1, ... , 2^n. Durch induktive Anwendung von Axiom B2 und Axiom B5 erhält man

$$x_{11}\, A_1 \cup \bar{A}_1 \ldots x_{2^n 2^n} \precsim y_{11}\, A_1 \cup \bar{A}_1 \ldots y_{2^n 2^n}$$

$$\Leftrightarrow$$

$$x_{11}\, B_1 \cup \bar{B}_1 \ldots x_{2^n 2^n} \precsim y_{11}\, B_1 \cup \bar{B}_1 \ldots y_{2^n 2^n}.$$

Hieraus folgt $$x_2\, A\, x_1 \precsim y_2\, A\, y_1 \Leftrightarrow x_2\, B\, x_1 \precsim y_2\, B\, y_1.$$ ■

Lemma B3c:

Für alle x', y', x, y $\in X$ mit $x' \succ y'$, $x \prec y$ und alle A, B, C $\in \mathcal{S}$ mit $A \prec B$ und $A \succ C$ gilt

$$x'\, A\, x \succsim y'\, A\, y \Rightarrow x'\, B\, x \succ y'\, B\, y$$

und $$x'\, A\, x \precsim y'\, A\, y \Rightarrow x'\, C\, x \prec y'\, C\, y.$$

Beweis:

Im Lichte des Repräsentationstheorems B, Teil I, und des Lemmas B3b reicht es aus, nur die Fälle $B = A \cup D$ mit $A \cap D = \emptyset$ und $C = A \setminus E$ mit $E \subset A$ und P(D), P(E) > 0 zu betrachten. Im ersten Fall gilt lt. Voraussetzung $x'\, A\, x\, D\, x \succsim y'\, A\, y\, D\, y$. Aus Axiom B5 folgt $x\, D\, x^* \succsim y\, D\, y^*$. Axiom B2 erfordert $x^* \succ y^*$. Da es sich bei D nicht um ein Nullereignis handelt, folgt aus Axiom B2 auch $x'\, D\, x^* \succ y'\, D\, y^*$. Aufgrund der Anwendung von Axiom B5 gilt $x'\, B\, x \succ y'\, B\, y$. Im zweiten Fall gilt $x'\, A \setminus E\, x'\, E\, x \precsim y'\, A \setminus E\, y'\, E\, y$. Anwendung von Axiom B5 ergibt $x'\, E\, x^{**} \precsim y'\, E\, y^{**}$. Analog zu oben ergibt sich $x'\, C\, x \prec y'\, C\, y$. ■

Lemma B3d:

Für alle x', y', x, y $\in$ X mit x' $\succ$ y', x $\prec$ y gibt es ein A $\in$ S, so daß gilt

$$x' \, A \, x \sim y' \, A \, y.$$

Beweis:

Resultiert aus dem Repräsentationstheorem B, Teil I, Lemma B3c sowie dem Schnittaxiom der reellen Zahlen. ■

Lemma B4:

Für alle x', y', x, y, z $\in$ X und alle A, B, C $\in$ S mit $P(A) = \frac{P(B)}{P(B) + P(C)}$ gilt

$$x' \, A \, x \precsim y' \, A \, y \Leftrightarrow x' \, B \, x \, C \, z \precsim y' \, B \, y \, C \, z.$$

Beweis:

Handelt es sich bei A um ein Nullereignis, so gilt nach Lemma B3b x' A x $\precsim$ y' A y $\Leftrightarrow$ x $\precsim$ y. Aus Axiom B2 folgt x $\precsim$ y $\Leftrightarrow$ x B $\cup$ C z $\precsim$ y B $\cup$ C z wegen P(C) > 0. Aus Axiom B5 resultiert x B $\cup$ C z $\precsim$ y B $\cup$ C z $\Leftrightarrow$ x B x* $\precsim$ y B y*. Aus Lemma B3b und der Anwendung von Axiom B5 ergibt sich x B x* $\precsim$ y B y* $\Leftrightarrow$ x* $\precsim$ y* $\Leftrightarrow$ x' B x* $\precsim$ y' B y* $\Leftrightarrow$ x' B x C z $\precsim$ y' B y C z, da es sich bei B ebenfalls um ein Nullereignis handeln muß. Analog läßt sich zeigen, daß die behauptete Aussage auch gilt, sofern es sich bei $\bar{A}$ um ein Nullereignis handelt. Im folgenden wird deshalb von $\varnothing \prec A \prec S$ ausgegangen. In den Fällen x' $\precsim$ y' und x $\precsim$ y oder x' $\succsim$ y' und x $\succsim$ y folgt die behauptete Aussage dann aus den Axiomen B1a, B2 und B5. Es bleiben die Fälle x' $\succ$ y' und x $\prec$ y oder x' $\prec$ y' und x $\succ$ y, wobei man sich ohne Einschränkung der Allgemeinheit auf den ersteren beschränken kann.

Es sei zunächst von $P(B) = m\,2^{-n}\,P(A)$ und folglich $P(C) = m\,2^{-n}\,P(\bar{A})$ mit m, n $\in \mathbb{N}$ und $m < 2^n$ ausgegangen. Mittels Repräsentationstheorem B, Teil I, zerlege man A und $\bar{A}$ in 2^n und B sowie C in m disjunkte und gleichwahrscheinliche Ereignisse A_i und $\bar{A}_j$ bzw. B_k und C_l mit i, j = 1, ... , 2^n und k, l = 1, ... , m. Aus den Axiomen B5 und B2 resultiert für alle i, j = 1, ... , 2^n und k, l = 1, ... , m

$$x' \, A_i \, x \, \bar{A}_j \, z \precsim y' \, A_i \, y \, \bar{A}_j \, z \Leftrightarrow x_{ij} \, A_j \cup \bar{A}_j \, z \precsim y_{ij} \, A_i \cup \bar{A}_j \, z \Leftrightarrow x_{ij} \precsim y_{ij}$$

und $$x' \, B_k \, x \, C_l \, z \precsim y' \, B_k \, y \, C_l \, z \Leftrightarrow x_{kl} \, B_k \cup C_l \, z \precsim y_{kl} \, B_k \cup C_l \, z \Leftrightarrow x_{kl} \precsim y_{kl}.$$

Wie im Beweis von Lemma B3b zeige man zunächst $x_{ij} \precsim y_{ij} \Leftrightarrow x_{kl} \precsim y_{kl}$ für alle i, j = 1, ... , 2^n und k, l = 1, ... , m und dann x' A x $\precsim$ y' A y $\Leftrightarrow$ x' B x C z $\precsim$ y' B y C z.

Für alle übrigen P(A) $\in$ (0, 1) sei x' A x $\prec$ y' A y angenommen. Gemäß Repräsentationstheorem B, Teil I, und Lemma B3c existiert ein Ereignis A' mit P(A') > P(A), für das x' A' x $\prec$ y' A' y gilt. Man wähle natürliche Zahlen m und n so, daß $m\,2^{-n}\,P(A') > P(B)$ und $m\,2^{-n}\,P(\bar{A}') < P(C)$ ist, und betrachte Ereignisse B', C' $\in$ S mit B $\subset$ B', C' $\subset$ C, $P(B') = m\,2^{-n}\,P(A')$, $P(C') = m\,2^{-n}\,P(\bar{A}')$ und B' $\cap$ C = $\varnothing$. Die letztgenannte Bedingung kann für P(A) < 1 durch geeignete Wahl von m und n stets eingehalten werden. Nach dem bisher Gezeigten gilt

$$x'\,B'\,x\,C'\,z \prec y'\,B'\,y\,C'\,z$$

bzw. $$x'\,B\,x'\,B'\setminus B\,x\,C'\,z\,C\setminus C'\,z \prec y'\,B\,y'\,B'\setminus B\,y\,C'\,z\,C\setminus C'\,z.$$

Durch zweimalige Anwendung der Axiome B5 und B2 erhält man

$$x'\,B\,x\,C\,z \prec y'\,B\,y\,C\,z.$$

Umgekehrt läßt sich $x'\,A\,x \prec y'\,A\,y$ aus $x'\,B\,x\,C\,z \prec y'\,B\,y\,C\,z$ herleiten. Wie im Beweis von Lemma B3c zeige man dafür zunächst, daß für $C^* \subset C$ mit $P(C^*) > 0$

$$x'\,B \cup C^*\,x\,C\setminus C^*\,z \precsim y'\,B \cup C^*\,y\,C\setminus C^*\,z \Rightarrow x'\,B\,x\,C\,z \prec y'\,B\,y\,C\,z$$

gilt. Folglich läßt sich aus $x'\,B\,x\,C\,z \prec y'\,B\,y\,C\,z$ auf die Existenz eines Ereignisses $C' \in \mathcal{S}$ mit $P(C') > 0$ und $C' \subset C$ schließen, für das

$$x'\,B \cup C'\,x\,C\setminus C'\,z \prec y'\,B \cup C'\,y\,C\setminus C'\,z$$

gilt. Für das Ereignis $A' \in \mathcal{S}$ mit $P(B \cup C') = m\,2^{-n}\,P(A')$, $P(C\setminus C') = m\,2^{-n}\,P(\bar{A}')$ ergibt sich

$$x'\,A'\,x \prec y'\,A'\,y.$$

Analog zu oben wähle man m und n so, daß $P(A') > P(A)$ gilt. Aus Lemma B3c folgt $x'\,A\,x \prec y'\,A\,y$. Insgesamt resultiert $x'\,A\,x \precsim y'\,A\,y \Leftrightarrow x'\,B\,x\,C\,z \precsim y'\,B\,y\,C\,z$. ■

Lemma B5:

Für alle $x, y, x', y', x'', y'' \in X$ mit $x \succ y$, $x' \succ y'$, $x'' \succ y''$ und alle $A, B, C \in \mathcal{S}$ mit $x\,A\,y' \sim y\,A\,x'$, $x'\,B\,y'' \sim y'\,B\,x''$ und $x\,C\,y'' \sim y\,C\,x''$ gilt

$$\frac{P(A)}{P(\bar{A})}\,\frac{P(B)}{P(\bar{B})} = \frac{P(C)}{P(\bar{C})}.$$

Beweis:

Man setze $\lambda = \dfrac{P(B)}{P(B) + 1 - P(A)}$ und konstruiere mittels Repräsentationstheorem B, Teil I, eine Zerlegung von S mit den Elementen A', B', C' und D' und $P(A') = \lambda\,P(A)$, $P(B') = \lambda\,P(\bar{A})$, $P(C') = (1-\lambda)\,P(B)$ und $P(D') = (1-\lambda)\,P(\bar{B})$. Man betrachte dann die Alternativen

$$x\,A'\,y'\,B'\,x'\,C'\,y''\,D'\,z \text{ und } y\,A'\,x'\,B'\,y'\,C'\,x''\,D'\,z.$$

Nach Lemma B4 gilt

$$x\,A'\,y'\,B'\,z \sim y\,A'\,x'\,B'\,z \text{ und } x'\,C'\,y''\,D'\,z \sim y'\,C'\,x''\,D'\,z.$$

Aus Axiom B2 und Axiom B5 folgt

$$x\,A'\,y'\,B'\,x'\,C'\,y''\,D'\,z \sim y\,A'\,x'\,B'\,y'\,C'\,x''\,D'\,z.$$

Aus der Definition von λ ergibt sich $P(B') = P(C')$, so daß nach Lemma B3a auch

$$y'\,B'\,x'\,C'\,z \sim x'\,B'\,y'\,C'\,z$$

gilt. Die Axiome B2 und B5 erfordern $x\,A'\,y''\,D'\,z \sim y\,A'\,x''\,D'\,z$. Aus Lemma B4 folgt

$$x\ C^{*}\ y'' \sim y\ C^{*}\ x''$$

mit $P(C^{*}) = \frac{P(A')}{P(A') + P(D')}$. Lemma B3c ergibt $P(C^{*}) = P(C)$. Es folgt

$$\frac{P(A)}{P(\bar{A})}\frac{P(B)}{P(\bar{B})} = \frac{P(C)}{P(\bar{C})}. \blacksquare$$

Beweis von Repräsentationstheorem B, Teil II:[1]

Der Beweis wird durch Angabe einer Konstruktionsvorschrift geführt. Nach Axiom B4 existieren zwei Ergebnisse $x^{*}, z^{*} \in X$ mit $x^{*} \succ z^{*}$. Man setze $u[x^{*}, z^{*}] = 1$. Für beliebige $x, z \in X$ mit $\{x, z\} \neq \{x^{*}, z^{*}\}$ definiere man u durch:

$$u[x, z] = 0 \qquad \text{für } x \sim z,$$

$$u[x, z] = \frac{P(A)}{P(\bar{A})} \text{ mit } x^{*}\ A\ z \sim z^{*}\ A\ x \qquad \text{für } x \succ z,$$

$$u[x, z] = -u[z, x] \qquad \text{für } x \prec z.$$

Die Existenz des Ereignisses $A \in \mathcal{S}$ mit $x^{*}\ A\ z \sim z^{*}\ A\ x$ für $x^{*} \succ z^{*}$ und $x \succ z$ wird durch Lemma B3d sichergestellt. Die Unabhängigkeit von dem spezifischen Ereignis A gewährleistet Lemma B3b.

Man betrachte beliebige einfache Alternativen $f, g \in F$ mit

$$f = x_n\ A_n\ x_{n-1}\ A_{n-1} \ldots x_2\ A_2\ x_1$$

$$g = y_n\ A_n\ y_{n-1}\ A_{n-1} \ldots y_2\ A_2\ y_1$$

Zunächst ersetze man für alle $i \in \{1, \ldots, n\}$ mit $P(A_i) = 0$ x_i und y_i durch beliebige $x_{i'}, y_{i'} \in X$ mit $P(A_{i'}) > 0$. Aus Axiom B5 und Lemma B3b folgt $x_i\ A_i\ f \precsim y_i\ A_i\ g \Leftrightarrow x_i\ A_i\ x' \precsim y_i\ A_i\ y' \Leftrightarrow x' \precsim y' \Leftrightarrow x_{i'}\ A_i\ x' \precsim y_{i'}\ A_i\ y' \Leftrightarrow x_{i'}\ A_i\ f \precsim y_{i'}\ A_i\ g$. Wegen $u[x_i, y_i]\ P(A_i) = u[x_{i'}, y_{i'}]\ P(A_i) = 0$ nimmt auch das Präferenzfunktional unverändert den Wert $\sum_{i=1}^{n} u[x_i, y_i]\ P(A_i)$ an. Im folgenden kann demnach von $P(A_i) > 0$ für alle $i = 1, \ldots, n$ ausgegangen werden. Gilt für alle $i = 1, \ldots, n$ $x_i \sim y_i$, $x_i \prec y_i$ oder $x_i \succ y_i$, so folgt nach den Axiomen B2 und B5 $f \sim g$, $f \prec g$ bzw. $f \succ g$. Da in diesen Fällen des weiteren $u[x_i, y_i] = 0$, $u[x_i, y_i] < 0$ bzw. $u[x_i, y_i] > 0$ für alle $i = 1, \ldots, n$ gilt, folgt auch $\sum_{i=1}^{n} u[x_i, y_i]\ P(A_i) = 0$, $\sum_{i=1}^{n} u[x_i, y_i]\ P(A_i) < 0$ bzw. $\sum_{i=1}^{n} u[x_i, y_i]\ P(A_i) > 0$.

Sind $j, k \in \{1, \ldots, n\}$ mit $x_j \succ y_j$ und $y_k \succ x_k$ vorhanden, so existiert nach Lemma B3d ein Ereignis $B \in \mathcal{S}$ mit $x_j\ B\ x_k \sim y_j\ B\ y_k$. Gilt $P(B) = \frac{P(A_j)}{P(A_j) + P(A_k)}$, so werden x_j, y_j, x_k und y_k durch beliebiges $z \in X$ ersetzt. Nach Lemma B4 folgt $x_j\ A_j\ x_k\ A_k\ z \sim y_j\ A_j\ y_k\ A_k\ z$. Aus den Axiomen B5 und B2 ergibt sich $x_j\ A_j\ x_k\ A_k\ z \sim y_j\ A_j\ y_k\ A_k\ z \Leftrightarrow x^{*}\ A_j \cup A_k\ z \sim y^{*}\ A_j \cup A_k\ z \Leftrightarrow x^{*} \sim y^{*}$. Ebenfalls nach den Axiomen B5 und B2 gilt $x_j\ A_j\ x_k\ A_k\ f \precsim y_j\ A_j\ y_k\ A_k\ g \Leftrightarrow x^{*}\ A_j \cup A_k\ x^{**} \precsim y^{*}\ A_j \cup A_k\ y^{**} \Leftrightarrow x^{**} \precsim y^{**} \Leftrightarrow z\ A_j \cup A_k\ x^{**} \precsim z\ A_j \cup A_k\ y^{**} \Leftrightarrow z\ A_j \cup A_k\ f \precsim z\ A_j \cup A_k\ g$. Die Präferenzrelation

---

[1] Vgl. Fishburn (1988a), S. 213-215; Fishburn (1989a), S. 203-204.

zwischen den Alternativen bleibt also durch den Austausch von (x_j, y_j) und (x_k, y_k) durch (z, z) unberührt. Aus der Definition von u und Lemma B5 folgt $u[x_k, y_k] = - u[x_j, y_j] \frac{P(B)}{P(\bar{B})}$. Hieraus resultiert

$$u[x_j, y_j]\, P(A_j) + u[x_k, y_k]\, P(A_k) = u[z, z]\, [P(A_j) + P(A_k)] = 0,$$

so daß auch das Präferenzfunktional weiterhin den Wert $\sum_{i=1}^{n} u[x_i, y_i]\, P(A_i)$ annimmt. Gilt $P(B) < \frac{P(A_j)}{P(A_j) + P(A_k)}$ - den Fall $P(B) > \frac{P(A_j)}{P(A_j) + P(A_k)}$ behandele man analog - so wird mittels Repräsentationstheorem B, Teil I, ein Ereignis $A_{j*} \subset A_j$ mit $P(A_{j*}) = P(A_k) \frac{P(B)}{P(\bar{B})}$ konstruiert. Es folgt $P(B) = \frac{P(A_{j*})}{P(A_{j*}) + P(A_{k*})}$. Wie beschrieben ersetze man (x_j, y_j) bzw. (x_k, y_k) in $A_{j*} \cup A_k$ durch (z, z). An der Präferenzordnung auf der Menge der Alternativen und auch am Wert des Präferenzfunktionals ändert sich wiederum nichts. Den beschriebenen Prozeß führe man so oft durch, bis entweder alle Ergebnisse der beiden Alternativen durch z ersetzt wurden oder alle Ergebnisse einer Alternative präferiert werden. In jedem Fall folgt

$$x_n\, A_n\, x_{n-1}\, A_{n-1} \ldots x_2\, A_2\, x_1 \precsim y_n\, A_n\, y_{n-1}\, A_{n-1} \ldots y_2\, A_2\, y_1$$

$$\Leftrightarrow$$

$$\sum_{i=1}^{n} u[x_i, y_i]\, P(A_i) \leq 0.$$

u ist bis auf Multiplikationen mit einer positiven Konstanten eindeutig bestimmt. Daß jede solche Transformation u' von u die behauptete Beziehung erfüllt, ist offensichtlich. Zum Beweis, daß jede Funktion u', die die behauptete Beziehung erfüllt, durch Multiplikation von u mit einer positiven Konstanten gewonnen werden kann, betrachte man $x', z' \in X$ mit $x' \succ z'$. Da u' die behauptete Beziehung erfüllt, gilt $u'[x^*, z^*]\, P(\bar{A}) = u'[x', z']\, P(A)$ mit $x'\, A\, z^* \sim z'\, A\, x^*$. Man betrachte dann die Transformation $\bar{u}' = \frac{u[x^*, z^*]}{u'[x^*, z^*]}\, u'$. Es folgt $\bar{u}'[x', z'] = \frac{P(\bar{A})}{P(A)}$. Für beliebiges $x, z \in X$ mit $x \succ z$ gilt nun einerseits $u[x, z] = \frac{P(B)}{P(\bar{B})}$ mit $x^*\, B\, z \sim z^*\, B\, x$ und andererseits $\bar{u}'[x, z] = \bar{u}'[x', z'] \frac{P(C)}{P(\bar{C})} = \frac{P(\bar{A})}{P(A)} \frac{P(C)}{P(\bar{C})}$ mit $x'\, C\, z \sim z'\, C\, x$, weil auch $\bar{u}'$ die behauptete Beziehung erfüllt. Es folgt $\bar{u}'[x, z] = \frac{P(\bar{A})}{P(A)} \frac{P(\bar{B})}{P(B)} \frac{P(C)}{P(\bar{C})}\, u[x, z]$. Aus Lemma B5 resultiert $\frac{P(\bar{A})}{P(A)} \frac{P(\bar{B})}{P(B)} \frac{P(C)}{P(\bar{C})} = 1$, so daß $\bar{u}'[x, z] = u[x, z]$ und damit $u' = \frac{u'[x^*, z^*]}{u[x^*, z^*]}\, u$ gilt. ■

Beweis der Erweiterung zu Repräsentationstheorem B:

Zunächst ist zu zeigen, daß u beschränkt ist. Angenommen, u wäre unbeschränkt. Dann gäbe es Ergebnisse $x_i, y_i \in X$ mit $i = 1, 2, \ldots$, so daß $u[x_i, y_i] > 2^{i+1}$ mit $u[x_{i+1}, y_{i+1}] > u[x_i, y_i]$ für alle $i = 1, 2, \ldots$ ist. Mit Hilfe der obenstehenden Ergebnisse wird dann ein Ereignis B mit P(B) = 0,5 und eine Folge disjunkter Ereignisse $\{A_i\}$ mit $A_i \subset \overline{B}$ und $P(A_i) = 2^{-i-1}$ für i = 1, 2, ... konstruiert. Man betrachte f, g ∈ F mit

$$f = \dots x_n A_n \dots x_2 A_2 x_1 A_1 z \text{ und } g = \dots y_n A_n \dots y_2 A_2 y_1 A_1 z',$$

sowie die Alternativen

$$f_n = x_n \bigcup_{i=n+1}^{\infty} A_i \, x_n A_n \dots x_2 A_2 x_1 A_1 z$$

und

$$g_n = y_n \bigcup_{i=n+1}^{\infty} A_i \, y_n A_n \dots y_2 A_2 y_1 A_1 z'.$$

$u[x_n, y_n] \, P(\bigcup_{i=n+1}^{\infty} A_i) + \sum_{i=1}^{n} u[x_i, y_i] \, P(A_i) + u[z, z'] \, P(B) > n + 0{,}5 \, u[z, z']$ zeigt, daß sich für alle z, z' ∈ X f_n, g_n ∈ F mit $f_n \succ g_n$ finden lassen. Dies wäre offensichtlich nur dann nicht möglich, wenn u[z', z] den Wert ∞ annimmt, was aber durch Lemma B3d ausgeschlossen ist. Nach Axiom B5, Repräsentationstheorem B und Axiom B8 folgt $f \succ g$ für alle z, z' ∈ X. Gemäß Axiom B5 existieren x, y ∈ X, so daß $f \precsim g \Leftrightarrow z B x \precsim z' B y$ und damit $z B x \succ z' B y$ für alle z, z' ∈ X gilt. Analog läßt sich zeigen, daß für alle x, y ∈ X Ergebnisse z^*, z^{**} ∈ X mit $z^* B x \prec z^{**} B y$ existieren. Der Widerspruch deutet darauf hin, daß u beschränkt ist.

Im weiteren nutze man die Beschränktheit von u, um mittels Multiplikation mit einer positiven Konstanten inf{u[x, y]: x, y ∈ X} = -1 und sup{u[x, y]: x, y ∈ X]} = 1 zu gewährleisten. Es wird davon ausgegangen, daß S für jedes a ∈ ℝ die Menge {s: u[f(s), g(s)] ≤ a} enthält. Man betrachte die Zerlegungsfolgen $\{A_i^n\}$ mit A_1^n = {s: -1 ≤ u[f(s), g(s)] ≤ -1 + 1 / n} und A_i^n = {s: -1 + (i-1) / n < u[f(s), g(s)] ≤ -1 + i / n} für i = 2, ..., n und alle n ∈ ℕ sowie $\{B_j^m\}$ mit B_j^m = {s: (j-1) / m < u[f(s), g(s)] ≤ j / m} für j = 1, ..., m und alle m ∈ ℕ. Aus den Eigenschaften des Integrals folgt für alle n, m = 1, 2, ...

$$\sum_{i=1}^{n} [-1 + \frac{i-1}{n} P(A_i^n)] + \sum_{j=1}^{m} \frac{j-1}{m} P(B_j^m)$$
$$\leq \int_S u[f(s), g(s)] \, dP \leq$$
$$\sum_{i=1}^{n} [-1 + \frac{i}{n} P(A_i^n)] + \sum_{j=1}^{m} \frac{j}{m} P(B_j^m).$$

Gemäß Axiom B5 existieren Ergebnisse x_i^n und y_i^n bzw. x_j^m und y_j^m, so daß nach Repräsentationstheorem B gilt

$$f \precsim g$$
$$\Leftrightarrow$$
$$x_1^n A_1^n .. x_i^n A_i^n .. x_n^n A_n^n x_1^m B_1^m .. x_j^m B_j^m .. x_m^m \precsim y_1^n A_1^n .. y_i^n A_i^n .. y_n^n y_1^m B_1^m .. y_j^m B_j^m ... y_m^m$$
$$\Leftrightarrow$$
$$\sum_{i=1}^{n} u[x_i^n, y_i^n] \, P(A_i^n) + \sum_{j=1}^{m} u[x_j^m, y_j^m] \, P(B_j^m) \leq 0.$$

Wegen $$-1 + (i-1) / n \leq u[f(s), g(s)] \leq -1 + i / n$$

für alle s ∈ A_i^n mit i = 1, ..., n und

$$(j-1) / m \leq u[f(s), g(s)] \leq j / m$$

für alle s ∈ B_j^m mit j = 1, ..., m ist nach Axiom B8 von

$$-1 + (i-1) / n \leq u[x_i^n, y_i^n] \leq -1 + i / n$$

und von
$$(j-1) / m \leq u[x_j^m, y_j^m] \leq j / m$$

auszugehen. Angenommen, es gälte $u[x_i^n, y_i^n] < -1 + (i-1) / n$ mit $P(A_i^n) > 0$ (die Fälle $u[x_i^n, y_i^n] > -1 + i / n$, $u[x_j^m, y_j^m] < (j-1) / m$ und $u[x_j^m, y_j^m] > j / m$ behandele man analog). Mittels Repräsentationstheorem B konstruiere man dann ein Ereignis $B \subset \overline{A}_i^n$ mit $(-1 + (i-1) / n)\, P(A_i^n) / u[x_i^n, y_i^n] < P(B) < P(A_i^n)$. Sollte dies nicht auf Anhieb möglich sein, so verfeinere man die Zerlegung entsprechend. Aus Repräsentationstheorem B folgt $x_i^n\, A_i^n\, y_i^n\, B\, z \prec y_i^n\, A_i^n\, x_i^n\, B\, z$ und $f(s)\, A_i^n\, y_i^n\, B\, z \succ g(s)\, A_i^n\, x_i^n\, B\, z$ für alle $s \in A_i^n$. Nach den Axiomen B5 und B8 resultiert aus letzterem $f\, A_i^n\, y_i^n\, B\, z \succ g\, A_i^n\, x_i^n\, B\, z$ und damit auch $x_i^n\, A_i^n\, y_i^n\, B\, z \succ y_i^n\, A_i^n\, x_i^n\, B\, z$. In jedem Fall ergibt sich für alle n, m = 1, 2, ...

$$\sum_{i=1}^{n} [-1 + \frac{i-1}{n} P(A_i^n)] + \sum_{j=1}^{m} \frac{j-1}{m} P(B_j^m)$$
$$\leq \sum_{i=1}^{n} u[x_i^n, y_i^n]\, P(A_i^n) + \sum_{j=1}^{m} u[x_j^m, y_j^m]\, P(B_j^m) \leq$$
$$\sum_{i=1}^{n} [-1 + \frac{i}{n} P(A_i^n)] + \sum_{j=1}^{m} \frac{j}{m} P(B_j^m).$$

Eine Grenzwertbetrachtung zeigt $f \precsim g \Leftrightarrow \int_S u[f(s), g(s)]\, dP \leq 0$. ■

4 Zur Berücksichtigung von Ergebnisplausibilitäten: Eine Ungewißheitsaxiomatisierung der gewichteten Nutzentheorie auf der Grundlage reichhaltiger Ergebnis- und Zustandsräume

4.1 Empirische Befunde zu Verstößen gegen die Unabhängigkeitseigenschaft der subjektiven Erwartungsnutzentheorie und normativer Status von Verstößen gegen das Monotonieprinzip

Das in Axiom A2 verankerte Monotonieprinzip ist notwendig für die in Abschnitt II.D erörterte Unabhängigkeitseigenschaft der subjektiven Erwartungsnutzentheorie, die auf ein in subjektiven Wahrscheinlichkeiten lineares Präferenzfunktional führt. Es trägt damit ebenso wie Ordnungsaxiom A1 zu einer mathematisch einfachen numerischen Repräsentation der Präferenzrelation bei. Im folgenden wird Axiom A2 so abgeschwächt, daß die Präferenzrelation des Entscheidungsträgers mittels des für die gewichtete Nutzentheorie typischen, in Wahrscheinlichkeiten nichtlinearen Präferenzfunktionals repräsentiert werden kann. Um die Motivation hierfür darzulegen, werden zunächst die empirischen Befunde zu Verstößen gegen die Unabhängigkeitseigenschaft der subjektiven Erwartungsnutzentheorie skizziert; die Abschwächung von Axiom A2 stellt offensichtlich eine Möglichkeit dar, solchen Verstößen zu begegnen. Anschließend wird diskutiert, ob Verstöße gegen Axiom A2 mit dem Rationalitätspostulat der normativen Entscheidungstheorie vereinbar sind.

Daß das in der Realität zu beobachtende Entscheidungsverhalten systematische Verstöße gegen das Unabhängigkeitsaxiom der Erwartungsnutzentheorie für Risikosituationen aufweist, wurde durch eine überwältigende Anzahl empirischer Untersuchungen belegt,[1] gehört zum entscheidungstheoretischen

[1] Zu den empirischen Befunden siehe insbesondere Allais (1953), S. 524-534; Slovic/Tversky (1974), S. 369-371; Allais (1979), S. 447-449, S. 451-454 und S. 533-543; Hagen (1979), S. 278-281; MacCrimmon/Larsson (1979), S. 350-369; Kahneman/Tversky (1979), insbesondere S. 265-267; Chew/Waller (1986), S. 65-71; Camerer (1989), S. 78-95; Prelec (1990), S. 248-256; Loomes (1991), S. 92-105; Bernasconi (1992), S. 162-173; Sopher/Gigliotti (1993a), S. 83-98; Camerer/Ho (1994), S. 175-191. Entsprechendes Entscheidungsverhalten wurde sogar bei Ratten beobachtet; siehe dazu Battalio/Kagel/MacDonald (1985), S. 608-611; Kagel/MacDonald/Battalio (1990), S. 914-197. Diskussionen enthalten insbesondere Morrison (1967); Machina (1982), S. 287-292; Machina (1983), S. 276-282; Sugden (1986), S. 5-7; Weber/Camerer (1987), S. 132-134; Machina (1987a), S. 539-540; Machina (1987b), S. 127-132; Appleby/Starmer (1987), S. 27-37; Mu-

Allgemeinwissen und braucht dementsprechend hier nicht detailliert erörtert zu werden. Üblicherweise werden die beobachteten Phänomene in (mindestens) zwei Kategorien eingeordnet: den Common Consequence Effect als Verallgemeinerung des sogenannten Allais Paradox[1] sowie den Common Ratio Effect mit dem sogenannten Bergen Paradox[2] und dem Certainty Effect[3] als Spezialfällen. Ein Common Consequence Effect liegt vor, wenn der Ersatz eines in zwei Ergebnisverteilungen mit gleicher Wahrscheinlichkeit anfallenden Ergebnisses durch ein anderes Ergebnis zu einer Veränderung der Präferenzen führt; allgemein entspricht dies der Präferenzrelation $\{\lambda\ x + (1-\lambda)\ p \prec \lambda\ x + (1-\lambda)\ q, ..., \lambda\ y + (1-\lambda)\ p \succ \lambda\ y + (1-\lambda)\ q\}$ mit $\lambda \in (0, 1)$. Der Common Ratio Effect ist dadurch gekennzeichnet, daß die Multiplikation der Wahrscheinlichkeiten aller Ergebnisse zweier Ergebnisverteilungen mit einer Konstanten im Intervall (0, 1) und die Zuschreibung der Restwahrscheinlichkeit zu einem gemeinsamen Ergebnis eine Veränderung der Präferenzen zur Folge hat; das Phänomen läßt sich durch $\{\lambda\ x + (1-\lambda)\ z \prec \mu\ y + (1-\mu)\ z, ..., \nu\ \lambda\ x + (1-\nu\ \lambda)\ z \succ \nu\ \mu\ y + (1-\nu\ \mu)\ z\}$ oder $\{\lambda\ x + (1-\lambda)\ z \succ \mu\ y + (1-\mu)\ z, ..., \nu\ \lambda\ x + (1-\nu\ \lambda)\ z \prec \nu\ \mu\ y + (1-\nu\ \mu)\ z\}$ mit $\nu \in (0, 1)$ und $\mu, \lambda \in [0, 1]$ charakterisieren. Beide Effekte werden in der Regel beobachtet, wenn die Zusammenhänge nicht transparent sind[4] und überaus günstige oder ungünstige Ergebnisse mit sehr geringen Wahrscheinlichkeiten verknüpft werden; darüber hinaus besitzt die Art der Problemrepräsentation eine gewisse Bedeutung[5].

Da in Risikosituationen von exogen vorgegebenen, objektiven Wahrscheinlichkeiten ausgegangen wird, während die Existenz eines subjektiven Wahrscheinlichkeitsmaßes in Ungewißheitssituationen aus der Axiomatik selbst

---

nier (1988), S. 14-17; Fishburn (1989b), S. 391-392; Camerer (1992); Thießen (1993).

1 Siehe Allais (1953), S. 524-534.

2 Zum sogenannten Bergen Paradox siehe Hagen (1979), S. 278-281.

3 Die Bezeichnung "Certainty Effect" findet sich zuerst in Kahneman/Tversky (1979), S. 265-266, und betrifft die Präferenzordnung $\{\lambda\ x + (1-\lambda)\ z \prec y, ..., \mu\ y + (1-\mu)\ z \prec \mu\ \lambda\ x + (1-\mu\ \lambda)\ z\}$ mit $\mu, \lambda \in (0, 1)$. Der Certainty Effect kann in Abhängigkeit von der Meßprozedur zu systematischen Fehleinschätzungen der Nutzenfunktion führen (Utility Evaluation Effect); siehe dazu Machina (1983), S. 281-282; McCord/deNeufville (1986); v. Nitzsch/Weber (1986), S. 850; Machina (1987a), S. 540; Machina (1987b), S. 131-132; Munier (1988), S. 16; Cohen/Jaffray (1988a, b). Darüber hinaus steht er in engem Zusammenhang mit dem Phänomen der Überbewertung von Wahrscheinlichkeitsänderungen bei extremen Ergebnissen (Oversensitivity to Changes in Small Probability-Outlying Events); siehe dazu Machina (1983), S. 278-281; Appleby/Starmer (1987), S. 33-34.

4 Vgl. Tversky/Kahneman (1986), S. S272.

5 Siehe z. B. Moskowitz (1974); Kahneman/Tversky (1979), S. 271-273; Keller (1985); Bierman (1989); Carlin (1992); Erev (1992).

resultiert, kann aus Verstößen gegen das Unabhängigkeitsaxiom der Erwartungsnutzentheorie für Risikosituationen nicht ohne weiteres auf Verstöße gegen die Unabhängigkeitseigenschaft der subjektiven Erwartungsnutzentheorie geschlossen werden: zumindest prinzipiell ist denkbar, daß die subjektiven Wahrscheinlichkeitseinschätzungen der Versuchspersonen von den exogen vorgegebenen Wahrscheinlichkeiten abweichen. Ob der Common Consequence Effect und der Common Ratio Effect auch die subjektive Erwartungsnutzentheorie betreffen, läßt sich demzufolge nur durch empirische Untersuchungen klären, bei denen an die Stelle exogen vorgegebener Wahrscheinlichkeiten Ereignisse treten, die z. B. durch Urnenzüge spezifiziert werden. Derartige Untersuchungen liegen - allerdings in weit geringerer Zahl - vor. Es zeigt sich, daß jedenfalls der Common Consequence Effect auch bei Ungewißheit auftritt, was sich in der Präferenzrelation $\{x\ A\ f \prec x\ A\ g, ..., y\ A\ f \succ y\ A\ g\}$ niederschlägt.[1] Der Nachweis des Common Ratio Effect stößt auf Schwierigkeiten, weil eine auf den Ungewißheitsfall zugeschnittene Reformulierung der oben angeführten Präferenzrelation die Einbeziehung mehrerer Alternativenvergleiche erfordert.[2] Angesichts der empirischen Befunde, die das Auftreten des Common Consequence Effect in Ungewißheitssituationen belegen, ist ein solcher Nachweis aber auch entbehrlich. Eine entsprechende Abschwächung von Axiomatik A - etwa im Wege der Abschwächung von Axiom A2 - ist vor diesem Hintergrund aus deskriptiver Sicht geboten.

Aus normativer Sicht wurden Verstöße gegen das Unabhängigkeitsaxiom der Erwartungsnutzentheorie für Risikosituationen oder - im Fall der Ungewißheit - gegen Axiom A2 in der Vergangenheit von nahezu allen Autoren als mit rationalem Entscheiden schlechthin unvereinbar angesehen. Das klassische Argument hierfür lautet wie folgt:[3] Angenommen, die Situation eines Entscheidungsträgers mit der Präferenzrelation $x \prec y$ und $y\ A\ z \prec x\ A\ z$ sei durch y A z charakterisiert. Dann müßte er bereit sein, y A z gegen x A z zu tauschen und im Rahmen dieses Tauschgeschäfts zusätzlich einen gewissen

---

[1] Siehe z. B. MacCrimmon (1968), S. 7-11; Keller (1985), S. 741-746; Tversky/Kahneman (1992), S. 303-314; Erev (1992).

[2] Der von MacCrimmon/Larsson (1979), S. 352, diesbezüglich geäußerten Ansicht, "The Savage axioms (insbesondere Savages Sure Thing Principle, das für die Etablierung eines in subjektiven Wahrscheinlichkeiten linearen Präferenzfunktionals ebenfalls notwendig ist, Anmerkung des Verfassers) are not directly applicable to this problem (den Common Ratio Effect, Anmerkung des Verfassers) since the problem is stated in terms of probabilities instead of events. It would be easy, however, to replace the probabilities by a standard urn situation." ist nicht zuzustimmen. Subjektive Wahrscheinlichkeiten müssen nämlich nicht mit relativen Häufigkeiten übereinstimmen, so daß auch die Multiplikation einer relativen Häufigkeit mit einer Konstanten im Intervall (0, 1) keineswegs zwingend zu einer entsprechenden subjektiven Wahrscheinlichkeit führt.

[3] Im Prinzip findet sich dieses Argument erstmals in Raiffa (1968), S. 83-85. Siehe auch Shafer (1986), S. 477-479; Green (1987); Seidenfeld (1988), S. 275-284

Geldbetrag aufzuwenden. Bei Eintritt von A wäre er weiter bereit, x gegen y zu tauschen und eine nochmalige Zuzahlung zu leisten. Nach Abschluß dieser Transaktionen hätte sich die Vermögensposition des Entscheidungsträgers verschlechtert. Gleichwohl stünde er so, als ob er von vornherein bei y A z geblieben wäre, und könnte demnach ausgebeutet werden (Money-Pump Argument).

In jüngerer Zeit wird die Überzeugungskraft dieses Arguments angezweifelt; insbesondere wird eingewandt, daß es auf einer Dynamisierung der Entscheidungssituation beruht, die bei der Auswertung der Präferenzrelation des Entscheidungsträgers unberücksichtigt bleibt. Überblickt der Entscheidungsträger den Gesamtzusammenhang, so stimmt er zwar dem ersten Tausch von y A z gegen x A z und der Vereinbarung einer entsprechenden Zuzahlung zu, dem im Fall des Eintritts von A nachfolgenden Tausch von x gegen y jedoch nur, wenn er von seiner ursprünglichen Entscheidung für x A z abrückt und mithin dynamisch inkonsistentes Entscheidungsverhalten an den Tag legt. Bei dynamisch konsistentem Entscheidungsverhalten dagegen bleibt der Entscheidungsträger bei seiner Entscheidung für x A z, lehnt das nachfolgende Tauschangebot ab und kann folglich auch nicht ausgebeutet werden. Das angeführte Argument richtet sich damit gegen dynamisch inkonsistentes Entscheidungsverhalten bei mehrstufigen Entscheidungsproblemen, nicht aber gegen Verstöße gegen Axiom A2 im Rahmen einstufiger Entscheidungsprobleme.[1]

Ein weiteres häufig vorgebrachtes Argument lautet, daß Verstöße gegen das Unabhängigkeitsaxiom der Erwartungsnutzentheorie für Risikosituationen, die Verstößen gegen Axiom A2 entsprechen, zur Ablehnung eines kostenlosen Informationssystems führen können.[2] Zur Verdeutlichung dient der Entscheidungsbaum in Abbildung 3.[3]

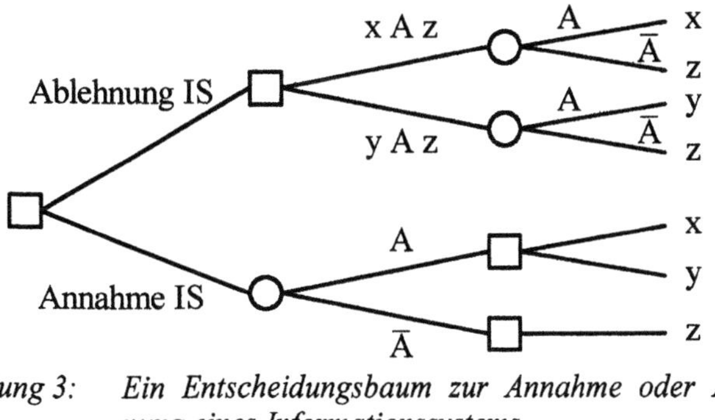

Abbildung 3: Ein Entscheidungsbaum zur Annahme oder Ablehnung eines Informationssystems

---

[1] Vgl. Machina (1989), S. 1642 und S. 1649-1650.

[2] Vgl. Wakker (1988b); Hilton (1989); Schlee (1990, 91); Safra/Sulganik (1995).

[3] Vgl. Wakker (1988b), S. 171.

Die Präferenzrelation des Entscheidungsträgers sei wieder $\{x \prec y, .., y\ A\ z \prec x\ A\ z\}$. Man betrachte zunächst den zweiten Entscheidungsknoten im oberen Ast des Entscheidungsbaums, in dem die Alternativen x A z und y A z zur Entscheidung anstehen. Gemäß der angeführten Präferenzrelation muß die Entscheidung in dieser Situation auf x A z fallen. Dem Entscheidungsträger werde nun ein kostenloses Informationssystem angeboten, das vollständigen Aufschluß über den Eintritt oder das Ausbleiben des Ereignisses A gibt, bevor eine Entscheidung getroffen werden muß. Dementsprechend ist zunächst über die Annahme des Informationssystems zu entscheiden, so daß sich der Entscheidungsbaum wie dargestellt erweitert. Erhält der Entscheidungsträger ein Signal, das den Eintritt des Ereignisses A anzeigt, so wird seine Situation durch den oberen Entscheidungsknoten im unteren Ast des Entscheidungsbaums charakterisiert; gemäß seiner Präferenzrelation entscheidet er sich für y. Dies vorausgesetzt, ist die Annahme des Informationssystems der Alternative y A z, seine Ablehnung der Alternative x A z äquivalent. Da der Entscheidungsträger x A z gegenüber y A z strikt präferiert, wird das Informationssystem abgelehnt.

Könnte diese Gedankenführung überzeugen, so schienen Verstöße gegen Axiom A2 in der Tat nicht mit dem Rationalitätspostulat der normativen Entscheidungstheorie vereinbar; denn warum sollte der Entscheidungsträger Informationen ablehnen, deren Verwertung weder in bezug auf die Informationsverarbeitung noch in sonstiger Hinsicht Kosten verursacht? Betrachtet man das vorgebrachte Argument jedoch noch einmal vor dem Hintergrund der obigen Ausführungen, so wird deutlich, daß es ebenfalls auf einer Dynamisierung der Entscheidungssituation basiert und daß das Informationssystem infolge des konsequenten Entscheidungsverhaltens abgelehnt wird. Orientiert sich der Entscheidungsträger an einer ganzheitlichen Perspektive und ist das Entscheidungsverhalten dynamisch konsistent, so ist er - wie sich leicht nachvollziehen läßt - gegenüber der Annahme oder der Ablehnung des Informationssystems indifferent. Unter dieser Voraussetzung resultiert demnach - ebenso wie bei Zugrundelegung der subjektiven Erwartungsnutzentheorie - ein Informationswert von null. Das Argument richtet sich folglich in erster Linie gegen konsequentes Entscheidungsverhalten bei mehrstufigen Entscheidungsproblemen und nicht gegen Verstöße gegen Axiom A2 im Rahmen einstufiger Entscheidungsprobleme.[1]

Im Zusammenhang mit der Beurteilung von Verstößen gegen Axiom A2 aus normativer Sicht ist schließlich die Ansicht von Bedeutung, daß evolutionäre Prozesse zu einer Ausmerzung von Verhaltensmustern führen, die nicht mit dem Unabhängigkeitsaxiom der Erwartungsnutzentheorie für Risikosituationen in Einklang stehen. Karni/Schmeidler führen dazu aus "We propose that

[1] Vgl. Machina (1989), S. 1642 und S. 1650-1651.

the fundamental principle which should serve as a criterion for defining rational behavior is the principle of self-preservation."[1] und gelangen in ihrer diesbezüglichen Untersuchung zu dem Schluß "Decisions that are inconsistent with the independence axiom are inconsistent with the maximization of survival probabilities."[2] Die Idee, rationales Verhalten auf der Basis und in gewisser Weise als Ergebnis evolutionärer Prozesse zu definieren, scheint auf den ersten Blick sehr überzeugend, angesichts des schmerzlichen Mangels[3] einer Definition rationalen Verhaltens sogar geradezu verlockend. Nach Ansicht des Autors muß jedoch bezweifelt werden, daß der Vorschlag von Karni/Schmeidler überhaupt in unzweideutiger Weise umgesetzt werden kann; denn offensichtlich läßt sich der Nachweis, daß bestimmte Verhaltensmuster im Zuge der Evolution verdrängt werden, stets nur im Rahmen eines Modells führen, das auf mehr oder weniger, niemals aber ganz realitätsgerechten Annahmen bezüglich des evolutionären Umfelds gründet. Es verwundert deshalb nicht, daß andere Untersuchungen zu abweichenden Ergebnissen geführt haben. So zeigt Hagen in seiner Replik auf den Beitrag von Karni/Schmeidler, daß auch Verstöße gegen das Unabhängigkeitsaxiom zu einer Maximierung der Überlebenswahrscheinlichkeit führen können;[4] zu dem gleichen Ergebnis gelangt Robson.[5] Campbell formuliert das Ergebnis seiner Analysen so: "The result is that irrationalities may persist for some tasks even within the original environment of evolutionary shaping ..."[6] Das Fazit von Schoemaker lautet: "I doubt whether EU theory can be (uniquely) derived from evolutionary theory .... ."[7] Vor diesem Hintergrund schiene es zumindest verfrüht, davon auszugehen, daß evolutionäre Prozesse zur Ausschaltung von Verstößen gegen Axiom A2 führen.

---

1 Karni/Schmeidler (1986), S. 72.

2 Karni/Schmeidler (1986), S. 73. Zu dem gleichen Ergebnis gelangen Sinn/Weichenrieder (1993), S. 81.

3 Vgl. Eisenführ/Weber (1994), S. 4.

4 Vgl. Hagen (1991, 92).

5 Vgl. Robson (1996).

6 Campbell (1986), S. S358.

7 Schoemaker (1992), S. 4.

4.2 Axiomatische Fundierung einer subjektiven gewichteten Nutzentheorie

4.2.1 Axiomatik C und Repräsentationstheorem

4.2.1.1 Anpassung von Axiomatik A im Hinblick auf die Berücksichtigung von Ergebnisplausibilitäten

Die vorstehenden Ausführungen belegen, daß tatsächliches Entscheidungsverhalten nicht mit der Unabhängigkeitseigenschaft der subjektiven Erwartungsnutzentheorie in Einklang steht; will man zu einer realitätsgerechteren numerischen Repräsentation von Präferenzrelationen gelangen, so ist eine Anpassung von Axiomatik A unumgänglich. Da der Common Consequence Effect bei Ungewißheit auch als Verstoß gegen das aus den Axiomen A2 und A5 resultierende Sure Thing Principle I von Savage aufgefaßt werden kann, muß diese Anpassung entweder an Axiom A2 oder an Axiom A5 oder an beiden Axiomen ansetzen. Im folgenden wird zunächst Axiom A5 beibehalten und Axiom A2 so abgeschwächt, daß die Existenz eines eindeutig bestimmten subjektiven Wahrscheinlichkeitsmaßes gewährleistet bleibt und eine numerische Repräsentation der Präferenzordnung resultiert, die sich des Präferenzfunktionals der gewichteten Nutzentheorie bedient. Wie im vorherigen Abschnitt erläutert, ist eine solche Abschwächung auch aus normativer Sicht von Interesse. Im nächsten Kapitel werden dann die Axiome A2 und A5 so modifiziert, daß die Präferenzordnung mittels des Präferenzfunktionals der Choquet Nutzentheorie repräsentiert werden kann.

Da Axiom A2 im Rahmen von Axiomatik A eine ganze Reihe von Funktionen besitzt - unter anderem stellt es die für die Existenz eines (additiven) subjektiven Wahrscheinlichkeitsmaßes notwendige Additivität der Wahrscheinlichkeitsrelation sicher - sind über die Modifikation von Axiom A2 hinaus weitere Änderungen erforderlich, um diejenigen Funktionen von Axiom A2, die es nach seiner Abschwächung nicht mehr erfüllen kann, auf andere Axiome zu verlagern. Betroffen ist vor allem Axiom A3, das in Axiomatik A ausschließlich die Unabhängigkeit der Wahrscheinlichkeitsrelation von den zu ihrer Definition herangezogenen Ergebnissen sicherstellt, nun aber weitere Funktionen übernehmen muß und dazu in zwei Axiome aufgespalten wird. Darüber hinaus erweist es sich als zweckmäßig, zwei zusätzliche Definitionen einzuführen, um die Axiome einfacher formulieren zu können bzw. verständlicher zu machen. Die resultierende Axiomatik C lautet:

Definition C1: Wahrscheinlichkeitsrelation

Für alle $A, B \in \mathcal{S}$ *gilt* $A \precsim B$, *wenn es* $x, z \in X$ *mit* $x \succ z$ *gibt, für die gilt*

$$x\,A\,z \precsim x\,B\,z.$$

Definition C2: Nullereignis

$A \in \mathcal{S}$ *ist ein Nullereignis, wenn für alle* $x, z \in X$ *gilt*

$$x\,A\,z \sim z.$$

Definition C3: Universalereignis

$A \in \mathcal{S}$ *ist ein Universalereignis, wenn für alle* $x, y, z \in X$ *gilt*

$$x\,A\,z \sim x.$$

Definition C4: Plausibilitätsrelation

Für alle $x, y \in X$ *mit* $x \sim y$ *und alle* $A, B \in \mathcal{S}$ *gilt*

$$x \succsim^{*} y \Leftrightarrow A \precsim B,$$

sofern es sich bei A und B nicht um Null- oder Universalereignisse handelt und sofern es ein $z \in X$ *mit* $x, y \succ z$ *oder* $x, y \prec z$ *gibt, für das* $x\,A\,z \sim y\,B\,z$ *gilt.*

Axiom C1: Schwache Präferenzordnung

Für alle $f, g \in F$ *gilt* $\quad f \precsim g$ *oder* $g \precsim f$,
für alle $f, g, h \in F$ *gilt* $\quad f \precsim g$ *und* $g \precsim h \Rightarrow f \precsim h$.

Axiom C2: Schwaches Monotonieprinzip

Für alle $x, z \in X$ *und alle* $A \in \mathcal{S}$ *gilt*

$$x \precsim z \Leftrightarrow x\,A\,z \precsim z,$$

sofern es sich bei A nicht um ein Nullereignis handelt.

Axiom C3a: Reduktionsprinzip

Für alle $x, y, z \in X$ *mit* $x \succ z$ *und alle* $A, B, C, D \in \mathcal{S}$ *mit* $A \sim C$ *und* $B \sim D$ *gilt*

$$x\,A\,y\,B\,z \sim x\,C\,y\,D\,z.$$

Axiom C3b: Unabhängigkeit der Plausibilitätsrelation

Für alle $x, y, z, z' \in X$ *mit* $x \sim y$ *sowie* $x, y \succ z$ *oder* $x, y \prec z$ *und* $x, y \succ z'$ *oder* $x, y \prec z'$ *sowie alle* $A, B \in \mathcal{S}$ *gilt*

$$x\,A\,z \sim y\,B\,z \Leftrightarrow x\,A\,z' \sim y\,B\,z',$$

sofern es sich bei A und B nicht um Nullereignisse oder Universalereignisse handelt.

Axiom C4: Existenz vorziehenswürdiger Ergebnisse

Es gibt x, z $\in X$ *mit* $x \succ z$.

Axiom C5: Existenz von Sicherheitsäquivalenten für Teilalternativen

Für alle $f \in F$ *und alle* $A \in \mathcal{S}$ *gibt es ein* $x \in X$, *so daß für alle* $g \in F$ *gilt* $f\,A\,g \sim x\,A\,g$.

Axiom C6: Atomfreiheit der Ereignisalgebra

Für alle $A \in \mathcal{S}$, *alle* $x, y, z \in X$ *mit* $x\,A\,z \succ y \succ z$ *gibt es ein* $B \in \mathcal{S}$ *mit* $B \subset A$, *so daß gilt* $x\,B\,z \sim y$.

Axiom C7: Monotone Stetigkeit der Wahrscheinlichkeitsrelation

Für alle $x, z \in X$ *mit* $x \succ z$, *jede Ereignisfolge* $\{A_i\}$ *mit* $A_i \subseteq A_{i+1}$ *für* $i = 1, 2, \ldots$ *sowie alle* $B \in \mathcal{S}$ *gilt*

$$x \bigcup_{i=1}^{\infty} A_i\, z \precsim x\,B\,z \Leftarrow x\,A_i\,z \precsim x\,B\,z \text{ für alle } i = 1, 2, \ldots .$$

Gegenüber Axiomatik A unverändert sind Definition C1 sowie die Axiome C1, C4, C5, C6 und C7. Die Erörterung von Axiomatik C kann sich deshalb auf die Definitionen C2, C3 und C4 sowie die Axiome C2, C3a und C3b beschränken; zunächst werden die Axiome C2 und C3a, anschließend die Definitionen C2, C3 und C4 sowie Axiom C3b behandelt.

Vergleicht man die Axiome C2 und A2, so fällt zunächst auf, daß sich Axiom C2 auf lediglich zwei Ergebnisse bezieht, während bei Axiom A2 drei Ergebnisse eine Rolle spielen; offensichtlich entspricht Axiom C2 Axiom A2 für $y = z$. Folglich bleiben alle wichtigen Implikationen von Axiom A2 erhalten, sofern lediglich zwei Ergebnisse existieren. Insbesondere ergibt sich für $x \succ z$ und alle $A \in \mathcal{S}$ unter Berücksichtigung von Definition C2 nach wie vor $x \succsim x\,A\,z \succsim z$. Wie in Abschnitt II.B.2 erläutert, ist dies für die Existenz eines mit der Wahrscheinlichkeitsrelation verträglichen Wahrscheinlichkeitsmaßes notwendig; demzufolge könnte Axiom A2 nur noch unwesentlich weiter abgeschwächt werden, wenn auf die Etablierung eines subjektiven Wahrscheinlichkeitsmaßes auf der Grundlage von Definition C1 nicht verzichtet werden soll.

Wie bereits bemerkt, läßt sich die für die Additivität des subjektiven Wahrscheinlichkeitsmaßes notwendige Additivität der Wahrscheinlichkeitsrelation auf der Grundlage von Axiom C2 nicht mehr ableiten. Zum Ausgleich wurde Axiom C3a so gestaltet, daß es zum einen die Unabhängigkeit der Wahrscheinlichkeitsrelation von den zu ihrer Definition herangezogenen Ergebnissen gewährleistet und zum anderen zusammen mit den übrigen Axiomen die

Additivität des subjektiven Wahrscheinlichkeitsmaßes sicherstellt. Inhaltlich ist Axiom C3a als Reduktionsprinzip in bezug auf Alternativen mit drei möglichen Ergebnissen zu interpretieren; in Verbindung insbesondere mit Axiom C5 bildet es die Grundlage für die Etablierung des Reduktionsprinzip für alle einfachen Alternativen.[1]

Jedes Nullereignis gemäß Definition A2 ist gleichzeitig ein Nullereignis gemäß Definition C2; berücksichtigt man Axiom C1, so gilt dies auch umgekehrt. Definition C2 ist lediglich infolge der Modifikation von Axiom C2 an die Stelle von Definition A2 getreten. Gemäß Definition C3 handelt es sich bei einem Ereignis A genau dann um ein Universalereignis, wenn $\bar{A}$ ein Nullereignis gemäß Definition C2 ist; einziger Zweck der Einführung von Universalereignissen ist die Vereinfachung von Definition C4 und Axiom C3b. Durch Definition C4 wird eine zweistellige Relation $\succsim^*$ auf Indifferenzklassen in X eingeführt, die für die Interpretation von Axiom C3b und das Verständnis der numerischen Repräsentation der subjektiven gewichteten Nutzentheorie von zentraler Bedeutung ist. Zur Verdeutlichung vergegenwärtige man sich, daß infolge der Abschwächung des Monotonieprinzips der Fall $x \sim y$ und $x\,A\,z \succ y\,A\,z$ eintreten kann. Da der Entscheidungsträger x und y gegenüber indifferent ist, kann die strikte Präferenz für $x\,A\,z$ gegenüber $y\,A\,z$ nicht dadurch bedingt sein, daß x einen größeren Nutzen als y verspricht; desgleichen scheidet eine unterschiedliche subjektive Wahrscheinlichkeit der Ereignisse, die zu x bzw. y führen, als Begründung aus. Offensichtlich muß $x\,A\,z \succ y\,A\,z$ auf ein Merkmal von x und y zurückzuführen sein, das nur bei Ungewißheit eine Rolle spielt. Es bietet sich an, dieses Merkmal als Plausibilität zu interpretieren.

Der Zusammenhang dieser Überlegungen mit Definition C4 wird offensichtlich, wenn man berücksichtigt, daß in dem betrachteten Fall ein $B \in \mathcal{S}$ mit $x\,A\,z \sim y\,B\,z$ und $A \prec B$ existiert[2]. Zweckmäßigerweise sollte es sich bei der Plausibilitätsrelation $\succsim^*$ um eine schwache Ordnung auf der jeweiligen Indifferenzklasse in X handeln. Einen Beitrag dazu leistet Axiom C3b, dessen wesentliche Funktion es ist, die Unabhängigkeit der Plausibilitätsrelation von dem zu ihrer Definition herangezogenen Ergebnis sicherzustellen. Ferner läßt sich zeigen, daß für $x\,A\,z \sim y\,B\,z$ und $x\,C\,z \sim y\,D\,z$ mit $x \sim y \succ z$ oder $z \succ x \sim y$ $A \precsim B \Leftrightarrow C \precsim D$ gilt, sofern es sich bei A, B, C und D weder um Nullereignisse noch um Universalereignisse handelt. Die Plausibilitätsrelation $\succsim^*$ ist demnach auch von den Ereignissen unabhängig, die zu ihrer Definition herangezogen werden. Da es sich bei der Wahrscheinlichkeitsrelation um eine schwache Ordnung auf $\mathcal{S}$ handelt, konstituiert $\succsim^*$ schwache Ordnungen auf

---

[1] Siehe Lemma C3 im Anhang zu diesem Kapitel.

[2] Folgt aus den Definitionen C1, C2 und C3 sowie den Axiomen C1, C2, C5 und C6.

den Indifferenzklassen in X. Wie gewohnt lassen sich auf der Grundlage von $\succsim^*$ die Relationen $\precsim^*$, $\succ^*$, $\prec^*$ und $\sim^*$ definieren.

Gemäß den vorstehenden Ausführung ist aus $x \succsim^* y$ in unzweideutiger Weise zu schließen, daß der Entscheidungsträger x und y gegenüber indifferent ist und x für mindestens so plausibel hält wie y. Dies hat zur Folge, daß er x A z gegenüber y A z schwach präferiert, sofern A weder ein Nullereignis noch ein Universalereignis ist und $x, y \succ z$ oder $x, y \prec z$ gilt. Die Interpretation von $\succsim^*$ als Plausibilitätsrelation bietet auch eine überzeugende Erklärung für die letztgenannten Voraussetzungen. Denn handelt es sich bei A um ein Nullereignis oder ein Universalereignis, so kann die Plausibilität von x und y keine Rolle spielen, da diese Ergebnisse ohnehin (fast) unmöglich sind bzw. (fast) mit Sicherheit eintreten. Gleiches gilt im Fall $x \sim y \sim z$, da unter dieser Bedingung bei beiden Alternativen ohnehin mit Sicherheit das gleiche Nutzenniveau erreicht wird. Sollte $x \sim^* y$ für alle $x, y \in X$ mit $x \sim y$ gelten, so resultiert unter Berücksichtigung der Definitionen C2 und C3 sowie der Axiome C1 und C2 $x \sim y \Rightarrow x\,A\,z \sim y\,A\,z$ für alle $x, y, z \in X$ und alle $A \in \mathcal{S}$. In diesem Fall läßt sich auch $x \prec y \Rightarrow x\,A\,z \prec y\,A\,z$ nachweisen, sofern es sich bei A nicht um ein Nullereignis handelt:[1] Sind die Elemente jeder Indifferenzklasse in X gleichermaßen plausibel, so hat dies - wie auch intuitiv unmittelbar einleuchtet - die Geltung des Monotonieprinzips und damit den Übergang zur subjektiven Erwartungsnutzentheorie zur Folge.

Infolge der Axiome C5 und C6 impliziert Axiomatik C ebenso wie Axiomatik A einen überabzählbaren Ergebnisraum, sofern ein $A^* \in \mathcal{S}$ mit $\emptyset \prec A^* \prec S$ existiert. Während bei Axiomatik A jedoch der Fall eintreten kann, daß alle Indifferenzklassen lediglich ein Element enthalten, sind hier grundsätzlich zumindest fast alle Indifferenzklassen überabzählbar. Auf der Grundlage von Lemma C4 im Anhang zu diesem Kapitel läßt sich zunächst unschwer zeigen, daß jede Indifferenzklasse mit mindestens zwei unterschiedlich plausiblen Ergebnissen überabzählbar viele Ergebnisse unterschiedlicher Plausibilität aufweisen muß; wie erläutert ist von der Existenz einer derartigen Indifferenzklasse außer im Grenzfall der subjektiven Erwartungsnutzentheorie auszugehen. Lemma C4 führt dann im Verein mit den Axiomen von Axiomatik C zu dem Schluß, daß jede Indifferenzklasse überabzählbar viele unterschiedlich plausible Ergebnisse beinhaltet, deren Elemente im Inneren eines abgeschlossenen Präferenzintervalls liegen, das eine Indifferenzklasse mit überabzählbar vielen Ergebnissen unterschiedlicher Plausibilität enthält. Demzufolge können allenfalls dann Indifferenzklassen mit nur einem Element existieren, wenn der Ergebnisraum ein abgeschlossenes oder halboffenes Präferenzintervall bildet; ihre Zahl ist auf maximal zwei beschränkt.

---

[1] Resultiert aus Definition C1, den Axiomen C1, C2, C6, Repräsentationstheorem C, Teil I, sowie Lemma C4 im Anhang zu diesem Kapitel.

4.2.1.2 Repräsentation der Präferenzordnung mittels des Präferenzfunktionals der gewichteten Nutzentheorie

Präferenzordnungen, die mit Axiomatik C in Einklang stehen, lassen sich in der für die gewichtete Nutzentheorie charakteristischen Weise numerisch repräsentieren. Zum Beweis dieser Aussage wird im Anhang zu diesem Kapitel zunächst gezeigt, daß Axiomatik C ebenso wie Axiomatik A die in Abschnitt II.B.2 erläuterten Eigenschaften der Wahrscheinlichkeitsrelation und der Ereignisalgebra impliziert.[1] Folglich kann von der Existenz und der Eindeutigkeit eines mit der Wahrscheinlichkeitsrelation verträglichen abzählbar additiven Wahrscheinlichkeitsmaßes ausgegangen werden. Darüber hinaus wird nachgewiesen, daß dieses subjektive Wahrscheinlichkeitsmaß außer im Grenzfall sicherer Erwartungen atomfrei ist.[2] Bezüglich der Möglichkeiten, die Wahrscheinlichkeitseinschätzungen des Entscheidungsträgers durch ein subjektives Wahrscheinlichkeitsmaß zu repräsentieren und Ereignisse mit beliebigen subjektiven Wahrscheinlichkeiten zu konstruieren, sind Axiomatik C und Axiomatik A demnach gleichwertig.

Da sich aus Axiomatik C ferner die Geltung des Reduktionsprinzips ableiten läßt und mithin alle einfachen Alternativen vollständig durch die von ihnen induzierten Ergebnisverteilungen charakterisiert werden können,[3] kann der Beweis des angestrebten Repräsentationstheorems im Anhang zu diesem Kapitel durch den Nachweis geführt werden, daß Axiomatik C ein hinreichendes Axiomensystem der gewichteten Nutzentheorie für Risikosituationen impliziert. Zunächst wird hierfür wie beim Beweis von Repräsentationstheorem A gezeigt, daß für alle x, y $\in$ X ein x' $\in$ X existiert, so daß für alle A, B $\in \mathcal{S}$ mit konstantem $\frac{P(A)}{P(A)+P(B)}$ und für alle z $\in$ X $x\,A\,y\,B\,z \sim x'\,A \cup B\,z$ gilt.[4] Wie in Abschnitt II.B.3 erörtert, läßt sich hieraus und aus den Axiomen A1, A2 und A5 sowie Definition A2 die Geltung der Betweenness-Eigenschaft mit Bezug auf einfache Alternativen ableiten. Dies ist auch dann noch möglich, wenn Axiom A2 durch das schwächere Axiom C2 ersetzt wird; die Axiome C1 und C5 sowie Definition C2 entsprechen den Axiomen A1 und A5 bzw. Definition A2 ohnehin. Folglich sind auch die Indifferenzkurven der subjektiven gewichteten Nutzentheorie linear.

---

1 Siehe Lemma C2 im Anhang zu diesem Kapitel.

2 Siehe den Beweis von Repräsentationstheorem C, Teil I, im Anhang zu diesem Kapitel.

3 Siehe Lemma C3 im Anhang zu diesem Kapitel.

4 Siehe Lemma C4 im Anhang zu diesem Kapitel.

Geht man davon aus, daß es sich bei dem Ergebnisraum um ein offenes oder um ein abgeschlossenes Präferenzintervall handelt, so läßt sich auf der Grundlage der angeführten Resultate zeigen:[1]

Repräsentationstheorem C

Bei Geltung der Axiome C1 bis C7 existiert genau ein abzählbar additives Wahrscheinlichkeitsmaß P, so daß für alle A, B $\in \mathcal{S}$ *gilt*

$$P(A) \leq P(B) \Leftrightarrow A \precsim B.$$

Im Fall der Existenz eines Ereignisses $A^* \in \mathcal{S}$ *mit* $P(A^*) \in (0, 1)$ *ist P atomfrei.*

Des weiteren existieren Funktionen $u: X \rightarrow \mathbb{R}$ *und* $w: X \rightarrow \mathbb{R}^+$, *so daß für alle* $x_i \in X$ *und alle* $A_i, B_i \in \mathcal{S}$ *mit* $i = 1, \ldots, n$ *gilt*

$$x_n\, A_n\, x_{n-1}\, A_{n-1} \ldots x_2\, A_2\, x_1 \precsim x_n\, B_n\, x_{n-1}\, B_{n-1} \ldots x_2\, B_2\, x_1$$

$$\Leftrightarrow$$

$$\frac{\sum_{i=1}^{n} u[x_i]\, w[x_i]\, P(A_i)}{\sum_{i=1}^{n} w[x_i]\, P(A_i)} \leq \frac{\sum_{i=1}^{n} u[x_i]\, w[x_i]\, P(B_i)}{\sum_{i=1}^{n} w[x_i]\, P(B_i)}.$$

Die Funktionen u und w sind bis auf die Transformationen

$$u' = \frac{a\,u + b}{c\,u + d} \text{ und } w' = w\,(c\,u + d)$$

mit $a\,d > b\,c$ *und* $c\,u + d > 0$ *eindeutig bestimmt.*

Repräsentationstheorem C besagt, daß sich die gemäß Axiomatik C zulässigen Präferenzordnungen auf der Menge einfacher Alternativen durch das Präferenzfunktional der gewichteten Nutzentheorie numerisch repräsentieren lassen. u ist dabei wie üblich als Nutzenfunktion zu interpretieren, durch die Funktion w werden unterschiedliche Ergebnisplausibilitäten berücksichtigt: es gilt $x \precsim y \Leftrightarrow u[x] \leq u[y]$ für alle $x, y \in X$ und $x \precsim^* y \Leftrightarrow w[x] \leq w[y]$ für alle $x, y \in X$ mit $x \sim y$. u und w sind bis auf die angegebenen Transformationen eindeutig bestimmt. Die Bedingung $a\,d > b\,c$ stellt dabei sicher, daß für alle transformierten Nutzenfunktionen u' und alle $x, y \in X$ $u'[x] \leq u'[y] \Leftrightarrow u[x] \leq u[y]$ gilt. $c\,u[x] + d > 0$ für alle $x \in X$ gewährleistet, daß alle transformierten Plausibilitätsfunktionen w' im gesamten Definitionsbereich positive Werte annehmen und daß für alle $x, y \in X$ mit $x \sim y$ $w'[x] \leq w'[y] \Leftrightarrow w[x] \leq w[y]$ gilt. Handelt es sich bei dem Ergebnisraum um ein halboffenes Präferenzintervall, so behält Repräsentationstheorem C seine Gültigkeit, sofern zugelassen wird, daß die Plausibilitätsfunktion w den Wert null annimmt,

---

[1] Siehe den Beweis von Repräsentationstheorem C, Teil II, im Anhang zu diesem Kapitel.

und die Transformationsmöglichkeiten entsprechend angepaßt werden. Dies hat allerdings zur Konsequenz, daß das Präferenzfunktional die Werte $+\infty$ oder $-\infty$ annehmen kann,[1] weshalb dieser Fall hier ausgespart blieb.

Zur Ausweitung des Geltungsbereichs von Repräsentationstheorem C auf alle Alternativen müßte zunächst gezeigt werden, daß u und w beschränkt sind, um die ansonsten im Hinblick auf das Präferenzfunktional resultierenden Probleme zu vermeiden. Im Rahmen der Axiomatisierung der subjektiven Erwartungsnutzentheorie und der SSA Nutzentheorie basierten entsprechende Nachweise auf Zustandsdominanzprinzipien, die eigens zu diesem Zweck als zusätzliche Axiome eingeführt wurden. Eine analoge Vorgehensweise scheidet im vorliegenden Zusammenhang aus, da die Einführung eines Zustandsdominanzprinzips der Abschwächung des Monotonieprinzips zuwider laufen würde. Selbst wenn es gelänge, die Beschränktheit von u und w auf der Basis geeigneter zusätzlicher Axiome zu etablieren, ergäben sich weitere Probleme infolge des Grenzwertcharakters von Integralen und der Tatsache, daß im Regelfall überabzählbar viele Indifferenzklassen mit ihrerseits fast immer überabzählbar vielen Ergebnissen mit unterschiedlicher Plausibilität existieren. Der Autor sieht sich angesichts dieser Schwierigkeiten nicht in der Lage, zusätzliche Axiome anzugeben, auf deren Basis der Geltungsbereich von Repräsentationstheorem C auf alle Alternativen ausgeweitet werden kann.

4.2.2 Gegenüberstellung mit Axiomatik B: Die subjektive gewichtete Nutzentheorie als Spezialfall der Skew-Symmetric Additive Nutzentheorie bei stochastisch unabhängigen Alternativen

Da Axiomatik C das Reduktionsprinzip impliziert,[2] existiert eine Präferenzordnung auf der Menge der durch einfache Alternativen induzierten (einfachen) Ergebnisverteilungen, die mit der Präferenzordnung auf der Menge einfacher Alternativen in Einklang steht. Für alle einfachen Ergebnisverteilungen p und q gilt demnach

$$p \precsim q \Leftrightarrow \frac{\sum_{i=1}^{n} u[x_i]\, w[x_i]\, p(x_i)}{\sum_{i=1}^{n} w[x_i]\, p(x_i)} \leq \frac{\sum_{j=1}^{n} u[x_j]\, w[x_j]\, q(x_j)}{\sum_{j=1}^{n} w[x_j]\, q(x_j)}$$

oder $$p \precsim q \Leftrightarrow \sum_{i=1}^{n} \sum_{j=1}^{n} (u[x_i] - u[x_j])\, w[x_i]\, w[x_j]\, p(x_i)\, q(x_j) \leq 0.$$

Eine Gegenüberstellung mit der in Abschnitt III.B.2 erörterten SSB Nutzentheorie zeigt, daß diese bei Zugrundelegung subjektiver Wahrscheinlichkeiten in die subjektive gewichtete Nutzentheorie übergeht, sofern von

---

[1] Vgl. Chew/Waller (1986), S. 57-58; Fishburn (1988a), S. 62-63.

[2] Siehe Lemma C3 im Anhang zu diesem Kapitel.

$u[x, y] = (u[x] - u[y])\, w[x]\, w[y]$ für alle $x, y \in X$ ausgegangen werden kann und u und w die in Repräsentationstheorem C angeführten Eigenschaften besitzen. Wie in Repräsentationstheorem B gefordert, gilt in diesem Fall $u[x, y] = -u[y, x]$ für alle $x, y \in X$; ferner implizieren die in Repräsentationstheorem C angeführten Transformationen von u und w die in Repräsentationstheorem B angegebenen Transformationsmöglichkeiten von $u[x, y]$. Bei der subjektiven gewichteten Nutzentheorie handelt es sich demnach um einen Spezialfall der SSB Nutzentheorie.

Dieses Ergebnis korrespondiert mit einem Resultat der Entscheidungstheorie für Risikosituationen, nach dem die SSB Nutzentheorie für transitive Präferenzrelationen in die gewichtete Nutzentheorie für Risikosituationen übergeht.[1] Ein analoger Zusammenhang besteht zwischen der SSA Nutzentheorie und der subjektiven gewichteten Nutzentheorie interessanterweise nicht: Wie in Abschnitt III.B.1.b erläutert, entspricht die SSA Nutzentheorie im Fall transitiver Präferenzrelationen nicht der subjektiven gewichteten Nutzentheorie, sondern der subjektiven Erwartungsnutzentheorie. Die Asymmetrie ist auf die Tatsache zurückzuführen, daß die SSA Nutzentheorie und die SSB Nutzentheorie auf der Basis subjektiver Wahrscheinlichkeiten nur in bezug auf stochastisch unabhängige Alternativen äquivalent sind. Werden ausschließlich stochastisch unabhängige Alternativen in die Betrachtung einbezogen, so läßt sich die SSA Nutzentheorie wie oben dargestellt in die subjektive gewichtete Nutzentheorie überführen. Die zu Beginn des Kapitels angeführten empirischen Befunde können folglich - sofern auf Risikosituationen bezogen - auch mittels der SSA Nutzentheorie erklärt werden.[2]

Dieser Zusammenhang legt eine Gegenüberstellung von Axiomatik C und Axiomatik B nahe. Dabei zeigt sich, daß mit Ausnahme der Axiome B2 und B4 alle Axiome von Axiomatik B aus Axiomatik C abgeleitet werden können: Die Axiome B1a und B1b resultieren unmittelbar aus Axiom C1, Axiom B3 folgt aus Definition B1 sowie den Axiomen C1, C3a und C4, die Axiome B5 und B6 werden durch die Axiome C1 und C5 bzw. C1, C5 und C6 impliziert und Axiom B7 ist identisch mit Axiom C7. Die in Axiom B4 geforderte Existenz mindestens dreier unterschiedlich präferierter Ergebnisse ist - außer im Grenzfall sicherer Erwartungen - aufgrund der Axiome C1, C2, C4 und C5 im Rahmen von Axiomatik C ebenfalls immer gewährleistet. Einzig das in Axiom B2 verankerte Dominanzprinzip, das in Verbindung mit Axiom B1a Axiom A2 impliziert, geht aus Axiomatik C nicht hervor. Vor dem Hintergrund der obigen Ausführungen ist dies nicht weiter verwunderlich, da die subjektive gewichtete Nutzentheorie nur in bezug auf stochastisch unabhän-

[1] Vgl. Fishburn (1987), S. 836-839.
[2] Vgl. Fishburn (1983), S. 300-314.

gige Alternativen als Spezialfall der SSA Nutzentheorie angesehen werden kann und Axiom B2 auf stochastisch abhängige Alternativen abstellt.

4.3 Axiomatische Fundierung einer subjektiven implizit gewichteten Nutzentheorie und wahrscheinlichkeitsbasierter Präferenzen (Probabilistically Sophisticated Preferences) im Wege der Abschwächung von Axiomatik C

Die gewichtete Nutzentheorie für Risikosituationen wird in der Literatur als Prototyp einer Klasse von Entscheidungstheorien angesehen, deren gemeinsames Merkmal betweenness-konforme Präferenzen im Sinne der Ausführungen in Abschnitt II.B.3 sind. Chew[1] und Dekel[2] gelang es Mitte der achtziger Jahre, diese Klasse allgemein mittels eines Präferenzfunktionals zu charakterisieren, das weitgehend demjenigen der gewichteten Nutzentheorie entspricht, bei dem die als Plausibilitätsfunktion interpretierte Gewichtungsfunktion aber nicht nur von dem jeweiligen Ergebnis, sondern auch von dem Wert des Präferenzfunktionals abhängt. Der Wert des Präferenzfunktionals und der Wert der Gewichtungsfunktion sind folglich implizit bestimmt, was zu der Bezeichnung implizit gewichtete Nutzentheorie führte. Der Zusammenhang mit der gewichteten Nutzentheorie zeigt sich auch darin, daß Axiomensysteme der implizit gewichteten Nutzentheorie auf relativ einfache Weise durch Modifikation von Axiomensystemen der gewichteten Nutzentheorie für Risikosituationen gewonnen werden können.[3]

Ganz analog ist es nun auch bei Ungewißheit möglich, eine subjektive implizit gewichtete Nutzentheorie im Wege der Abschwächung von Axiomatik C zu etablieren. Erforderlich ist hierfür lediglich der Verzicht auf Axiom C3b, das die Unabhängigkeit der Plausibilitätsrelation von den zu ihrer Definition herangezogenen Ergebnissen sicherstellt. Ohne Axiom C3b handelt es sich bei der Plausibilitätsrelation gemäß Definition C4 nicht um eine schwache Ordnung. Infolgedessen verliert die Menge zulässiger Präferenzordnungen Struktur, so daß der Wert des Präferenzfunktionals auf den Wert der Gewichtungsfunktion Einfluß nimmt. Axiomatik C ohne Axiom C3b wird im

1 Siehe Chew (1989); die Resultate wurden schon 1985 in einem Arbeitsbericht vorgestellt.
2 Siehe Dekel (1986).
3 Zu solchen Axiomensystemen siehe Chew (1989), S. 276-282; Dekel (1986), S. 306.

folgenden mit Axiomatik C' bezeichnet; für abgeschlossene Ergebnisräume gilt:[1]

Repräsentationstheorem C'

Bei Geltung der Axiome C1, C2, C3a und C4 bis C7 existiert genau ein abzählbar additives Wahrscheinlichkeitsmaß P, so daß für alle $A, B \in \mathcal{S}$ *gilt* $P(A) \leq P(B) \Leftrightarrow A \precsim B$.
Im Fall der Existenz eines Ereignisses $A^* \in \mathcal{S}$ *mit* $P(A^*) \in (0, 1)$ *ist P atomfrei.*
Des weiteren existieren Funktionen $u: X \to \mathbb{R}$ *und* $w: X \times \mathbb{R} \to \mathbb{R}$, *so daß für alle* $f, g \in F$ *mit*

$$f = x_n A_n x_{n-1} A_{n-1} \dots x_2 A_2 x_1,$$
$$g = x_n B_n x_{n-1} B_{n-1} \dots x_2 B_2 x_1$$

und beliebige $x_i \in X$ *sowie* $A_i, B_i \in \mathcal{S}$ *für* $i = 1, \dots, n$ *mit*

$$v[f] = \frac{\sum_{i=1}^{n} u[x_i]\, w[x_i, v[f]]\, P(A_i)}{\sum_{i=1}^{n} w[x_i, v[f]]\, P(A_i)}$$

und

$$v[g] = \frac{\sum_{i=1}^{n} u[x_i]\, w[x_i, v[g]]\, P(B_i)}{\sum_{i=1}^{n} w[x_i, v[g]]\, P(B_i)}$$

gilt

$$f \precsim g \Leftrightarrow v[f] \leq v[g].$$

Die Existenz und die Eigenschaften des subjektiven Wahrscheinlichkeitsmaßes bleiben demnach von dem Wegfall des Axioms C3b unberührt. Ferner gilt nach wie vor das Reduktionsprinzip, und die Präferenzordnung auf der Menge der durch die Alternativen induzierten Ergebnisverteilungen weist die Betweenness-Eigenschaft auf.[2] Abgesehen von den strukturellen Restriktionen, die Axiomatik C' zur Folge hat, sind die Gemeinsamkeiten der zulässigen Präferenzordnungen damit im wesentlichen bereits erschöpft. Die subjektive implizit gewichtete Nutzentheorie ist folglich in der Lage, ein breites Spektrum unterschiedlichster Präferenzen abzubilden. Als Instrument zur Analyse ökonomischer Zusammenhänge eignet sie sich gleichwohl kaum, da es ihr infolge der nur impliziten Bestimmtheit des Präferenzfunktionals an mathematischer Handhabbarkeit mangelt. Zudem dürfte die Annahme betweenness-konformer Präferenzen allein zu schwach sein, um aussagekräftige ökonomische Implikationen abzuleiten. Wohl aus diesen Gründen fand die

1 Siehe den Beweis von Repräsentationstheorem C' im Anhang zu diesem Kapitel.
2 Dies folgt schon daraus, daß Axiom C3b zur Ableitung von Lemma C4 im Anhang zu diesem Kapitel nicht benötigt wird. Vgl. auch Chew (1989), S. 282.

implizit gewichtete Nutzentheorie für Risikosituationen in der anwendungsorientierten entscheidungstheoretischen Literatur kaum weitere Beachtung.

Von größerem Interesse ist Axiomatik C' in Zusammenhang mit der seit Anfang der neunziger Jahre geführten Diskussion über wahrscheinlichkeitsbasierte Präferenzen (Probabilistically Sophisticated Preferences). Es geht dabei um die Frage, unter welchen Bedingungen davon ausgegangen werden kann, daß sich ein Entscheidungsträger bei seinen Entscheidungen an (additiven) subjektiven Wahrscheinlichkeiten orientiert. Voraussetzung hierfür ist nach einhelliger Ansicht die Existenz eines subjektiven Wahrscheinlichkeitsmaßes, das eindeutig bestimmt und atomfrei sein sollte, sowie die Geltung des Reduktionsprinzips. Unterschiedliche Auffassungen bestehen darüber, ob zusätzlich die Einhaltung des stochastischen Dominanzprinzips zu fordern ist. Während Machina/Schmeidler[1] dies bejahen, geht Grant[2] davon aus, daß das stochastische Dominanzprinzip eine gesondert zu betrachtende Eigenschaft der Präferenzrelation konstituiert.

Die Axiome von Axiomatik C' stellen für beliebige, d. h. auch für offene oder halboffene Ergebnisräume, die Existenz und die Eindeutigkeit eines atomfreien subjektiven Wahrscheinlichkeitsmaßes sowie die Geltung des Reduktionsprinzips sicher, ohne gleichzeitig das stochastische Dominanzprinzip zu implizieren, und geben damit Bedingungen an, bei deren Geltung die Präferenzen des Entscheidungsträgers wahrscheinlichkeitsbasiert im Sinne von Grant sind. Axiomatik C' kann folglich als eine Alternative zu den von Machina/Schmeidler und Grant entwickelten axiomatischen Charakterisierungen wahrscheinlichkeitsbasierter Präferenzen aufgefaßt werden, der die weitere Definition von Grant zugrundeliegt. Um aufzuzeigen, inwiefern Axiomatik C' in dieser Hinsicht eine Bereicherung darstellt, ist eine Gegenüberstellung mit den Axiomensystemen von Machina/Schmeidler und Grant zweckmäßig.

Ausgangspunkt von Machina/Schmeidler ist die Annahme, daß F nur einfache Alternativen enthält und daß es sich bei $\mathcal{S}$ um die Potenzmenge auf S handelt; die Axiome lauten:[3]

Definition MS1: Wahrscheinlichkeitsrelation

Für alle $A, B \in \mathcal{S}$ *gilt* $A \precsim B$, *wenn für alle* $f \in F$ *und alle* $x, z \in X$ *mit* $x \succ z$ *gilt* $x\,A \setminus B\; z\,B \setminus A\; f \precsim z\,A \setminus B\; x\,B \setminus A\; f$.

1 Siehe Machina/Schmeidler (1992), S. 755.

2 Siehe Grant (1995), S. 163.

3 Siehe Machina/Schmeidler (1992), S. 749-761. Zu einem geringfügig modifizierten Axiomensystem, bei dem dynamische Aspekte im Vordergrund stehen, siehe Epstein/Le Breton (1993). Eine Charakterisierung wahrscheinlichkeitsbasierter Präferenzen auf der Grundlage des axiomatischen Ansatzes von Anscombe/Aumann enthält Machina/Schmeidler (1995).

Definition MS2: Nullereignis

$A \in \mathcal{S}$ ist ein Nullereignis, wenn für alle f, g, $h \in F$ gilt

$$f\,A\,h \sim g\,A\,h.$$

Axiom MS1: Schwache Präferenzordnung

Für alle f, $g \in F$ gilt $\quad f \precsim g$ *oder* $g \precsim f$,

für alle f, g, $h \in F$ gilt $\quad f \precsim g$ *und* $g \precsim h \Rightarrow f \precsim h$.

Axiom MS2: Sure Thing Principle II

Für alle $f \in F$, alle x, $y \in X$ und alle $A \in \mathcal{S}$ gilt

$$x \precsim y \Leftrightarrow x\,A\,f \precsim y\,A\,f,$$

sofern es sich bei A nicht um ein Nullereignis handelt.

Axiom MS3: Unabhängigkeit der Wahrscheinlichkeitsrelation

Für alle f, $g \in F$, alle x, z, x', $z' \in X$ mit $x \succ z$ und $x' \succ z'$ sowie für alle A, $B \in \mathcal{S}$ gilt

$$x\,A\,z\,B\,f \precsim z\,A\,x\,B\,f \Rightarrow x'\,A\,z'\,B\,g \precsim z'\,A\,x'\,B\,g.$$

Axiom MS4: Existenz vorziehenswürdiger Ergebnisse

Es gibt x, $z \in X$ mit $\quad x \succ z$.

Axiom MS5: Zerlegbarkeit des Zustandsraums

Für alle f, $g \in F$ mit $f \prec g$ und alle $x \in X$ existiert eine endliche Zerlegung $\{E_i\}$ von S mit $i = 1, \ldots, n$ und $E_i \in \mathcal{S}$ für alle i, so daß $x\,E_i\,f \prec g$ und $f \prec x\,E_i\,g$ für alle i gelten.

Offensichtlich handelt es sich bei Axiomatik MS um eine Abschwächung des Axiomensystems der subjektiven Erwartungsnutzentheorie von Savage. Die auf Axiom MS3 ausgerichtete Definition MS1 wirkt zwar auf den ersten Blick recht ungewöhnlich, steht aber inhaltlich mit der Definition der Wahrscheinlichkeitsrelation von Savage in Einklang, da gemäß Axiom MS3 $x\,A\,z \precsim x\,B\,z \Leftrightarrow x\,A \setminus B\,z\,B \setminus A\,f \precsim z\,A \setminus B\,x\,B \setminus A\,f$ für alle $f \in F$ und alle x, $z \in X$ mit $x \succ z$ gilt. Definition MS2 entspricht Definition AS3, die Axiome MS1, MS2 und MS4 sind mit den Axiomen AS1, AS3 bzw. AS5 identisch und das im Vergleich zu Axiom AS6 etwas restriktiver formulierte Axiom MS5 ist mit diesem im Kontext der Axiome AS1 und AS3 äquivalent. Im Kern der Axiomatik steht Axiom MS3, das wie Axiom AS4 die Unabhängigkeit der Wahrscheinlichkeitsrelation von den zu ihrer Definition herangezogenen Ergebnissen sicherstellt und darüber hinaus die für die Additivität des subjektiven Wahrscheinlichkeitsmaßes notwendige Additivität der Wahrscheinlichkeitsrelation impliziert. Das Sure Thing Principle I von Savage, aus dem die Additivitätseigenschaft der Wahrscheinlichkeitsrelation im Rahmen von Axiomatik AS resultiert, geht aus Axiomatik MS nicht hervor. Wie Machina/Schmeidler zeigen, implizieren die Axiome MS1 bis MS5 gleichwohl die Existenz und die Eindeutigkeit eines endlich additiven, atomfreien subjektiven Wahrscheinlichkeitsmaßes, das Reduktionsprinzip und das stochastische Dominanzprinzip.[1]

Sollen Verstöße gegen das stochastische Dominanzprinzip nicht von vornherein ausgeschlossen werden, so ist eine Abschwächung von Axiom MS2 unabdingbar, da dieses Axiom im Kontext von Axiomatik MS die Geltung des stochastischen Dominanzprinzips zur Folge hat.[2] Auf dieser Überlegung basiert das folgende Axiomensystem von Grant, dem die gleichen Annahmen bezüglich des Alternativenraums und der Ereignisalgebra wie Axiomatik MS zugrundeliegen:[3]

Definition G1: Nullereignis

$A \in \mathcal{S}$ ist ein Nullereignis, wenn für alle f, g, $h \in F$ gilt

$$f\,A\,h \sim g\,A\,h.$$

Axiom G1: Schwache Präferenzordnung

Für alle f, $g \in F$ gilt $\quad f \precsim g$ *oder* $g \precsim f$,

für alle f, g, $h \in F$ gilt $\quad f \precsim g$ *und* $g \precsim h \Rightarrow f \precsim h$.

Axiom G2: Bedingtes oberes (unteres) Sure Thing Principle II

Für alle $f \in F$, alle x, $y \in X$ und alle A, $B \in \mathcal{S}$ gilt

$$x\,A \cup B\,f \succ y\,A \cup B\,f \Rightarrow x\,A\,y\,B\,f \succ y\,A \cup B\,f$$

und $$x\,A \cup B\,f \succsim y\,A \cup B\,f \Rightarrow x\,A\,y\,B\,f \succsim y\,A \cup B\,f$$

$$(x\,A \cup B\,f \succ y\,A \cup B\,f \Rightarrow x\,A \cup B\,f \succ x\,A\,y\,B\,f$$

und $$x\,A \cup B\,f \succsim y\,A \cup B\,f \Rightarrow x\,A \cup B\,f \succsim x\,A\,y\,B\,f),$$

sofern es sich bei A und B nicht um Nullereignisse handelt.

---

[1] Siehe die Theoreme 1 und 2 in Machina/Schmeidler (1992), S. 765 bzw. S. 766. Vor dem Hintergrund des in Fußnote 1 auf S. 49 angeführten Resultats von Wakker sei darauf hingewiesen, daß Machina/Schmeidler nur einfache Alternativen betrachten; siehe z. B. auch die Definition des stochastischen Dominanzprinzips in Machina/Schmeidler (1992), S. 754.

[2] Vgl. Proposition 2.1 und der nachfolgende Text in Grant (1995), S. 164-165.

[3] Siehe Grant (1995), S. 162-175.

Axiom G3: Unabhängigkeit bedingter Wahrscheinlichkeitsen

Für alle f, g $\in$ F, alle x, z, x', z' $\in$ X sowie alle A, B $\in \mathcal{S}$ gilt

$$x\,A \cup B\,f \succ x\,A\,z\,B\,f \sim z\,A\,x\,B\,f \succ z\,A \cup B\,f$$
$$\Rightarrow$$
$$x'\,A\,z'\,B\,g \sim z'\,A\,x'\,B\,g$$

Axiom G4: Existenz vorziehenswürdiger Alternativen

Es gibt f, g $\in$ F mit $\quad f \succ g.$

Axiom G5: Zerlegbarkeit des Zustandsraums

Für alle f, g $\in$ F mit $f \prec g$ und alle x $\in$ X existiert eine endliche Zerlegung $\{E_i\}$ von S mit i = 1, ..., n und $E_i \in \mathcal{S}$ für alle i, so daß $x\,E_i\,f \prec g$ und $f \prec x\,E_i\,g$ für alle i gelten.

Da bei mangelnder Geltung des stochastischen Dominanzprinzips aus x A z $\prec$ x B z mit x $\succ$ z nicht zwangsläufig auf P(A) < P(B) geschlossen werden kann, findet sich bei Grant keine Definition einer Wahrscheinlichkeitsrelation.[1] Einer genaueren Betrachtung bedürfen vor dem Hintergrund von Axiomatik MS lediglich die Axiome G2 und G3. Axiom G2 beschränkt die Wirkungen von Axiom MS2 gewissermaßen auf den Kontext des Ereignisses A $\cup$ B sowie auf die Ergebnisse x und y und läßt nur einseitige Inferenzen zu. Der Übergang von Axiom MS2 zu Axiom G2 weist gewisse Parallelen zum Übergang von Axiom A2 zu Axiom C2 auf; für A $\cup$ B = S entspricht Axiom G2 Axiom C2. Die Modifikation von Axiom MS3, die zu Axiom G3 führt, resultiert aus der Abschwächung von Axiom MS2. Axiom G3 dient dazu, die Unabhängigkeit bedingter Wahrscheinlichkeitseinschätzungen sicherzustellen; es läßt sich aus den Axiomen MS1, MS2 und MS3 ableiten. Ebenso wie die Axiome MS1 bis MS5 implizieren die Axiome G1 bis G5 die Existenz und die Eindeutigkeit eines endlich additiven, atomfreien subjektiven Wahrscheinlichkeitsmaßes sowie das Reduktionsprinzip; das stochastische Dominanzprinzip geht aus Axiomatik G nicht hervor.[2]

Zur Beurteilung der Axiomensysteme C', MS und G im allgemeinen und des Beitrags von Axiomatik C' zur Diskussion um wahrscheinlichkeitsbasierte Präferenzen im besonderen sind vor allem zwei Aspekte von Bedeutung: zum einen die im Zuge der Axiomatisierung in Kauf genommenen, für das eigentliche Ziel der Axiomatisierung jedoch unwesentlichen Implikationen, und zum anderen die Möglichkeiten, durch Hinzufügung weiterer Axiome Entscheidungstheorien für Risikosituationen auf der Basis der subjektiven Wahrscheinlichkeitsauffassung neu zu begründen. Bezüglich des erstgenannten

---

[1] Vgl. Grant (1995), S. 172.
[2] Siehe Theorem 1 in Grant (1995), S. 175.

Gesichtspunkts wurde bereits festgestellt, daß Axiomatik MS die Geltung des stochastischen Dominanzprinzips und Axiomatik C' die Betweenness-Eigenschaft implizieren, während dies bei den jeweils anderen Axiomensystemen nicht der Fall ist. Folglich schneidet Axiomatik G in dieser Hinsicht am besten ab, wenn man sich die Definition wahrscheinlichkeitsbasierter Präferenzen von Grant zu eigen macht. Da Axiomatik C' die Betweenness-Eigenschaft impliziert, können auf ihrer Grundlage keine Entscheidungstheorien axiomatisiert werden, die nichtlineare Indifferenzkurven im Drei-Ergebnis Diagramm aufweisen. Wie das im nächsten Kapitel behandelte Axiomensystem der subjektiven rangabhängigen Nutzentheorie von Nakamura zeigt, ist dies auf der Grundlage von Axiomatik MS und - da es sich bei Axiomatik G um eine Abschwächung von Axiomatik MS handelt - auch von Axiomatik G sehr wohl möglich. Diesem Nachteil von Axiomatik C' steht als Vorteil gegenüber, daß weder Axiomatik MS noch Axiomatik G zur subjektiven gewichteten Nutzentheorie ausgebaut werden können, weil diese Verstöße gegen die Axiome MS2 und G2 zuläßt. Von allen bislang vorgestellten axiomatischen Charakterisierungen wahrscheinlichkeitsbasierter Präferenzen bietet demnach allein Axiomatik C' die Möglichkeit einer Neubegründung der gewichteten Nutzentheorie für Risikosituationen auf der Basis der subjektiven Wahrscheinlichkeitsauffassung.

4.4 Grundlegende Implikationen der subjektiven gewichteten Nutzentheorie und der subjektiven implizit gewichteten Nutzentheorie

Infolge des Zusammenhangs der subjektiven gewichteten Nutzentheorie mit der SSA Nutzentheorie können viele ihrer Implikationen aus den in Abschnitt III.D angeführten Resultaten abgeleitet werden. Zudem liegt eine Fülle von Arbeiten zur gewichteten Nutzentheorie für Risikosituationen vor, deren Ergebnisse sich auf die subjektive gewichtete Nutzentheorie übertragen lassen. In geringerem Maße gilt dies auch für die subjektive implizit gewichtete Nutzentheorie.

Lineare Indifferenzkurven
Die subjektive gewichtete Nutzentheorie impliziert lineare Indifferenzkurven, die sich in einem Punkt nordöstlich oder südwestlich des Drei-Ergebnis Diagramms schneiden:[1]

[1] Zum Indifferenzkurvenverlauf bei der gewichteten Nutzentheorie für Risikosituationen siehe z. B. Chew/Waller (1986), S. 61-64; Weber/Camerer (1987), S. 143-144; Camerer (1989), S. 66-68; Camerer (1992), S. 208-213.

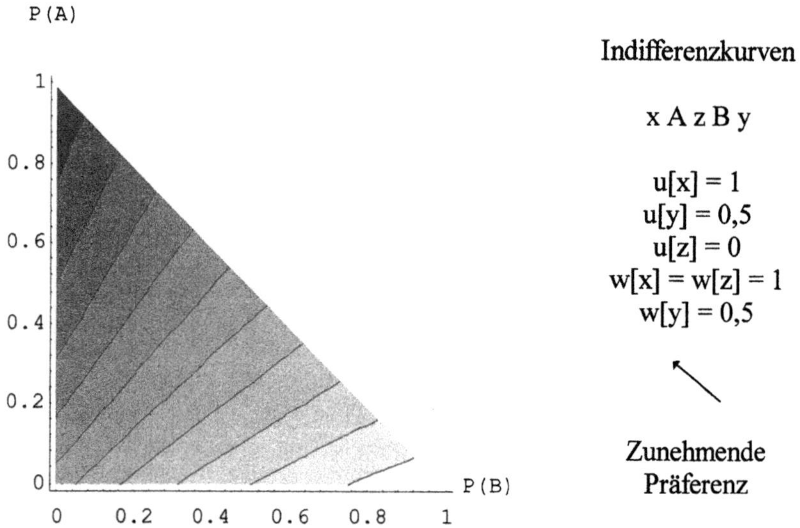

Abbildung 4: *Indifferenzkurvenverlauf bei der subjektiven gewichteten Nutzentheorie für w[y] < 1*

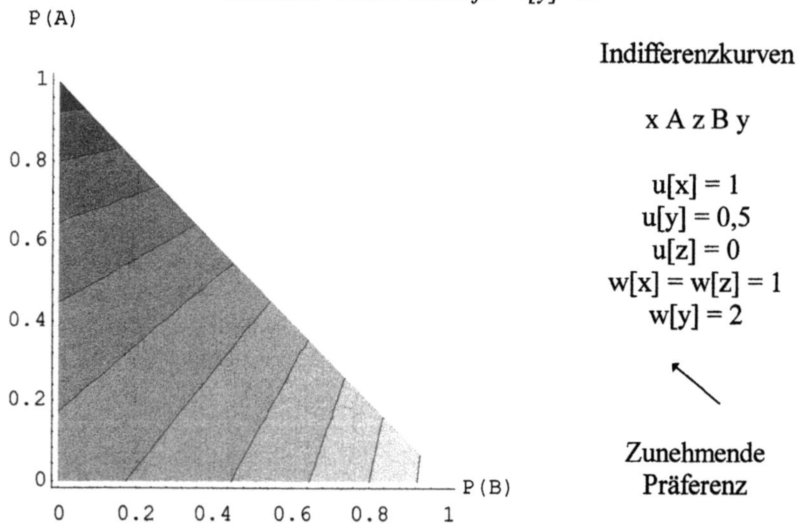

Abbildung 5: *Indifferenzkurvenverlauf bei der subjektiven gewichteten Nutzentheorie für w[y] > 1*

Die für die Linearität der Indifferenzkurven maßgebliche Betweenness-Eigenschaft resultiert in erster Linie aus den Axiomen C1, C2 und C5. Daß sich die Indifferenzkurven in einem Punkt schneiden, ist eine Folge von Axiom C3b; aufgrund der in Axiom C1 verankerten Transitivität der Präferenzrelation muß der Schnittpunkt außerhalb des Drei-Ergebnis Diagramms liegen. Da die subjektive gewichtete Nutzentheorie als Spezialfall der SSB Nutzentheorie aufgefaßt werden kann, sind die dargestellten Indifferenzkurvenverläufe auch für letztere charakteristisch, sofern von $x \succ y$, $y \succ z$ und $x \succ z$ ausgegangen wird. Die Indifferenzkurven der subjektiven implizit gewichteten Nutzentheorie sind ebenfalls linear, weisen aber - außer im Sonderfall der subjektiven gewichteten Nutzentheorie - keinen gemeinsamen Schnittpunkt auf und verlaufen - außer im Sonderfall der subjektiven Erwartungsnutzentheorie - auch nicht parallel.[1]

Stochastische Dominanz

Die subjektive gewichtete Nutzentheorie steht mit dem stochastischen Dominanzprinzip im Regelfall nicht in Einklang; aufgrund des Zusammenhangs mit der SSB Nutzentheorie können die in Abschnitt III.D angeführten Bedingungen zur Anwendung kommen. Demnach gilt das schwache stochastische Dominanzprinzip (bezogen auf einfache Alternativen) genau dann, wenn von $x \succsim y \Rightarrow w[x]\,(u[x] - u[z]) \geq w[y]\,(u[y] - u[z])$ für alle $x, y, z \in X$ auszugehen ist.[2] Unter genau dieser Bedingung gilt auch das Monotonieprinzip, so daß die subjektive gewichtete Nutzentheorie bei Geltung des schwachen stochastischen Dominanzprinzips in die subjektive Erwartungsnutzentheorie übergeht. Gleiches gilt bezüglich der subjektiven implizit gewichteten Nutzentheorie.[3] Um Mißverständnissen bezüglich der Tragweite dieses Resultats vorzubeugen, sei darauf hingewiesen, daß dem stochastischen Dominanzprinzip in Ungewißheitssituationen aufgrund der Subjektivität des zugrundeliegenden Wahrscheinlichkeitsmaßes nicht die gleiche normative Bedeutung wie in Risikosituationen zukommt. Schließlich sei bemerkt, daß die angeführte Bedingung infolge der dargestellten Zusammenhänge zumindest so lange für die Geltung des strikten stochastischen Dominanzprinzips notwendig und hinreichend ist, wie ausschließlich einfache Alternativen in die Betrachtung einbezogen werden.

Messung von Risikoeinstellungen

Auch in dieser Hinsicht kann auf die Ergebnisse in Abschnitt III.D zurückgegriffen werden. Geht man davon aus, daß es sich bei dem Ergebnisraum um eine Teilmenge der reellen Zahlen handelt, daß u streng monoton steigend ist und daß u und w im gesamten Definitionsbereich zweimal bzw. einmal differenzierbar sind, so läßt sich die Risikoeinstellung des Entscheidungsträgers auf der Grundlage des lokalen Risikoaversionsmaßes

$$r(x) = -2\,\frac{w'[x]}{w[x]} - \frac{u''[x]}{u'[x]}$$

[1] Zum Indifferenzkurvenverlauf bei der implizit gewichteten Nutzentheorie für Risikosituationen siehe z. B. Chew (1989), S. 278.

[2] Vgl. Korollar 5 in Chew (1983), S. 1078.

[3] Vgl. Dekel (1986), S. 307 und 317.

charakterisieren.[1] r(x) ist der Grenzwert $\lim_{y \to x} r^s(x, y)$ des in Abschnitt III.D erörterten symmetrischen lokalen Risikoaversionsmaßes der SSB Nutzentheorie für u[x, y] = w[x] w[y] (u[x] - u[y]). Für konstantes w und mithin w'[x] = 0 entspricht r(x) dem Arrow/Pratt Maß. $r(x) \geq 0$ für alle $x \in X$ ist hier - anders als bei der Erwartungsnutzentheorie - lediglich notwendig, aber nicht hinreichend für Risikoaversion im Sinne von Arrow/Pratt. Dies resultiert daraus, daß $r^s(x, y) \geq 0$ für alle $x, y \in X$ lediglich eine notwendige, aber keine hinreichende Bedingung für Risikoaversion im Rahmen der SSB Nutzentheorie darstellt.

Potentiell dynamisch inkonsistentes oder inkonsequentes Entscheidungsverhalten

Bereits aus dem ersten Abschnitt dieses Kapitels ging hervor, daß bei Geltung des Reduktionsprinzips für mehrstufige Alternativen aus Verstößen gegen Axiom A2 dynamisch inkonsistentes oder inkonsequentes Entscheidungsverhalten resultieren kann. Das auf der Annahme konsequenten Entscheidungsverhaltens basierende Roll-Back Verfahren ist zur Lösung mehrstufiger Entscheidungsprobleme im Rahmen der subjektiven gewichteten Nutzentheorie wie der subjektiven implizit gewichteten Nutzentheorie nicht geeignet, sofern eine aus ganzheitlicher Perspektive optimale Entscheidung getroffen werden soll.

Potentiell negativer Wert kostenloser Informationen

Wie in Abschnitt IV.A erläutert, können Verstöße gegen Axiom A2 bei Geltung des Reduktionsprinzips für mehrstufige Alternativen und konsequentem Entscheidungsverhalten einen negativen Wert kostenloser Informationssysteme zur Folge haben. Mithin ist ein nichtnegativer Wert kostenloser Informationssysteme im Rahmen der subjektiven gewichteten Nutzentheorie und der subjektiven implizit gewichteten Nutzentheorie im allgemeinen nicht gewährleistet; er ist - zumindest bei der subjektiven gewichteten Nutzentheorie - sichergestellt, sofern Entscheidungen aus ganzheitlicher Perspektive getroffen werden und das Entscheidungsverhalten dynamisch konsistent bleibt.[2]

Existenz von Nash Gleichgewichten

Da die subjektive gewichtete Nutzentheorie als Spezialfall der SSB Nutzentheorie aufgefaßt werden kann und die Existenz von Nash Gleichgewichten im Rahmen endlicher Spiele bei letzterer gesichert ist, ist dies auch in bezug auf die subjektive gewichtete Nutzentheorie der Fall.

---

[1] Vgl. Chew (1983), S. 1083; Nakamura (1989), S. 319-320.
[2] Vgl. Machina (1989), S. 1650-1651.

4.5 Anhang: Beweis der Repräsentationstheoreme C und C'

Lemma C1:

Für alle x, z, x', z' $\in$ X mit x $\succ$ z und x' $\succ$ z' sowie für alle A, B $\in$ S gilt

$$x\,A\,z \precsim x\,B\,z \Leftrightarrow x'\,A\,z' \precsim x'\,B\,z'.$$

Beweis:

Gemäß Axiom C3a kann von x A z $\sim$ x B z auf x' A z' $\sim$ x' B z' geschlossen werden. Es bleibt zu zeigen, daß x' A z' $\prec$ x' B z' aus x A z $\prec$ x B z folgt. Nach den Axiomen C1 und C2 sowie Definition C2 gilt z $\precsim$ x A z $\prec$ x B z. Die Axiome C1, C5 und C6 gewährleisten die Existenz eines Ereignisses A' $\in$ S mit A' $\subset$ B, für das x A z $\sim$ x A' z gilt. Aus x A' z B \ A' z $\prec$ x A' x B \ A' z nach Axiom C1 läßt sich durch Anwendung von Axiom C5 z B \ A' y $\prec$ x B \ A' y gewinnen. Gemäß Definition C2 und Axiom C1 kann es sich bei B \ A' nicht um ein Nullereignis handeln. Anwendung von Axiom C5 ergibt auch x' A' x' B \ A' z' $\sim$ x' B \ A' y' und x' A' z' B \ A' z' $\sim$ z' B \ A' y'. Ist das Komplementärereignis von B \ A' ein Nullereignis, so folgt z' B \ A' y' $\prec$ x' B \ A' y' aus Axiom C1 und Definition C2. Ansonsten gilt wegen der Axiome C1 und C2 x' $\succsim$ y' $\succsim$ z' und damit ebenfalls z' B \ A' y' $\prec$ x' B \ A' y'. Aus der Anwendung von Axiom C5 und Axiom C1 resultiert x' A' z' $\prec$ x' B z'. Wie gezeigt gilt x' A z' $\sim$ x' A' z'. Axiom C1 ergibt x' A z' $\prec$ x' B z'. ∎

Lemma C2:

1) Für alle A, B, C $\in$ S gilt
   a) $A \precsim B$ oder $B \precsim A$,
      $A \precsim B$ und $B \precsim C \Rightarrow A \precsim C$,
   b) $A \cap C = B \cap C = \varnothing \Rightarrow [A \precsim B \Leftrightarrow A \cup C \precsim B \cup C]$,
   c) $\varnothing \precsim A \precsim S$ und $\varnothing \prec S$.

2) Im Fall der Existenz eines Ereignisses $A^* \in S$ mit $\varnothing \prec A^* \prec S$ existiert für jedes Ereignis A $\in$ S mit A $\succ$ $\varnothing$ ein Ereignis B $\in$ S mit B $\subset$ A und A $\succ$ B $\succ$ $\varnothing$.

3) Für jede Folge $\{A_i\}$ mit $A_i \subseteq A_{i+1}$ und $A_i \in S$ für alle i = 1, 2, ... sowie alle B $\in$ S mit $A_i \precsim B$ für alle i = 1, 2, ... gilt $\bigcup_{i=1}^{\infty} A_i \precsim B$.

Beweis:

1) a) Folgt aus den Axiomen C4 und C1 sowie Definition C1 und Lemma C1.

   b) Gemäß Axiom C4 existieren x, z $\in$ X mit x $\succ$ z. Nach Definition C1 ist x A z $\precsim$ x B z $\Leftrightarrow$ x A $\cup$ C z $\precsim$ x B $\cup$ C z zu zeigen. Aus Definition C1, dem voranstehenden Ergebnis und Axiom C3a folgt x A z $\sim$ x B z $\Rightarrow$ x A $\cup$ C z $\sim$

x B ∪ C z. Als nächstes wird $x\,A\,z \prec x\,B\,z \Rightarrow x\,A \cup C\,z \prec x\,B \cup C\,z$ gezeigt. Nach den Axiomen C1 und C2 sowie Definition C2 gilt $z \precsim x\,A\,z \prec x\,B\,z$. Die Axiome C1, C5 und C6 gewährleisten die Existenz eines Ereignisses $A' \in \mathcal{S}$ mit $A' \subset B$, für das $x\,A\,z \sim x\,A'\,z$ gilt. Es folgt $x\,A \cup C\,z \sim x\,A' \cup C\,z\,B \setminus A'\,z$. Aus $x\,A'\,z\,B \setminus A'\,z \prec x\,A'\,x\,B \setminus A'\,z$ nach Axiom C1 läßt sich durch Anwendung von Axiom C5 $z\,B \setminus A'\,y \prec x\,B \setminus A'\,y$ gewinnen. Gemäß Definition C2 und Axiom C1 kann es sich bei $B \setminus A'$ nicht um ein Nullereignis handeln. Durch Anwendung von Axiom C5 erhält man $x\,A'\,z\,B \setminus A'\,x\,C\,z \sim z\,B \setminus A'\,y'$ und $x\,A'\,x\,B \setminus A'\,x\,C\,z \sim x\,B \setminus A'\,y'$. Ist das Komplementärereignis von $B \setminus A'$ ein Nullereignis, so folgt $z\,B \setminus A'\,y' \prec x\,B \setminus A'\,y'$ aus Axiom C1 und Definition C2. Ansonsten gilt wegen der Axiome C1 und C2 $x \succsim y' \succsim z$ und damit ebenfalls $z\,B \setminus A'\,y' \prec x\,B \setminus A'\,y'$. Aus der Anwendung von Axiom C5 und Axiom C1 resultiert $x\,A' \cup C\,z \prec x\,B \cup C\,z$. Axiom C1 ergibt $x\,A \cup C\,z \prec x\,B \cup C\,z$. Aus $x\,A\,z \sim x\,B\,z \Rightarrow x\,A \cup C\,z \sim x\,B \cup C\,z$ und $x\,A\,z \prec x\,B\,z \Rightarrow x\,A \cup C\,z \prec x\,B \cup C\,z$ resultiert $x\,A\,z \precsim x\,B\,z \Leftrightarrow x\,A \cup C\,z \precsim x\,B \cup C\,z$.

c) $\varnothing \precsim A \precsim S$ folgt aus den Axiomen C4 und C2 sowie den Definitionen C1 und C2. $\varnothing \prec S$ resultiert aus Axiom C4 und Definition C1.

2) Aus $\varnothing \prec A^* \prec S$ folgt nach Definition C1 $x \succ x\,A^*\,z \succ z$. Für $A \precsim A^*$ gilt nach Definition C1 und Axiom C1 $z \prec x\,A\,z \precsim x\,A^*\,z \prec x$. Gemäß Axiom C5 existiert ein $y \in X$ mit $y \sim x\,A\,z$. Aus Definition C1 und Axiom C1 folgt $z\,A\,z \prec y\,A\,z \prec x\,A\,z$. Für $A^* \prec A$ gelangt man mit $y \sim x\,A^*\,z$ zu dem gleichen Ergebnis. Gemäß den Axiomen C1, C5 und C6 existiert ein $B \in \mathcal{S}$ mit $B \subset A$ und $x\,B\,z \sim y\,A\,z$. Wegen $x\,A\,z \succ x\,B\,z \succ z\,B\,z$ nach Axiom C1 gilt nach Definition C1 $A \succ B \succ \varnothing$.

3) Folgt unmittelbar aus den Axiomen C4 und C7 und Definition C1. ■

Repräsentationstheorem C, Teil I:

Bei Geltung der Axiome C1 bis C7 existiert genau ein abzählbar additives Wahrscheinlichkeitsmaß P, so daß für alle $A, B \in \mathcal{S}$ gilt

$$P(A) \leq P(B) \Leftrightarrow A \precsim B.$$

Im Fall der Existenz eines Ereignisses $A^* \in \mathcal{S}$ mit $P(A^*) \in (0, 1)$ ist P atomfrei.

Beweis:

Wie Repräsentationstheorem A, Teil I. ■

Lemma C3:

Für alle $x_i \in X$ und alle $A_i, B_i, C_i, D_i \in \mathcal{S}$ mit $A_i \sim C_i$ und $B_i \sim D_i$ für alle i = 1, .., n gilt

$$x_n\,A_n \ldots x_2\,A_2\,x_1 \precsim x_n\,B_n \ldots x_2\,B_2\,x_1 \Rightarrow x_n\,C_n \ldots x_2\,C_2\,x_1 \precsim x_n\,D_n \ldots x_2\,D_2\,x_1.$$

Beweis:

Der Beweis wird durch vollständige Induktion geführt. Aus Axiom C1 folgt $x_1 \sim x_1$, aus Axiom C3a und Lemma C2 bzw. den Axiomen C1, C2 und C5 sowie Definition C2 resultiert $x_2\, A_2\, x_1 \sim x_2\, C_2\, x_1$ und $x_3\, A_3\, x_2\, A_2\, x_1 \sim x_3\, C_3\, x_2\, C_2\, x_1$. Von

$$x_{i-1} \bigcup_{j=i}^{n} A_j\, x_{i-1}\, A_{i-1} \ldots x_1 \sim x_{i-1} \bigcup_{j=i}^{n} C_j\, x_{i-1}\, C_{i-1} \ldots x_1$$

wird ausgegangen. Anwendung der Axiome C1 und C5 ergibt

$$x_{i-1} \bigcup_{j=i}^{n} A_j\, x_{i-1}\, A_{i-1}\, x'_{i-1} \sim x_{i-1} \bigcup_{j=i}^{n} C_j\, x_{i-1}\, C_{i-1}\, x''_{i-1}.$$

Man betrachte dann $x_i \bigcup_{j=i}^{n} A_j\, x_{i-1}\, A_{i-1}\, x'_{i-1}$ und $x_i \bigcup_{j=i}^{n} C_j\, x_{i-1}\, C_{i-1}\, x''_{i-1}$. Gemäß Axiom C5 existieren $x'_i, x''_i \in X$ mit

$$x'_i \bigcup_{j=i-1}^{n} A_j\, x'_{i-1} \sim x_i \bigcup_{j=i}^{n} A_j\, x_{i-1}\, A_{i-1}\, x'_{i-1}$$

und $$x''_i \bigcup_{j=i-1}^{n} C_j\, x''_{i-1} \sim x_i \bigcup_{j=i}^{n} C_j\, x_{i-1}\, C_{i-1}\, x''_{i-1}.$$

Lemma C2 sowie Axiom C3a bzw. die Axiome C1, C2 und C5 sowie Definition C2 lassen auf

$$x_i \bigcup_{j=i}^{n} A_j\, x_{i-1}\, A_{i-1}\, x'_{i-1} \sim x_i \bigcup_{j=i}^{n} C_j\, x_{i-1}\, C_{i-1}\, x'_{i-1}$$

bzw. auf $x'_i \bigcup_{j=i-1}^{n} A_j\, x'_{i-1} \sim x''_i \bigcup_{j=i-1}^{n} C_j\, x'_{i-1}$ schließen. Wegen Lemma C2 und Axiom C3a bzw. den Axiomen C1 und C2 sowie Definition C2 gilt $x''_i \bigcup_{j=i-1}^{n} C_j\, x'_{i-1} \sim x''_i \bigcup_{j=i-1}^{n} A_j\, x'_{i-1}$. Des weiteren gilt $x''_i \bigcup_{j=i}^{n} A_j\, x''_i\, A_{i-1} \ldots x_1 \sim x''_i \bigcup_{j=i}^{n} C_j\, x''_i\, C_{i-1} \ldots x_1$ und damit $x''_i \bigcup_{j=i-1}^{n} A_j\, x'_{i-1} \sim x''_i \bigcup_{j=i-1}^{n} C_j\, x''_{i-1}$. Aus Axiom C1 und der Anwendung von Axiom C5 resultiert

$$x_i \bigcup_{j=i}^{n} A_j\, x_{i-1}\, A_{i-1} \ldots x_1 \sim x_i \bigcup_{j=i}^{n} C_j\, x_{i-1}\, C_{i-1} \ldots x_1.$$

Die angestrebte Aussage ergibt sich aus Axiom A1. ■

Lemma C4:

Für alle $x, y \in X$ gibt es ein $x' \in X$, so daß für alle $A, B \in S$ mit konstantem $\frac{P(A)}{P(A) + P(B)}$ und für alle $z \in X$ gilt

$$x\, A\, y\, B\, z \sim x'\, A \cup B\, z.$$

Beweis:

Es gilt $\frac{P(A)}{P(A) + P(B)} \in [0, 1]$; problematisch ist nur der Fall $\frac{P(A)}{P(A) + P(B)} \in (0, 1)$. Mittels Repräsentationstheorem C, Teil I, konstruiere man ein Ereignis $C \in S$ mit $P(C) = \frac{P(A)}{P(A) + P(B)}$. Offensichtlich ist $P(A) \leq P(C)$ und $P(B) \leq P(\bar{C})$. Man zerlege C und $\bar{C}$ mittels Repräsentationstheorem C, Teil I, in jeweils 2^n gleichwahrscheinliche

Ereignisse und bezeichne diese mit C_i^n und $\bar{C}_j^n$, i, j = 1, ... , 2^n. Gemäß Axiom C5 existiert ein $x' \in X$, so daß für beliebiges $f \in F$

$$x\,C_1^n\,y\,\bar{C}_1^n\,f \sim x'\,C_1^n \cup \bar{C}_1^n\,f$$

gilt. Nach Axiom C1 und Lemma C3 gilt auch $x\,C_1^n\,y\,\bar{C}_1^n\,x\,C_2^n\,y\,\bar{C}_2^n\,f' \sim x'\,C_1^n \cup \bar{C}_1^n\,x\,C_2^n\,y\,\bar{C}_2^n\,f' \sim x\,C_1^n\,y\,\bar{C}_1^n\,x'\,C_2^n \cup \bar{C}_2^n\,f' \sim x'\,C_1^n \cup \bar{C}_1^n \cup C_2^n \cup \bar{C}_2^n\,f'$. Durch induktive Anwendung von Axiom C1 und Lemma C3 läßt sich so auf den behaupteten Zusammenhang für $P(A) = m\,2^{-n}\,P(C)$ und $P(B) = m\,2^{-n}\,P(\bar{C})$ mit $m, n \in \mathbb{N}$, $m < 2^n$ schließen.

Angenommen, die behauptete Aussage wäre unrichtig, wenn sich P(A) und P(B) nicht durch $P(A) = m\,2^{-n}\,P(C)$ bzw. $P(B) = m\,2^{-n}\,P(\bar{C})$ mit $m, n \in \mathbb{N}$, $m < 2^n$ darstellen lassen. Dann müßten $A, B \in \mathcal{S}$ mit $\frac{P(A)}{P(A) + P(B)} = P(C)$ und $z \in X$ existieren, für die für ein nach obiger Konstruktionsvorschrift gewonnenes $x' \in X$ $x\,A\,y\,B\,z \prec x'\,A \cup B\,z$ oder $x\,A\,y\,B\,z \succ x'\,A \cup B\,z$ gilt. Von $x\,A\,y\,B\,z \succ x'\,A \cup B\,z$ sei ausgegangen, der Widerspruchsbeweis für $x\,A\,y\,B\,z \prec x'\,A \cup B\,z$ verläuft analog. Ohne Einschränkung der Allgemeinheit sei $x \succsim y$ unterstellt. Zunächst wird von $x \succsim y \succsim z$ ausgegangen. Wegen $x\,C\,y \sim x'$ gilt $x' \succsim y \succsim z$. Lemma C2 sowie die Axiome C1, C2, C5 und C6 stellen im Fall $x' \succ z$ die Existenz eines Ereignisses $D \subset \overline{A \cup B}$ mit $D \succ \emptyset$ sicher, für das $x\,A\,y\,B\,z \succ x'\,A \cup B \cup D\,z$ gilt. Ein derartiges Ereignis existiert offensichtlich auch im Fall $x' \sim z$. Von der Existenz von $m, n \in \mathbb{N}$, $m < 2^n$ mit $P(A \cup B \cup D) = m\,2^{-n}$ ist nach Repräsentationstheorem C, Teil I, auszugehen. D wird dann mittels Repräsentationstheorem C, Teil I, so in zwei Ereignisse D_1 und D_2 zerlegt, daß $P(D_1) = P(C) \cdot P(D)$ und $P(D_2) = P(\bar{C}) \cdot P(D)$ gilt. Es folgt $P(C) = \frac{P(A) + P(D_1)}{P(A) + P(B) + P(D)}$. Aus den Axiomen C1, C2 und C5 resultiert $x\,A \cup D_1\,y\,B \cup D_2\,z \succsim x\,A\,y\,B\,z$. Axiom C1 ergibt $x\,A \cup D_1\,y\,B \cup D_2\,z \succ x'\,A \cup B \cup D\,z$. Gemäß dem ersten Teil des Beweises müßte dagegen $x\,A \cup D_1\,y\,B \cup D_2\,z \sim x'\,A \cup B \cup D\,z$ gelten. Für $z \succsim x \succsim y$ ist die Argumentation weitgehend analog, allerdings wird von $D \subset A \cup B$ ausgegangen. Unter Verwendung des damit erzielten Ergebnisses läßt sich auch im Fall $x \succ z \succ y$ ein Widerspruch herleiten. ■

Beweis von Repräsentationstheorem C, Teil II:

Der Beweis wird durch Nachweis der Geltung eines Axiomensystems der gewichteten Nutzentheorie für Risikosituationen geführt; siehe z. B. Fishburn (1988a), S. 63-64. Mit p_f, p_g, p_h seien die durch die einfachen Alternativen f, g, h von P auf X induzierten Ergebnisverteilungen bezeichnet. $\mathcal{P}_s$ umfasse alle solche Ergebnisverteilungen. Zu beweisen sind die Axiome:

1) Für alle $p_f, p_g, p_h \in \mathcal{P}_s$ gilt $p_f \precsim p_g$ oder $p_g \precsim p_f$,

$$p_f \precsim p_g \text{ und } p_g \precsim p_h \Rightarrow p_f \precsim p_h.$$

2) Für alle $p_f, p_g, p_h \in \mathcal{P}_s$ und jede reelle Zahl $\lambda \in (0, 1)$ gilt

$$p_f \prec p_h,\ p_g \precsim p_h \Rightarrow \lambda\, p_f + (1\text{-}\lambda)\, p_g \prec p_h.$$

und

$$p_f \succ p_h,\ p_g \succsim p_h \Rightarrow \lambda\, p_f + (1\text{-}\lambda)\, p_g \succ p_h.$$

3) Für alle p_f, $p_g \in \mathcal{P}_s$ mit $p_f \sim p_g$ und jede reelle Zahl $\lambda \in (0, 1)$ gibt es eine reelle Zahl $\mu \in (0, 1)$, so daß für alle $p_h \in \mathcal{P}_s$ gilt

$$\lambda\, p_f + (1\text{-}\lambda)\, p_h \sim \mu\, p_g + (1\text{-}\mu)\, p_h.$$

4) Für alle p_f, p_g, $p_h \in \mathcal{P}_s$ mit $p_f \prec p_g$ und $p_g \prec p_h$ existieren reelle Zahlen λ, $\mu \in (0, 1)$, so daß gilt

$$\lambda\, p_f + (1\text{-}\lambda)\, p_h \prec p_g \text{ und } p_g \prec \mu\, p_f + (1\text{-}\mu)\, p_h.$$

ad 1) Folgt aus Axiom C1 und Lemma C3.

ad 2) Induktive Anwendung von Lemma C4 ergibt $f \sim x$, $g \sim y$ und $h \sim z$. Aus dem obenstehenden Ergebnis und Axiom C1 folgt $x \prec z$ und $y \precsim z$. Ohne Einschränkung der Allgemeinheit sei von $x \precsim y$ ausgegangen. Mittels Repräsentationstheorem C, Teil I, konstruiere man ein $A \in \mathcal{S}$ mit $P(A) = \lambda$. A ist offensichtlich kein Nullereignis. Gemäß den Axiomen C1 und C2 gilt $x\,A\,y \precsim y \prec z$ für $y \prec z$ und $x\,A\,y \prec y \precsim z$ für $y \sim z$. In jedem Fall folgt damit $x\,A\,y \prec z$. Aus dem obenstehenden Ergebnis, den Axiomen C1 und C5, Lemma C3 und der Anwendung von Lemma C4 resultiert $\lambda\, p_f + (1\text{-}\lambda)\, p_g \prec p_h$. Der zweite Teil des Beweises verläuft analog.

ad 3) Induktive Anwendung von Lemma C4 ergibt $f \sim x$, $g \sim y$ und $h \sim z$. Aus dem obenstehenden Ergebnis und Axiom C1 folgt $x \sim y$. Mittels Repräsentationstheorem C, Teil I, konstruiere man ein $A \in \mathcal{S}$ mit $P(A) = \lambda$. A ist offensichtlich weder ein Null- noch ein Universalereignis. Für $x \sim y \sim z$ gilt nach den Axiomen C1 und C2 $x\,A\,z \sim y\,B\,z$ für beliebiges $B \in \mathcal{S}$ mit $P(B) \in (0, 1)$. Ansonsten sei zunächst von $x \sim y \succ z$ ausgegangen. Gemäß Axiom C2 gilt $x \succ x\,A\,z \succ z$. Aus den Axiomen C1, C5 und C6 resultiert die Existenz eines $B \in \mathcal{S}$ mit $x\,A\,z \sim y\,B\,z$. Wegen der Axiome C1 und C2 muß $P(B) = \mu \in (0, 1)$ sein. P(B) ist aufgrund Axiom C3b unabhängig von h. Zu dem gleichen Ergebnis gelangt man im Fall $x \sim y \prec z$. Aus dem obenstehenden Ergebnis, den Axiomen C1 und C5, Lemma C3 und der Anwendung von Lemma C4 resultiert $\lambda\, p_f + (1\text{-}\lambda)\, p_h \sim \mu\, p_g + (1\text{-}\mu)\, p_h$.

ad 4) Induktive Anwendung von Lemma C4 ergibt $f \sim x$, $g \sim y$ und $h \sim z$. Aus dem obenstehenden Ergebnis und Axiom C1 folgt $x \prec y \prec z$. Gemäß Axiom C6 existiert ein $A \in \mathcal{S}$ mit $x\,A\,z \sim y$ und $P(A) \in (0, 1)$. Mittels Repräsentationstheorem C, Teil I, konstruiere man dann $B \in \mathcal{S}$ und $C \in \mathcal{S}$ mit $0 < P(B) = \lambda < P(A)$ und $P(A) < P(C) = \mu < 1$. Aus Repräsentationstheorem C, Teil I, sowie Axiom C1 folgt $x\,B\,z \prec y \prec x\,C\,z$. Aus dem obenstehenden Ergebnis, den Axiomen C1 und C5, Lemma C3 und der Anwendung von Lemma C4 resultiert $\lambda\, p_f + (1\text{-}\lambda)\, p_h \prec p_g$ und $p_g \prec \mu\, p_f + (1\text{-}\mu)\, p_h$.

Zum Beweis von Repräsentationstheorem C, Teil II, siehe dann z. B. die Theoreme 5.6, 5.3 und 5.5 in Fishburn (1988a), S. 134, 122 bzw. 132. ■

Beweis von Repräsentationstheorem C':

Der erste Teil des Beweises ist völlig analog zu demjenigen von Repräsentationstheorem C, Teil I. Der zweite Teil des Beweises wird durch Nachweis der Geltung des Axiomensystems der implizit gewichteten Nutzentheorie für Risikosituationen in Chew (1989), S. 276-281, geführt, wobei auf die weiterhin gültigen Lemmata C3 und C4 zurückgegriffen werden kann. Mit p_f, p_g, p_h seien die durch die einfachen Alternativen f, g, h von P auf X induzierten Ergebnisverteilungen bezeichnet. $\mathcal{P}_s$ umfasse alle solche Ergebnisverteilungen. Zu beweisen sind die Axiome:

1) Für alle p_f, p_g, $p_h \in \mathcal{P}_s$ gilt $p_f \precsim p_g$ oder $p_g \precsim p_f$,
$$p_f \precsim p_g \text{ und } p_g \precsim p_h \Rightarrow p_f \precsim p_h.$$

2) Für alle p_f, p_g, $p_h \in \mathcal{P}_s$ mit $p_f \sim p_g$ und jede reelle Zahl $\lambda \in (0, 1)$ gibt es eine reelle Zahl $\mu \in (0, 1)$, so daß gilt
$$\lambda\, p_f + (1-\lambda)\, p_h \sim \mu\, p_g + (1-\mu)\, p_h.$$

3) Für alle p_f, p_g, $p_h \in \mathcal{P}_s$ sind die Mengen $\{\lambda \in [0, 1]: \lambda\, p_f + (1-\lambda)\, p_h \prec p_g\}$ und $\{\mu \in [0, 1]: \mu\, p_f + (1-\mu)\, p_h \succ p_g\}$ offene Teilmengen des Intervalls [0, 1].

ad 1) Folgt aus Axiom C1 und Lemma C3.

ad 2) Induktive Anwendung von Lemma C4 ergibt $f \sim x$, $g \sim y$ und $h \sim z$. Aus dem obenstehenden Ergebnis und Axiom C1 folgt $x \sim y$. Mittels Repräsentationstheorem C, Teil I, konstruiere man ein $A \in \mathcal{S}$ mit $P(A) = \lambda$. A ist offensichtlich weder ein Null- noch ein Universalereignis. Für $x \sim y \sim z$ gilt nach den Axiomen C1 und C2 $x\,A\,z \sim y\,B\,z$ für beliebiges $B \in \mathcal{S}$ mit $P(B) \in (0, 1)$. Ansonsten sei zunächst von $x \sim y \succ z$ ausgegangen. Gemäß Axiom C2 gilt $x \succ x\,A\,z \succ z$. Aus den Axiomen C1, C5 und C6 resultiert die Existenz eines $B \in \mathcal{S}$ mit $x\,A\,z \sim y\,B\,z$. Wegen der Axiome C1 und C2 muß $P(B) = \mu \in (0, 1)$ sein. Zu dem gleichen Ergebnis gelangt man im Fall $x \sim y \prec z$. Aus dem obenstehenden Ergebnis, den Axiomen C1 und C5, Lemma C3 und der Anwendung von Lemma C4 resultiert $\lambda\, p_f + (1-\lambda)\, p_h \sim \mu\, p_g + (1-\mu)\, p_h$.

ad 3) Induktive Anwendung von Lemma C4 ergibt $f \sim x$, $g \sim y$ und $h \sim z$. Ohne Einschränkung der Allgemeinheit sei von $x \precsim z$ ausgegangen. Im Fall $x \precsim z \prec y$ gilt gemäß Definition C2 und den Axiomen C1 und C2 $x\,A\,z \prec y$ für beliebiges $A \in \mathcal{S}$. Aus dem obenstehenden Ergebnis, den Axiomen C1 und C5, Lemma C3 und der Anwendung von Lemma C4 resultiert $\lambda\, p_f + (1-\lambda)\, p_h \prec p_g$ für alle $\lambda \in [0, 1]$ und $p_g \prec \mu\, p_f + (1-\mu)\, p_h$ für kein $\mu \in [0, 1]$. Die Mengen $\{\lambda \in [0, 1]: \lambda\, p_f + (1-\lambda)\, p_h \prec p_g\} = [0, 1]$ und $\{\mu \in [0, 1]: \mu\, p_f + (1-\mu)\, p_h \succ p_g\} = \varnothing$ sind offene Teilmengen des Intervalls [0, 1]. Zum gleichen Ergebnis gelangt man im Fall $y \prec x \precsim z$. Im Fall $x \precsim y \precsim z$ stellt Axiom C6 die Existenz eines $A \in \mathcal{S}$ mit $x\,A\,z \sim y$ und $P(A) \in [0, 1]$ sicher. Aus Repräsentationstheorem C, Teil I, sowie Axiom C1 folgt $x\,B\,z \prec y \prec x\,C\,z$ für $0 \leq P(B) = \lambda < P(A)$ und $P(A) < P(C) = \mu \leq 1$. Aus dem obenstehenden Ergebnis, den Axiomen C1 und C5, Lemma C3 und der Anwendung von Lemma C4 resultiert $\lambda\, p_f + (1-\lambda)\, p_h \prec p_g$ für alle $\lambda \in [0, P(A))$ und $p_g \prec \mu\, p_f + (1-\mu)\, p_h$ für alle $\mu \in (P(A), 1]$. Auch hier sind die Mengen $\{\lambda \in [0, 1]: \lambda\, p_f + (1-\lambda)\, p_h \prec p_g\} = [0, P(A))$ und $\{\mu \in [0, 1]: \mu\, p_f + (1-\mu)\, p_h \succ p_g\} = (P(A), 1]$ offene Teilmengen des Intervalls $[0, 1]$.

Zum Beweis des zweiten Teils von Repräsentationstheorem C' siehe dann Theorem 3 in Chew (1989), S. 284. ■

5 Zur Berücksichtigung nichtadditiver subjektiver Wahrscheinlichkeitsmaße: Eine Axiomatisierung der Choquet Nutzentheorie auf der Grundlage reichhaltiger Ergebnis- und Zustandsräume

5.1 Empirische Befunde zu und normativer Status von nichtadditiven subjektiven Wahrscheinlichkeitsmaßen

Allen bislang vorgestellten Axiomensystemen liegt die Idee zugrunde, daß die Wahrscheinlichkeitseinschätzungen des Entscheidungsträgers durch ein Wahrscheinlichkeitsmaß im üblichen Sinne repräsentiert werden können. Demzufolge müssen alle diese Axiomensysteme die Additivitätseigenschaft der Wahrscheinlichkeitsrelation implizieren, weil es andernfalls nicht möglich gewesen wäre, ein additives subjektives Wahrscheinlichkeitsmaß zu etablieren. Im folgenden werden zunächst die empirischen Befunde bezüglich der Additivität der Wahrscheinlichkeitsrelation skizziert; zudem wird erörtert, wie Präferenzen, die Verstöße gegen diese Eigenschaft widerspiegeln, aus normativer Sicht zu beurteilen sind. Nach diesen Vorarbeiten wird Axiomatik A im Hinblick auf eine Repräsentation der Präferenzordnung abgeschwächt, die sich nichtadditiver (nicht notwendig additiver) subjektiver Wahrscheinlichkeitsmaße bedient.

Der klassische hier anzuführende Befund stammt bekanntlich von Ellsberg: Angenommen, der Entscheidungsträger werde mit zwei Urnen konfrontiert.[1] Es sei ihm bekannt, daß die erste Urne 50 rote und 50 schwarze Kugeln enthält und daß die zweite Urne ebenfalls 100 rote und schwarze Kugeln, allerdings in unbekannter Zusammensetzung, beinhaltet. Ereignis A (B) bezeichne den Fall, daß aus der ersten Urne eine rote (schwarze) Kugel gezogen wird; die Ereignisse C und D seien analog im Hinblick auf einen Zug aus der zweiten Urne spezifiziert. Der Entscheidungsträger werde nun aufgefordert, seine Präferenzen in bezug auf die Wetten $x\,A\,z$, $x\,B\,z$, $x\,C\,z$ und $x\,D\,z$ mit $x \succ z$ anzugeben. Ellsberg berichtete, typischerweise würde die Präferenzrelation $x\,A\,z \sim x\,B\,z$, $x\,C\,z \sim x\,D\,z$, $x\,A\,z \succ x\,C\,z$ und $x\,B\,z \succ x\,D\,z$ bekundet, ohne aber selbst entsprechende Experimente durchgeführt zu haben. Seine Vermutung wurde nachträglich durch eine Vielzahl von Untersuchungen bestätigt.[2]

---

[1] Vgl. Ellsberg (1961), S. 650-653. Unabhängig von Ellsberg gelangte Fellner (1961) zu ähnlichen Schlußfolgerungen.

[2] Empirische Untersuchungen zu den von Ellsberg entworfenen Entscheidungsproblemen enthalten Becker/Brownson (1964), S. 66-73; MacCrimmon (1968), S.

Aus x A z ~ x B z, x C z ~ x D z, x A z ≻ x C z und x B z ≻ x D z ist gemäß Definition A1 auf A ~ B, C ~ D, A ≻ C bzw. B ≻ D zu schließen. Wegen $A \cap B = C \cap D = \emptyset$ und $A \cup B = C \cup D = S$ sind $A \cap C$, $A \cap D$, $A \cap C$ und $B \cap C$ paarweise disjunkt und es resultiert $A = (A \cap C) \cup (A \cap D) \succ (A \cap C) \cup (B \cap C) = C$ sowie $B = (B \cap C) \cup (B \cap D) \succ (A \cap D) \cup (B \cap D) = D$. Aus der Additivität der Wahrscheinlichkeitsrelation folgt $A \cap D \succ B \cap C$ bzw. $B \cap C \succ A \cap D$. Demnach ist die bekundete Präferenzrelation bei Zugrundelegung von Definition A1 und Axiom A1 nicht mit der Annahme kompatibel, daß die Wahrscheinlichkeitseinschätzungen des Entscheidungsträgers durch eine in üblicher Weise definierte Wahrscheinlichkeitsrelation mit der Additivitätseigenschaft erfaßt werden können.

Mangels anderer Erklärungsmöglichkeiten muß die strikte Präferenz für x A z (x B z) gegenüber x C z (x D z) auf die Verschiedenartigkeit der Informationen zurückgeführt werden, die dem Entscheidungsträger für seine Wahrscheinlichkeitseinschätzungen im Hinblick auf die Ereignisse A und C (B und D) zur Verfügung stehen. Wegen $A \sim B = \bar{A}$ und $C \sim D = \bar{C}$ ist beiden Ereignissen bei Zugrundelegung eines Wahrscheinlichkeitsmaßes üblicher Prägung die subjektive Wahrscheinlichkeit 0,5 zuzuordnen; P(A) = 0,5 beruht jedoch auf relativen Häufigkeiten, P(C) = 0,5 dagegen nur auf dem Prinzip des unzureichenden Grundes. Es ist anzunehmen, daß x A z gegenüber x C z bevorzugt wird, weil die Wahrscheinlichkeitseinschätzung im Hinblick auf das Ereignis A dem Entscheidungsträger vertrauenswürdiger erscheint als diejenige im Hinblick auf das Ereignis C.[1] Die subjektive Erwartungsnutzentheorie vermag die bekundeten Präferenzen demnach deshalb nicht zu erklären, weil entscheidungsrelevante Unterschiede in der Vertrauenswürdigkeit von Wahrscheinlichkeitseinschätzungen in einer additiven Wahrscheinlichkeitsrelation und mithin auch in einem additiven subjektiven Wahrscheinlichkeitsmaß nicht zum Ausdruck kommen[2].

Maßgebend für die Vertrauenswürdigkeit von Wahrscheinlichkeitseinschätzungen sind die Informationen, die zu diesen Wahrscheinlichkeitseinschätzungen geführt haben. Ellsberg prägte den Begriff "Ambiguität" (Ambiguity),

11-15; Slovic/Tversky (1974); S. 371-372; MacCrimmon/Larsson (1979), S. 369-384; Einhorn/Hogarth (1986), S. S235-S237; Kahn/Sarin (1988), S. 269-270; Kashima/Maher (1995), S. 36-47. Ein Literaturüberblick findet sich in Camerer/ Weber (1992), S. 333-337.

1 Die psychologischen Ursachen von Ambiguitätseffekten behandeln Sherman (1974); Einhorn/Hogarth (1985, 86, 88); Curley/Yates/Abrams (1986); Hogarth (1989); Hogarth/Einhorn (1990); Heath/Tversky (1991); Keppe/Weber (1995).

2 Schmeidler formuliert dazu treffend: "The probability attached to an uncertain event does not reflect the heuristic amount of information that led to the assignment of that probability."; Schmeidler (1989), S. 571.

um die Qualität solcher Informationen zu charakterisieren:[1] Je größer die Ambiguität der Informationen ist, die Wahrscheinlichkeitseinschätzungen zugrundeliegen, desto geringer ist deren Vertrauenswürdigkeit. Typisch ist eine ambiguitätsaverse Einstellung: Von zwei ansonsten gleichwertigen Alternativen x A z und x C z wird diejenige bevorzugt, bei der die Informationen, die den Wahrscheinlichkeitseinschätzungen im Hinblick auf die Ereignisse A und C zugrundeliegen, mit geringerer Ambiguität behaftet sind. Empirische Untersuchungen führten des weiteren zu dem Schluß, daß die Ambiguitätseinstellung von dem Nutzen der möglichen Ergebnisse und von den Wahrscheinlichkeitseinschätzungen im Hinblick auf die betreffenden Ereignisse abhängt.[2] So wurde im Hinblick auf Alternativen, die mit geringer subjektiver Wahrscheinlichkeit zu positiven oder mit hoher subjektiver Wahrscheinlichkeit zu negativen Ergebnissen führen, auch ambiguitätsfreudiges Verhalten beobachtet. Aufgrund der Vielzahl durchgeführter Untersuchungen und der weitgehenden Übereinstimmung der dabei erzielten Resultate steht die Relevanz der Ambiguitätseinstellung für tatsächliches Entscheidungsverhalten heute außer Frage[3]; eine Abschwächung der Additivitätseigenschaft der Wahrscheinlichkeitsrelation ist damit unter deskriptiven Gesichtspunkten geboten.

Unter normativen Aspekten wird gegen eine solche Abschwächung vorgebracht, daß ein Entscheidungsträger, dessen Präferenzen auf Verstöße gegen die Additivität der Wahrscheinlichkeitsrelation schließen lassen, durch andere Entscheidungsträger ausgebeutet werden könne. Die Argumentation läßt sich beispielhaft anhand der Wetten erläutern, die dem von Ellsberg geschilderten Phänomen zugrundeliegen. Angenommen, ein Entscheidungsträger mit den von Ellsberg beschriebenen Präferenzen halte die Wette x C z. Dann müßte er bereit sein, x C z gegen x A z zu tauschen und dabei eine gewisse Zuzahlung zu leisten. Des weiteren ginge er auf ein entsprechendes Angebot hin die

---

1 "What is at issue might be called the *ambiguity* of this information, a quality depending on the amount, type, reliability and 'unanimity' of information, and giving rise to one's degree of 'confidence' in an estimate of relative likelihoods."; Ellsberg (1961), S. 657.

2 Untersuchungen zur Ambiguitätseinstellung enthalten Yates/Zukowski (1976); Einhorn/Hogarth (1985), S. 442-459; Curley/Yates (1985, 1989); Cohen/Jaffray/Said (1985); Einhorn/Hogarth (1986), S. S235-S248; Kahn/Sarin (1988), S. 269-270; Einhorn/Hogarth (1988), S. 331-333; Hogarth/Kunreuther (1989), S. 13-29; Hogarth (1989), S. 38-48; Hogarth/Einhorn (1990), S. 790-799; Schoemaker (1991), S. 298-316; Bier/Connell (1994); Kashima/Maher (1995); Gosh/Ray (1997).

3 Siehe auch die Befunde bezüglich der Relevanz von Ambiguitätseffekten auf experimentellen Märkten; z. B. Weber (1989), S. 457-467; Weber (1990), S. 218-250; Camerer/Kunreuther (1990), S. 283-289; Weber (1993a); Sarin/Weber (1993); Keppe/Weber (1993), S. 205-213.

Wette x D z ein, da er x D z für ebenso vorteilhaft wie x C z hält. Anschließend wäre er bereit, x D z gegen x B z zu tauschen und dabei eine weitere Zuzahlung zu leisten. Nach Abschluß der Transaktionen hätte sich die Vermögensposition des Entscheidungsträgers infolge der geleisteten Zuzahlungen verschlechtert. Gleichwohl stünde er so, als ob er bei den Wetten x C z und x D z geblieben wäre und die Tauschangebote abgelehnt hätte; denn unabhängig davon, welche Ereignisse eintreten und ob er an den Wetten x C z und x D z oder x A z und x B z teilnimmt, resultiert mit Sicherheit bei der einen Wette das Ergebnis x und bei der anderen Wette das Ergebnis z, da es sich bei A und B sowie C und D um komplementäre Ereignisse handelt. Auf der Grundlage des in diesem Beispiel zum Ausdruck kommenden Prinzips läßt sich zeigen, daß der Entscheidungsträger bereit ist, ein System von Wetten abzuschließen, das mit Sicherheit zu einem Verlust führt.[1] Ein zweiter Entscheidungsträger, der die Inkohärenz dieser Wetten durchschaut, wäre in der Lage, auf seine Kosten Vorteile zu erringen (Dutch Book Argument).

Das Dutch Book Argument weist im Prinzip die gleiche Schwäche wie die in den Abschnitten III.A und IV.A angeführten Money-Pump Argumente auf: es beruht auf zusätzlichen Annahmen bezüglich der Möglichkeit, aus einer Präferenzrelation Anhaltspunkte in bezug auf das Entscheidungsverhalten in isolierten Entscheidungssituationen zu gewinnen. Infolgedessen deutet es zwar auf eine Gefahr, nicht aber auf eine zwangsläufige Implikation von Präferenzrelationen hin, aus denen Verstöße gegen die Additivitätseigenschaft der Wahrscheinlichkeitsrelation hervorgehen. Insbesondere ist keineswegs davon auszugehen, daß ein Entscheidungsträger, der sich über den Zusammenhang der betrachteten Wetten im klaren ist, den angebotenen Tauschgeschäften zustimmt oder ein mit Sicherheit verlustbringendes System von Wetten akzeptiert. Dies wird vor allem dann nicht der Fall sein, wenn er die jeweiligen Auswirkungen aus einer ganzheitlichen Perspektive beurteilt. Die Beibehaltung der Additivitätseigenschaft der Wahrscheinlichkeitsrelation erscheint vor diesem Hintergrund aus normativer Sicht nicht zwingend erforderlich.[2]

Die Auffassungen in der Literatur zu der Frage, ob die Berücksichtigung von Ambiguität mit dem Rationalitätspostulat der normativen Entscheidungstheorie vereinbar ist, sind dementsprechend nach wie vor uneinheitlich. Ellsberg selbst führt aus: "There is, in fact, no obvious basis for asserting that it will lead him in the long run to worse outcomes than he could expect if he reversed some of his preferences ... "[3] Raiffa plädiert in einem Kommentar nachdrücklich gegen die Berücksichtigung von Ambiguität, wobei er ein Ar-

---

[1] Das Argument findet sich erstmals in de Finetti (1937), S. 103-104.

[2] Vgl. Eisenberger (1996), S. 122-130 und S. 133-135.

[3] Ellsberg (1961), S. 663. Siehe auch Fellner (1961), S. 677-686; Roberts (1963); Ellsberg (1963).

gument vorbringt, das ebenso wie das Dutch Book Argument auf einer Betrachtung von Entscheidungssituationen beruht, auf die die Präferenzrelation nicht zugeschnitten ist, und deshalb hier nicht erörtert wird.[1] Billot hält die Berücksichtigung von Ambiguität für geradezu unerläßlich, wenn er bezüglich der Verwendung subjektiver Wahrscheinlichkeitsmaße üblicher Prägung anmerkt: "Under this kind of rationality, there is no sensitivity to exogenous agent knowledge: the expert and the idiot behave in the same way."[2] Winkler kommt zu dem Schluß, daß Ambiguität unter normativen Gesichtspunkten grundsätzlich nur dann berücksichtigt werden sollte, wenn mit ihrer Übernahme negative psychologische Auswirkungen einhergehen, und plädiert für eine Berücksichtigung dieser Auswirkungen in der Nutzensphäre.[3] Angesichts der Meinungsvielfalt in der Literatur wäre es nach Ansicht des Autors zumindest verfrüht, davon auszugehen, daß die Ambiguität der vorliegenden Informationen bei der Entscheidungsfindung außer acht bleiben sollte.

5.2 Axiomatische Erfassung und numerische Repräsentation von Präferenzordnungen auf der Grundlage nichtadditiver subjektiver Wahrscheinlichkeitsmaße

5.2.1 Axiomatik D und Repräsentationstheorem

5.2.1.1 Anpassung von Axiomatik A im Hinblick auf die Berücksichtigung nichtadditiver subjektiver Wahrscheinlichkeitsmaße

Ambiguität läßt sich im Prinzip auf vielfältige Art und Weise berücksichtigen.[4] Die wohl naheliegendste Möglichkeit besteht darin, die Wahrscheinlichkeitseinschätzungen des Entscheidungsträgers selbst als unsicher anzusehen und von der Existenz einer Wahrscheinlichkeitsverteilung zweiter Ord-

---

[1] Siehe Raiffa (1961). Eine Auseinandersetzung mit der Argumentation von Raiffa enthält Hazen (1992), S. 29-31.

[2] Billot (1991), S. 300.

[3] Siehe Winkler (1991), S. 293-295.

[4] Außer in der Wahrscheinlichkeitssphäre - wie bei den im folgenden angeführten Konzeptionen - können Ambiguitätseffekte auch in der Nutzensphäre erfaßt werden. Dies scheint vor allem dann sinnvoll, wenn es um die Berücksichtigung negativer psychologischer Auswirkungen der Übernahme von Ambiguität geht; siehe insbesondere Sarin/Winkler (1992). Des weiteren besteht die Möglichkeit, Ambiguität als eine von Wahrscheinlichkeit und Nutzen unabhängige Eigenschaft zu konzipieren; siehe Fishburn (1991b, 93), der zu diesem Zweck eine Ambiguitätsrelation auf S einführt.

nung[1] auf der Menge möglicher (additiver) subjektiver Wahrscheinlichkeitsmaße auszugehen. Bei einer mehrstufigen Modellierung des Entscheidungsproblems und einer Abschwächung des Reduktionsprinzips für mehrstufige Alternativen läßt sich so das von Ellsberg geschilderte Phänomen z. B. auf der Grundlage der rangabhängigen Nutzentheorie für Risikosituationen erklären.[2] Des weiteren besteht die Möglichkeit, von einer Menge möglicher (additiver) subjektiver Wahrscheinlichkeitsmaße auszugehen, die Existenz einer Wahrscheinlichkeitsverteilung zweiter Ordnung auf dieser Menge aber zu negieren und stattdessen Entscheidungsregeln wie z. B. das Maxmin-Kriterium in bezug auf den Nutzen anzuwenden, der für die betrachteten Alternativen in Abhängigkeit von dem zugrundegelegten subjektiven Wahrscheinlichkeitsmaß resultiert (Maxmin-Erwartungsnutzenkriterium).[3] Das Ellsberg Phänomen kann dann z. B. auf die Annahme zurückgeführt werden, der Entscheidungsträger maximiere den minimalen Erwartungsnutzen, den die zur Entscheidung anstehenden Alternativen in Abhängigkeit von den möglichen subjektiven Wahrscheinlichkeitsmaßen erbringen. Schließlich besteht die Möglichkeit, (additive) subjektive Wahrscheinlichkeiten im Hinblick auf die Ambiguitätseinstellung des Entscheidungsträgers zu transformieren[4]

---

[1] Bedingungen, unter denen eine derartige Wahrscheinlichkeitsverteilung zweiter Ordnung existiert, finden sich in de Finetti (1937); eine Diskussion der operationalen Bedeutung von Wahrscheinlichkeiten zweiter Ordnung enthält Marschak u. a. (1975).

[2] Siehe Segal (1987a); dazu Bernasconi/Loomes (1992). Vgl. des weiteren Kahn/Sarin (1988), S. 267-268. Interessant sind in diesem Zusammenhang auch Bordley/Hazen (1991), Kadane (1992) und Hazen (1992), die das Ellsberg Phänomen auf der Grundlage der subjektiven Erwartungsnutzentheorie erklären.

[3] Ein derartiger Ansatz wurde schon von Ellsberg vorgeschlagen; siehe Ellsberg (1961), S. 657-669. Gärdenfors/Sahlin (1982, 83) beziehen nur diejenigen (additiven) subjektiven Wahrscheinlichkeitsmaße in die Betrachtung ein, die eine gewisse Mindestverläßlichkeit (Epistemic Reliability) aufweisen, und plädieren für die Minimierung des Erwartungsnutzens, der sich in Abhängigkeit von diesen subjektiven Wahrscheinlichkeitsmaßen ergibt. Gilboa/Schmeidler (1989) und Kelsey (1994) axiomatisieren das Maxmin-Erwartungsnutzenkriterium, wobei sie von einer konvexen Menge endlich additiver subjektiver Wahrscheinlichkeitsmaße ausgehen; siehe dazu auch Kelsey (1995). Nakamura (1993) stellt ein Axiomensystem vor, bei dem die Wahrscheinlichkeitseinschätzungen des Entscheidungsträgers durch obere und untere (nichtadditive) subjektive Wahrscheinlichkeiten repräsentiert werden.

[4] Frühe Vorschläge zur Transformation (additiver) Wahrscheinlichkeiten enthalten Handa (1977); dazu Fishburn (1978); Karmarkar (1978, 79); dazu Quiggin (1985); Kahneman/Tversky (1979). Einhorn/Hogarth (1985, 86, 88), Hogarth (1989) und Hogarth/Einhorn (1990) führen solche Transformationen auf psychologische Prozesse (Anchoring and Adjustment) zurück, die durch die Ambiguität der vorhandenen Informationen beeinflußt werden. Das Modell von Hazen (1987, 89) und Hazen/Lee (1991) sieht eine Gewichtung (additiver) subjektiver Wahr-

oder von subjektiven Wahrscheinlichkeitsmaßen üblicher Prägung ganz abzurücken und die Ambiguitätseinstellung des Entscheidungsträgers mittels nichtadditiver subjektiver Wahrscheinlichkeitsmaße zu erfassen[1]. So lassen sich z. B. die im vorherigen Abschnitt geschilderten Präferenzen erklären, wenn den Komplementärereignissen A und B die subjektive Wahrscheinlichkeit 0,5 und den Komplementärereignissen C und D die subjektive Wahrscheinlichkeit 0,3 zugeordnet wird. Es zeigt sich, daß die letztgenannte Möglichkeit einige der voranstehenden Möglichkeiten als Spezialfälle umfaßt. Aus axiomatischer Sicht ist es daher zweckmäßig, eine Abschwächung von Axiomatik A im Hinblick auf die Berücksichtigung nichtadditiver subjektiver Wahrscheinlichkeitsmaße vorzunehmen.

Offensichtlich muß diese Abschwächung an den Axiomen ansetzen, die die für die Additivität subjektiver Wahrscheinlichkeiten notwendige Additivitätseigenschaft der Wahrscheinlichkeitsrelation implizieren, also in erster Linie an den Axiomen A2 und A5. Da die Zugrundelegung nichtadditiver subjektiver Wahrscheinlichkeitsmaße - wie im übernächsten Abschnitt erläutert wird - eine Repräsentation auf der Grundlage des Choquet Integrals nahelegt, ist eine Anpassung der Axiome A2 und A5 im Hinblick auf die Rangordnung geboten, in der die möglichen Ergebnisse einer Alternative stehen. Unter Berücksichtigung der notwendigen Folgeänderungen ergibt sich:

Definition D1: Wahrscheinlichkeitsrelation

Für alle $A, B \in \mathcal{S}$ gilt $A \precsim B$, wenn es $x, z \in X$ mit $x \succ z$ gibt, für die gilt
$$x\,A\,z \precsim x\,B\,z.$$

Definition D2: Nullereignis

$B \in \mathcal{S}$ ist ein Nullereignis im Hinblick auf $A \in \mathcal{S}$, wenn für alle $x, y_1, y_2, z \in X$ mit $x \succsim y_{1,2} \succsim z$ gilt
$$x\,A\,y_1\,B\,z \sim x\,A\,y_2\,B\,z.$$

Axiom D1: Schwache Präferenzordnung

Für alle $f, g \in F$ gilt $\quad f \precsim g$ *oder* $g \precsim f$,
für alle $f, g, h \in F$ gilt $\quad f \precsim g$ *und* $g \precsim h \Rightarrow f \precsim h$.

---

scheinlichkeiten in Abhängigkeit von dem Nutzen der jeweiligen Ergebnisse und eine anschließende Renormierung vor.

1 Vgl. Luce/Narens (1985); Gilboa (1987); Luce (1988); Schmeidler (1989); Wakker (1989a, b); Nakamura (1990, 92); Sarin/Wakker (1992) und Nehring (1994); Chew/Karni (1994); Oginuma (1994) und die folgenden Ausführungen.

Axiom D2: Rangabhängiges Monotonieprinzip

Für alle $x, y_1, y_2, z \in X$ mit $x \succsim y_{1,2} \succsim z$ sowie alle $A, B \in \mathcal{S}$ gilt

$$y_1 \precsim y_2 \Leftrightarrow x\,A\,y_1\,B\,z \precsim x\,A\,y_2\,B\,z,$$

sofern es sich bei B nicht um ein Nullereignis im Hinblick auf A handelt.

Axiom D3: Stabilität der Wahrscheinlichkeitsrelation

Für alle $x_{1,2}, y_{1,2}, z_{1,2}, x'_{1,2}, y'_{1,2}, z'_{1,2} \in X$ mit $x_{1,2} \succsim y_1 \succ y_2 \succsim z_{1,2}$ und $x'_{1,2} \succsim y'_1 \succ y'_2 \succsim z'_{1,2}$ sowie alle $A, B, C, D \in \mathcal{S}$ mit

$$x_1\,A\,y_1\,B\,z_1 \sim x_2\,C\,y_1\,D\,z_2 \text{ und } x_1\,A\,y_2\,B\,z_1 \sim x_2\,C\,y_2\,D\,z_2$$

gilt $x'_1\,A\,y'_1\,B\,z'_1 \sim x'_2\,C\,y'_1\,D\,z'_2 \Leftrightarrow x'_1\,A\,y'_2\,B\,z'_1 \sim x'_2\,C\,y'_2\,D\,z'_2$.

Axiom D4: Existenz vorziehenswürdiger Ergebnisse

Es gibt $x, z \in X$ mit $\quad x \succ z.$

Axiom D5: Existenz von Sicherheitsäquivalenten für Teilalternativen

Für alle $f \in F$ und alle $A, B \in \mathcal{S}$ gibt es ein $x \in X$, so daß für alle $g_1, g_2 \in F$ mit $g_1(s) \succsim f(t) \succsim g_2(r)$ für alle $s \in A$, $t \in B$ und $r \in \overline{A \cup B}$ gilt

$$g_1\,A\,f\,B\,g_2 \sim g_1\,A\,x\,B\,g_2.$$

Axiom D6: Atomfreiheit der Ereignisalgebra

Für alle $A \in \mathcal{S}$ und alle $x, y, y', z \in X$ mit $x, y \succsim z$ oder $x, y \precsim z$ sowie $x\,A\,z \succ y' \succ y\,A\,z$ gibt es ein $B \in \mathcal{S}$ mit $B \subset A$, so daß gilt

$$x\,B\,y\,A \setminus B\,z \sim y'.$$

Axiom D7: Archimedisches Prinzip

Für alle $B \in \mathcal{S}$, für die $x, y, z \in X$ mit $x \succ y \succ z$ und eine Ereignisfolge $\{A_i\}$ mit $B \subseteq A_i$ und $x\,B\,y\,A_i \setminus B\,z \sim y\,A_{i+1}\,z$ für $i = 1, 2, \ldots$ existieren, gilt $B \sim \emptyset$.

Definition D1 und die Axiome D1 und D4 sind gegenüber Axiomatik A unverändert und bedürfen deshalb keiner Erörterung. Axiom D2 verkörpert im wesentlichen die gleiche Idee wie Axiom A2: Ist B kein Nullereignis im Hinblick auf A, so hängen die Präferenzen des Entscheidungsträgers in bezug auf $x\ A\ y_1\ B\ z$ und $x\ A\ y_2\ B\ z$ nur von y_1 und y_2, nicht aber von den gemeinsamen Ergebnissen x und z ab. Im Rahmen von Axiomatik A gilt dies aufgrund von Definition A2 und der Axiome A1, A2 und A5 unabhängig davon, in welcher Rangordnung die Ergebnisse x, y_1, y_2 und z stehen. Hier dagegen wird nur der Fall $x \succsim y_{1,2} \succsim z$ in die Betrachtung einbezogen. Das Sure Thing

Principle besitzt im Rahmen von Axiomatik D folglich nur eingeschränkte Gültigkeit.[1] Da das in Axiom A2 verankerte Monotonieprinzip von Definition D2 und den Axiomen D1 und D2 impliziert wird, ist dies nicht auf die Modifikation von Axiom A2, sondern auf die Abschwächung von Axiom A5 zurückzuführen. Axiom D2 tritt an die Stelle von Axiom A2, weil Axiom A2 für den Nachweis des angestrebten Repräsentationstheorems zu schwach ist.

Handelt es sich bei B um ein Nullereignis im Hinblick auf A, so gilt gemäß Definition D2 $x\,A\,y_1\,B\,z \sim x\,A\,y_2\,B\,z$ für alle $x, y_1, y_2, z \in X$ mit $x \succsim y_{1,2} \succsim z$. y_1 und y_2 sind für die Beurteilung der Alternativen $x\,A\,y_1\,B\,z$ und $x\,A\,y_2\,B\,z$ ohne Bedeutung, weil der Eintritt von B für (fast) unmöglich gehalten wird. Definition D2 erfüllt im Rahmen von Axiomatik D, insbesondere im Hinblick auf die Formulierung von Axiom D2, die gleiche Rolle wie Definition A2 im Rahmen von Axiomatik A. Unter Berücksichtigung der Axiome A1, A2 und A5 ist ein Nullereignis gemäß Definition D2 stets auch ein Nullereignis nach Definition A2. Da Axiomatik D auf nichtadditive subjektive Wahrscheinlichkeitsmaße abstellt, gilt dies umgekehrt nicht. Aus Definition D2 geht aber hervor, daß ein Nullereignis gemäß Definition A2 stets auch ein Nullereignis im Hinblick auf das unmögliche Ereignis $\emptyset$ und im Hinblick auf sein Komplementärereignis ist.

Wie Axiom A5 postuliert auch Axiom D5 die Existenz von Sicherheitsäquivalenten für Teilalternativen. Im Unterschied zu Axiom A5 wird diese aber hier nicht für beliebige, sondern nur für solche Teilalternativen gefordert, deren Ergebnisse in der Rangordnung der Ergebnisse der betreffenden Alternativen unmittelbar aufeinanderfolgen und einen bestimmten Platz einnehmen. Auf diese Weise wird gewährleistet, daß das rangabhängige Monotonieprinzip nicht durch Axiom D5 konterkariert wird: Bliebe Axiom A5 unverändert, so könnte Axiom A2 ohne weiteres an die Stelle von Axiom D2 treten, ohne daß sich die Menge der zulässigen Präferenzordnungen änderte. Aus Axiomatik D ginge dann die subjektive Erwartungsnutzentheorie - allerdings auf der Grundlage eines nur endlich additiven subjektiven Wahrscheinlichkeitsmaßes - hervor. Die Abschwächung von Axiom A5 bildet damit den Kern des Übergangs von der subjektiven Erwartungsnutzentheorie zur Choquet Nutzentheorie.

Die wichtigste Folgeänderung der bislang erörterten Modifikationen betrifft Axiom A3, das im Rahmen von Axiomatik A lediglich die Unabhängigkeit

---

[1] Der Unterschied zwischen der subjektiven Erwartungsnutzentheorie und der Choquet Nutzentheorie kann bei Zugrundelegung üblicher struktureller Restriktionen auf diese Einschränkung der Gültigkeit des Sure Thing Principle zurückgeführt werden; vgl. Wakker (1996); siehe auch Chew/Wakker (1996). Entsprechende empirische Untersuchungen enthalten Wakker/Erev/Weber (1994); Fennema/Wakker (1996).

der Wahrscheinlichkeitsrelation von den zu ihrer Definition herangezogenen Ergebnissen gewährleistet, nun aber zum Zweck der Etablierung eines eindeutig bestimmten, nichtadditiven subjektiven Wahrscheinlichkeitsmaßes komplexere Aufgaben übernehmen und entsprechend angepaßt werden muß. Man nähert sich Axiom D3 am besten in folgender Weise: Ist der Entscheidungsträger x_1 A y_1 B z_1 und x_2 C y_1 D z_2 sowie x_1 A y_2 B z_1 und x_2 C y_2 D z_2 gegenüber indifferent, so werden beide Alternativen beim Übergang von y_2 zu y_1 in gleichem Maße verbessert. Folglich muß der Nutzen von $y_{1,2}$ in die Bewertung dieser Alternativen mit dem gleichen Gewicht eingehen. Aus Axiom D3 ist zu schließen, daß dieses Gewicht so lange nur von A und B bzw. von C und D, nicht aber von x_1, $y_{1,2}$, z_1 bzw. von x_2, $y_{1,2}$, z_2 abhängt, wie die geforderte Rangordnung der Ergebnisse erhalten bleibt; bei Geltung der subjektiven Erwartungsnutzentheorie entspricht es den subjektiven Wahrscheinlichkeiten P(B) und P(D) mit P(B) = P(D). Aufgrund der mangelnden Additivität der resultierenden subjektiven Wahrscheinlichkeiten wird das Gewicht des Nutzens von $y_{1,2}$ hier auch von A bzw. C beeinflußt: wie sich zeigen wird, sind die Gewichtungsfaktoren $C(A \cup B) - C(A)$ bzw. $C(C \cup D) - C(C)$, wobei C ein nichtadditives subjektives Wahrscheinlichkeitsmaß bezeichnet; es gilt $C(A \cup B) - C(A) = C(C \cup D) - C(C)$.

In welcher Weise Axiom D3 die Menge zulässiger Präferenzordnungen beschneidet, ist vor allem an zwei seiner unmittelbaren Implikationen zu ersehen: Erstens resultiert $x\,A\,z \sim x\,B\,z \Leftrightarrow x'\,A\,z' \sim x'\,B\,z'$ für alle $x, x', z, z' \in X$ mit $x \succ z$ und $x' \succ z'$ sowie alle $A, B \in \mathcal{S}$.[1] Auf der Grundlage der Definition D2 und der Axiome D1, D2, D5 und D6 läßt sich hieraus $x\,A\,z \precsim x\,B\,z \Leftrightarrow x'\,A\,z' \precsim x'\,B\,z'$ für alle $x, x', z, z' \in X$ mit $x \succ z$ und $x' \succ z'$ sowie alle $A, B \in \mathcal{S}$ gewinnen. Die Unabhängigkeit der Wahrscheinlichkeitsrelation von den zu ihrer Definition herangezogenen Ergebnissen ist demnach auch im Rahmen von Axiomatik D sichergestellt. Zweitens ergibt sich $A \sim B$, $A \cup C \sim B \cup D \Rightarrow x\,A\,y\,C\,z \sim x\,B\,y\,D\,z$ für alle $A, B, C, D \in \mathcal{S}$ mit $A \cap C = B \cap D = \emptyset$ und alle $x, y, z \in X$ mit $x \succ y \succ z$.[2] Mittels der Definitionen D1 und D2 sowie der Axiome D1, D2 und D5 kann das hierin zum Ausdruck kommende Reduktionsprinzip in bezug auf dekumulierte Wahrscheinlichkeiten auf alle einfachen Alternativen ausgeweitet werden:[3]

---

[1] Siehe Lemma D1a im Anhang zu diesem Kapitel.
[2] Siehe Lemma D1b im Anhang zu diesem Kapitel.
[3] Siehe Lemma D5 im Anhang zu diesem Kapitel.

Reduktionsprinzip in bezug auf dekumulierte Wahrscheinlichkeiten

Für alle $x_i \in X$ *mit* $x_n \succsim x_{n-1} \succsim \ldots \succsim x_1$ *und alle* $A_i, B_i, C_i, D_i \in \mathcal{S}$ *mit* $\bigcup_{j=i}^{n} A_i \sim \bigcup_{j=i}^{n} C_i$ *und* $\bigcup_{j=i}^{n} B_i \sim \bigcup_{j=i}^{n} D_i$ *für* $i = 1, \ldots, n$ *gilt*

$$x_n A_n \ldots x_2 A_2 x_1 \precsim x_n B_n \ldots x_2 B_2 x_1$$

$$\Leftrightarrow$$

$$x_n C_n \ldots x_2 C_2 x_1 \precsim x_n D_n \ldots x_2 D_2 x_1.$$

Die Präferenzen des Entscheidungsträgers hängen demnach nicht - wie bei der subjektiven Erwartungsnutzentheorie - davon ab, für wie wahrscheinlich er die möglichen Ergebnisse der betrachteten Alternativen hält. Maßgeblich sind vielmehr seine Wahrscheinlichkeitseinschätzungen im Hinblick auf die Chance, ein zumindest nicht schlechteres als ein vorgegebenes Ergebnis zu erzielen.[1] Stimmen diese Wahrscheinlichkeitseinschätzungen bei zwei Alternativen in bezug auf alle möglichen Ergebnisse überein, so ist der Entscheidungsträger den Alternativen gegenüber indifferent.

Die ansonsten vorgenommenen Modifikationen sind von vergleichsweise untergeordneter Bedeutung; sie betreffen die strukturellen Axiome D6 und D7. Axiom D6 ist geringfügig restriktiver als Axiom A6, enthält aber im Kern die gleiche Aussage; offensichtlich impliziert es Axiom A6, während Axiom D6 aus Axiom A6 nicht abgeleitet werden kann. Axiom A7, das im Rahmen von Axiomatik A die monotone Stetigkeit der Wahrscheinlichkeitsrelation gewährleistet, wurde durch Axiom D7 ersetzt. Es handelt sich um eine eher technische Bedingung, die ausschließlich für die Etablierung des nichtadditiven subjektiven Wahrscheinlichkeitsmaßes benötigt wird und etwa in der Weise interpretiert werden kann, daß die Wahrscheinlichkeit eines Ereignisses nicht unbeschränkt um einen konstanten Betrag verbessert werden kann, ohne daß ihr Wert eine bestimmte Grenze überschreitet. Die monotone Stetigkeit der Wahrscheinlichkeitsrelation geht aus Axiom D7 nicht hervor. Im vorliegenden Zusammenhang ist diese Eigenschaft entbehrlich, da auf die Additivität subjektiver Wahrscheinlichkeiten ohnehin verzichtet werden soll.

---

[1] Daneben ist auch ein Reduktionsprinzip in bezug auf kumulierte Wahrscheinlichkeiten denkbar, bei dem es um die Wahrscheinlichkeitseinschätzungen des Entscheidungsträgers im Hinblick auf die Konjunktion aller Ereignisse geht, die zu einem jedenfalls nicht besseren als einem vorgegebenen Ergebnis führen. Dieses Reduktionsprinzip resultiert aus einer dualen Formulierung von Axiomatik D; vgl. dazu Abschnitt V.B.1.c.

5.2.1.2 Eigenschaften der Wahrscheinlichkeitsrelation und Repräsentation durch ein nichtadditives Wahrscheinlichkeitsmaß

Obwohl es sich bei Axiomatik D um eine (partielle) Abschwächung von Axiomatik A handelt, bleiben die meisten in Abschnitt II.B.2 erörterten Eigenschaften der Wahrscheinlichkeitsrelation erhalten. So konstitutiert die-Wahrscheinlichkeitsrelation nach wie vor eine schwache Ordnung auf $\mathcal{S}$ und es gilt $\emptyset \precsim A \precsim S$ für alle $A \in \mathcal{S}$ und $\emptyset \prec S$.[1] Darüber hinaus ist die Wahrscheinlichkeitsrelation monoton bezüglich der Teilmengenrelation - für alle $A, B \in \mathcal{S}$ gilt $A \subseteq B \Rightarrow A \precsim B$ -, eine Eigenschaft, die unmittelbar auch aus der Additivität der Wahrscheinlichkeitsrelation resultiert und demzufolge in Abschnitt II.B.2 nicht gesondert behandelt wurde. Unter intuitiven Gesichtspunkten ist die Monotonie der Wahrscheinlichkeitsrelation unproblematisch: es leuchtet unmittelbar ein, daß ein Ereignis nicht weniger wahrscheinlich als ein Ereignis sein kann, das es einschließt.

Die angeführten Eigenschaften sind notwendig für die Existenz eines mit der Wahrscheinlichkeitsrelation verträglichen nichtadditiven Wahrscheinlichkeitsmaßes in folgendem Sinn:[2]

Definition: Nichtadditives Wahrscheinlichkeitsmaß

Eine Funktion $C: \mathcal{S} \rightarrow [0, 1]$ ist genau dann ein nichtadditives Wahrscheinlichkeitsmaß, wenn $C(\emptyset) = 0$, $C(S) = 1$ und

$$A \subseteq B \Rightarrow C(A) \precsim C(B)$$

für alle $A, B \in \mathcal{S}$ gilt.

Nichtadditive Wahrscheinlichkeitsmaße unterscheiden sich in nur einer Hinsicht von Wahrscheinlichkeitsmaßen üblicher Prägung: An die Stelle der Additivität tritt die schwächere Monotonie bezüglich der Teilmengenrelation. Infolgedessen ist es nicht erforderlich, den Ereignisraum als σ-Algebra oder überhaupt als Algebra zu modellieren. $\mathcal{S}$ kann im Rahmen der Choquet Nutzentheorie z. B. auch als Potenzmenge auf S interpretiert werden.

Ein Wahrscheinlichkeitsmaß wird als superadditiv (subadditiv) bezeichnet, wenn $C(A \cup B) + C(A \cap B) \geq C(A) + C(B)$ $(C(A \cup B) + C(A \cap B) \leq$

---

[1] Hierzu und zum folgenden siehe Lemma D2 im Anhang zu diesem Kapitel.

[2] Für eine Mengenfunktion mit den genannten Eigenschaften wurde von Choquet (1955) die Bezeichnung "Kapazität" geprägt. Aufgrund der intendierten Interpretation findet sich in der entscheidungstheoretischen Literatur häufig die Bezeichnung "nichtadditives Wahrscheinlichkeitsmaß". Diese Bezeichnung hat auch der Autor gewählt; daß es sich nicht um ein Maß im üblichen Sinne handelt, sollte durch den Zusatz "nichtadditiv" hinreichend zum Ausdruck kommen.

C(A) + C(B)) für alle A, B ∈ $\mathcal{S}$ gilt.[1] Wie im nächsten Abschnitt erläutert wird, spiegelt die Superadditivität (Subadditivität) eines subjektiven Wahrscheinlichkeitsmaßes im Rahmen der Choquet Nutzentheorie auf der Grundlage des oberen Choquet Integrals eine pessimistische (optimistische) Einstellung des Entscheidungsträgers wider; des weiteren ist die Superadditivität für die Möglichkeit von Bedeutung, das Maxmin-Erwartungsnutzenkriterium auf die Choquet Nutzentheorie zurückzuführen. Das zu einem nichtadditiven Wahrscheinlichkeitsmaß duale Maß C^* ist definiert durch $C^*(A) = 1 - C(\bar{A})$ für alle A ∈ $\mathcal{S}$;[2] für subadditives (superadditives) C ist C^* superadditiv (subadditiv). Gilt $C^* = C$, so wird C als komplementär additiv - es gilt $C(A) + C(\bar{A}) = 1$ für alle A ∈ $\mathcal{S}$ - oder als symmetrisch bezeichnet. Unter dem Kern eines nichtadditiven Wahrscheinlichkeitsmaßes C schließlich wird die Menge aller endlich additiven Wahrscheinlichkeitsmaße P verstanden, für die $P(A) \geq C(A)$ für alle A ∈ $\mathcal{S}$ gilt.[3]

Um den angestrebten Zusammenhang zwischen der Wahrscheinlichkeitsrelation und einem nichtadditiven Wahrscheinlichkeitsmaß herzustellen, bedient sich der im Anhang zu diesem Kapitel dargestellte, im wesentlichen auf Gilboa[4] zurückgehende Beweis der üblichen Meßprozedur: Ausgehend von Maßeinheiten mit beliebig geringer Wahrscheinlichkeit wird die Wahrscheinlichkeit eines Ereignisses auf der Grundlage der Anzahl von Maßeinheiten bestimmt, die erforderlich ist, um ein Ereignis zu konstruieren, das der Entscheidungsträger für nahezu ebenso wahrscheinlich wie das in Frage stehende Ereignis hält. Die Konstruktion von Maßeinheiten basiert im wesentlichen auf Axiom D6, das die bedingte Atomfreiheit der Ereignisalgebra impliziert.[5] Zur Konstruktion einer Ereignisfolge, die gegen ein Nullereignis konvergiert, reicht dies freilich noch nicht aus; es bleibt denkbar, daß eine auf dieser Grundlage gewonnene monoton fallende Ereignisfolge gegen ein Ereignis konvergiert, das kein Nullereignis ist. Der Nachweis, daß tatsächlich eine gegen ein Nullereignis konvergierende Ereignisfolge existiert, deren Elemente als Maßeinheiten dienen können, gelingt erst bei Einbeziehung von Axiom D7.[6]

Soll ein additives Wahrscheinlichkeitsmaß etabliert werden, so kann die Wahrscheinlichkeit eines Ereignisses durch die Wahrscheinlichkeit einer

---

[1] Vgl z. B. Dyckerhoff (1994), S. 18-19. Von manchen Autoren werden superadditive (subadditive) Wahrscheinlichkeitsmaße auch als konvex (konkav) bezeichnet; vgl. z. B. Gilboa/Schmeidler (1993), S. 34.

[2] Hierzu und zum folgenden vgl. vor allem Gilboa (1989), S. 406.

[3] Vgl. Schmeidler (1986), S. 260.

[4] Siehe Gilboa (1987), S. 74-81.

[5] Siehe Lemma D2 im Anhang zu diesem Kapitel.

[6] Siehe den Beweis von Repräsentationstheorem D, Teil I, im Anhang zu diesem Kapitel.

Konjunktion disjunkter Maßeinheiten, also das Produkt der Anzahl zusammengefaßter Maßeinheiten und deren Wahrscheinlichkeit, angenähert werden. Die Wahrscheinlichkeit des in Frage stehenden Ereignisses ergibt sich als Grenzwert dieses Produkts für Maßeinheiten mit immer geringerer Wahrscheinlichkeit. Ein analoges Vorgehen ist bei einem nichtadditiven Wahrscheinlichkeitsmaß offensichtlich nicht möglich, weil die Wahrscheinlichkeit einer Konjunktion disjunkter Maßeinheiten nicht der Summe der Wahrscheinlichkeiten dieser Maßeinheiten entspricht. Gilboa hat gezeigt, wie dieses Problem gelöst werden kann: durch die Einführung einer Operation $\oplus$, mittels derer sich zwei Ereignisse so verknüpfen lassen, daß die Wahrscheinlichkeit des mit der Verknüpfung assoziierten Ereignisses der Summe der Wahrscheinlichkeiten der verknüpften Ereignisse entspricht.[1] $\oplus$ tritt also gewissermaßen an die Stelle von $\cup$. Auf diesem Wege gelingt es, auch ein nichtadditives subjektives Wahrscheinlichkeitsmaß mittels der üblichen Meßprozedur zu bestimmen. Es läßt sich zeigen:[2]

Repräsentationstheorem D, Teil I

Bei Geltung der Axiome D1 bis D7 existiert genau ein nichtadditives Wahrscheinlichkeitsmaß C, so daß für alle A, B $\in \mathcal{S}$ *gilt*

$$C(A) \leq C(B) \Leftrightarrow A \precsim B.$$

Im Fall der Existenz eines Ereignisses $A^* \in \mathcal{S}$ *mit* $C(A^*) \in (0, 1)$ *ist C atomfrei.*

Die in der Wahrscheinlichkeitsrelation zum Ausdruck kommenden Wahrscheinlichkeitseinschätzungen des Entscheidungsträgers können demnach mittels eines eindeutig bestimmten, nichtadditiven subjektiven Wahrscheinlichkeitsmaßes repräsentiert werden. Des weiteren läßt sich - dies galt analog auch im Rahmen von Repräsentationstheorem A - außer im Grenzfall sicherer Erwartungen jedes Ereignis A in zwei Ereignisse zerlegen, von denen eines eine vorgegebene subjektive Wahrscheinlichkeit in [0, C(A)] einnimmt. Folglich beinhaltet die Ereignisalgebra überabzählbar viele Ereignisse, und der Zustandsraum ist mindestens abzählbar und reichhaltig. Aus Axiom D5 resultiert, daß auch der Ergebnisraum überabzählbar viele Elemente enthält.

---

[1] Siehe Gilboa (1987), S. 74-77.

[2] Siehe den Beweis von Repräsentationstheorem D, Teil I, im Anhang zu diesem Kapitel.

5.2.1.3 *Repräsentation der Präferenzordnung mittels des Präferenzfunktionals der Choquet Nutzentheorie*

Geht man davon aus, daß die Wahrscheinlichkeitseinschätzungen des Entscheidungsträgers mittels eines nichtadditiven subjektiven Wahrscheinlichkeitsmaßes repräsentiert werden müssen, so ist es nicht länger zweckmäßig, Nutzengrößen in der für die subjektive Erwartungsnutzentheorie typischen Weise mit subjektiven Wahrscheinlichkeiten zu gewichten und die gewichteten Nutzengrößen aufzusummieren. Dies hätte nämlich zur Folge, daß der Wert des Präferenzfunktionals von der Zerlegung des Zustandsraums abhängt: x A x B z würde ein anderer Wert zugewiesen als x A ∪ B z, obwohl es sich um dieselbe Alternative handelt. Darüber hinaus ist es nicht länger möglich, die Präferenzordnung in bezug auf Alternativen mit überabzählbar vielen möglichen Ergebnissen mit Hilfe von Lebesgue Integralen zu repräsentieren. Insbesondere letzteres macht die Heranziehung eines auf nichtadditive Maße zugeschnittenen mathematischen Instrumentariums erforderlich.

Ein solches Instrumentarium wurde - freilich noch ohne Bezug zur Entscheidungstheorie - bereits 1955 von Choquet vorgestellt. Das obere Choquet Integral einer Nutzenfunktion bezüglich eines nichtadditiven subjektiven Wahrscheinlichkeitsmaßes läßt sich folgendermaßen definieren:[1]

Definition: Oberes Choquet Integral

Es gilt:

$$\int_S^{Co} u[f(s)]\, dC = \int_0^{\infty} C(\{s: u[f(s)] \geq a\})\, da + \int_{-\infty}^{0} [C(\{s: u[f(s)] \geq a\}) - 1]\, da$$

Das obere Choquet Integral existiert, sofern die Summe auf der rechten Seite definiert ist. Dies setzt insbesondere voraus, daß S für alle $a \in \mathbb{R}$ die Mengen $\{s: u[f(s)] \geq a\}$ enthält. Analog zum oberen Choquet Integral wird das untere Choquet Integral wie folgt definiert:

Definition: Unteres Choquet Integral

Es gilt:

$$\int_S^{Cu} u[f(s)]\, dC = \int_0^{\infty} [1 - C(\{s: u[f(s)] \leq a\})]\, da + \int_{-\infty}^{0} C(\{s: u[f(s)] \leq a\})\, da$$

Die Voraussetzungen für die Existenz des unteren Choquet Integrals sind

[1] Zum Choquet Integral siehe insbesondere Choquet (1955); Schmeidler (1986); Wakker (1993d), S. 451-452; Dyckerhoff (1994), S. 20-24.

analog zu denjenigen der Existenz des oberen Choquet Integrals. Das untere Choquet Integral bezüglich des dualen Maßes C* entspricht dem oberen Choquet Integral bezüglich C; es gilt

$$\int_S^{Co} u[f(s)]\, dC = \int_S^{Cu} u[f(s)]\, dC^*.$$ [1]

Ferner ist

$$\int_S^{Co} -u[f(s)]\, dC = - \int_S^{Co} u[f(s)]\, dC^*.$$

Die letztgenannte Beziehung hat zur Folge, daß Nutzenmaximierung bei der Choquet Nutzentheorie - anders als bei der subjektiven Erwartungsnutzentheorie - im Regelfall nicht zu den gleichen Resultaten wie Schadenminimierung führt.

Der Anwendung von Choquet Integralen zum Zweck der Repräsentation von Präferenzordnungen liegt die Idee zugrunde, daß die Präferenzen des Entscheidungsträgers von den subjektiven Wahrscheinlichkeiten abhängen, Ergebnisse in nach oben (oberes Choquet Integral) oder nach unten (unteres Choquet Integral) offenen Präferenzintervallen zu erzielen. Damit wird einerseits erreicht, daß der Wert des Präferenzfunktionals von der Zerlegung des Zustandsraums unabhängig bleibt. Andererseits wird das Problem der Integration bezüglich eines nichtadditiven subjektiven Wahrscheinlichkeitsmaßes auf eine für die Entscheidungstheorie zweckmäßige Weise gelöst. Da nämlich beide Varianten des Choquet Integrals für additive subjektive Wahrscheinlichkeitsmaße in das Lebesgue Integral übergehen, entspricht die Choquet Nutzentheorie für additive subjektive Wahrscheinlichkeitsmaße der subjektiven Erwartungsnutzentheorie.

Die mit Axiomatik D in Einklang stehenden Präferenzordnungen auf der Menge der einfachen Alternativen lassen sich mittels eines Präferenzfunktionals auf der Grundlage des oberen Choquet Integrals repräsentieren. Ausgangspunkt des im Anhang zu diesem Kapitel dargestellten Beweises von Repräsentationstheorem D, Teil II, ist wiederum die Konstruktion einer Nutzenfunktion u: $X \rightarrow \mathbb{R}$, die zunächst im Hinblick auf alle Ergebnisse in einem abgeschlossenen Präferenzintervall [x, z] durch u[y] = C(A) mit $x\,A\,z \sim y$ für alle $y \in [x, z]$ definiert wird und deren Definitionsbereich in der gewohnten Weise auf alle Ergebnisse ausgeweitet werden kann. Im nächsten Schritt wird gezeigt, daß für alle $x, y \in X$ mit $x \succsim y$ ein $x' \in X$ existiert, so daß für alle $A, B \in \mathcal{S}$ mit konstantem C(A) / C(B) und für alle $z \in X$ mit $y \succsim z$ $x\,A\,y\,B\,z \sim x'\,A \cup B\,z$ gilt.[2] Hieraus resultiert bereits die Geltung des Repräsentationstheorems für alle Alternativen mit zwei möglichen Ergebnissen; im Wege der

---

[1] Hierzu und zum folgenden vgl. Dyckerhoff (1994), S. 21.

[2] Siehe Lemma D6 im Anhang zu diesem Kapitel.

der vollständigen Induktion läßt sich dieses Resultat auf alle einfachen Alternativen ausweiten. Insgesamt folgt:[1]

Repräsentationstheorem D, Teil II

Bei Geltung der Axiome D1 bis D7 existiert eine Funktion $u: X \rightarrow \mathbb{R}$, *so daß für alle* $x_i \in X$ *und alle* $A_i, B_i \in \mathcal{S}$ *mit* $i = 1, \ldots, n$ *und* $x_{i+1} \succsim x_i$ *sowie* $A_{i+1} \subseteq A_i$ *und* $B_{i+1} \subseteq B_i$ *für* $i = 1, \ldots, n-1$ *gilt*

$$x_n A_n x_{n-1} A_{n-1} \setminus A_n \ldots x_2 A_2 \setminus A_3 x_1 \precsim x_n B_n x_{n-1} B_{n-1} \setminus B_n \ldots x_2 B_2 \setminus B_3 x_1$$

$$\Leftrightarrow$$

$$\Sigma_{i=2}^{n} (u[x_i] - u[x_{i-1}])\, C(A_i) + u[x_1] \leq \Sigma_{i=2}^{n} (u[x_i] - u[x_{i-1}])\, C(B_i) + u[x_1].$$

Die Funktion u ist bis auf positive lineare Transformationen eindeutig bestimmt.

Der Inhalt von Repräsentationstheorem D, Teil II, ist vor dem Hintergrund der obigen Ausführungen selbsterklärend und bedarf daher keiner weiteren Erörterung. Eine Ausweitung seines Geltungsbereichs auf Alternativen mit unendlich vielen möglichen Ergebnissen gelingt auf der Basis des schwachen Zustandsdominanzprinzips, das auch schon zur Ausweitung des Geltungsbereichs von Repräsentationstheorem A, Teil II, herangezogen wurde:

Axiom D8: Schwaches Zustandsdominanzprinzip

Für alle $f, g \in F$ *gilt* $f(s) \precsim g(s)$ *für alle* $s \in S \Rightarrow f \precsim g$.

Es folgt:[2]

Erweiterung zu Repräsentationstheorem D

Bei zusätzlicher Geltung von Axiom D8 ist die Funktion u beschränkt und es gilt für alle $f, g \in F$

$$f \precsim g \Leftrightarrow \int_S^{Co} u[f(s)]\, dC \leq \int_S^{Co} u[g(s)]\, dC.$$

Die damit auf der Grundlage von Axiomatik D etablierte Choquet Nutzentheorie besitzt eine Reihe interessanter Eigenschaften, die in unmittelbarem Zusammenhang mit der numerischen Repräsentation der Präferenzordnung stehen und deshalb an dieser Stelle Erwähnung finden. Aus den oben

---

1 Siehe den Beweis von Repräsentationstheorem D, Teil II, im Anhang zu diesem Kapitel.

2 Siehe den Beweis der Erweiterung zu Repräsentationstheorem D im Anhang zu diesem Kapitel.

geschilderten Zusammenhängen zwischen dem oberen und dem unteren Choquet Integral folgt zunächst, daß eine mit Axiomatik D in Einklang stehende Präferenzordnung alternativ auch auf der Grundlage des unteren Choquet Integrals repräsentiert werden kann, sofern anstelle des subjektiven Wahrscheinlichkeitsmaßes C das duale Maß C^* Verwendung findet. Für alle $f, g \in F$ gilt dann

$$f \precsim g \Leftrightarrow \int_S^{Cu} u[f(s)]\, dC^* \leq \int_S^{Cu} u[g(s)]\, dC^*.$$ [1]

Die Heranziehung des dualen Maßes C^* ermöglicht es ferner, die optimale Alternative im Wege der Schadenminimierung zu bestimmen; für alle $f, g \in F$ gilt

$$f \precsim g \Leftrightarrow \int_S^{Co} -u[f(s)]\, dC^* \geq \int_S^{Co} -u[g(s)]\, dC^*.$$ [2]

In beiden Fällen handelt es sich lediglich um Reformulierungen der numerischen Repräsentation, die keinen Einfluß auf die Präferenzordnung besitzen. Die Unterschiede zwischen dem unteren und dem oberen Choquet Integral legen aber auch die Möglichkeit nahe, durch relativ geringfügige Modifikationen von Axiomatik D zu einer alternativen Repräsentation der Präferenzrelation auf der Grundlage des unteren Choquet Integrals zu gelangen. Erforderlich ist hierfür lediglich eine Anpassung von Definition D2 sowie der Axiome D2 und D3 in der Weise, daß die jeweils vorausgesetzte Rangfolge der betrachteten Ergebnisse umgekehrt wird, und eine entsprechende Anpassung von Axiom D7. Auf der Grundlage des solcherart modifizierten Axiomensystems läßt sich ganz analog zu den Beweisen von Repräsentationstheorem D und dessen Erweiterung zeigen, daß für alle $f, g \in F$ gilt

$$f \precsim g \Leftrightarrow \int_S^{Cu} u[f(s)]\, dC \leq \int_S^{Cu} u[g(s)]\, dC.$$

Nach Maßgabe der obigen Ausführungen entpricht dies:

$$f \precsim g \Leftrightarrow \int_S^{Co} u[f(s)]\, dC^* \leq \int_S^{Co} u[g(s)]\, dC^*$$

oder

$$f \precsim g \Leftrightarrow \int_S^{Cu} -u[f(s)]\, dC^* \geq \int_S^{Cu} -u[g(s)]\, dC^*.$$

Da C und C^* außer im Fall eines komplementär additiven subjektiven Wahrscheinlichkeitsmaßes nicht übereinstimmen, führt die numerische Repräsentation der Präferenzordnung auf der Basis des unteren Choquet Integrals regelmäßig nicht zu der gleichen Präferenzordnung wie diejenige auf der Basis des oberen Choquet Integrals. Aus normativer Sicht wird dies von ei-

---

[1] Vgl. Gilboa (1989), S. 407.
[2] Vgl. Gilboa (1989), S. 409.

nigen Autoren als Mangel empfunden; Gilboa etwa führt aus: "It is not clear why, if at all, the original (set of axioms, Anmerkung des Verfassers) should be preferred to the dual."[1] Wie diesem Mangel durch die axiomatische Berücksichtigung von Referenzpunkteffekten begegnet werden kann, wird in Abschnitt V.D behandelt.

Betrachtet man die Repräsentation der Präferenzordnung auf der Grundlage des oberen Choquet Integrals, so wird deutlich, daß der Entscheidungsträger nachteiligen Ergebnissen bei einem superadditiven subjektiven Wahrscheinlichkeitsmaß ein vergleichsweise hohes Gewicht beimißt, während ein subadditives subjektives Wahrscheinlichkeitsmaß zu einer Betonung vorteilhafter Ergebnisse führt. Die Choquet Nutzentheorie ist damit in der Lage, eine pessimistische (ungewißheitsaverse) oder optimistische (ungewißheitsfreudige) Einstellung des Entscheidungsträgers zum Ausdruck zu bringen:[2] Ein Entscheidungsträger, dessen Verhalten mit Axiomatik D in Einklang steht und dessen Wahrscheinlichkeitseinschätzungen durch ein superadditives subjektives Wahrscheinlichkeitsmaß repräsentiert werden können, weist eine pessimistische Einstellung auf, ein subadditives subjektives Wahrscheinlichkeitsmaß deutet dagegen auf eine optimistische Einstellung hin.

Den Extremfall eines superadditiven subjektiven Wahrscheinlichkeitsmaßes stellt in gewissem Sinne das Maß $C^p(A) = 0$ für $A \in \mathcal{S} \setminus \{S\}$ dar. Wie sich leicht zeigen läßt, degeneriert die Choquet Nutzentheorie auf der Basis des oberen Choquet Integrals bei Zugrundelegung dieses Maßes zum Maxmin-Kriterium[3] als dem Prototyp einer pessimistischen Sichtweise; es gilt

$$\int_S^{Co} u[f(s)]\, dC^p = \inf\{u[f(s)]: s \in S\}.$$

Analog führt der umgekehrte Fall eines extrem subadditiven subjektiven Wahrscheinlichkeitsmaßes mit $C^o(A) = 1$ für $A \in \mathcal{S} \setminus \{\emptyset\}$ zum Maxmax-Kriterium und damit zu einer uneingeschränkt optimistischen Sichtweise; es gilt

$$\int_S^{Co} u[f(s)]\, dC^o = \sup\{u[f(s)]: s \in S\}.$$

Beide Sichtweisen lassen sich im Optimismus-Pessimismus-Kriterium von Hurwicz[4] verbinden, wenn von $\lambda \in [0,1]$ und $C^H(A) = 1 - \lambda$ für $A \in \mathcal{S} \setminus \{\emptyset, S\}$ ausgegangen wird; es folgt

---

[1] Gilboa (1989), S. 405. Vgl. auch Scarsini (1992), S. 173-174.

[2] In anderem Zusammenhang vgl. Wakker (1990b), S. 458-461, und Quiggin (1993), S. 77-78.

[3] Hierzu und zum folgenden vgl. Dyckerhoff (1994), S. 48-49. Zum Maxmin-Kriterium siehe Wald (1950), S. 18.

[4] Zum Hurwicz-Kriterium siehe Arrow/Hurwicz (1977).

$$\int_S^{Co} u[f(s)]\, dC^H = \lambda \inf\{u[f(s)]: s \in S\} + (1 - \lambda) \sup\{u[f(s)]: s \in S\}.$$

Beziehungen können auch zu Entscheidungsregeln hergestellt werden, die für den Fall partieller Ungewißheit vorgeschlagen wurden. So ergibt sich für $\mu \in [0, 1]$ und $C^{HL}(A) = \mu\, P(A)$ für $A \in \mathcal{S} \setminus \{S\}$ das Hodges-Lehmann-Kriterium[1] mit

$$\int_S^{Co} u[f(s)]\, dC^{HL} = (1 - \mu) \inf\{u[f(s)]: s \in S\} + \mu \int_S u[f(s)]\, dP.$$

Schließlich resultiert das Maxmin-Erwartungsnutzenkriterium, sofern C superadditiv ist und die in die Betrachtung einbezogene Menge endlich additiver Wahrscheinlichkeitsmaße den Kern Π von C ausmacht; es gilt:

$$\int_S^{Co} u[f(s)]\, dC = \inf\{\int_S u[f(s)]\, dP: P \in \Pi\}.$$ [2]

Die aufgezeigten Zusammenhänge machen deutlich, daß C im Rahmen der Choquet Nutzentheorie nicht immer sinnvoll als Maß der Wahrscheinlichkeit eines Ereignisses interpretiert werden kann. Insbesondere in den Fällen, in denen lediglich das schlechtest- oder das bestmögliche Ergebnis einer Alternative von Bedeutung ist, liegt eine alternative Interpretation als rangabhängiger Gewichtungsfaktor nahe, da die Anwendung entsprechender Entscheidungsregeln nicht notwendigerweise auf der Annahme basiert, daß der Entscheidungsträger die Erzielung besserer oder schlechterer Ergebnisse für (fast) unmöglich hält.

5.2.2 Gegenüberstellung mit alternativen Axiomensystemen der Choquet Nutzentheorie

5.2.2.1 Das Axiomensystem von Gilboa

Axiomatik D wird im folgenden anderen Axiomensystemen der Choquet Nutzentheorie gegenübergestellt, um eine vergleichende Beurteilung der Axiome zu ermöglichen. Das zunächst behandelte Axiomensystem von Gilboa basiert auf dem axiomatischen Ansatz von Savage und wurde 1987 publiziert. $\mathcal{S}$ wird als die Potenzmenge auf S vorausgesetzt. Die Axiome lauten:[3]

---

[1] Zum Hodges-Lehmann-Kriterium siehe Hodges/Lehmann (1952).

[2] Siehe Schmeidler (1986), S. 260; vgl. auch Gilboa/Schmeidler (1989), S. 142.

[3] Siehe Gilboa (1987), S. 72-73.

Definition DG1: Wahrscheinlichkeitsrelation

Für alle $A, B \in \mathcal{S}$ *gilt* $A \precsim B$, *wenn es* $x, z \in X$ *mit* $x \succ z$ *gibt, für die gilt*

$$x\,A\,z \precsim x\,B\,z.$$

Definition DG2: Komonotone Alternativen

$f, g \in F$ *sind komonoton, wenn es keine* $s, t \in S$ *gibt, für die* $f(s) \succ f(t)$ *und* $g(s) \prec g(t)$ *gilt.*

Axiom DG1: Schwache Präferenzordnung

Für alle $f, g \in F$ *gilt* $f \precsim g$ *oder* $g \precsim f$,
für alle $f, g, h \in F$ *gilt* $f \precsim g$ *und* $g \precsim h \Rightarrow f \precsim h$.

Axiom DG2: Gilboas Unabhängigkeitsprinzip

Für alle $f_1, f_2, g_1, g_2 \in F$, *alle* $A, B \in \mathcal{S}$ *und alle* $x_1, x_2, y_1, y_2 \in X$ *mit* $y_1 \succ x_1$ *und* $y_2 \succ x_2$, *für die* $x_1 A f_1$, $y_1 A f_1$, $x_2 A g_1$, $y_2 A g_1$ *und* $x_1 B f_2$, $y_1 B f_2$, $x_2 B g_2$, $y_2 B g_2$ *jeweils paarweise komonoton sind und* $x_1 A f_1 \sim x_1 B f_2$, $x_2 A g_1 \sim x_2 B g_2$ *sowie* $y_1 A f_1 \succsim y_1 B f_2$ *gilt, gilt auch*

$$y_2 A g_1 \succsim y_2 B g_2.$$

Axiom DG3: Schwaches Sure Thing Principle II

Für alle $f \in F$, *alle* $x, y \in X$ *und alle* $A \in \mathcal{S}$ *gilt*

$$x \prec y \Rightarrow x\,A\,f \precsim y\,A\,f.$$

Axiom DG4: Existenz vorziehenswürdiger Ergebnisse

Es gibt $x, y, z \in X$ *mit* $x \succ y \succ z.$

Axiom DG5: Atomfreiheit der Ereignisalgebra

Für alle $A \in \mathcal{S}$, *alle* $x, y \in X$ *und alle* $f, g \in F$, *für die* $x\,A\,f$ *und* $y\,A\,f$ *komonoton sind und* $x\,A\,f \succ g \succ y\,A\,f$ *gilt, gibt es ein* $B \in \mathcal{S}$ *mit* $B \subset A$, *so daß gilt*

$$x\,A \setminus B\,y\,B\,f \sim g.$$

Axiom DG6: Archimedisches Prinzip

$\{f_i\} \subseteq F$ *mit* $i = 1, 2, \ldots$ *sei eine Folge, die für* $x, y \in X$ *mit* $x \succ y$ *und* $A \in \mathcal{S}$ *die Bedingungen*

$f_i(s) \precsim y$ *für alle* $s \in S$ *für alle* $i = 1, 2, \ldots$
und $x\,A\,f_i \sim f_{i+1}$ *für alle* $i = 1, 2, \ldots$
erfüllt. Dann gilt $A \sim \varnothing.$

Gilboa zeigt, daß Axiomatik DG die Existenz eines eindeutig bestimmten, nichtadditiven subjektiven Wahrscheinlichkeitsmaßes und einer bis auf positive lineare Transformationen eindeutig bestimmten Nutzenfunktion impliziert, auf deren Basis die Präferenzordnung auf der Menge der Alternativen mit höchstens abzählbar vielen möglichen Ergebnissen mittels des oberen Choquet Integrals repräsentiert werden kann.[1] Er weist ferner nach, daß für alle A, B $\in \mathcal{S}$ mit A $\subseteq$ B $\subseteq$ S ein C $\in \mathcal{S}$ mit A $\subseteq$ C $\subseteq$ B existiert, so daß für beliebiges $\lambda \in [0, 1]$ $C(C) = \lambda\, C(A) + (1 - \lambda)\, C(B)$ gilt. Dies hat insbesondere die Atomfreiheit von C zur Folge. Die Ereignisalgebra beinhaltet demnach überabzählbar viele Elemente, und der Zustandsraum ist mindestens abzählbar. Der Ergebnisraum unterliegt keinen Restriktionen.

Zur Erweiterung des Anwendungsbereichs seines Repräsentationstheorems führt Gilboa zunächst folgende Definition ein:

Definition DG3: f-konvexe Ereignisse

Für $f \in F$ ist $A \in \mathcal{S}$ genau dann f-konvex, wenn für alle s, t, $r \in S$ mit $f(s) \prec f(r) \prec f(t)$ $r \in A$ gilt.

Die Erweiterung selbst basiert dann auf Axiom DG7:

Axiom DG7: Schwaches bedingtes Zustandsdominanzprinzip

Für alle f, $g \in F$ und alle f-konvexen $A \in \mathcal{S}$ gilt

$$f(s)\,A\,f \succsim g \text{ für alle } s \in A \Rightarrow f \succsim g$$

und

$$f(s)\,A\,f \precsim g \text{ für alle } s \in A \Rightarrow f \precsim g.$$

Zusammen mit den übrigen Axiomen impliziert Axiom DG7, daß die Nutzenfunktion beschränkt ist, und eröffnet damit für Gilboa die Möglichkeit, den Geltungsbereich seines Repräsentationstheorems auf alle Alternativen auszuweiten.[2] Der Beweis entspricht im wesentlichen demjenigen der Erweiterung zu Repräsentationstheorem D, Teil II, im Anhang zu diesem Kapitel; er beruht auf der von Savage und Fishburn entwickelten Standardtechnik.

Die Erörterung von Axiomatik DG kann sich auf Definition DG2 sowie die Axiome DG2 bis DG7 beschränken, da Definition DG1 und Axiom DG1 bereits hinlänglich bekannt sind. Durch Definition DG2 wird ein für die Axiomatik zentrales Konzept eingeführt: zwei Alternativen werden als komonoton bezeichnet, wenn keine der beiden Alternativen bei Eintritt eines Zustands ein besseres und bei Eintritt eines anderen Zustands ein schlechteres

---

[1] Hierzu und zum folgenden siehe Theorem 4.2.6 in Gilboa (1987), S. 86.

[2] Siehe Theorem 4.3.4 in Gilboa (1987), S. 87.

Ergebnis als die andere Alternative erbringt. Definition DG2 wird benötigt, um den Anwendungsbereich der Axiome DG2 und DG5 in geeigneter Weise einzuschränken. Axiom DG2 ist im Rahmen von Axiomatik DG von maßgeblicher Bedeutung. Aus $x_1\ A\ f_1 \sim x_1\ B\ f_2$ und $y_1\ A\ f_1 \succsim y_1\ B\ f_2$ mit $y_1 \succ x_1$ folgt, daß der Verbesserung von $x_1\ A\ f_1$ ein größeres Gewicht beigemessen wird als derjenigen von $x_1\ B\ f_2$. Wegen $x_2\ A\ g_1 \sim x_2\ B\ g_2 \Rightarrow y_2\ A\ g_1 \succsim y_2\ B\ g_2$ mit $y_2 \succ x_2$ gilt dies unabhängig von den betrachteten Ergebnissen und Teilalternativen, sofern $x_1\ A\ f_1$, $y_1\ A\ f_1$, $x_2\ A\ g_1$, $y_2\ A\ g_1$ und $x_1\ B\ f_2$, $y_1\ B\ f_2$, $x_2\ B\ g_2$, $y_2\ B\ g_2$ jeweils paarweise komonoton sind. Infolge dieser Einschränkung hängt das Gewicht, das A und B beigemessen wird, von der Rangfolge der Ergebnisse in den betrachteten Alternativen ab; ohne sie wäre es - wie von der subjektiven Erwartungsnutzentheorie postuliert - lediglich von der Wahrscheinlichkeitsrelation abhängig, in der A und B zueinander stehen. Für $f_1 = f_2 = x_1$ und $g_1 = g_2 = x_2$ folgt aus Axiom DG2 $y_1\ A\ x_1 \precsim y_1\ B\ x_1 \Leftrightarrow y_2\ A\ x_2 \precsim y_2\ B\ x_2$[1] und damit Axiom AS4 von Savage, das die Unabhängigkeit der Wahrscheinlichkeitsrelation von den zu ihrer Definition herangezogenen Ergebnissen sicherstellt. Läßt man die Einschränkung auf komonotone Alternativen außer acht, so impliziert Axiom DG2 für einfache Alternativen das Sure Thing Principle I von Savage, nach dem $f\ A\ h \precsim g\ A\ h \Leftrightarrow f\ A\ h \precsim g\ A\ h$ gilt.[2] Folglich wäre das subjektive Wahrscheinlichkeitsmaß ohne diese Einschränkung (endlich) additiv und die Repräsentation der Präferenzordnung auf der Basis des oberen Choquet Integrals ginge in diejenige der subjektiven Erwartungsnutzentheorie über.

Die verbleibenden Axiome DG3 bis DG7 sind vergleichsweise unproblematisch. Bei Axiom DG3 handelt es sich um eine abgeschwächte Version des Sure Thing Principle II von Savage, nach dem $x \precsim y \Leftrightarrow x\ A\ f \precsim y\ A\ f$ gilt, sofern es sich bei A nicht um ein Nullereignis handelt; aus Axiom DG2 folgt ferner $x \prec y \Rightarrow x\ A\ f \prec y\ A\ f$ für $A \succ \emptyset$ und $f(s) \precsim y$ für alle $s \in \overline{A}$[3]. Von der Interpretation her bedarf Axiom DG3 keiner Erörterung; im Rahmen von Axiomatik D resultiert es aus Definition D2 sowie den Axiomen D1, D2 und D5. Axiom DG4 postuliert die Existenz zumindest dreier unterschiedlich präferierter Ergebnisse, wie sie für die Konstruktion des nichtadditiven subjektiven Wahrscheinlichkeitsmaßes erforderlich sind. Im Fall der Existenz eines Ereignisses A mit $\emptyset \prec A \prec S$ garantieren die Axiome D1, D4 und D5, daß auch im Rahmen von Axiomatik D drei unterschiedlich präferierte Ergebnisse existieren. Axiom DG5 hat wie Axiom D6 die Atomfreiheit der Ereignisalgebra zur Folge und ermöglicht es, eine monoton fallende Ereignisfolge zu konstruieren; sein Anwendungsbereich muß infolge der fehlenden

---

1 Siehe Observation 2.4.1 in Gilboa (1987), S. 72.

2 Vgl. Gilboa (1987), S. 73. Der Beweis ist analog zu demjenigen von Lemma 4.2.3 in Gilboa (1987), S. 85.

3 Siehe Observation 2.4.2 in Gilboa (1987), S. 72.

Additivität des angestrebten subjektiven Wahrscheinlichkeitsmaßes auf komonotone Alternativen eingeschränkt werden. Axiom DG6 besitzt die gleiche Funktion wie Axiom D7 und ist auch in ähnlicher Weise - allerdings mit Bezug auf Alternativen anstelle von Ereignissen - zu interpretieren. Axiom DG7 schließlich ist ein typisches Zustandsdominanzprinzip, wie es zur Ausweitung des Geltungsbereichs von Repräsentationstheoremen der Entscheidungstheorie für Ungewißheitssituationen üblicherweise herangezogen wird; die Einschränkung seines Anwendungsbereichs auf f-konvexe Ereignisse ist wiederum aufgrund der fehlenden Additivität des angestrebten subjektiven Wahrscheinlichkeitsmaßes erforderlich.

Insgesamt betrachtet stellt sich das Axiomensystem von Gilboa komplizierter dar als Axiomatik D. Ausschlaggebend hierfür ist vor allem die Komplexität von Axiom DG2 und die Einschränkung des Anwendungsbereichs der Axiome DG2 und DG5 auf komonotone Alternativen, die die intuitive Verständlichkeit dieser Axiome beeinträchtigt. Auch das in Definition DG3 eingeführte Konzept f-konvexer Alternativen und dessen Anwendung bei der Formulierung von Axiom DG7, das für die Ausweitung des Geltungsbereichs des Repräsentationstheorems benötigt wird, ist wenig eingängig. In der Möglichkeit, auf die Einführung dieser Konzepte zu verzichten und Axiom DG2 zu vereinfachen, liegt im vorliegenden Zusammenhang der Vorteil der Annahme der Existenz von Sicherheitsäquivalenten für Teilalternativen. Wenn man von dieser Annahme und der dadurch ermöglichten Vereinfachung absieht, ergeben sich gegenüber Axiomatik DG inhaltlich keine großen Unterschiede. Dies zeigt sich auch darin, daß der im Anhang zu diesem Kapitel angeführte Beweis von Repräsentationstheorem D, Teil I, im wesentlichen demjenigen von Gilboa entspricht. Da die Axiome DG2 und DG3 sowie DG5 und DG6 aus den Axiomen D1 bis D7 nicht oder nur mit Bezug auf einfache Alternativen abgeleitet werden können, kann dieser Beweis nicht durch den Nachweis erbracht werden, daß Axiomatik D Axiomensystem DG impliziert.

5.2.2.2 Das Axiomensystem von Nakamura

Das Axiomensystem der Choquet Nutzentheorie von Nakamura basiert auf dem in Abschnitt II.C.2.a erörterten algebraischen Ansatz der Axiomatisierung, der auf endliche Zustandsräume abstellt und einen unendlichen, in gewissem Sinne dichten Ergebnisraum impliziert. Die strukturellen Restriktionen, die für die Herleitung einer Äquivalenzbeziehung zwischen der Präferenzrelation einerseits und einer Relation auf der Menge der reellen Zahlen andererseits erforderlich sind, werden also gewissermaßen in den Ergebnisraum verlagert. Nakamura geht davon aus, daß es sich bei $\mathcal{S}$ um die Potenzmenge auf S handelt. Seine Axiome lauten:[1]

Definition DN1: Wahrscheinlichkeitsrelation

Für alle $A, B \in \mathcal{S}$ *gilt* $A \precsim B$, *wenn es* $x, z \in X$ *mit* $x \succ z$ *gibt, für die gilt* $$x A z \precsim x B z.$$

Definition DN2: Nullereignis

$A \in \mathcal{S}$ *ist ein Nullereignis, wenn für alle* $x, y, z \in X$ *mit* $x \succsim y \succsim z$ *gilt* $$x A z \sim y A z.$$

Definition DN3: Universalereignis

$A \in \mathcal{S}$ *ist ein Universalereignis, wenn für alle* $x, y, z \in X$ *mit* $x \succsim y \succsim z$ *gilt* $$x A y \sim x A z.$$

Axiom DN1: Schwache beschränkte Präferenzordnung

Für alle $f, g \in F$ *gilt* $f \precsim g$ *oder* $g \precsim f$,
für alle $f, g, h \in F$ *gilt* $f \precsim g$ *und* $g \precsim h \Rightarrow f \precsim h$.
Für alle $f \in F$ *existieren* $x, z \in X$ *mit* $x \succsim f \succsim z$.

Axiom DN2: Lösbarkeitsprinzip (Restricted Solvability)

Für alle $f \in F$, *alle* $x^*, x_*, z \in X$ *und alle* $A \in \mathcal{S}$ *mit* $x^* A z \succsim f \succsim x_* A z$ *existiert ein* $y \in X$ *mit* $$y A z \sim f.$$

Axiom DN3: Eingeschränktes Monotonieprinzip

Für alle $x, y, z \in X$ *und alle* $A \in \mathcal{S}$ *gilt*
im Fall $x, y \succsim z$ $\quad x \precsim y \Leftrightarrow x A z \precsim y A z$,
sofern es sich bei A nicht um ein Nullereignis handelt,
und im Fall $x \succsim y, z$ $\quad y \precsim z \Leftrightarrow x A y \precsim x A z$,
sofern es sich bei A nicht um ein Universalereignis handelt.

Axiom DN4: Monotonie der Wahrscheinlichkeitsrelation

Für alle $x, z \in X$ *mit* $x \succsim z$ *und alle* $A, B \in \mathcal{S}$ *mit* $A \subseteq B$ *gilt* $$x A z \precsim x B z.$$

[1] Vgl. Nakamura (1990), S. 348-350. Zu den vorgenommenen Anpassungen der Axiomatik vgl. Fußnote 2 auf S. 40.

Axiom DN5: Archimedisches Prinzip

Gegeben sei ein Ereignis $A \in \mathcal{S}$, bei dem es sich weder um ein Null- noch um ein Universalereignis handelt. Dann ist jede Ergebnisfolge $\{y_i\}$ mit $y_i \in X$ für $i = 1, 2, \ldots$ endlich, sofern $y^*, y_* \in X$ mit $y^* \succ y_i \succ y_*$ für $i = 1, 2, \ldots$ und $x, z \in X$ mit $x \succ z$ oder $z \succ x$ existieren, so daß gilt

entweder $x, z \succsim y_i$ *und* $x\,A\,y_i \sim z\,A\,y_{i+1}$ *für alle* $i = 1, 2, \ldots$

oder $x, z \precsim y_i$ *und* $y_i\,A\,x \sim y_{i+1}\,A\,z$ *für alle* $i = 1, 2, \ldots$.

Axiom DN6: Komonotones Kommutationsprinzip

Für alle $x^*, z^*, x_i, y_i, z_i \in X$ mit $i = 1, \ldots, n$ und $x_n \succsim \ldots \succsim x_1$, $z_n \succsim \ldots \succsim z_1$ sowie $x_i \succsim z_i$ für $i = 1, 2, \ldots$, alle $A \in \mathcal{S}$ mit $y_i \sim x_i\,A\,z_i$ für $i = 1, \ldots, n$ sowie alle Zerlegungen $\{A_i\}$ von S mit $A_i \in \mathcal{S}$ für $i = 1, \ldots, n$ und

$$x^* \sim x_n\,A_n \ldots x_i\,A_i \ldots x_1 \quad \text{sowie} \quad z^* \sim z_n\,A_n \ldots z_i\,A_i \ldots z_1$$

gilt $$x^*\,A\,z^* \sim y_n\,A_n \ldots y_i\,A_i \ldots y_1.$$

Nakamura zeigt, daß sich eine mit Axiomatik DN in Einklang stehende Präferenzordnung in der für die Choquet Nutzentheorie typischen Weise auf der Grundlage eines nichtadditiven subjektiven Wahrscheinlichkeitsmaßes und einer bis auf positive lineare Transformationen eindeutig bestimmten Nutzenfunktion numerisch repräsentieren läßt, sofern von der Existenz eines Ereignisses ausgegangen wird, bei dem es sich weder um ein Null- noch um ein Universalereignis handelt.[1] Gilt zusätzlich das folgende Axiom DN7, so ist das subjektive Wahrscheinlichkeitsmaß komplementär additiv.[2]

Axiom DN7: Komplementäre Additivität

Für alle $x, x', y_{1,2,3,4}, z, z' \in X$ und alle $A, B \in \mathcal{S}$ mit $y_1 \sim x\,B\,x'$, $y_2 \sim z\,B\,z'$, $y_3 \sim x\,A\,z$ und $y_4 \sim x'\,A\,z'$ gilt

$$y_1\,A\,y_2 \sim y_3\,B\,y_4.$$

Die Axiome und Definitionen von Axiomatik DN wurden mit Ausnahme der Axiome DN6 und DN7 schon in Abschnitt II.C.2.a behandelt; ihre Interpretation bedarf daher keiner Erörterung mehr. Bei Axiom DN6 handelt es sich um eine auf komonotone Alternativen eingeschränkte Version von Axiom AN6, deren Auswirkungen auf die Menge zulässiger Präferenzordnungen intuitiv nur schwer zu erfassen sind. Die Interpretation als Kommutati-

---

[1] Siehe Theorem 1 in Nakamura (1990), S. 350. Infolge der vorgenommenen Anpassungen resultiert aus Axiomatik DN eine Repräsentation der Präferenzordnung auf der Grundlage des oberen Choquet Integrals.

[2] Siehe Theorem 1 in Nakamura (1990), S. 350.

onsprinzip wird deutlicher, wenn man sich einer vereinfachten Notation bedient, bei der das Sicherheitsäquivalent einer Alternative f mit s(f) bezeichnet wird.[1] Axiom DN6 lautet dann

$$s(x_n\, A_n \ldots x_i\, A_i \ldots x_1)\; A\; s(z_n\, A_n \ldots z_i\, A_i \ldots z_1)$$
$$\sim$$
$$s(x_n\, A\, z_n)\; A_n \ldots s(x_i\, A\, z_i)\; A_i \ldots s(x_1\, A\, z_1)$$

für alle $A, A_i \in \mathcal{S}$ und alle $x_i, z_i \in X$ mit $x_i \succsim z_i$ für $i = 1, \ldots, n$ sowie $x_n \succsim \ldots \succsim x_1$ und $z_n \succsim \ldots \succsim z_1$. Die Präferenzen des Entscheidungsträgers sind also in gewissem Sinne unabhängig von der Reihenfolge, in der die Sicherheitsäquivalente gebildet werden. In der gleichen Notation lautet Axiom DN7

$$s(x_2\, A\, x_1)\; B\; s(z_2\, A\, z_1) \sim s(x_2\, B\, z_2)\; A\; s(x_1\, B\, z_1)$$

für alle $A, B \in \mathcal{S}$ und alle $x_i, z_i \in X$ mit $i = 1, 2$. Bei Axiom DN7 handelt es sich demnach nicht um eine eigenständige Anforderung an die Präferenzordnung, sondern um eine partielle Aufhebung der Einschränkung von Axiom DN6 auf komonotone Alternativen.

Die Gegenüberstellung von Axiomensystem D und Axiomatik DN zeigt eine Reihe von Gemeinsamkeiten, aber auch schwerwiegende Unterschiede: Zunächst ist ein Ereignis genau dann ein Nullereignis gemäß Definition DN2, wenn es sich um ein Nullereignis im Hinblick auf das unmögliche Ereignis $\emptyset$ gemäß Definition D2 handelt. Der zweite Teil von Axiom DN1, dessen erster Teil Axiom D1 entspricht, folgt aus Axiom D5. Axiom DN2 wird für $x^*, x_* \succsim z$ oder $x^*, x_* \precsim z$ von den Axiomen D5 und D6 impliziert. Die Axiome DN3 und DN4 gehen aus Axiom D2 hervor. Axiom DN5 schließlich weist eine gewisse Ähnlichkeit mit Axiom D7 auf, obwohl isoliert betrachtet keines der beiden Axiome aus dem jeweils anderen Axiom abgeleitet werden kann. Die Unterschiede zwischen Axiomensystem D und Axiomatik DN resultieren in erster Linie aus den in den Axiomen D5 und D6 bzw. DN2 und DN5 verankerten und durch den jeweils verfolgten axiomatischen Ansatz bedingten strukturellen Restriktionen. Sie spiegeln sich in der Verschiedenartigkeit der Axiome D3 und D5 auf der einen und DN6 auf der anderen Seite wider, die im jeweiligen Zusammenhang für die Etablierung eines nichtadditiven subjektiven Wahrscheinlichkeitsmaßes mit den gewünschten Eigenschaften von zentraler Bedeutung sind, hierzu jedoch einen recht unterschiedlichen Beitrag leisten.

In Abschnitt II.C.2.a war erläutert worden, daß Axiom AN6 bei gleichzeitiger Modifikation von Axiom AN2 durch das eingängigere Axiom AN6' ersetzt werden kann, ohne daß das auf Axiomatik AN basierende Repräsentationstheorem der subjektiven Erwartungsnutzentheorie seine Gültigkeit ver-

[1] Eine ähnliche Notation verwendet auch Nakamura (1990), S. 350.

liert. Dies ist analog auch im vorliegenden Zusammenhang möglich, sofern zusätzlich Axiom DN2 modifiziert wird. Die von Chew/Karni zu diesem Zweck eingeführten Axiome stellen sich im Überblick wie folgt dar:[1]

Axiom DN2': Erweitertes Lösbarkeitsprinzip (Restricted Solvability)

Für alle $f, g \in F$, alle $x, z \in X$ und alle $A \in \mathcal{S}$ mit $x A f \succsim g \succsim z A f$ existiert ein $y \in X$ mit $\quad y A f \sim g.$

Axiom DN4': Schwaches Zustandsdominanzprinzip

Für alle $f, g \in F$ gilt $\quad f(s) \succsim g(s)$ *für alle* $s \in S \Rightarrow f \succsim g.$

Axiom DN6': Komonotone Alternativenunabhängigkeit

Für alle $x^*_i, y^*_i, x_i, y_i, z_i \in X$ mit $i = 1, ..., n$ und $x_n \succsim .. \succsim x_1$, $y_n \succsim .. \succsim y_1$, $z_n \succsim ... \succsim z_1$ sowie $x_i, y_i \succsim z_i$ (oder $z_i \succsim x_i, y_i$) für $i = 1, 2, ...$, alle $A \in \mathcal{S}$ mit $x^*_i \sim x_i A z_i$ und $y^*_i \sim y_i A z_i$ für $i = 1, ..., n$ sowie alle Zerlegungen $\{A_i\}$ von S mit $A_i \in \mathcal{S}$ für $i = 1, ..., n$ gilt

$$x_n A_n \ldots x_i A_i \ldots x_1 \succsim y_n A_n \ldots y_i A_i \ldots y_1$$
$$\Rightarrow$$
$$x^*_n A_n \ldots x^*_i A_i \ldots x^*_1 \succsim y^*_n A_n \ldots y^*_i A_i \ldots y^*_1.$$

Treten die Axiome DN2', DN4' und DN6' an die Stelle der Axiome DN2, DN4 bzw. DN6, so behält das Repräsentationstheorem von Nakamura seine Gültigkeit.[2] Axiom DN2' ist eine restriktivere Version von Axiom DN2, die aus Axiomatik D nur in Sonderfällen abgeleitet werden kann. Axiom DN4' entspricht im vorliegenden Kontext (endlicher Zustandsraum) dem Dominanzprinzip für einfache Alternativen; im Rahmen von Axiomatik D resultiert es aus den Axiomen D3 und D5. Axiom DN6' beinhaltet eine auf komonotone Alternativen eingeschränkte Version von Axiom AN6'. Seine Bezeichnung resultiert - wie in Abschnitt II.C.2.a erläutert - daraus, daß die Präferenzen des Entscheidungsträgers im Hinblick auf $x^*_n A_n \ldots x^*_i A_i \ldots x^*_1$ und $y^*_n A_n \ldots y^*_i A_i \ldots y^*_1$ von der Alternative $z_n A_n \ldots z_i A_i \ldots z_1$ unabhängig sind.

Die Axiomensysteme von Nakamura und von Chew/Karni basieren - abgesehen von den Axiomen DN6 bzw. DN6' - auf einleuchtenden Axiomen und können durch die Modifikation nur eines Axioms in eine Axiomatik der sub-

---

[1] Siehe Chew/Karni (1994), S. 471-477.

[2] Siehe Theorem 1 in Chew/Karni (1994), S. 478. Axiom 2 von Chew/Karni wird bei Geltung des Axioms 1' von Axiom 6 impliziert und daher nicht benötigt. Eine Modifikation der Axiome im Hinblick auf die Repräsentation der Präferenzordnung auf der Basis des oberen Choquet Integrals ist nicht erforderlich.

jektiven Erwartungsnutzentheorie überführt werden. Dem letztgenannten Vorteil gegenüber Axiomatik D steht als Nachteil die Tatsache gegenüber, daß die Konsequenzen von Axiom DN6 in bezug auf die Menge zulässiger Präferenzordnungen intuitiv kaum zu durchschauen sind. In abgeschwächtem Maße gilt dies auch für Axiom DN6', das zwar eingängiger als Axiom DN6 scheint, im Vergleich insbesondere zu den Axiomen D3 und D5 aber immer noch eine höhere Komplexität aufweist. Aus normativer Sicht dürfte es schwierig sein, einen Entscheidungsträger von der Plausibilität dieser Axiome zu überzeugen.

5.2.2.3 Das Axiomensystem von Wakker

Wie in Abschnitt II.C.2.b erörtert, basiert der topologische Ansatz zur Axiomatisierung von Entscheidungstheorien für Ungewißheitssituationen auf der Idee, den Ergebnisraum mit einer Topologie $\mathcal{T}$ auszustatten, und auf der Annahme, der topologische Raum (X, $\mathcal{T}$) sei zusammenhängend und separabel. Des weiteren wird von einem endlichen Zustandsraum ausgegangen, dessen Potenzmenge die Ereignisalgebra $\mathcal{S}$ bildet; $\mathcal{F}$ bezeichnet die Produkttopologie auf dem Alternativenraum $X^{|S|}$. Das von Wakker auf dieser Grundlage entwickelte Axiomensystem der Choquet Nutzentheorie entspricht bis auf wenige Modifikationen der in Abschnitt II.C.2.b behandelten Axiomatik der subjektiven Erwartungsnutzentheorie. Die Axiome lauten:[1]

Definition DW1: Komonotone Alternativen

f, g ∈ F sind komonoton, wenn es keine s, t ∈ S gibt, für die $f(s) \succ f(t)$ *und* $g(s) \prec g(t)$ *gilt.*

Definition DW2: Koordinatenessentialität

s ∈ S ist essentiell bezüglich einer Menge paarweise komonotoner Alternativen, wenn es f ∈ F und x, y ∈ X gibt, für die x {s} f und y {s} f dieser Menge angehören und für die gilt

$$x\,\{s\}\,f \succ y\,\{s\}\,f.$$

Axiom DW1: Stetige schwache Präferenzordnung

Für alle f, g ∈ F gilt $f \precsim g$ *oder* $g \precsim f$,
für alle f, g, h ∈ F gilt $f \precsim g$ *und* $g \precsim h \Rightarrow f \precsim h$.
$\mathcal{F}$ *enthält für beliebiges g ∈ F die Mengen* $\{f: f \prec g\}$ *und* $\{f: f \succ g\}$.

[1] Siehe Theorem VI.5.1 und VI.4.2 in Wakker (1989b), S. 117 bzw. 114.

Axiom DW2: Komonotone kardinale Koordinatenunabhängigkeit

Für alle f, g, f', g' ∈ F, alle x, y, x', y' ∈ X und alle s, t ∈ S, für die x {s} f, y {s} g, x' {s} f, y' {s} g und x {t} f', y {t} g', x' {t} f', y' {t} g' jeweils paarweise komonoton sind, gilt

$x\,\{s\}\,f \precsim y\,\{s\}\,g,\ x'\,\{s\}\,f \succsim y'\,\{s\}\,g,\ x\,\{t\}\,f' \succsim y\,\{t\}\,g' \Rightarrow x'\,\{t\}\,f' \succsim y'\,\{t\}\,g',$

sofern s und t essentiell bezüglich der Mengen komonotoner Alternativen sind, der x {s} f, y {s} g, x' {s} f und y' {s} g bzw. x {t} f', y {t} g', x' {t} f' und y' {t} g' angehören.

Axiomatik DW impliziert die Existenz eines eindeutig bestimmten, nichtadditiven subjektiven Wahrscheinlichkeitsmaßes sowie einer bis auf positive lineare Transformationen eindeutig bestimmten stetigen Nutzenfunktion, auf deren Grundlage die Präferenzrelation mittels des oberen Choquet Integrals repräsentiert werden kann. Voraussetzung hierfür ist, daß mindestens zwei essentielle Zustände bezüglich einer beliebigen Menge komonotoner Alternativen existieren. Ist diese Voraussetzung nicht erfüllt, so kann weiterhin von der Existenz eines eindeutig bestimmten, nichtadditiven subjektiven Wahrscheinlichkeitsmaßes ausgegangen werden, sofern mindestens zwei unterschiedlich präferierte Alternativen existieren. Die Nutzenfunktion ist dann allerdings lediglich bis auf stetige, streng monoton steigende Transformationen eindeutig bestimmt.[1]

Abgesehen von Definition DW1, die das schon erläuterte Konzept komonotoner Alternativen einführt und Definition DG2 entspricht, sowie Definition DW2, die Definition AW1 im Hinblick auf die Tatsache modifiziert, daß ein essentieller Zustand bezüglich einer Menge komonotoner Alternativen bei einem nichtadditiven subjektiven Wahrscheinlichkeitsmaß nicht notwendig auch bezüglich einer anderen solchen Menge essentiell ist, unterscheidet sich Axiomatik DW lediglich in bezug auf Axiom DW2 von Axiomatik AW. Axiom DW2 entspricht im wesentlichen Axiom AW2 mit der Einschränkung, daß die Alternativen y {s} g, x' {s} f, y' {s} g und x {t} f', y {t} g', x' {t} f', y' {t} g' jeweils paarweise komonoton sein müssen. Diese Einschränkung ist im vorliegenden Zusammenhang notwendig, weil Axiom DW2 vor dem Hintergrund von Definition DW2 und Axiom DW1 ansonsten das Sure Thing Principle I von Savage implizieren würde, was die Additivität des subjektiven Wahrscheinlichkeitsmaßes zur Folge hätte.

Aufgrund des topologischen Ansatzes, der Axiomatik DW zugrundeliegt, zeigt eine Gegenüberstellung mit Axiomatik D - wie auch schon die Gegenüberstellung der Axiomensysteme AW und A in Abschnitt II.C.2.b - nur wenige Gemeinsamkeiten. Offensichtlich liegt der Modifikation von Definition

---

[1] Siehe Observation VI.5.1' in Wakker (1989b), S. 118.

AW1, die zu Definition DW2 führt, die gleiche Idee wie dem Übergang von Definition A2 zu Definition D2 zugrunde. Ein Zustand ist genau dann essentiell bezüglich einer Menge komonotoner Alternativen, wenn es sich bei dem entsprechenden Ereignis um ein Nullereignis im Hinblick auf das Ereignis handelt, bei dessen Eintritt diese Alternativen zu einem besseren Ergebnis führen. Vor dem Hintergrund der Definitionen DW1 und DW2 impliziert Axiom DW2 in Verbindung mit Axiom DW1 die Axiome D2 und D3, kann aus diesen Axiomen allein aber nicht abgeleitet werden. Bezüglich der Beurteilung von Axiomatik DW wird auf die Ausführungen in Abschnitt II.C.2.b verwiesen. Auch im vorliegenden Zusammenhang ist festzustellen, daß die Zugrundelegung topologischer Annahmen zwar unter mathematischen Gesichtspunkten Vorteile bietet, daß es aus entscheidungstheoretischer Sicht aber wohl zweckmäßiger ist, die strukturellen Restriktionen auf Möglichkeiten des Entscheidungsträgers zur Restrukturierung von Entscheidungsproblemen zurückzuführen.

5.3 Die subjektive rangabhängige Nutzentheorie als Spezialfall der Choquet Nutzentheorie

5.3.1 Anpassung von Axiomatik D im Hinblick auf die Existenz eines abzählbar additiven subjektiven Wahrscheinlichkeitsmaßes

Die Verwandtschaft des Präferenzfunktionals der Choquet Nutzentheorie mit demjenigen der rangabhängigen Nutzentheorie für Risikosituationen, nach der für alle einfachen Ergebnisverteilungen $p, q \in \mathcal{P}$ eine bis auf positive lineare Transformationen eindeutig bestimmte Nutzenfunktion $u: X \to \mathbb{R}$ und eine eindeutig bestimmte, monoton steigende Transformationsfunktion $g: [0, 1] \to [0, 1]$ mit $g[0] = 0$ und $g[1] = 1$ existieren, für die

$$p \precsim q$$
$$\Leftrightarrow$$
$$\textstyle\sum_{i=2}^{n} (u[x_i] - u[x_{i-1}])\, g[\sum_{j=i}^{n} p(x_j)] + u[x_1] \le \sum_{i=2}^{n} (u[x_i] - u[x_{i-1}])\, g[\sum_{j=i}^{n} q(x_j)] + u[x_1]$$

mit $x_{i+1} \succsim x_i$ für $i = 1, \ldots, n-1$ gilt,[1] legt die Frage nahe, welche Beziehungen zwischen der Choquet Nutzentheorie und der rangabhängigen Nutzentheorie

[1] Zur rangabhängigen Nutzentheorie für Risikosituationen siehe insbesondere Quiggin (1993); man beachte, daß es sich im Text um die rangabhängige Nutzentheorie für Risikosituationen auf der Basis des oberen Choquet Integrals handelt, während in der Literatur meist auf die rangabhängige Nutzentheorie für Risikosituationen auf der Basis des unteren Choquet Integrals Bezug genommen wird. Die früheste Axiomatisierung für den Sonderfall $g[0,5] = 0,5$ enthält Quiggin (1982), siehe dazu Quiggin/Wakker (1994); als Vorläufer erwähnenswert ist

für Risikosituationen bestehen. Für den Fall, daß es sich bei p und q um Ergebnisverteilungen auf der Grundlage eines exogen vorgegebenen, abzählbar additiven Wahrscheinlichkeitsmaßes P' auf $\mathcal{S}$[1] handelt, wurde diese Frage von Wakker behandelt. Offensichtlich ist, daß die rangabhängige Nutzentheorie unter der angegebenen Bedingung als Spezialfall der Choquet Nutzentheorie aufgefaßt werden kann; Entscheidungen, die mit der rangabhängigen Nutzentheorie in Einklang stehen, lassen sich dann stets auch mit der Choquet Nutzentheorie erklären. Wakker zeigte nun, daß bei Geltung der Choquet Nutzentheorie und bei Existenz mindestens zweier unterschiedlich präferierter Alternativen genau dann eine monoton steigende Transformationsfunktion $g: [0, 1] \to [0, 1]$ mit $g[P'(A)] = C(A)$ für alle $A \in \mathcal{S}$ existiert - das Präferenzfunktional der Choquet Nutzentheorie mithin demjenigen der rangabhängigen Nutzentheorie für Risikosituationen entspricht -, wenn für alle $f, g \in F$

$$P'(\{s \in S: f(s) \succsim x\}) \leq P'(\{s \in S: g(s) \succsim x\}) \text{ für alle } x \in X \Rightarrow f \precsim g$$

gilt.[2] Ein Entscheidungsträger, der sich nicht an exogen vorgegebenen Wahrscheinlichkeiten orientiert, dessen Entscheidungen aber in Einklang mit der Choquet Nutzentheorie stehen, handelt demnach gemäß der rangabhängigen Nutzentheorie, sofern er zumindest das schwache stochastische Dominanzprinzip im Hinblick auf die vorgegebenen Wahrscheinlichkeiten beachtet.

Im vorliegenden Zusammenhang ist des weiteren von Interesse, um welche Axiome Axiomatik D ergänzt werden muß, damit die Choquet Nutzentheorie auf der Grundlage von Axiomatik D in die rangabhängige Nutzentheorie auf der Basis eines subjektiven Wahrscheinlichkeitsmaßes (subjektive rangabhängige Nutzentheorie) übergeht. Da bei Existenz eines derartigen Wahrscheinlichkeitsmaßes P für alle $A, B \in \mathcal{S}$

$$P(A) \leq P(B) \Leftrightarrow A \precsim B \Leftrightarrow C(A) \leq C(B)$$

gilt, ist die Transformationsfunktion der auf diesem Wege axiomatisierten subjektiven rangabhängigen Nutzentheorie zwangsläufig streng monoton. Die Einfügung zusätzlicher Axiome in Axiomensystem D kann demnach nur zu einem Sonderfall der subjektiven rangabhängigen Nutzentheorie führen,

---

Yaari (1987), der den Fall $u[x] = x$ betrachtet. Von Interesse bezüglich der axiomatischen Grundlagen sind ferner Segal (1987b, 89, 93) und Wakker (1993e) sowie Chew/Epstein (1989) und Chew/Epstein/Wakker (1991). Typischerweise wird bei der Axiomatisierung von der Existenz von Sicherheitsäquivalenten ausgegangen; in Nakamura (1995b) bleibt der Ergebnisraum beliebig.

1 Im folgenden bezeichne $\mathcal{S}$ wiederum eine σ-Algebra auf S.

2 Siehe Lemma 6 in Wakker (1990a), S. 129.

sofern ein subjektives Wahrscheinlichkeitsmaß im üblichen Sinne etabliert werden soll.[1]

Zur Herleitung der gesuchten Axiome wird zweckmäßigerweise auf die in Abschnitt II.B.2 behandelten Eigenschaften von Wahrscheinlichkeitsrelationen zurückgegriffen, die die Existenz eines abzählbar additiven subjektiven Wahrscheinlichkeitsmaßes garantieren. Wie in Abschnitt V.B.1.b erörtert, impliziert Axiomatik D die überwiegende Anzahl dieser Eigenschaften ohnehin; um die Geltung der übrigen Eigenschaften sicherzustellen, wird zunächst Axiom D'2 eingeführt:

Axiom D'2: Additivität der Wahrscheinlichkeitsrelation

Für alle $x, z \in X$ mit $x \succ z$ und alle $A, B, C \in \mathcal{S}$ mit $A \cap C = B \cap C = \varnothing$ gilt $$xAz \sim xBz \Leftrightarrow xA \cup Cz \sim xB \cup Cz.$$

Axiom D'2 hat $A \cap C = B \cap C = \varnothing \Rightarrow [A \sim B \Leftrightarrow A \cup C \sim B \cup C]$ für alle $A, B, C \in \mathcal{S}$ zur Folge. Mittels der Definitionen D1 und D2 sowie der Axiome D1, D2, D5 und D6 läßt sich hieraus die Additivität der Wahrscheinlichkeitsrelation ableiten.[2] Ohne ausführlichen Beweis sei angemerkt, daß die Hinzunahme von Axiom D'2 bereits hinreichend für die Existenz eines eindeutig bestimmten, endlich additiven subjektiven Wahrscheinlichkeitsmaßes ist. Dies resultiert aus der Tatsache, daß Axiom D7 in Verbindung mit den übrigen Axiomen von Axiomatik D außer im Grenzfall sicherer Erwartungen die Konstruktion einer monoton fallenden Ereignisfolge ermöglicht, die gegen ein Nullereignis im Sinne von Definition A2 konvergiert.[3] Angesichts des oben angeführten Resultats von Wakker mag es verwundern, daß im vorliegenden Zusammenhang eine schwächere als die von Wakker angegebene Bedingung ausreicht, um die Choquet Nutzentheorie in die subjektive rangabhängige Nutzentheorie zu überführen. Der Grund dafür ist, daß Axiomatik D die bedingte Atomfreiheit der Ereignisalgebra impliziert, während bei Wakker keine diesbezügliche Annahme getroffen wird.[4]

Da im Rahmen dieser Arbeit ausschließlich abzählbar additive subjektive Wahrscheinlichkeitsmaße betrachtet werden, die monotone Stetigkeit der Wahrscheinlichkeitsrelation aus den Axiomen D1 bis D7 aber nicht hervorgeht, ist des weiteren die Aufnahme des folgenden Axioms D'7 erforderlich:

---

[1] Diese Einschränkung läßt sich möglicherweise überwinden, wenn lediglich die Existenz eines partiell mit der Wahrscheinlichkeitsrelation verträglichen Wahrscheinlichkeitsmaßes mit $A \prec B \Rightarrow P(A) < P(B)$ für alle $A, B \in \mathcal{S}$ gefordert wird.

[2] Siehe dazu den Beweis von Repräsentationstheorem D' im Anhang zu diesem Kapitel.

[3] Vgl. Lemma 3.4 in Gilboa (1987), S. 76.

[4] Vgl. Wakker (1990a), S. 128.

Axiom D'7: Monotone Stetigkeit der Wahrscheinlichkeitsrelation

Für alle x, z $\in X$ *mit* $x \succ z$, *jede Ereignisfolge* $\{A_i\}$ *mit* $A_i \subseteq A_{i+1}$ *für* $i = 1, 2, \ldots$ *sowie alle* $B \in \mathcal{S}$ *gilt*

$$x \bigcup_{i=1}^{\infty} A_i\, z \precsim x\, B\, z \Leftarrow x\, A_i\, z \precsim x\, B\, z \text{ für } i = 1, 2, \ldots .$$

Axiom D'7 ist mit Axiom A7 identisch und bereits hinlänglich bekannt. Auf der Grundlage der Axiome D1 bis D7, D'2 und D'7 läßt sich zeigen:[1]

Repräsentationstheorem D'

Bei Geltung der Axiome D'2, D'7 und D1 bis D7 existiert genau ein abzählbar additives Wahrscheinlichkeitsmaß P, so daß für alle $A, B \in \mathcal{S}$ *gilt* $\qquad P(A) \leq P(B) \Leftrightarrow A \precsim B.$

Im Fall der Existenz eines Ereignisses $A^* \in \mathcal{S}$ *mit* $P(A^*) \in (0, 1)$ *ist P atomfrei.*

Des weiteren existieren eine Funktion $u: X \rightarrow \mathbb{R}$ *sowie eine streng monoton steigende Funktion* $g: [0, 1] \rightarrow [0, 1]$ *mit* $g[0] = 0$ *und* $g[1] = 1$, *so daß für alle* $x_i \in X$ *und alle* $A_i, B_i \in \mathcal{S}$ *mit* $i = 1, \ldots, n$ *und* $x_{i+1} \succsim x_i$ *sowie* $A_{i+1} \subseteq A_i$ *und* $B_{i+1} \subseteq B_i$ *für* $i = 1, \ldots, n\text{-}1$ *gilt*

$$x_n A_n\, x_{n-1} A_{n-1} \setminus A_n \ldots x_2 A_2 \setminus A_3\, x_1 \precsim x_n B_n\, x_{n-1} B_{n-1} \setminus B_n \ldots x_2 B_2 \setminus B_3\, x_1$$

$$\Leftrightarrow$$

$$\sum_{i=2}^{n} (u[x_i] - u[x_{i-1}])\, g[P(A_i)] + u[x_1] \leq \sum_{i=2}^{n} (u[x_i] - u[x_{i-1}])\, g[P(B_i)] + u[x_1].$$

Die Funktion u ist bis auf positive lineare Transformationen eindeutig, die Funktion g ist eindeutig bestimmt.

Bei zusätzlicher Geltung von Axiom D8 ist die Funktion u beschränkt und es gilt für alle $f, g \in F$

$$f \precsim g \Leftrightarrow \int_S^{Co} u[f(s)]\, dg[P] \leq \int_S^{Co} u[g(s)]\, dg[P].$$

Das Resultat eröffnet insbesondere die Möglichkeit, aufzuzeigen, wie sich eine pessimistische oder optimistische Einstellung des Entscheidungsträgers im Rahmen der Choquet Nutzentheorie auf der Grundlage von Axiomatik D niederschlagen kann: In einer Transformation additiver subjektiver Wahrscheinlichkeiten, durch die das Gewicht nachteiliger Ergebnisse in systematischer Weise über- bzw. unterschätzt wird. Die Transformationsfunktion eines idealtypischen Pessimisten ist - entsprechend den Ausführungen in Abschnitt V.B.1.c - durch $g[P(A) + P(B)] \geq g[P(A)] + g[P(B)]$, diejenige eines Optimisten durch $g[P(A) + P(B)] \leq g[P(A)] + g[P(B)]$, jeweils für alle $A, B \in \mathcal{S}$

[1] Siehe den Beweis von Repräsentationstheorem D' im Anhang zu diesem Kapitel.

mit $A \cap B = \emptyset$, gekennzeichnet.[1] Hinreichende Voraussetzung hierfür ist im ersten Fall eine konvexe und im zweiten Fall eine konkave Transformationsfunktion.[2]

Darüber hinaus wird deutlich, daß mittels der Choquet Nutzentheorie auch der Einfluß der potentiellen Enttäuschung des Entscheidungsträgers auf dessen Entscheidungen erfaßt werden kann. Man betrachte dazu die Transformationsfunktion $g[a] = a - e\,a\,(1 - a)$ mit $a \in [0, 1]$ und $e \in (-1, 1)$. Für $e \in (0, 1)$ ($e \in (-1, 0)$) ist diese Funktion konvex (konkav); der Entscheidungsträger ist mithin pessimistisch (optimistisch). Des weiteren gilt bezüglich der einfachen Alternative $x_n\, A_n\, x_{n-1}\, A_{n-1} \ldots x_2\, A_2\, x_1$

$$\sum_{i=2}^{n} (u[x_i] - u[x_{i-1}])\, g[P(\bigcup_{j=i}^{n} A_j)] + u[x_1]$$
$$=$$
$$u[x_n]\, P(A_n) + \sum_{i=1}^{n-1} [\, u[x_i] - e \sum_{j=i+1}^{n} (u[x_j] - u[x_i])\, P(A_j)\,]\, P(A_i).$$

Das Präferenzfunktional der subjektiven rangabhängigen Nutzentheorie erweist sich damit für die angegebene Transformationsfunktion als Spezialfall der Disappointment Theorie von Bell[3]. Es läßt sich etwa so interpretieren, daß der Nutzen eines Ergebnisses nicht nur von diesem selbst, sondern auch von den übrigen möglichen Ergebnissen der betrachteten Alternative abhängt. Dahinter steht die Vorstellung, der Entscheidungsträger antizipiere die Enttäuschung, die er bei Eintritt eines weniger vorteilhaften Ergebnisses empfindet, und lasse deren negative Auswirkungen in seine Nutzeneinschätzungen einfließen. Dementsprechend wird der Nutzen, der einem Ergebnis als sicherer Alternative beigemessen wird, im Rahmen des obigen Präferenzfunktionals nach Maßgabe der Konstanten e, die die Enttäuschungsaversion bzw. -freude des Entscheidungsträgers charakterisiert, um den mit der entsprechenden Wahrscheinlichkeit gewichteten potentiellen Nutzenentgang vermindert. Pessimismus und Enttäuschungsaversion können folglich im Rahmen der Choquet Nutzentheorie als zwei Seiten ein und derselben Medaille aufgefaßt werden. Einen weitergehenden, ursächlichen Zusammenhang

---

1 Vgl. Quiggin (1982), S. 335. Die Ungleichheitsrelationen kehren sich bei Quiggin um, da er von der rangabhängigen Nutzentheorie auf der Basis des unteren Choquet Integrals ausgeht.

2 Zur Definition pessimistischer (optimistischer) Transformationsfunktionen siehe Abschnitt V.E. Jede konvexe (konkave) Transformationsfunktion ist - bei Zugrundelegung des oberen Choquet Integrals - pessimistisch (optimistisch), aber nicht umgekehrt.

3 Siehe Bell (1985), S. 10-14, insbesondere S. 6. Bell hat sein Präferenzfunktional allerdings nur für Alternativen mit zwei möglichen Ergebnissen angegeben. Im Text handelt es sich um die natürliche Erweiterung für den Fall einfacher Alternativen.

sieht Bell: "People who are particularly averse to disappointment may learn to adopt a pessimistic view about the future."[1]

5.3.2 Gegenüberstellung mit dem Axiomensystem der subjektiven rangabhängigen Nutzentheorie von Nakamura

Entsprechende strukturelle Restriktionen im Hinblick auf die Ereignisalgebra vorausgesetzt, läßt sich jedes Axiomensystem der Choquet Nutzentheorie im Wege der Einführung der Axiome D'2 und D'7 in eine Axiomatik der rangabhängigen Nutzentheorie auf der Basis eines abzählbar additiven subjektiven Wahrscheinlichkeitsmaßes überführen. Gegen die Einführung dieser Axiome kann allerdings eingewendet werden, daß es sich um eine ad-hoc Maßnahme handelt, die einzig dem Zweck dient, die Existenz eines abzählbar additiven subjektiven Wahrscheinlichkeitsmaßes sicherzustellen und auf diesem Wege die subjektive rangabhängige Nutzentheorie zu etablieren. Wohl aus diesem Grund hat Nakamura eine andere Vorgehensweise zur Axiomatisierung der subjektiven rangabhängigen Nutzentheorie eingeschlagen. Das resultierende Axiomensystem basiert auf dem Ansatz von Savage; $\mathcal{S}$ wird wie bei Savage als die Potenzmenge auf S vorausgesetzt. Die Axiome lauten:[2]

Definition D'N1: Wahrscheinlichkeitsrelation

Für alle $A, B \in \mathcal{S}$ *gilt* $A \precsim B$, *wenn es* $x, z \in X$ *mit* $x \succ z$ *gibt, für die gilt* $$x A z \precsim x B z.$$

Definition D'N2: Nullereignis

$A \in \mathcal{S}$ *ist ein Nullereignis, wenn für alle einfachen Alternativen* $f, g, h \in F$ *gilt* $$f A h \sim g A h.$$

Axiom D'N1: Schwache Präferenzordnung

Für alle $f, g \in F$ *gilt* $f \precsim g$ *oder* $g \precsim f$,
für alle $f, g, h \in F$ *gilt* $f \precsim g$ *und* $g \precsim h \Rightarrow f \precsim h$.

Axiom D'N2: Nakamuras Unabhängigkeitsprinzip

Für alle $f_{1,2}, g_{1,2}, h_{1,2} \in F$ *mit* $f_1 \sim f_2$, $g_1 \sim g_2$ *und* $f_i(s) \succsim g_i(s)$ *für* $i = 1, 2$ *und alle* $s \in S$, *für die* $x, y, z \in X$ *mit* $x \succ y \succ z$ *existieren, so daß* $x \{s \in S: g_i(s) \succsim x'\} y \{s \in S: f_i(s) \succsim x'\} \setminus \{s \in S: g_i(s) \succsim x'\} z \sim x \{s \in S: h_i(s) \succsim x'\} z$ *für* $i = 1, 2$ *und alle* $x' \in X$ *gilt, gilt auch*
$$h_1 \sim h_2.$$

---

[1] Bell (1985), S. 1.
[2] Siehe Nakamura (1995a), S. 443.

Axiom D'N3: Sure Thing Principle II

Für alle $f \in F$, alle $x, y \in X$ und alle $A \in \mathcal{S}$ gilt

$$x \precsim y \Leftrightarrow x\,A\,f \precsim y\,A\,f,$$

sofern es sich bei A nicht um ein Nullereignis handelt.

Axiom D'N4: Unabhängigkeit der Wahrscheinlichkeitsrelation

Für alle $f \in F$, alle $x, x', y, y' \in X$ mit $x \succ x'$ und $y \succ y'$ sowie alle A, B $\in \mathcal{S}$ gilt $x\,A\,x' \precsim x\,B\,x' \Leftrightarrow y\,A\,y'\,B \setminus A\,f \precsim y\,B\,y'\,A \setminus B\,f.$

Axiom D'N5: Existenz vorziehenswürdiger Ergebnisse

Es gibt $x, z \in X$ mit $x \succ z.$

Axiom D'N6: Zerlegbarkeit des Zustandsraums

Für alle $f, g \in F$ mit $f \prec g$ und alle $x \in X$ existiert eine endliche Zerlegung $\{E_i\}$ von S mit $i = 1, ..., n$ und $E_i \in \mathcal{S}$ für alle i, so daß $x\,E_i\,f \prec g$ und $f \prec x\,E_i\,g$ für alle i gilt.

Die Axiome D'N1 bis D'N6 implizieren die Existenz eines eindeutig bestimmten, endlich additiven und atomfreien subjektiven Wahrscheinlichkeitsmaßes, einer bis auf positive lineare Transformationen eindeutig bestimmten Nutzenfunktion sowie einer eindeutig bestimmten, streng monoton steigenden Transformationsfunktion, auf deren Grundlage die Präferenzordnung des Entscheidungsträgers auf der Menge der einfachen Alternativen gemäß der subjektiven rangabhängigen Nutzentheorie auf der Basis des oberen Choquet Integrals repräsentiert werden kann.[1] Über die Axiome D'N1 bis D'N6 hinaus erörtert Nakamura weitere Axiome, auf deren Basis sich der Geltungsbereich seines Repräsentationstheorems bei weiterhin unbeschränkter Nutzenfunktion auf Alternativen mit abzählbar und überabzählbar unendlich vielen möglichen Ergebnissen ausweiten läßt.[2] Da die Darstellung dieser Axiome die Einführung einer Fülle neuer, im weiteren nicht mehr benötigter Konzepte erfordern würde und im vorliegenden Zusammenhang entbehrlich erscheint, wird auf ihre Behandlung verzichtet.

Abgesehen von Axiom D'N2 erscheinen die Axiome und Definitionen von Axiomatik D'N weitestgehend unproblematisch: Definition D'N1 sowie die Axiome D'N1 und D'N5 sind bereits hinlänglich bekannt. Definition D'N2 entspricht Definition AS3 von Savage mit der zusätzlichen Maßgabe, daß es sich bei f, g und h um einfache Alternativen handelt. Axiom D'N3 ist iden-

---

1 Siehe Theorem 1 in Nakamura (1995a), S. 444.
2 Siehe Theorem 2 in Nakamura (1995a), S. 446.

tisch mit dem in Axiom AS3 verankerten Sure Thing Principle II von Savage, Axiom DN'4 äquivalent zu dem in Abschnitt IV.C behandelten Axiom MS3 von Machina/Schmeidler. Axiom D'N6 schließlich entspricht im wesentlichen Axiom AS6 von Savage. Für einfache Alternativen sind die Definition D'N2 sowie die Axiome D'N1 und D'N3 bis D'N6 äquivalent mit denjenigen von Machina/Schmeidler, die in Abschnitt IV.C behandelt worden waren. Sie implizieren das Reduktionsprinzip für einfache Alternativen sowie die Existenz eines eindeutig bestimmten, endlich additiven und atomfreien subjektiven Wahrscheinlichkeitsmaßes.[1]

Während die Interpretation der Axiome D'N1 und D'N3 bis D'N6 kaum Probleme bereitet, handelt es sich bei Axiom D'N2 um eine komplexe, schwer interpretierbare Anforderung an die Präferenzordnung. Aus $f_i(s) \succsim g_i(s)$ für i = 1, 2 folgt zunächst $\{s \in S: g_i(s) \succsim x'\} \subseteq \{s \in S: f_i(s) \succsim x'\}$ für i = 1, 2 und alle $x' \in X$. Wegen $x \{s \in S: g_i(s) \succsim x'\} y \{s \in S: f_i(s) \succsim x'\} \setminus \{s \in S: g_i(s) \succsim x'\} z \sim x \{s \in S: h_i(s) \succsim x'\} z$ für i = 1, 2 und alle $x' \in X$ sowie der Geltung des Reduktionsprinzips kann $P(\{s \in S: h_i(s) \succsim x'\})$ für i = 1, 2 und alle $x' \in X$ in gewisser Weise als Mischung von $P(\{s \in S: g_i(s) \succsim x'\})$ und $P(\{s \in S: f_i(s) \succsim x'\})$ mit konstanten Gewichtungsfaktoren aufgefaßt werden. Da die dekumulierten subjektiven Wahrscheinlichkeiten die entsprechenden Alternativen vollständig charakterisieren, gilt dies analog auch für die Alternativen h_1 und h_2. Aus $f_1 \sim f_2$ und $g_1 \sim g_2$ wird vor diesem Hintergrund auf $h_1 \sim h_2$ geschlossen.[2]

Vergleicht man Axiomatik D'N mit dem um die Axiome D'2 und D'7 erweiterten Axiomensystem D, so ist zunächst der andersartige Ausgangspunkt der jeweiligen Axiomatisierung hervorzuheben: Während Nakamura auf den Axiomen von Machina/Schmeidler aufsetzt, die die Existenz eines (endlich) additiven subjektiven Wahrscheinlichkeitsmaßes implizieren, und im Wege der Einführung von Axiom D'N2 zu einer Axiomatik der subjektiven rangabhängigen Nutzentheorie gelangt, basiert Repräsentationstheorem D' auf Axiomatik D und auf zusätzlichen Axiomen, die die Existenz eines (abzählbar) additiven subjektiven Wahrscheinlichkeitsmaßes und damit den Übergang der Choquet Nutzentheorie in die subjektive rangabhängige Nutzentheorie sicherstellen. Da auch die Axiomatisierung von Nakamura auf einem nur hinreichenden Axiomensystem basiert, das ursprünglich nicht auf die subjektive rangabhängige Nutzentheorie abstellt, kann der anfangs geäußerte Einwand, die Ergänzung von Axiomatik D um die Axiome D'2 und D'7 besitze den Charakter einer ad-hoc Maßnahme, ebenso gegen Axiomatik D'N erhoben werden. Allerdings wäre ein solcher Einwand im vorliegenden Zusammenhang weniger überzeugend, da die axiomatische Charakterisierung

[1] Siehe Theorem 1 in Machina/Schmeidler (1992), S. 765.
[2] Zu dieser Interpretation vgl. Nakamura (1995a), S. 444.

wahrscheinlichkeitsbasierter Präferenzen von Machina/Schmeidler gerade darauf abzielt, Ungewißheitsaxiomatisierungen von Entscheidungstheorien für Risikosituationen zu ermöglichen. Sowohl die um die Axiome D'2 und D'7 ergänzte Axiomatik D als auch Axiomatik D'N implizieren eine streng monoton steigende Transformationsfunktion und sind folglich nur eingeschränkt in der Lage, die rangabhängige Nutzentheorie für Risikosituationen auf der Basis der subjektiven Wahrscheinlichkeitsauffassung neu zu begründen. Da der Ergebnisraum bei Nakamura beliebig bleibt, besitzt Axiomatik D'N gegenüber dem um die Axiome D'2 und D'7 erweiterten Axiomensystem D den Vorteil eines weiteren Anwendungsbereichs. Darüber hinaus zeigt Nakamura, wie der Geltungsbereich seines Repräsentationstheorems durch die Einführung zusätzlicher Axiome auf alle Alternativen erweitert werden kann, ohne daß dies gleichzeitig eine beschränkte Nutzenfunktion zur Folge hat. Diesen Vorteilen stehen als Nachteile die lediglich endliche Additivität des resultierenden subjektiven Wahrscheinlichkeitsmaßes und die Komplexität von Axiom D'N2 gegenüber, das sich nur schwerlich als Verhaltensannahme oder als Verhaltensempfehlung interpretieren läßt.

5.4 Die kumulative Prospekttheorie als Kombination der Choquet Nutzentheorien auf der Grundlage des oberen und des unteren Choquet Integrals

In den siebziger Jahren - also noch vor der Entwicklung der rangabhängigen Nutzentheorie für Risikosituationen - wurde eine Reihe von Entscheidungstheorien erarbeitet, die die von Allais geschilderten Phänomene mit einer Transformation der vorgegebenen Ergebniswahrscheinlichkeiten erklären.[1] Die bekannteste dieser Theorien ist die Prospekttheorie von Kahneman/Tversky, nach der eine Nutzenfunktion u: $X \rightarrow \mathbb{R}$ und eine monoton steigende Transformationsfunktion g^P: $[0, 1] \rightarrow [0, 1]$ mit $g^P[0] = 0$ und $g^P[1] = 1$ existieren, so daß die Präferenzordnung des Entscheidungsträgers auf der Menge aller einfachen Ergebnisverteilungen p, q $\in \mathcal{P}$ durch

$$p \precsim q \Leftrightarrow \Sigma_{i=1}^{n} u[x_i]\, g^P[p(x_i)] \leq \Sigma_{i=1}^{n} u[x_i]\, g^P[q(x_i)]$$

repräsentiert werden kann.[2] Charakteristisch für die Prospekttheorie ist die Annahme einer referenzpunktabhängigen Nutzenfunktion, die für positive Abweichungen vom Referenzpunkt einen konkaven und für negative Abweichungen vom Referenzpunkt einen konvexen Verlauf aufweist. Bezüglich der

---

1 Siehe z. B. Handa (1977); Karmarkar (1978, 79).

2 Zur Prospekttheorie siehe insbesondere Kahneman/Tversky (1979); Currim/Sarin (1989).

Transformationsfunktion wird von einem konvexen Verlauf mit $g^P[a] > a$ für kleine und $g^P[a] < a$ für große und mittlere $a \in [0, 1]$ ausgegangen.

Mit Ausnahme der vorwiegend deskriptiv ausgerichteten Prospekttheorie, die einen wertvollen Beitrag insbesondere zur Erklärung von Referenzpunkteffekten leistete[1], konnte sich keine der Entscheidungstheorien, die mit einer Transformation vorgegebener Ergebniswahrscheinlichkeiten arbeiten, in der Literatur durchsetzen. Ausschlaggebend hierfür waren im wesentlichen zwei Gründe: Zum einen lassen alle diese Theorien - auch die Prospekttheorie - Verstöße gegen das stochastische Dominanzprinzip zu, sofern von einer nichtlinearen Transformationsfunktion ausgegangen wird.[2] Erst einige Zeit später wurde erkannt, daß solche Verstöße ausgeschlossen werden können, wenn nicht die Wahrscheinlichkeit einzelner Ergebnisse, sondern die Ergebnisverteilung insgesamt transformiert wird; diese Idee führte bekanntlich zur Entwicklung der rangabhängigen Nutzentheorie für Risikosituationen.[3] Zum anderen fehlt transformierten Ergebniswahrscheinlichkeiten die Additivitätseigenschaft, so daß eine Repräsentation der Präferenzordnung auf der Basis des Lebesgue Integrals ausscheidet und der Geltungsbereich insbesondere auch der Prospekttheorie nicht ohne weiteres auf Alternativen mit unendlich vielen möglichen Ergebnissen ausgeweitet werden kann. In Abschnitt V.B.1.c wurde erläutert, wie sich dieses Problem mittels des Choquet Integrals lösen läßt, wenn nicht einzelne, sondern kumulierte oder dekumulierte Ergebniswahrscheinlichkeiten transformiert werden.

Dieselben Überlegungen, die zur Entwicklung der rangabhängigen Nutzentheorie für Risikosituationen geführt haben, ermöglichen es auch, die aufgezeigten Schwächen der Prospekttheorie zu beseitigen. Die wohl einfachste Möglichkeit hierzu besteht darin, die Transformation der Wahrscheinlichkeit einzelner Ergebnisse durch eine Transformation kumulierter oder dekumulierter Ergebniswahrscheinlichkeiten zu ersetzen und das untere bzw. obere Choquet Integral zur Repräsentation der Präferenzordnung heranzuziehen.

---

[1] Zu Referenzpunkten allgemein siehe Kahneman (1992). Die Orientierung an Referenzpunkten hat eine Fülle empirischer Phänomene zur Folge, von denen die wohl wichtigsten der Besitztumseffekt, siehe dazu insbesondere Kahneman/Knetsch/Thaler (1990, 91) und Weber (1993b), sogenannte Status Quo Bias, siehe Samuelson/Zeckhauser (1988), und der Dispositionseffekt, siehe dazu Weber (1991), S. 322-324, und Gerke/Bienert (1993), sind.

[2] Für lineare Transformationsfunktionen gehen diese Theorien in das Erwartungswertprinzip oder die Erwartungsnutzentheorie für Risikosituationen über; in bezug auf die von Handa und Karmarkar vorgeschlagenen Ansätze siehe Quiggin (1985), S. 94-96. Kahneman/Tversky legten der Prospekttheorie die Annahme zugrunde, daß stochastisch dominierte Alternativen in einer vorgelagerten Phase der Entscheidungsfindung ausgesondert werden; siehe Kahneman/Tversky (1979), S. 274-275.

[3] Siehe Quiggin (1982), S. 326-331.

Im Ergebnis würde dies zur rangabhängigen Nutzentheorie für Risikosituationen auf der Basis einer referenzpunktabhängigen Nutzenfunktion und einer Transformationsfunktion mit speziellen Eigenschaften führen. Über diese Anpassungen hinaus sind jedoch noch weitergehende Modifikationen möglich, die die Prospekttheorie auf eine von exogen vorgegebenen Wahrscheinlichkeiten unabhängige Grundlage stellen und eine etwaige Referenzpunktabhängigkeit nichtadditiver subjektiver Wahrscheinlichkeitsmaße zu berücksichtigen erlauben. Das Ergebnis dieser Modifikationen ist die kumulative Prospekttheorie, die 1992 von Tversky/Kahneman vorgestellt wurde.[1]

Wie bei der Prospekttheorie wird bei der kumulativen Prospekttheorie angenommen, daß sich der Entscheidungsträger bei der Bewertung von Ergebnissen an einem Referenzpunkt orientiert und in Relation zu diesem Referenzpunkt positive und negative Ergebnisse unterscheidet. Positive Ergebnisse werden im folgenden mit dem Index $i \in \{0, ..., n\}$, negative Ergebnisse mit dem Index $j \in \{-m, ..., 0\}$ versehen; x_0 bezeichnet demnach ein sowohl positives als auch negatives Ergebnis, das in gewisser Weise den Referenzpunkt markiert. Jede einfache Alternative läßt sich nun durch

$$x_n\, A_n \ldots x_i\, A_i \ldots x_1\, A_1\, x_0\, A_0\, x_{-1}\, A_{-1} \ldots x_{-j}\, A_{-j} \ldots x_{-m}$$

symbolisieren, wobei $x_{i+1} \succsim x_i$ für $i = -m, ..., n-1$ vorausgesetzt wird. Eine positive Alternative führt in jedem Fall zu einem positiven, eine negative Alternative in jedem Fall zu einem negativen Ergebnis. Die Mengen der positiven und der negativen einfachen Alternativen werden mit F^+ bzw. F^- bezeichnet; es gilt $F^+ \cup F^- = F$. Jede beliebige Alternative f läßt sich in eine positive Alternative f^+ mit $f^+(s) = f(s)$ für alle $s \in S$ mit $f(s) \succsim x_0$ und $f^+(s) = x_0$ für alle $s \in S$ mit $f(s) \prec x_0$ sowie eine negative Alternative f^- mit $f^-(s) = f(s)$ für alle $s \in S$ mit $f(s) \precsim x_0$ und $f^-(s) = x_0$ für alle $s \in S$ mit $f(s) \succ x_0$ aufspalten.

Im weiteren wird davon ausgegangen, daß die Präferenzordnungen des Entscheidungsträgers auf F^+ und F^- in Einklang mit geeigneten Axiomensystemen der Choquet Nutzentheorie auf der Basis des oberen bzw. des unteren Choquet Integrals stehen. Folglich existieren zwei eindeutig bestimmte, nichtadditive subjektive Wahrscheinlichkeitsmaße C^+ und C^- sowie zwei bis auf positive lineare Transformationen eindeutig bestimmte Nutzenfunktionen u^+ und u^-, so daß

$$x_n\, A_n \ldots x_i\, A_i \ldots x_1\, A_1\, x_0 \precsim x_n\, B_n \ldots x_i\, B_i \ldots x_1\, B_1\, x_0$$

$$\Leftrightarrow$$

[1] Zur kumulativen Prospekttheorie siehe Tversky/Kahneman (1992); Tversky/Wakker (1995). Eine Gegenüberstellung der kumulativen Prospekttheorie und der Prospekttheorie findet sich in Fennema/Wakker (1997).

$$\sum_{i=1}^{n} (u^+[x_i] - u^+[x_{i-1}])\, C^+(\bigcup_{k=i}^{n} A_k) + u[x_0]$$
$$\leq$$
$$\sum_{i=1}^{n} (u^+[x_i] - u^+[x_{i-1}])\, C^+(\bigcup_{k=i}^{n} B_k) + u[x_0]$$

für alle $x_i \in X$ und alle $A_i, B_i \in S$ mit $i = 0, \ldots, n$ und $x_{i+1} \succsim x_i$ für $i = 0, \ldots, n-1$ und

$$x_0\, A_0\, x_{-1}\, A_{-1} \ldots x_{-j}\, A_{-j} \ldots x_{-m} \precsim x_0\, B_0\, x_{-1}\, B_{-1} \ldots x_{-j}\, B_{-j} \ldots x_{-m}$$
$$\Leftrightarrow$$
$$\sum_{j=-m}^{-1} (u^-[x_j] - u^-[x_{j+1}])\, C^-(\bigcup_{k=-m}^{j} A_k) + u[x_0]$$
$$\leq$$
$$\sum_{j=-m}^{-1} (u^-[x_j] - u^-[x_{j+1}])\, C^-(\bigcup_{k=-m}^{j} B_k) + u[x_0]$$

für alle $x_j \in X$ und alle $A_j, B_j \in S$ mit $j = -m, \ldots, 0$ und $x_{j+1} \succsim x_j$ für $j = -m, \ldots, -1$ gilt.

Um zu der gesuchten Repräsentation der Präferenzordnung auf F zu gelangen, werden nun die beiden folgenden Bedingungen eingeführt:

Komonotones Sure Thing Principle

Für alle f, g, h, h' ∈ F und alle A ∈ S gilt

$$f\,A\,h \precsim g\,A\,h \Leftrightarrow f\,A\,h' \precsim g\,A\,h',$$

sofern f A h, g A h, f A h' und g A h' jeweils paarweise komonoton im Sinne von Definition DG2 sind.

Double Matching

Für alle f, g ∈ F mit $f^+ \sim g^+$ und $f^- \sim g^-$ gilt $f \sim g$.

Das komonotone Sure Thing Principle entspricht dem Sure Thing Principle I von Savage, sofern man von der Einschränkung auf komonotone Alternativen absieht.[1] Die Double Matching Bedingung ist erfüllt, wenn Indifferenz bezüglich f^+ und g^+ einerseits sowie f^- und g^- andererseits immer auch Indifferenz bezüglich f und g zur Folge hat. Beide Bedingungen sind leicht verständlich und einleuchtend. Wie Tversky/Kahneman zeigen, ist ihre Geltung im vorliegenden Kontext notwendig und hinreichend für die Existenz einer bis auf Multiplikationen mit einer positiven Konstanten eindeutig bestimmten Funktion $u: X \rightarrow \mathbb{R}$ mit $u[x_0] = 0$, so daß für alle $x_i \in X$ und alle $A_i, B_i \in S$ mit $i = -m, \ldots, n$ und $x_{i+1} \succsim x_i$ für $i = -m, \ldots, n-1$ gilt[2]

[1] Eine ausführliche Erörterung des komonotonen Sure Thing Principle findet sich in Chew/Wakker (1996).

[2] Siehe Theorem 1 in Tversky/Kahneman (1992), S. 318. Eine Axiomatisierung der kumulativen Prospekttheorie, die nicht auf Axiomensysteme der Choquet Nutzentheorie rekurriert, enthält Wakker/Tversky (1993).

$$x_n\ A_n \ldots x_i\ A_i \ldots x_1\ A_1\ x_0\ A_0\ x_{-1}\ A_{-1} \ldots x_{-j}\ A_{-j} \ldots x_{-m}$$
$$\precsim$$
$$x_n\ B_n \ldots x_i\ B_i \ldots x_1\ B_1\ x_0\ B_0\ x_{-1}\ B_{-1} \ldots x_{-j}\ B_{-j} \ldots x_{-m}$$
$$\Leftrightarrow$$
$$\sum_{i=1}^{n} (u[x_i] - u[x_{i-1}])\ C^+(\bigcup_{k=i}^{n} A_k) + \sum_{j=-m}^{0} (u[x_j] - u[x_{j+1}])\ C^-(\bigcup_{k=-m}^{j} A_k)$$
$$\leq$$
$$\sum_{i=1}^{n} (u[x_i] - u[x_{i-1}])\ C^+(\bigcup_{k=i}^{n} B_k) + \sum_{j=-m}^{0} (u[x_j] - u[x_{j+1}])\ C^-(\bigcup_{k=-m}^{j} B_k).$$

Schon aus der Herleitung der damit etablierten kumulativen Prospekttheorie geht hervor, daß sowohl die Nutzenfunktion als auch das nichtadditive subjektive Wahrscheinlichkeitsmaß von dem gewählten Referenzpunkt abhängen. Da nämlich die Präferenzordnungen auf F^+ und F^- Teilmengen der Präferenzordnung auf F sind, muß es sich bei u für $x \succsim x_0$ um eine positive lineare Transformation von u^+ und für $x \precsim x_0$ um eine positive lineare Transformation von u^- handeln. Die Referenzpunktabhängigkeit resultiert vor diesem Hintergrund daraus, daß u^+ und u^- ebenso wie C^+ und C^- auf die Präferenzen des Entscheidungsträgers im Hinblick auf positive bzw. negative Alternativen zugeschnitten sind. Die kumulative Prospekttheorie berücksichtigt damit in noch stärkerem Maße als die Prospekttheorie, daß positive und negative Ergebnisse für den Entscheidungsträger eine unterschiedliche Qualität besitzen und folglich auch eine unterschiedliche Behandlung erfordern.

Aus axiomatischer Perspektive ist die kumulative Prospekttheorie vor allem deshalb von Interesse, weil sie die vormals unvereinbar scheinenden Choquet Nutzentheorien auf der Grundlage des oberen und des unteren Choquet Integrals auf zweckmäßige Weise zusammenführt. Da nicht davon ausgegangen werden kann, daß ein Entscheidungsträger, der sich an der Choquet Nutzentheorie orientiert, zwangsläufig gegen das Rationalitätspostulat der normativen Entscheidungstheorie verstößt, dürfte auch die Befolgung der kumulativen Prospekttheorie aus normativer Sicht nicht von vornherein abzulehnen sein. Es ist vor diesem Hintergrund bemerkenswert, daß ein empirisches Phänomen - die Orientierung an Referenzpunkten - den Weg weist, wie die unter normativen Aspekten als problematisch empfundene Dualität der Choquet Nutzentheorie weitgehend überwunden und der Unsicherheit darüber, ob der Repräsentation auf der Grundlage des oberen oder des unteren Choquet Integrals der Vorzug zu geben ist, der Boden entzogen werden kann.

5.5 Grundlegende Implikationen der Choquet Nutzentheorie

Die Erforschung der ökonomischen Implikationen der Choquet Nutzentheorie hat - abgesehen von wenigen bereits vorhandenen Untersuchungen - gerade erst begonnen. Schwierigkeiten bereitet vor allem das Konzept nichtadditiver subjektiver Wahrscheinlichkeiten, dessen Einführung einen weitgehenden Neuaufbau der Informationstheorie erfordert und die Analyse mehrstufiger Entscheidungsprobleme erschwert. Etwas besser ist es um die rangabhängige Nutzentheorie für Risikosituationen bestellt, deren Implikationen bereits Gegenstand einer Vielzahl von Untersuchungen waren. Die Ergebnisse dieser Untersuchungen lassen sich ohne weiteres auf die subjektive rangabhängige Nutzentheorie übertragen:

Konvexe und/oder konkave Indifferenzkurven

Da subjektive Wahrscheinlichkeitsmaße üblicher Prägung im Rahmen der Choquet Nutzentheorie keine Rolle spielen, kann hier lediglich auf die subjektive rangabhängige Nutzentheorie als einer ihrer Spezialfälle abgestellt werden. Die Indifferenzkurven der subjektiven rangabhängigen Nutzentheorie auf der Grundlage des oberen (unteren) Choquet Integrals verlaufen bei konvexer Transformationsfunktion konvex (konkav) und bei konkaver Transformationsfunktion konkav (konvex).

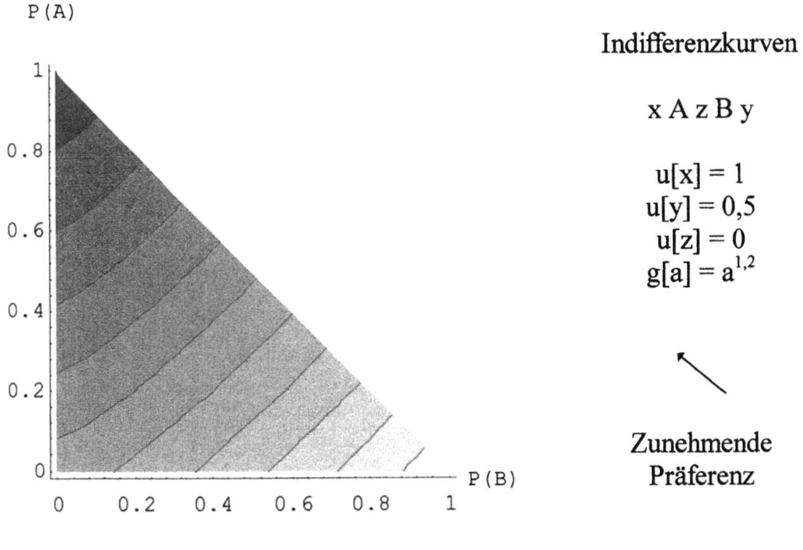

Abbildung 6: Indifferenzkurvenverlauf bei der subjektiven rangabhängigen Nutzentheorie auf der Grundlage des oberen Choquet Integrals mit konvexer Transformationsfunktion

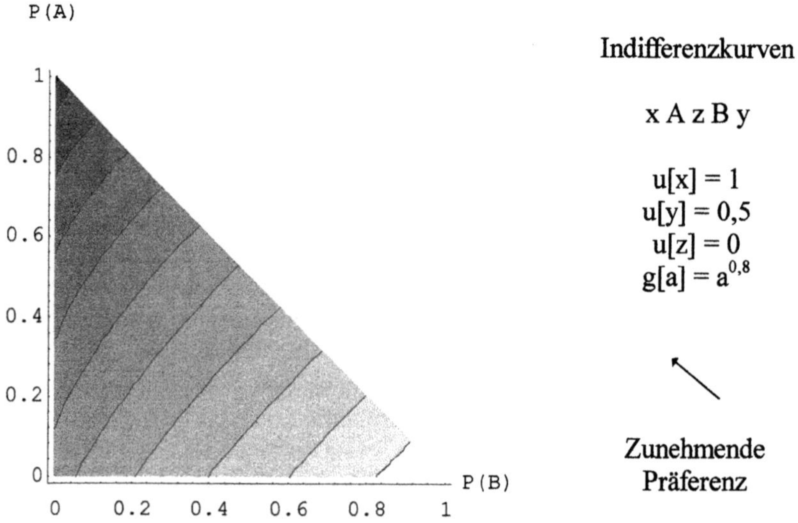

Abbildung 7: Indifferenzkurvenverlauf bei der subjektiven rangabhängigen Nutzentheorie auf der Grundlage des oberen Choquet Integrals mit konkaver Transformationsfunktion

Im Fall abschnittsweise konvexer und konkaver Transformationsfunktionen sind die Indifferenzkurven teilweise konvex und teilweise konkav.[1]

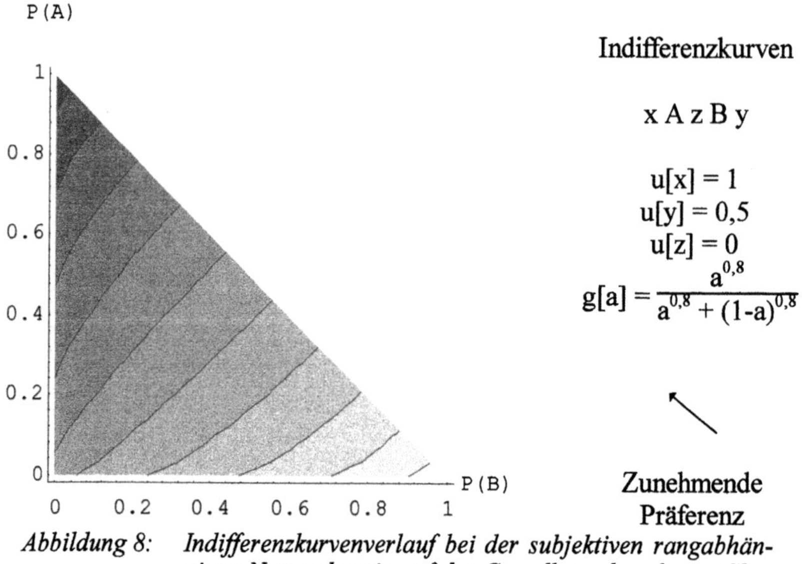

Abbildung 8: Indifferenzkurvenverlauf bei der subjektiven rangabhängigen Nutzentheorie auf der Grundlage des oberen Choquet Integrals mit S-förmiger Transformationsfunktion

---

[1] Vgl. Quiggin (1993), S. 59-63. Man beachte, daß Quiggin von der rangabhängigen Nutzentheorie auf der Grundlage des unteren Choquet Integrals ausgeht.

Aus den Ausführungen in Abschnitt V.C.1 ist zu schließen, daß ein konvexer Indifferenzkurvenverlauf auf eine pessimistische und ein konkaver Indifferenzkurvenverlauf auf eine optimistische Einstellung hindeutet. Dies gilt unabhängig davon, ob das obere oder das untere Choquet Integral Verwendung findet.

Stochastische Dominanz

Die subjektive rangabhängige Nutzentheorie auf der Basis des oberen wie des unteren Choquet Integrals steht in Einklang mit dem schwachen stochastischen Dominanzprinzip.[1] Für streng monoton steigende Transformationsfunktionen und abzählbar additive subjektive Wahrscheinlichkeitsmaße gilt darüber hinaus auch das strikte stochastische Dominanzprinzip.[2]

Messung von Risikoeinstellungen

Offensichtlich hängt die Risikoeinstellung des Entscheidungsträgers bei der subjektiven rangabhängigen Nutzentheorie nicht nur von den Eigenschaften der Nutzenfunktion, sondern auch von den Eigenschaften der Transformationsfunktion ab.[3] Eine Transformationsfunktion wird als pessimistisch bezeichnet, wenn sie den Erwartungswert jeder Zufallsvariablen vermindert oder unverändert läßt. Bei Zugrundelegung des oberen (unteren) Choquet Integrals ist dies genau dann der Fall, wenn $g[a] \leq a$ ($g[a] \geq a$) für alle $a \in [0, 1]$ gilt.[4] Handelt es sich bei X wie gewohnt um eine Teilmenge der reellen Zahlen und ist die Nutzenfunktion streng monoton steigend und zweimal differenzierbar, so ist ein Entscheidungsträger mit pessimistischer Transformationsfunktion risikoavers im Sinne von Arrow/Pratt, wenn $u''[x] \leq 0$ für alle $x \in X$ gilt.[5] Im Rahmen der subjektiven Erwartungsnutzentheorie ist die letztgenannte Bedingung notwendig und hinreichend, im Rahmen der subjektiven rangabhängigen Nutzentheorie ist sie unter der genannten Bedingung ebenfalls hinreichend, aber nicht notwendig für risikoaverses Verhalten. Notwendige Bedingungen für Risikoaversion sind eine pessimistische Transformationsfunktion sowie eine kon-

---

1 Vgl. Quiggin (1982), S. 335-336; Chateauneuf (1988), S. 617-620; Segal (1990), S. 363-364; Scarsini (1992); Loehman (1994), S. 167-169. Dyckerhoff (1994), S. 61-76, führt den Begriff der stochastischen Dominanz von nichtadditiven Wahrscheinlichkeitsmaßen ein.

2 Vgl. dazu die Ausführungen und Literaturhinweise in Abschnitt II.D.

3 Zu einem Versuch, die Auswirkungen der Nutzenfunktion und der Transformationsfunktion auf die Risikoaversion zu trennen, siehe Wakker (1994).

4 Siehe Lemma 6.1 in Quiggin (1993), S. 78, vgl. auch Loehman (1994), S. 170-171.

5 Siehe Proposition 6.1 in Quiggin (1993), S. 78.

kave Nutzenfunktion im Fall der Existenz eines $a \in (0, 1)$ mit $g[a] = a$.[1] Folglich kann ein Optimist niemals risikoavers sein; es ist aber sehr wohl möglich, daß ein - entsprechend pessimistischer - Entscheidungsträger mit strikt konvexer Nutzenfunktion risikoavers ist.[2] Ein Analogon zum lokalen Risikoaversionsmaß von Arrow/Pratt für den Fall der subjektiven rangabhängigen Nutzentheorie ist dem Autor nicht bekannt.

Potentiell dynamisch inkonsistentes oder inkonsequentes Entscheidungsverhalten

Die subjektive rangabhängige Nutzentheorie läßt dynamisch inkonsistentes oder inkonsequentes Entscheidungsverhalten zu. Zur Verdeutlichung gehe man von der Geltung des Reduktionsprinzips für mehrstufige Alternativen aus und betrachte das folgende, in Abbildung 9 dargestellte Entscheidungsproblem:

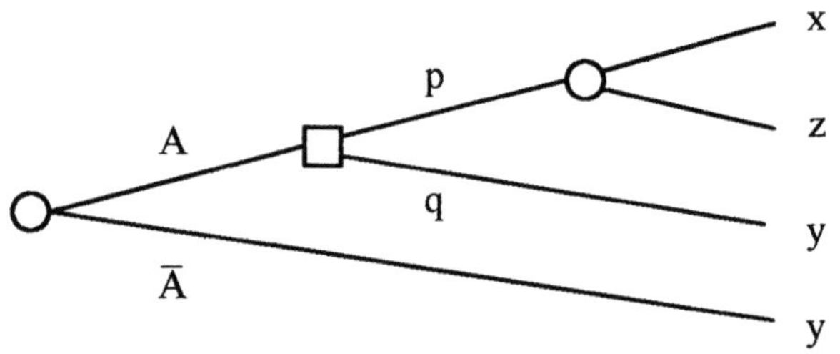

Abbildung 9: Ein Entscheidungsbaum zur Aufdeckung dynamisch inkonsistenten oder inkonsequenten Entscheidungsverhaltens

Der Entscheidungsträger plane im Zeitpunkt 0 eine Entscheidung zwischen den Ergebnisverteilungen p und q, die er im Zeitpunkt 1 treffen muß, sofern vorher das Ereignis A eintritt; bei Nichteintritt von A ist keine Entscheidung zu treffen, er erhält ohne weiteres das Ergebnis y. Für $u[x] = 1$, $u[y] = 0,5$, $u[z] = 0$, $p(x) = 0,4$, $p(z) = 0,6$, $q(y) = 1$, $P(A) = 0,5$, $g[0,2] = 0,4$, $g[0,4] = 0,45$ und $g[0,7] = 0,65$ wird er aus ganzheitlicher Perspektive im Zeitpunkt 0 für den Zeitpunkt 1 eine Entscheidung zugunsten p vorsehen. Im Zeitpunkt 1 - nach dem Eintritt von A - dagegen resultiert $q \succ p$. Der Entscheidungsträger steht folglich vor einem Dilemma:

---

[1] Siehe Proposition 2 in Chateauneuf/Cohen (1994), S. 82.

[2] Definiert man Risikoaversion im Sinne von Rothschild/Stiglitz (1970, 71) als Aversion gegen Mean-Preserving-Spreads, so gilt dies nicht: Wie Chew/Karni/ Safra (1987) gezeigt haben, sind die Konvexität der Transformationsfunktion und die Konkavität der Nutzenfunktion in diesem Fall notwendig und hinreichend für risikoaverses Verhalten; vgl. auch Loehman (1994), S. 172-177. Eine Gegenüberstellung der beiden Definitionen und ein Plädoyer für die Definition der Risikoaversion von Arrow/Pratt enthalten Montesano (1990, 91a, b, 92).

Entscheidet er sich wie ursprünglich geplant für p, so handelt er dynamisch konsistent, aber inkonsequent, weil q im Zeitpunkt 1 vorteilhafter erscheint. Entscheidet er sich für q, so handelt er konsequent, aber dynamisch inkonsistent, weil ursprünglich eine Entscheidung für p vorgesehen war.[1] Das Roll-Back Verfahren zur Lösung mehrstufiger Entscheidungsprobleme kann nicht zur Anwendung kommen, wenn eine Entscheidung aus ganzheitlicher Perspektive getroffen werden soll.

Potentiell negativer Wert kostenloser Informationen

Geht man von der Geltung des Reduktionsprinzips für mehrstufige Alternativen aus und unterstellt konsequentes Entscheidungsverhalten, so kann die Befolgung der subjektiven rangabhängiger Nutzentheorie zur Ablehnung eines kostenlosen Informationssystems führen.[2] Man betrachte hierzu folgendes Beispiel: Der Entscheidungsträger muß eine von zwei Ergebnisverteilungen p^* und q^* auswählen, die bei Eintritt des Ereignisses A mit P(A) = 0,4 zu den Ergebnisverteilungen p bzw. q mit p(x) = 0,4, p(z) = 0,6, q(y) = 0,9 und q(z) = 0,1 und ansonsten zu dem Ergebnis z führen. Für u[x] = 1, u[y] = 0,5, u[z] = 0, g[0,16] = 0,2, g[0,36] = 0,42, g[0,4] = 0,45 und g[0,9] = 0,85 wird er sich für q^* entscheiden. Dem Entscheidungsträger werde nun ein kostenloses Informationssystem angeboten, das vollständigen Aufschluß über den Eintritt des Ereignisses A gibt, bevor eine Entscheidung getroffen werden muß. Wegen $p \succ q$ entscheidet er sich für p, sofern A eintritt. Da er bei Nichteintritt von A in jedem Fall z erhält, entspricht die Annahme des Informationssystems p^*. Folglich lehnt der Entscheidungsträger das Informationssystem ab und ergreift q^*. Das Beispiel belegt, daß kostenlose Informationssysteme im Rahmen der subjektiven rangabhängigen Nutzentheorie einen negativen Wert besitzen können. Dies gilt allerdings nur für unvollkommene Informationssysteme: vollkommene kostenlose Informationssysteme besitzen stets einen nichtnegativen Wert.[3]

Existenz von Nash Gleichgewichten

Im Rahmen der subjektiven rangabhängigen Nutzentheorie besitzen nicht alle endlichen nichtkooperativen Spiele ein Nash Gleichgewicht im üblichen Sinne. Dies folgt bereits daraus, daß ein Spieler, dessen Präferenzrelation nicht quasi-konkav[4] ist, gemischte Strategien als grundsätzlich

---

[1] Vgl. Quiggin (1993), S. 121-123; Diedrich (1996), S. 626.
[2] Vgl. Wakker (1988b); Quiggin (1993), S. 125-126; Diedrich (1996), S. 626-627.
[3] Vgl. Schlee (1990, 91); Safra/Sulganik (1995).
[4] Eine Präferenzrelation auf $\mathcal{P}$ heißt quasi-konvex (quasi-konkav), wenn $p \sim q \Rightarrow \lambda p + (1\text{-}\lambda) q \precsim q$ ($p \sim q \Rightarrow q \precsim \lambda p + (1\text{-}\lambda) q$) für alle $p, q \in \mathcal{P}$ und alle $\lambda \in (0, 1)$ gilt; vgl. Chew/Epstein/Segal (1991), S. 142; Camerer/Ho (1994), S. 172-

nachteilig empfindet und die Randomisierung von Strategien folglich tendenziell ablehnt.[1] Dies hat zur Entwicklung alternativ definierter Nash Gleichgewichte geführt, die auf die subjektive rangabhängige Nutzentheorie bei quasi-konvexen Präferenzrelationen anwendbar[2] oder auf die Choquet Nutzentheorie zugeschnitten sind.[3]

5.6 Anhang: Beweis von Repräsentationstheorem D und dessen Erweiterung sowie von Repräsentationstheorem D'

Lemma D1a:

Für alle $x, z, x', z' \in X$ mit $x \succ z$ und $x' \succ z'$ sowie alle $A, B \in \mathcal{S}$ gilt

$$x\,A\,z \precsim x\,B\,z \Leftrightarrow x'\,A\,z' \precsim x'\,B\,z'.$$

Beweis:

$x\,A\,z \sim x\,B\,z \Rightarrow x'\,A\,z' \sim x'\,B\,z'$ folgt aus Axiom D3 mit $A = C = \varnothing$, $z_1 = z_2 = y_2$ und $z'_1 = z'_2 = y'_2$. Zu zeigen ist dann noch, daß von $x\,A\,z \prec x\,B\,z$ auf $x'\,A\,z' \prec x'\,B\,z'$ geschlossen werden kann. Nach den Axiomen D1 und D2 sowie Definition D2 gilt $z \precsim x\,A\,z \prec x\,B\,z$. Die Axiome D1, D5 und D6 gewährleisten die Existenz eines Ereignisses $A' \in \mathcal{S}$ mit $A' \subset B$, für das $x\,A\,z \sim x\,A'\,z$ gilt. Aus $x\,A'\,z\,B \setminus A'\,z \prec x\,A'\,x\,B \setminus A'\,z$ nach Axiom D1 folgt nach Definition D2, daß es sich bei $B \setminus A'$ nicht um ein Nullereignis im Hinblick auf A' handelt. Aus Axiom D2 folgt $x'\,A'\,z' \prec x'\,B\,z'$. Axiom D1 ergibt $x'\,A\,z' \prec x'\,B\,z'$. ■

Lemma D1b:

Für alle $x, y, z \in X$ mit $x \succ y \succ z$ sowie alle $A, A', B, B' \in \mathcal{S}$ mit $A \subseteq B$, $A' \subseteq B'$ sowie $A \sim A'$ und $B \sim B'$ gilt

$$x\,A\,y\,B \setminus A\,z \sim x\,A'\,y\,B' \setminus A'\,z.$$

Beweis:

Folgt aus Axiom D3 mit $C = A'$, $D = B'$, $x_1 = x_2 = x'_1 = x'_2 = y_1 = x$, $z_1 = z_2 = z'_1 = z'_2 = y_2 = y'_2 = z$ und $y'_1 = y$. ■

---

173. Quasi-konvexe Präferenzrelationen haben konkave, quasi-konkave Präferenzrelationen konvexe Indifferenzkurven im Drei-Ergebnis Diagramm zur Folge.

1 Ein Beispiel enthält Crawford (1990), S. 136-138. Siehe auch Karni/Safra (1989a), S. 443-445.

2 Siehe Crawford (1990), S. 138-144. Siehe auch Dekel/Safra/Segal (1991).

3 Siehe Dow/Werlang (1994); Ritzberger (1996).

Lemma D2:

1) Für alle A, B, C $\in \mathcal{S}$ gilt:

a) $$A \precsim B \text{ oder } B \precsim A,$$
$$A \precsim B \text{ und } B \precsim C \Rightarrow A \precsim C,$$

b) $$A \subseteq B \Rightarrow A \precsim B,$$

c) $$\varnothing \precsim A \precsim S \text{ und } \varnothing \prec S.$$

2) Im Fall der Existenz eines Ereignisses $A^* \in \mathcal{S}$ mit $\varnothing \prec A^* \prec S$ existiert für jedes Ereignis $A \in \mathcal{S}$ mit $A \succ \varnothing$ ein Ereignis $B \in \mathcal{S}$ mit $B \subset A$ und $A \succ B \succ \varnothing$.

Beweis:

1) a) Folgt aus den Axiomen D4 und D1 sowie Definition D1 und Lemma D1a.

b) Folgt aus den Axiomen D4 und D2 sowie Definition D2.

c) $\varnothing \precsim A \precsim S$ folgt aus $A \subseteq B \Rightarrow A \precsim B$. $\varnothing \prec S$ resultiert aus Axiom D4, Definition D1.

2) Aus $\varnothing \prec A^* \prec S$ folgt nach Definition D1 $x \succ x\,A^*\,z \succ z$. Gemäß Axiom D5 existiert ein $y \in X$ mit $y \sim x\,A^*\,z$. Axiom D1 ergibt $x \succ y \succ z$. Aus den Definitionen D1 und D2 folgt, daß es sich bei A nicht um ein Nullereignis im Hinblick auf $\varnothing$ handeln kann. Aus Axiom D2 resultiert $x\,A\,z \succ y\,A\,z \succ z\,A\,z$. Gemäß den Axiomen D5 und D6 existiert ein $B \in \mathcal{S}$ mit $B \subset A$ und $x\,B\,z \sim y\,A\,z$. Wegen $x\,A\,z \succ x\,B\,z \succ z\,B\,z$ nach Axiom D1 gilt nach Definition D1 $A \succ B \succ \varnothing$. ∎

Definition D3: Zirkeladdition

Für alle $A, A_1, A_2 \in \mathcal{S}$ gilt $$A \sim A_1 \oplus A_2,$$
wenn es $B, B', C, C' \in \mathcal{S}$ mit $B \sim B'$ und $C \sim C'$ und $x, y, z \in X$ mit $x \succ y \succ z$ gibt, für die gilt

$$x\,\varnothing\,y\,B\,z \sim x\,A_1\,y\,C \setminus A_1\,z$$

und $$x\,A_2\,y\,B' \setminus A_2\,z \sim x\,A\,y\,C' \setminus A\,z.$$

Lemma D3a:

Für alle $A, A_1, A_2, A'_1, A'_2 \in \mathcal{S}$ mit $A \sim A_1 \oplus A_2$, $A_1 \sim A'_1$ und $A_2 \sim A'_2$ gilt
$$A \sim A'_1 \oplus A'_2.$$

Beweis:

Folgt aus Definition D3 sowie den Axiomen D1, D3, D5 und D6. ∎

Lemma D3b:

Für alle A, A_1, $A_2 \in \mathcal{S}$ mit $A \sim A_1 \oplus A_2$ gilt $A_1 \precsim A$ und $A_2 \precsim A$.

Beweis:

Gemäß Definition D3, den Axiomen D1, D2, D5 und D6, Definition D2 sowie den Lemmata D1b und D3a ist von

$$x\, \varnothing\, y\, B\, z \sim x\, A_1\, y\, C \setminus A_1\, z$$
$$x\, A_2\, y\, B \setminus A_2\, z \sim x\, A\, y\, C \setminus A\, z$$

mit $x \succ y \succ z$ auszugehen. Aus den Axiomen D1, D2 und D5 sowie Definition D2 folgt $x\, \varnothing\, y\, B\, z \precsim x\, A_2\, y\, B \setminus A_2\, z$ und mithin nach Axiom D1 $x\, A_1\, y\, C \setminus A_1\, z \precsim x\, A\, y\, C \setminus A\, z$. Aus den Axiomen D1, D2, D5 und D6, Definition D2 sowie Lemma D1b folgt $A_1 \precsim A$ im Wege der Widerlegung von $A_1 \succ A$. Wegen $x\, \varnothing\, y\, B\, z \sim x\, A_1\, y\, C \setminus A_1\, z \succsim y\, C\, z$ nach den Axiomen D1, D2 und D5 sowie Definition D2 und mithin $B \succsim C$ kann gemäß den Axiomen D1, D2, D5 und D6 sowie Definition D2 und Lemma D1b $x\, A_2\, y\, C \setminus A_2\, y\, B \setminus C\, z \succsim x\, A_2\, y\, C \setminus A_2\, z\, B \setminus C\, z$ unterstellt werden. Aus Axiom D1 ergibt sich $x\, A\, y\, C \setminus A\, z \succsim x\, A_2\, y\, C \setminus A_2\, z$. Analog zu oben folgt $A_2 \precsim A$. ■

Lemma D3c:

Für alle A, $A_1 \in \mathcal{S}$ mit $A_1 \precsim A$ und $\varnothing \prec A \prec S$ existiert ein $A_2 \in \mathcal{S}$, so daß $A \sim A_1 \oplus A_2$ gilt. Im Fall $A_1 \prec A$ ist $A_2 \succ \varnothing$.

Beweis:

Gemäß den Axiomen D1, D2, D5 und D6 sowie Definition D2 und Lemma D3a kann $A_1 \subseteq A$ angenommen werden. Es reicht somit aus, die Existenz von $B \in \mathcal{S}$ mit $A_2 \subseteq B$ und x, y, $z \in X$ mit $x \succ y \succ z$ mit

$$x\, \varnothing\, y\, B\, z \sim x\, A_1\, y\, A \setminus A_1\, z$$
$$x\, A_2\, y\, B \setminus A_2\, z \sim x\, A\, z$$

zu zeigen. Von der Existenz von x, $z \in X$ mit $x \succ z$ ist nach Axiom D4 auszugehen. Mittels Axiom D5 konstruiere man ein $y \in X$ mit $x\, A\, z \sim y$. Nach Axiom D1 gilt $x \succ y \succ z$. Wegen $z \precsim x\, A_1\, y\, A \setminus A_1\, z \precsim y$ nach den Axiomen D2 und D5, Definition D2 sowie Axiom D1 existiert ein Ereignis $B \subseteq S$, für das $y\, B\, z \sim x\, A_1\, y\, A \setminus A_1\, z$ gilt. In den Fällen $z \sim x\, A_1\, y\, A \setminus A_1\, z$ und $x\, A_1\, y\, A \setminus A_1\, z \sim y$ setze man $B = \varnothing$ bzw. $B = S$. Ansonsten resultiert die Existenz von B aus den Axiomen D1, D5 und D6. Aus den Axiomen D2 und D5, Definition D2 sowie Axiom D1 folgt $y\, A\, z \precsim x\, A_1\, y\, A \setminus A_1\, z \sim y\, B\, z$, mithin gilt $A \precsim B$. Die Axiome D1 und D2 sowie Definition D2 ergeben $y\, B\, z \sim x\, A_1\, y\, A \setminus A_1\, z \precsim x\, A\, z \precsim x\, B\, z$. Für $y\, B\, z \sim x\, A\, z$ oder $x\, A\, z \sim x\, B\, z$ ist $A_2 = \varnothing$ bzw. $A_2 = B$, ansonsten folgt die Existenz von A_2 aus den Axiomen D1, D5 und D6. Jedenfalls gilt $x\, A_2\, y\, B \setminus A_2\, z \sim x\, A\, z$. $A_2 \sim \varnothing$ impliziert nach Lemma D1b $x\, A_2\, y\, B \setminus A_2\, z \sim x\, \varnothing\, y\, B\, z$ und mithin nach Axiom D1 $x\, A_1\, y\, A \setminus A_1\, z$

$\sim$ x A z, woraus nach Axiom D2 und Definition D2 $A_1 \sim A$ resultiert. Folglich muß wegen $\varnothing \precsim A_2$ im Falle $A_1 \prec A$ $A_2 \succ \varnothing$ gelten. ■

Lemma D4:

Es sei $A \sim A_1 \oplus A_2$. Dann gilt für alle x, y, z $\in$ X mit $x \succ y \succ z$ und für alle B, B', C und C' $\in \mathcal{S}$ mit $A \subseteq C'$ und $A_2 \subseteq B'$ sowie $B \sim B'$ und $C \sim C'$

$$x \varnothing y B z \sim x A_1 y C \setminus A_1 z \Leftrightarrow x A_2 y B' \setminus A_2 z \sim x A y C' \setminus A z.$$

Beweis:

Gemäß Definition D3, den Axiomen D1, D2, D5 und D6, Definition D2 sowie den Lemmata D1b und D3b kann von

$$x' \varnothing y' D z' \sim x' A_1 y' E \setminus A_1 z'$$
$$x' A_2 y' D \setminus A_2 z' \sim x' A y' E \setminus A z'$$

mit $A_1 \subseteq A$ und $x' \succ y' \succ z'$ ausgegangen werden. Ebenso reicht es aus,

$$x \varnothing y B z \sim x A_1 y C \setminus A_1 z \Leftrightarrow x A_2 y B \setminus A_2 z \sim x A y C \setminus A z$$

zu zeigen. Dies folgt aus den Axiomen D3 und D5. ■

Beweis von Repräsentationstheorem D, Teil I:[1]

Der Beweis wird durch Angabe einer Konstruktionsvorschrift geführt. Existiert kein Ereignis $C_1 \in \mathcal{S}$ mit $\varnothing \prec C_1 \prec S$, so setze man für alle $A \in \mathcal{S}$ mit $A \sim \varnothing$ oder $A \sim S$ $C(A) = 0$ bzw. $C(A) = 1$. Das subjektive Wahrscheinlichkeitsmaß ist eindeutig definiert. Ansonsten wird zunächst die Existenz und die Eindeutigkeit einer Vorstufe des gesuchten Wahrscheinlichkeitsmaßes gezeigt, die mit C^* bezeichnet wird. C^* stimmt bis auf Multiplikationen mit positiven Konstanten mit dem gesuchten Wahrscheinlichkeitsmaß überein, ist aber zunächst nur auf der Grundlage zweier Ergebnisse x, z $\in$ X mit $x \succ z$ und nur für $A \precsim C_1$ definiert.

Axiom D4 gewährleistet die Existenz von x, z $\in$ X mit $x \succ z$. Gemäß Axiom D5 existiert ein Ereignis y $\in$ X, für das $y \sim x C_1 z$ gilt. Nach den Axiomen D1 und D2 sowie Definition D2 folgt $x C_1 z \succ y C_1 z \succ z C_1 z$. Gemäß den Axiomen D1, D5 und D6 existiert ein Ereignis $C_2 \subset C_1$, für das $y C_1 z \sim x C_2 z$ gilt. Aus Axiom D1 folgt $x C_1 z \succ x C_2 z \succ z C_1 z$ und damit $\varnothing \prec C_2 \prec C_1$. Man konstruiere so eine Folge von Ereignissen $\{C_i\}$ mit i = 1, 2, ... und $y C_i z \sim x C_{i+1} z$ für i = 1, 2, ... Es gilt $C_{i+1} \subset C_i$ und $\varnothing \prec C_{i+1} \prec C_i$ für i = 1, ... Im Wege des Widerspruchsbeweises läßt sich auf der Grundlage von Axiom D7 zeigen, daß für alle $A \in \mathcal{S}$ mit $A \succ \varnothing$ ein $n \in \mathbb{N}$ existiert, für das $C_n \prec A$ gilt. Die Verknüpfung der so gewonnenen Maßeinheiten C_n erfolgt mittels Zirkeladdition. Folgende Schreibweise wird dazu eingeführt: Mit m C_n bezeichne man ein Ereignis C_n^m mit $C_n^j \sim C_n^{j-1} \oplus C_n$ für j = 2, ..., m und $C^1 = C_n$. Wegen $C_n \succ \varnothing$ gilt nach den Axiomen D1, D2, D5 und D6, Definition

[1] Vgl. Gilboa (1987), S. 74-84.

D2 und Lemma D1b $m\, C_n \succ (m-1)\, C_n$. Mittels Axiom D7 läßt sich zeigen, daß für alle $A \precsim C_1$ ein maximales $m \in \mathbb{N}$ existiert, für das $m\, C_n \precsim A$ gilt. Dies macht folgende Fragestellung sinnvoll: Wie groß darf m maximal werden, wenn A ein beliebiges Ereignis mit $A \precsim C_1$ ist, und wenn $m\, C_n \precsim A$ gelten soll? Die Antwort auf diese Frage hängt bei gegebenen $x, z \in X$ und $C_1 \in \mathcal{S}$ nur von A und von n ab. Die gesuchte Zahl wird mit k(A, n) bezeichnet. Auf der Grundlage dieser Festlegung wird die Funktion C^* durch

$$C^*(A) = \lim_{n\to\infty} \sup \frac{k(A, n)}{k(C_1, n)}$$

definiert. Der obere Limes existiert, da die Folge $\frac{k(A, n)}{k(C_1, n)}$ beschränkt ist.

C^* besitzt Eigenschaften, die sie als Vorstufe des gesuchten Wahrscheinlichkeitsmaßes qualifizieren. Offensichtlich gilt $C^*(\varnothing) = 0$ und $C^*(C_1) = 1$. Für alle $A, B \precsim C_1$ gilt ferner $A \subseteq B \Rightarrow C^*(A) \le C^*(B)$. Denn gemäß Lemma D2 folgt aus $A \subseteq B$ $A \precsim B$. Lt. Definition gilt $k(A, n)\, C_n \precsim A$ und $k(B, n)\, C_n \precsim B$. Es folgt $k(A, n) \le k(B, n)$ für alle $n = 1, 2, \ldots$ und damit $\lim_{n\to\infty} \sup \frac{k(A, n)}{k(C_1, n)} \le \lim_{n\to\infty} \sup \frac{k(B, n)}{k(C_1, n)}$. Aus diesen Eigenschaften folgt auch unmittelbar $C^*(A) \in [0,1]$ für alle $A \precsim C_1$. C^* ist ferner additiv in dem Sinne, daß für alle $A, B_1, B_2 \precsim C_1$ mit $A \sim B_1 \oplus B_2 \Rightarrow C^*(A) = C^*(B_1) + C^*(B_2)$ gilt. Der Beweis wird in zwei Schritten geführt.

$A \sim B_1 \oplus B_2 \Rightarrow C^*(A) \le C^*(B_1) + C^*(B_2)$: Lt. Definition gilt $k(B_1, n)\, C_n \precsim B_1$ und $k(B_2, n)\, C_n \precsim B_2$. Es folgt $k(B_1, n)\, C_n \oplus k(B_2, n)\, C_n \precsim B_1 \oplus B_2$ und damit $[k(B_1, n) + k(B_2, n)]\, C_n \precsim A$. Weiter gilt $k(A, n)\, C_n \precsim A$. Aus der Konstruktionsvorschrift für k folgt $k(B_1, n) + k(B_2, n) < k(A, n) + 1$ und $k(A, n) < k(B_1, n) + k(B_2, n) + 2$. Insgesamt resultiert $k(B_1, n) + k(B_2, n) \le k(A, n) \le k(B_1, n) + k(B_2, n) + 1$ und mithin

$$\frac{k(B_1, n)}{k(C_1, n)} + \frac{k(B_2, n)}{k(C_1, n)} \le \frac{k(A, n)}{k(C_1, n)} \le \frac{k(B_1, n)}{k(C_1, n)} + \frac{k(B_2, n)}{k(C_1, n)} + \frac{1}{k(C_1, n)}.$$

$\{n_m\}$ sei eine streng monoton wachsende Folge mit $n_m \in \mathbb{N}$ und $m = 1, 2, \ldots$, für die $\lim_{m\to\infty} \frac{k(A, n_m)}{k(C_1, n_m)} = C^*(A)$ gelte. Die Existenz einer solchen Folge ist aufgrund der Definition von C^* als oberer Limes sichergestellt. Aus

$$\frac{k(B_1, n_m)}{k(C_1, n_m)} + \frac{k(B_2, n_m)}{k(C_1, n_m)} \le \frac{k(A, n_m)}{k(C_1, n_m)} \le \frac{k(B_1, n_m)}{k(C_1, n_m)} + \frac{k(B_2, n_m)}{k(C_1, n_m)} + \frac{1}{k(C_1, n_m)}$$

folgt $\lim_{m\to\infty} \left(\frac{k(B_1, n_m)}{k(C_1, n_m)} + \frac{k(B_2, n_m)}{k(C_1, n_m)} \right) = C^*(A)$.

Die Folge $\frac{k(B_1, n_m)}{k(C_1, n_m)}$ ist, wie oben gezeigt, beschränkt, so daß eine konvergierende Teilfolge $\frac{k(B_1, n_{m_k})}{k(C_1, n_{m_k})}$ mit $k = 1, 2, \ldots$ existiert. Es folgt

$$C^*(A) = \lim_{k\to\infty} \frac{k(B_1, n_{m_k})}{k(C_1, n_{m_k})} + \lim_{k\to\infty} \frac{k(B_2, n_{m_k})}{k(C_1, n_{m_k})}.$$

Lt. Definition gilt $C^*(B_1) \geq \lim_{k\to\infty} \frac{k(B_1, n_{m_k})}{k(C_1, n_{m_k})}$ und $C^*(B_2) \geq \lim_{k\to\infty} \frac{k(B_2, n_{m_k})}{k(C_1, n_{m_k})}$,

woraus folgt $\qquad C^*(A) \leq C^*(B_1) + C^*(B_2)$.

$A \sim B_1 \oplus B_2 \Rightarrow C^*(A) \geq C^*(B_1) + C^*(B_2)$: $\frac{k(B_1, n_i)}{k(C_1, n_i)}$ und $\frac{k(B_2, n_j)}{k(C_1, n_j)}$ seien zwei konvergierende Teilfolgen mit i = 1, 2, ... und j = 1, 2, ... , für die

$$\lim_{i\to\infty} \frac{k(B_1, n_i)}{k(C_1, n_i)} = C^*(B_1) \text{ und } \lim_{j\to\infty} \frac{k(B_2, n_j)}{k(C_1, n_j)} = C^*(B_2)$$

gilt. Man betrachte dann folgende Grenzwerte

$$\lim_{l\to\infty} \frac{k(B_1, n_{j_l})}{k(C_1, n_{j_l})} = w_l(B_1) \text{ und } \lim_{k\to\infty} \frac{k(B_2, n_{i_k})}{k(C_1, n_{i_k})} = w_k(B_2),$$

deren Existenz durch die Beschränktheit von $\frac{k(B_1, n_i)}{k(C_1, n_i)}$ und $\frac{k(B_2, n_j)}{k(C_1, n_j)}$ gesichert ist. Offensichtlich gilt:

$$\lim_{k\to\infty} \frac{k(B_1, n_{i_k})}{k(C_1, n_{i_k})} = w_k(B_1) = C^*(B_1)$$

und

$$\lim_{l\to\infty} \frac{k(B_2, n_{j_l})}{k(C_1, n_{j_l})} = w_l(B_2) = C^*(B_2).$$

Für $w_l(B_1) = w_k(B_1) = C^*(B_1)$ folgt aus

$$\frac{k(B_1, n_{j_l})}{k(C_1, n_{j_l})} + \frac{k(B_2, n_{j_l})}{k(C_1, n_{j_l})} \leq \frac{k(A, n_{j_l})}{k(C_1, n_{j_l})} \leq \frac{k(B_1, n_{j_l})}{k(C_1, n_{j_l})} + \frac{k(B_2, n_{j_l})}{k(C_1, n_{j_l})} + \frac{1}{k(C_1, n_{j_l})}$$

$$\lim_{l\to\infty} \frac{k(A, n_{j_l})}{k(C_1, n_{j_l})} = C^*(B_1) + C^*(B_2).$$

Es resultiert $C^*(A) \geq C^*(B_1) + C^*(B_2)$. Wie sich zeigen läßt, gilt für $w_l(B_1) < w_k(B_1)$ $w_l(B_2) \leq w_k(B_2)$.

Aus $w_l(B_2) \leq w_k(B_2)$ resultiert $w_k(B_2) = C^*(B_2)$ wegen $C^*(B_2) = w_l(B_2)$. Aus

$$\frac{k(B_1, n_{i_k})}{k(C_1, n_{i_k})} + \frac{k(B_2, n_{i_k})}{k(C_1, n_{i_k})} \leq \frac{k(A, n_{i_k})}{k(C_1, n_{i_k})} \leq \frac{k(B_1, n_{i_k})}{k(C_1, n_{i_k})} + \frac{k(B_2, n_{i_k})}{k(C_1, n_{i_k})} + \frac{1}{k(C_1, n_{i_k})}$$

ergibt sich $\qquad \lim_{k\to\infty} \frac{k(A, n_{i_k})}{k(C_1, n_{i_k})} = C^*(B_1) + C^*(B_2)$

und damit $C^*(A) \geq C^*(B_1) + C^*(B_2)$.

Die Funktion C^* steht in Einklang mit der Wahrscheinlichkeitsrelation, für alle A, B $\precsim C_1$ gilt also $C^*(A) \leq C^*(B) \Leftrightarrow A \precsim B$. $A \precsim B \Rightarrow C^*(A) \leq C^*(B)$ wurde oben schon gezeigt. Zu beweisen ist noch $A \precsim B \Leftarrow C^*(A) \leq C^*(B)$. Angenommen, dies gälte nicht. Dann müßten zwei Ereignisse $A, B \precsim C_1$ existieren, für die $C^*(A) \leq C^*(B)$ und $A \succ B$ gilt. Nach Lemma D3c existiert ein Ereignis $D \succ \varnothing$, so daß $A \sim B \oplus D$ gilt. Aus der Additivität von C^* folgt $C^*(A) = C^*(B) + C^*(D)$. Weiter gilt $C^*(m\ D) = m\ C^*(D)$ für alle m = 1, 2, ... , für die $m\ D \precsim C_1$ ist. Es folgt $m\ C^*(D) \leq 1$ und mithin $C^*(D) \leq 1/m$. Oben wurde gezeigt, daß ein Maximum m' existiert, für das $m'\ D \precsim C_1$

gilt. Für m' +1 muß folglich (m'+1) $C^*(D) > 1$ gelten, woraus $C^*(D) > 0$ und mithin $C^*(A) > C^*(B)$ folgt, was in Widerspruch zu der Annahme $C^*(A) \leq C^*(B)$ steht.

Es ist offensichtlich, daß jede mit der Wahrscheinlichkeitsrelation verträgliche Funktion D^*: $\{A \in S: A \precsim C_1\} \rightarrow [0, 1]$ mit $D^*(\emptyset) = 0$ und $D^*(C_1) = 1$ mit der obigen Definition in Einklang stehen muß. C^* ist folglich eindeutig bestimmt.

Aufbauend auf C^* - und damit immer noch in Abhängigkeit von den zur Definition von C^* herangezogenen Ergebnissen $x, z \in X$ und dem Ereignis $C_1 \in S$ - wird nun C als für alle $A \in S$ gültiges Wahrscheinlichkeitsmaß definiert. Zunächst wird gezeigt, daß ein $\lambda > 0$ existiert, für das $C^*(D) = C^*(B) + \lambda\, C^*(A) \Leftrightarrow y\,D\,z \sim x\,A\,y\,B \setminus A\,z$ für $A, B, D \in S$ mit $A \subseteq B$ und $D \precsim C_1$ gilt. Lemma D1b und $B \precsim D$ nach den Axiomen D1, D2 und D5 sowie Definition D2 stellen die Existenz einer Funktion v': $[0, 1] \times [0, 1] \rightarrow \mathbb{R}^+$ mit $C^*(D) = C^*(B) + v'[C^*(A), C^*(B)] \Leftrightarrow y\,D\,z \sim x\,A\,y\,B \setminus A\,z$ für $A, B, D \in S$ mit $A \subseteq B$ und $D \precsim C_1$ sicher. Man betrachte $y\,D\,z \sim x\,A\,y\,B \setminus A\,z$ und $y\,E\,z \sim x\,A\,y\,C \setminus A\,z$ mit $D, E \precsim C_1$, $E \succ D$, $B \subset C$ und $D \subset E$. Es gilt $C^*(D) = C^*(B) + v'[C^*(A), C^*(B)]$ und $C^*(E) = C^*(C) + v'[C^*(A), C^*(C)]$. Aus der Additivitätseigenschaft von C^* im Hinblick auf die Zirkeladdition, den Axiomen D1, D2, D3, D5 und D6 sowie Definition D2 folgt $C^*(D) - C^*(B) = C^*(E) - C^*(C)$ und damit $v'[C^*(A), C^*(B)] = v'[C^*(A), C^*(C)]$. Die Funktion v' ist also unabhängig von ihrem zweiten Argument. Dies erlaubt es, von der Existenz einer Funktion v: $[0, 1] \rightarrow \mathbb{R}^+$ mit $C^*(D) = C^*(B) + v[C^*(A)] \Leftrightarrow y\,D\,z \sim x\,A\,y\,B \setminus A\,z$ für $A, B, D \in S$ mit $A \subseteq B$ und $D \precsim C_1$ auszugehen. Für beliebige $B', D', E, F \in S$ mit

$$y\,D\,z \sim x\,A\,y\,B \setminus A\,z \precsim y\,C_1\,z$$

$$y\,D'\,z \sim x\,E\,y\,D \setminus E\,z \sim x\,F\,y\,B \setminus F\,z \precsim y\,C_1\,z$$

folgt

$$C^*(D) = C^*(B) + v[C^*(A)]$$

$$C^*(D') = C^*(D) + v[C^*(E)] = C^*(B) + v[C^*(A) + C^*(E)].$$

Es ergibt sich

$$v[C^*(A) + C^*(E)] = v[C^*(A)] + v[C^*(E)].$$

Aus der Additivität von v folgt Linearität; $v[0] = 0$ und $v[C^*(A)] > 0$ für $B \prec D$ ergeben $v[C^*(A)] = \lambda\, C^*(A)$ mit $\lambda > 0$. Es gilt damit $C^*(D) = C^*(B) + \lambda\, C^*(A) \Leftrightarrow y\,D\,z \sim x\,A\,y\,B \setminus A\,z$ für $D \precsim C_1$, woraus aufgrund der Additivitätseigenschaft von C^* im Hinblick auf die Zirkeladdition von Ereignissen $C^*(B) + \lambda\, C^*(A) = C^*(D) + \lambda\, C^*(C) \Leftrightarrow x\,A\,y\,B \setminus A\,z \sim x\,C\,y\,D \setminus C\,z$ für $A, B, C, D \in S$ mit $A \subseteq B$, $C \subseteq C$ und $B, D \precsim C_1$ folgt.

Unter Bezugnahme auf λ wird C: $S \rightarrow [0, 1]$ wie folgt definiert:

$$C(A) = \frac{1}{1+\lambda}\, C^*(A) \qquad \text{für } A \precsim C_1$$

$$C(A) = \frac{1}{1+\lambda} + \frac{\lambda}{1+\lambda}\, C^*(A') \text{ mit } y\,A\,z \sim x\,A'\,y\,C_1 \setminus A'\,z \qquad \text{für } A \succ C_1$$

C ist für alle $A \in S$ definiert. Denn im Falle $A \succ C_1$ gilt nach den Definition D1, Lemma D2 und Axiom D1 $y \sim x\,C_1\,z \succsim y\,A\,z \succ y\,C_1\,z$, weshalb nach den Axiomen D1, D5 und D6 die Existenz eines Ereignisses $A' \subseteq C_1$ mit $y\,A\,z \sim x\,A'\,y\,C_1 \setminus A'\,z$ gewährleistet ist. C ist ein nichtadditives Wahrscheinlichkeitsmaß. Denn offensichtlich gilt $C(\emptyset) = 0$, $C(S) = 1$ und $A \subseteq B \Rightarrow C(A) \leq C(B)$. Zudem gilt $C^*(D) = C^*(B) + \lambda\, C^*(A) \Leftrightarrow y\, D\, z \sim x\, A\, y\, B \setminus A\, z$ für $A, B, D \in \mathcal{S}$ mit $A \subseteq B$. Hieraus folgt $A \sim B_1 \oplus B_2 \Rightarrow C(A) = C(B_1) + C\,(B_2)$ für alle $A, B_1, B_2 \in \mathcal{S}$ und $A \precsim B \Leftrightarrow C(A) \leq C(B)$ für alle $A, B \in \mathcal{S}$. Dies wiederum impliziert $C(B) + \lambda\, C(A) = C(D) + \lambda\, C(C) \Leftrightarrow x\, A\, y\, B \setminus A\, z \sim x\, C\, y\, D \setminus C\, z$ für $A, B, C, D \in \mathcal{S}$ mit $A \subseteq B$ und $C \subseteq D$. Infolge der Eindeutigkeit von C^* ist auch C eindeutig bestimmt.

Schließlich folgt aus Lemma D4 und den vorstehenden Ergebnissen die Unabhängigkeit von C von den zur Definition herangezogenen Ergebnissen $x, z \in X$ und dem Ereignis $C_1 \in \mathcal{S}$.

Als nächstes wird gezeigt, daß im Fall der Existenz eines Ereignisses $C_1 \in \mathcal{S}$ mit $\emptyset \prec C_1 \prec S$ für jedes Ereignis $A \in \mathcal{S}$ und für beliebiges $0 \leq \mu \leq 1$ ein Ereignis $B \subseteq A$ existiert, für das $C(B) = \mu\, C(A)$ gilt. Für $\mu = 0$ oder $\mu = 1$ setze man $B = \emptyset$ bzw. $B = A$. Für $C(A) = 0$ gilt ebenfalls $B = \emptyset$, für $\mu\, C(A) = 1$ setze man $B = S$. Für alle anderen Fälle wird wie oben von $x, z \in X$ mit $x \succ z$ und der Ereignisfolge $\{C_i\}$ mit $y\, C_i\, z \sim x\, C_{i+1}\, z$, $C_{i+1} \subset C_i$ und $\emptyset \prec C_{i+1} \prec C_i$ für $i = 1, 2, \ldots$ sowie $\lim_{n\to\infty} C(C_n) = 0$ ausgegangen.

Zunächst wird der Fall $\mu\, C(A) \leq C(C_1)$ untersucht. $k'(\mu\, C(A), n)$ gibt an, wie groß m maximal werden darf, wenn $m\, C(C_n) \leq \mu\, C(A)$ gelten soll. Folglich ist $k'(\mu\, C(A), n)\, C(C_n) \leq \mu\, C(A)$ und $(k'(\mu\, C(A), n) + 1)\, C(C_n) > \mu\, C(A)$. Hieraus resultiert

$$\mu\, C(A) - C(C_n) < k'(\mu\, C(A), n)\, C(C_n) \leq \mu\, C(A).$$

Wegen $\lim_{n\to\infty} C(C_n) = 0$ ergibt sich $\lim_{n\to\infty} k'(\mu\, C(A), n)\, C(C_n) = \mu\, C(A)$. Man setze $B' = \lim_{n\to\infty} k'(\mu\, C(A), n)\, C_n$. Im Fall $\mu\, C(A) > C(C_1)$ gilt auch $C(A) > C(C_1)$. Wegen $y\, C_1\, z \prec y\, A\, z \precsim x\, C_1\, z$ nach den Axiomen D1, D2 und D5 sowie Definition D2 stellen die Axiome D1, D5 und D6 die Existenz eines Ereignisses $A' \subseteq C_1$ mit $y\, A\, z \sim x\, A'\, y\, C_1 \setminus A'\, z$ sicher. Wie oben gezeigt existiert ein $\lambda > 0$ mit $C(A) = C(C1) + \lambda\, C(A')$. Es resultiert $\mu\, C(A) = C(C_1) + \lambda \frac{\mu\, C(A) - C(C_1)}{C(A) - C(C_1)} C(A')$. Wegen $0 < \frac{\mu\, C(A) - C(C_1)}{C(A) - C(C_1)} < 1$ und $0 < C(A') \leq C(C_1)$ ist $\frac{\mu\, C(A) - C(C_1)}{C(A) - C(C_1)} C(A') \in (0, C(C_1))$. Wie oben ermittle man dann ein Ereignis A'' mit $C(A'') = \frac{\mu\, C(A) - C(C_1)}{C(A) - C(C_1)} C(A')$ und betrachte die Alternative $x\, A''\, y\, C_1 \setminus A''\, z$. Wegen $z \prec x\, A''\, y\, C_1 \setminus A''\, z \prec y$ existiert nach den Axiomen D1, D5 und D6 ein Ereignis B' mit $y\, B'\, z \sim x\, A''\, y\, C_1 \setminus A''\, z$. Es gilt $C(B') = C(C_1) + \lambda\, C(A'') = r\, C(A)$. Wegen $z\, A\, z \prec x\, B'\, z \prec x\, A\, z$ existiert nach den Axiomen D1, D5 und D6 ein $B \subset A$ mit $x\, B\, z \sim x\, B'\, z$. ■

Lemma D5:

Für alle $x_i \in X$ mit $x_n \succsim x_{n-1} \succsim \dots \succsim x_1$ und alle $A_i, B_i, C_i, D_i \in \mathcal{S}$ mit $\bigcup_{j=i}^{n} A_j \sim \bigcup_{j=i}^{n} C_j$ und $\bigcup_{j=i}^{n} B_j \sim \bigcup_{j=i}^{n} D_j$ für $i = 1, \dots, n$ gilt

$$x_n A_n \dots x_2 A_2 x_1 \precsim x_n B_n \dots x_2 B_2 x_1 \Leftrightarrow x_n C_n \dots x_2 C_2 x_1 \precsim x_n D_n \dots x_2 D_2 x_1.$$

Beweis:

Die Axiome D1, D2 und D5 sowie Definition D2 erlauben es, von $x_n \succ \dots \succ x_1$ und von $\bigcup_{j=2}^{n} A_j \sim \bigcup_{j=2}^{n} C_j \prec S$ auszugehen. Der Beweis wird durch vollständige Induktion geführt. Aus Axiom D1 folgt $x_1 \sim x_1$, aus Definition D1 und Lemma D1a resultiert $x_2 \bigcup_{j=2}^{n} A_j x_1 \sim x_2 \bigcup_{j=2}^{n} C_j x_1$. Von

$$x_{i-1} \bigcup_{j=i}^{n} A_j x_{i-1} A_{i-1} \dots x_1 \sim x_{i-1} \bigcup_{j=i}^{n} C_j x_{i-1} C_{i-1} \dots x_1$$

wird ausgegangen. Anwendung der Axiome D1 und D5 ergibt

$$x_{i-1} \bigcup_{j=i}^{n} A_j x'_{i-1} \sim x_{i-1} \bigcup_{j=i}^{n} C_j x''_{i-1}.$$

Induktive Anwendung der Axiome D1, D2 und D5 sowie der Definition D2 zeigt $x_{i-1} \succsim x'_{i-1}$ und $x_{i-1} \succsim x''_{i-1}$. Handelt es sich bei S um ein Nullereignis im Hinblick auf $\bigcup_{j=i}^{n} A_j$ und $\bigcup_{j=i}^{n} C_j$, so folgt $x_i \bigcup_{j=i}^{n} A_j x'_{i-1} \sim x_i \bigcup_{j=i}^{n} C_j x''_{i-1}$ aus Axiom D1 und Definition D2. Das gleiche Ergebnis resultiert aus den Axiomen D1 und D2 über den Nachweis von $x'_{i-1} \sim x''_{i-1}$. In jedem Fall gilt damit

$$x_i \bigcup_{j=i}^{n} A_j x_{i-1} A_{i-1} \dots x_1 \sim x_i \bigcup_{j=i}^{n} C_j x_{i-1} C_{i-1} \dots x_1.$$

Die angestrebte Aussage resultiert aus Axiom D1. ■

Lemma D6:

Für alle $x, y \in X$ mit $x \succsim y$ gibt es ein $x' \in X$, so daß für alle $A, B \in \mathcal{S}$ mit konstantem $\frac{C(A)}{C(B)}$ und $A \subseteq B$ und für alle $z \in X$ mit $y \succsim z$ gilt

$$x\,A\,y\,B \setminus A\,z \sim x'\,B\,z.$$

Beweis:

Im Fall $x \sim y$ kommt man für $x' = x$ nach Axiom D2 und Definition D2 sowie Axiom D1 zu der gesuchten Aussage. Für den Fall $x \succ y \succ z$ wird von der im ersten Teil des Repräsentationstheorems gezeigten Existenz eines $\lambda > 0$ mit $x\,A\,y\,B \setminus A\,z \sim x\,C\,y\,D \setminus C\,z \Leftrightarrow B + \lambda\,A = D + \lambda\,C$ für beliebige $A, B, C, D \in \mathcal{S}$ mit $A \subseteq B$ und $C \subseteq D$ wird ausgegangen. Man betrachte zwei Alternativen $x\,A\,y\,B \setminus A\,z$ und $x\,A'\,y\,B' \setminus A'\,z$ mit $\frac{C(A)}{C(B)} = \frac{C(A')}{C(B')}$. Die Axiome D1, D2, D5 und D6 sowie Definition D2 stellen die Existenz von Ereignissen $D, D' \in \mathcal{S}$ mit $x\,D\,z \sim x\,A\,y\,B \setminus A\,z$ bzw. $x\,D'\,z \sim x\,A'\,y\,B' \setminus A'\,z$ sicher. Es folgt $D + \lambda\,D = B + \lambda\,A$ bzw. $D' + \lambda\,D' = B' + \lambda\,A'$

und mithin $\frac{C(D)}{C(B)} = \frac{C(D')}{C(B')}$. Mittels Axiom D5 werden die Ergebnisse x', x'' $\in$ X mit x' B z $\sim$ x D z bzw. x'' B' z $\sim$ x D' z konstruiert. Es folgt B = D + λ' D bzw. B' = D' + λ'' D' und mithin $\lambda' = \lambda''$. Demnach gilt auch B' = D' + λ' D', woraus x' B' z $\sim$ x D' z und damit nach Axiom D1 x A' y B' \ A' z $\sim$ x' B' z resultiert. Der Fall y $\sim$ z stellt einen trivialen Grenzfall des Falls x $\succ$ y $\succ$ z dar. Aus den Axiomen D1, D2 und D5 sowie Definition D2 resultiert die Beliebigkeit von z $\in$ X, sofern y $\succsim$ z gewahrt bleibt. ■

Beweis von Repräsentationstheorem D, Teil II:[1]

Man betrachte zwei beliebige Ergebnisse x_1, $x_n \in X$ mit $x_n \succ x_1$. Nachgewiesen wird zunächst die Existenz einer Funktion u: $\{x \in X\text{: } x_n \succsim x \succsim x_1\} \to [0, 1]$, die für f, g $\in$ F mit $f = x_n A_n x_{n-1} A_{n-1} \setminus A_n \ldots x_2 A_2 \setminus A_3 x_1$ und $g = x_n B_n x_{n-1} B_{n-1} \setminus B_n \ldots x_2 B_2 \setminus B_3 x_1$ mit $x_{i+1} \succsim x_i$ für alle i = 1, ..., n-1 die geforderten Eigenschaften besitzt. u wird definiert durch $u[x] = C(D_x)$ mit $x_n D_x x_1 \sim x$ für alle x $\in$ X mit $x_n \succsim x \succsim x_1$. Die Existenz des Ereignisses $D_x \in \mathcal{S}$ ist durch Axiom D6 sichergestellt. Lemma D5 gewährleistet die Unabhängigkeit von dem spezifischen Ereignis D_x. Axiom D5 garantiert die Existenz von x_f, $x_g \in X$ mit f $\sim$ x_f und g $\sim$ x_g; aus Axiom D1 folgt $f \precsim g \Leftrightarrow x_f \precsim x_g$. Durch induktive Anwendung der Axiome D1, D2 und D5 sowie von Definition D2 läßt sich $x_n \succsim x_f \succsim x_1$ bzw. $x_n \succsim x_g \succsim x_1$ zeigen. Definition D1 ergibt $f \precsim g \Leftrightarrow u[x_f] \le u[x_g]$. Bewiesen wird $u[x_f] = \sum_{i=2}^{n} (u[x_i] - u[x_{i-1}])\, C(A_i) + u[x_1]$.

Für x, y, z $\in$ X mit $x_n \succsim x \succsim y \succsim z \succsim x_1$ und x A z $\sim$ y gilt u[y] = u[x] C(A) + u[z] (1 - C(A)). Von $u[x] = C(D_x)$, $u[y] = C(D_y)$ und $u[z] = C(D_z)$ mit $x_n D_x x_1 \sim x$, $x_n D_y x_1 \sim y$ bzw. $x_n D_z x_1 \sim z$ ist auszugehen. Der Fall x $\sim$ y $\sim$ z ist trivial. Im Fall x $\sim$ y $\succ$ z oder x $\succ$ y $\sim$ z resultiert u[y] = u[x] C(A) + u[z] (1 - C(A)) aus C(A) = 1 bzw. C(A) = 0 nach Axiom D2 und Definition D2. Für den Fall x $\succ$ y $\succ$ z wird von der im Beweis des ersten Teils des Repräsentationstheorems gezeigten Existenz eines $\lambda > 0$ mit x A y B \ A z $\sim$ x C y D \ C z $\Leftrightarrow$ B + λ A = D + λ C für beliebige A, B, C, D $\in \mathcal{S}$ mit A $\subseteq$ B und C $\subseteq$ D Gebrauch gemacht. Axiom D1 ergibt $x_n D_y x_1 \sim$ x A z. Die Axiome D1, D2, D5 und D6 sowie Definition D2 gewährleisten die Existenz eines B $\in \mathcal{S}$ mit $D_y \subseteq B$, für das y $\sim$ $x_n D_y x_1 B \setminus D_y x_1 \sim x B x_1$ gilt. Aus $x_n D_x x_1 \sim x$ folgt $C(D_x) \cdot C(B) = C(D_y)$. Ebenso existiert ein C $\in \mathcal{S}$ mit x C $x_1 \sim$ z. Aus x B $x_1 \sim$ x A z nach Axiom D1 ergibt sich (1 - C(C)) $\cdot$ C(A) = C(B) - C(C). Schließlich resultiert aus x $\sim$ $x_n D_x x_1$ und x C $x_1 \sim x_n D_z x_1$ nach Axiom D1 $C(D_x) \cdot C(C) = C(D_z)$. Insgesamt folgt u[y] = u[x] C(A) + u[z] (1 - C(A)).

Axiom D5 gewährleistet die Existenz von Ergebnissen $z_i \in X$, so daß

$$x_n A_n \ldots x_i A_i \setminus A_{i+1} x_{i-1} A_{i-1} \setminus A_i \ldots x_2 A_2 \setminus A_3 x_1 \sim x_n A_n \ldots x_i A_i \setminus A_{i+1} z_{i-1}$$

für i = 2, ..., n-2 gilt. Gemäß dem ersten Teil des Repräsentationstheorems und Lemma D6 existieren $x'_i \in X$ mit i = 1, ..., n-1, für die

[1] Zu Teilen des Beweises vgl. Gilboa (1987), S. 84-86.

$$
\begin{array}{lll}
 & x_n\, A_n\, x_{n-1}\, A_{n-1} \setminus A_n\, z_{n-2} & \sim \quad x'_{n-1}\, A_{n-1}\, z_{n-2} \\
\sim & x'_{n-1}\, A_{n-1}\, x_{n-2}\, A_{n-2} \setminus A_{n-1}\, z_{n-3} & \sim \quad x'_{n-2}\, A_{n-2}\, z_{n-3} \\
\sim & \ldots & \sim \quad \ldots \\
\sim & x'_i\, A_i\, x_{i-1}\, A_{i-1} \setminus A_i\, z_{i-2} & \sim \quad x'_{i-1}\, A_{i-1}\, z_{i-2} \\
\sim & \ldots & \sim \quad \ldots \\
\sim & x'_4\, A_4\, x_3\, A_3 \setminus A_4\, z_2 & \sim \quad x'_3\, A_3\, z_2 \\
\sim & x'_3\, A_3\, x_2\, A_2 \setminus A_3\, x_1 & \sim \quad x'_2\, A_2\, x_1 \\
 & & \sim \quad x'_1 \quad \sim \quad x_f
\end{array}
$$

und $x'_i\, A_i\, x_{i-1}\, A_{i-1} \setminus A_i\, x_1 \sim x'_{i-1}\, A_{i-1}\, x_1$ sowie $x'_i\, A'_{i-1}\, x_{i-1} \sim x'_{i-1}$ mit $C(A'_{i-1}) = \dfrac{C(A_i)}{C(A_{i-1})}$ für $i = 3, \ldots, n$ ($x'_n = x_n$) resultiert. Es ergibt sich $u[x'_{i-1}]\, C(A_{i-1}) = u[x'_i]\, C(A_i) + u[x_{i-1}]\, (C(A_{i-1}) - C(A_i))$für $i = 2, \ldots, n$ ($A_1 = S$) und damit

$$u[x_f] = \sum_{i=2}^{n} (u[x_i] - u[x_{i-1}])\, C(A_i) + u[x_1].$$

Als nächstes wird gezeigt, daß u bis auf positive lineare Transformationen eindeutig bestimmt ist. Gegeben sei eine Funktion u, so daß für alle $f, g \in F$ mit

$$f = x_n\, A_n\, x_{n-1}\, A_{n-1} \setminus A_n \ldots x_2\, A_2 \setminus A_3\, x_1$$

$$g = x_n\, B_n\, x_{n-1}\, B_{n-1} \setminus B_n \ldots x_2\, B_2 \setminus B_3\, x_1$$

gilt$f \precsim g \Leftrightarrow \sum_{i=2}^{n} (u[x_i] - u[x_{i-1}])\, C(A_i) + u[x_1] \leq \sum_{i=2}^{n} (u[x_i] - u[x_{i-1}])\, C(B_i) + u[x_1]$.

Daß diese Beziehung auch für jede positive lineare Transformation u' von u gilt, ist offensichtlich. Zum Beweis, daß es sich bei jeder Funktion u', die diese Beziehung erfüllt, um eine positive lineare Transformationen von u handelt, betrachte man die positiven linearen Transformation

$$\bar{u}[x] = \frac{u[x] - u[x_1]}{u[x_n] - u[x_1]} \text{ und } \bar{u}'[x] = \frac{u'[x] - u'[x_1]}{u'[x_n] - u'[x_1]}.$$

Wegen $\bar{u}[x_n] = \bar{u}'[x_n] = 1$ und $\bar{u}[x_1] = \bar{u}'[x_1] = 0$ gilt $\bar{u}[x] = \bar{u}'[x]$ für alle $x \in X$ mit $x_n \succsim x \succsim x_1$. Aus $\bar{u}[x] = \bar{u}'[x]$ resultiert

$$u'[x] = \frac{u'[x_n] - u'[x_1]}{u[x_n] - u[x_1]}\, u[x] - u[x_1]\, \frac{u'[x_n] - u'[x_1]}{u[x_n] - u[x_1]} + u'[x_1].$$

u' ist folglich eine positive lineare Transformation von u.

Schließlich ist zu zeigen, daß der Definitionsbereich von u so ausgeweitet werden kann, daß u die gewünschten Eigenschaften für alle einfachen Alternativen besitzt. Man betrachte hierzu Ergebnisse $x_*, x^* \in X$ mit $x^* \succ x_*$ und $x^* \succ x_n \succ x_1 \succ x_*$. Von der Existenz zweier Funktionen u'_1: $\{x \in X: x_n \succsim x \succsim x_*\} \rightarrow [0, 1]$ und u'_2: $\{x \in X: x^* \succsim x \succsim x_1\} \rightarrow [0, 1]$ mit den gleichen Eigenschaften wie u ist auszugehen. Da diese Eigenschaften von positiven linearen Transformation unberührt bleiben, ist es möglich, an die Stelle von u'_1 und u'_2 die Funktionen

$$u_1[x] = \frac{u'_1[x] - u'_1[x_1]}{1 - u'_1[x_1]} \text{ und } u_2[x] = \frac{u'_2[x]}{u'_2[x_n]}$$

zu setzen. Wegen $u'_1[x_n] = 1$ und $u'_2[x_1] = 0$ gilt $u_1[x_1] = u_2[x_1] = 0$ und $u_1[x_n] = u_2[x_n] = 1$. Man betrachte nun $x \in X$ mit $x_1 \precsim x \precsim x_n$ mit $x_n\, D_x\, x_1 \sim x$. Es gilt

$$u_1[x] = (u_1[x_n] - u_1[x_1])\, C(D_x) + u_1[x_1] = C(D_x) = u[x]$$

$$u_2[x] = (u_2[x_n] - u_2[x_1])\, C(D_x) + u_2[x_1] = C(D_x) = u[x].$$

Dies ermöglicht die Definition einer Funktion u: $X \rightarrow \mathbb{R}$, die für alle f, g $\in$ F die gewünschten Eigenschaften besitzt; wie oben wird gezeigt, daß auch diese Funktion bis auf positive lineare Transformationen eindeutig bestimmt ist. ■

Beweis der Erweiterung zu Repräsentationstheorem D:[1]

Zunächst wird gezeigt, daß u beschränkt ist. Angenommen, u wäre nach oben unbeschränkt. Dann gäbe es Ergebnisse $x_i \in X$ mit i = 1, 2, ..., so daß $u[x_i] > 2^i$ mit $x_{i+1} \succ x_i$ für alle i = 1, 2, ... ist. Man betrachte dann eine - mittels Repräsentationstheorem D konstruierbare - Folge disjunkter Ereignisse $\{A_i\}$ mit $A_{i+1} \subset A_i$ und $C(A_i) = 2^{-i+1}$ für i = 1, 2, ... und $f \in F$ mit

$$f = \dots\, x_n\, A_n \setminus A_{n+1} \dots x_2\, A_2 \setminus A_3\, x_1$$

sowie die Alternativenfolge $\{f_n\}$ mit

$$f_n = x_n\, A_n \dots x_2\, A_2 \setminus A_3\, x_1.$$

$u[x_n]\, C(A_n) + \sum_{i=1}^{n-1} u[x_i]\, (C(A_i) - C(A_{i+1})) > n$ zeigt, daß sich für jedes $y \in X$ ein $n \in \mathbb{N}$ mit $y \prec f_n$ finden läßt. Dies wäre offensichtlich nur dann nicht möglich, wenn u[y] den Wert ∞ annimmt, was aber durch Axiom D6 ausgeschlossen ist. Wegen $f(s) \succsim f_n(s)$ für alle $s \in S$ gilt nach Axiom D8 $f \succsim f_n$ für alle $n \in \mathbb{N}$. Aus Axiom D1 folgt $y \prec f$ für alle $y \in X$. Es ergibt sich ein Widerspruch zu Axiom D5, wonach für jedes $f \in F$ ein $z \in X$ mit $z \sim f$ existiert. Analog kann man zeigen, daß auch die Annahme einer nach unten unbeschränkten Nutzenfunktion auf einen Widerspruch führt. Folglich ist u beschränkt.

Im weiteren nutze man die Beschränktheit von u, um mittels einer linearen Transformation $\inf\{u[x]: x \in X\} = 0$ und $\sup\{u[x]: x \in X]\} = 1$ zu gewährleisten. Gemäß Axiom D5 existiert für beliebiges $f \in F$ ein $x \in X$ mit $x \sim f$. Zu zeigen ist $x \sim f \Leftrightarrow$ $u[x] = \int_S^{Co} u[f(s)]\, dC$. Es wird davon ausgegangen, daß $\mathcal{S}$ für jedes $a \in \mathbb{R}$ die Menge $\{s: u[f(s)] \geq a\}$ enthält. Man betrachte nun die Ereignisse $A_1^n \in \mathcal{S}$ mit $A_1^n = S$ und $A_i^n = \{s: (i-1)/n \leq u[f(s)] \leq 1\}$ für i = 2, ..., n und alle $n \in \mathbb{N}$. Es gilt $A_{i+1}^n \subset A_i^n$ und $A_i^n \setminus A_{i+1}^n = \{s: (i-1)/n \leq u[f(s)] < i/n\}$ für alle i = 1, ..., n-1. Aus den Eigenschaften des Integrals folgt für alle n = 1, 2, ...

$$\sum_{i=2}^{n} \frac{1}{n} C(A_i^n) \leq \int_S^{Co} u[f(s)]\, dC \leq \sum_{i=2}^{n} \frac{1}{n} C(A_i^n) + \frac{1}{n}.$$

Gemäß Axiom D5 existieren Ergebnisse x_i^n, so daß

$$x_n^n\, A_n^n \dots x_i^n\, A_i^n \setminus A_{i+1}^n \dots x_1^n \sim f$$

gilt. Aus $(i-1)/n \leq u[f(s)] \leq i/n$ für alle $s \in A_i^n \setminus A_{i+1}^n$ mit i = 1, ..., n-1 und alle $s \in A_i^n$ mit i = n folgt für $C(A_i^n) > C(A_{i+1}^n)$ nach Axiom D8 $(i-1)/n \leq u[x_i^n] \leq i/n$ für alle i = 1, ..., n. Denn angenommen, es gälte $u[x_i^n] > i/n$ (der Fall $u[x_i^n] < (i-1)/n$ wird analog

[1] Vgl. Gilboa (1987), S. 86-88.

behandelt). Dann müßte nach Axiom D5 und dem ersten Teil des Repräsentationstheorems ein y existieren, für das $u[x_i^n] > u[y] \geq i/n$ und $(i+1)/n \geq u[y]$ gilt. Hieraus würde $f(s)\ A_{i+1}^n\ y\ A_i^n \setminus A_{i+1}^n\ f(s) \succsim f(s)$ für alle $s \in S$ folgen. Aus Axiom D8 ergäbe sich $f\ A_{i+1}^n\ y\ A_i^n \setminus A_{i+1}^n\ f \succsim f$ und damit auch $f\ A_{i+1}^n\ y\ A_i^n \setminus A_{i+1}^n\ f \succsim f\ A_{i+1}^n\ x_i^n\ A_i^n \setminus A_{i+1}^n\ f$. Für $C(A_i^n) > C(A_{i+1}^n)$ resultiert demgegenüber nach Axiom D2 $f\ A_{i+1}^n\ y\ A_i^n \setminus A_{i+1}^n\ f \prec f\ A_{i+1}^n\ x_i^n\ A_i^n \setminus A_{i+1}^n\ f$. Für alle n = 1, 2, ... ergibt sich damit

$$(n-1)/n\ C(A_n) + \sum_{i=1}^{n-1} (i-1)/n\ (C(A_i) - C(A_{i+1})) \leq u[x] \leq C(A_n) + \sum_{i=1}^{n-1} i/n\ (C(A_i) - C(A_{i+1}))$$

bzw. $$\sum_{i=2}^{n} \frac{1}{n} C(A_i^n) \leq u[x] \leq \sum_{i=2}^{n} \frac{1}{n} C(A_i^n) + \frac{1}{n}.$$

Eine Grenzwertbetrachtung zeigt $u[x] = \int_S^{Co} u[f(s)]\ dC$. ■

Beweis von Repräsentationstheorem D':

Aufgrund der Geltung der Axiome D1 bis D7 ist von der Geltung des Repräsentationstheorems D auszugehen; bei zusätzlicher Geltung von Axiom D8 gilt auch dessen Erweiterung. Vor dem Hintergrund der Eigenschaften des nichtadditiven subjektiven Wahrscheinlichkeitsmaßes und des Beweises von Repräsentationstheorem A, Teil I, ist zunächst zu zeigen, daß bei Geltung der Axiome D'2, D'7 und D1 bis D7

a) für alle $A, B, C \in \mathcal{S}$ mit $A \cap C = B \cap C = \varnothing$ $A \precsim B \Leftrightarrow A \cup C \precsim B \cup C$ gilt,

b) für jede Folge $\{A_i\}$ mit $A_i \subseteq A_{i+1}$ und $A_i \in \mathcal{S}$ für alle i = 1, 2, ... sowie alle $B \in \mathcal{S}$ mit $A_i \precsim B$ für alle i = 1, 2, ... $\bigcup_{i=1}^{\infty} A_i \precsim B$ gilt.

ad a) $A \sim B \Leftrightarrow A \cup C \sim B \cup C$ für alle $A, B, C \in \mathcal{S}$ mit $A \cap C = B \cap C = \varnothing$ resultiert aus Definition D1 sowie Axiom D'2. Zu zeigen bleibt $A \cap C = B \cap C = \varnothing \Rightarrow [A \prec B \Rightarrow A \cup C \prec B \cup C]$ für alle $A, B, C \in \mathcal{S}$. Nach den Axiomen D1, D2 und D3 sowie den Definitionen D1 und D2 gilt $z \precsim x\ A\ z \prec x\ B\ z$ mit $x \succ z$. Die Axiome D1, D5 und D6 gewährleisten die Existenz eines Ereignisses $A' \in \mathcal{S}$ mit $A' \subset B$, für das $x\ A\ z \sim x\ A'\ z$ und folglich auch $x\ A'\ z \prec x\ B\ z$ gilt. Gemäß Definition D2 und Axiom D2 gilt $x\ A' \cup C\ z B \setminus A'\ z \precsim x\ A' \cup C\ x\ B \setminus A'\ z$. Im Fall $x\ A' \cup C\ z \sim x\ B \cup C\ z$ ergäbe sich $x\ A'\ z \sim x\ B\ z$. Folglich gilt $x\ A' \cup C\ z \prec x\ B \cup C\ z$. Axiom D1 ergibt $x\ A \cup C\ z \prec x\ B \cup C\ z$ und damit $A \cup C \prec B \cup C$ nach Definition D1.

ad b) folgt aus den Axiomen D4 und D'7 sowie Definition D1.

Demnach existiert genau ein abzählbar additives Wahrscheinlichkeitsmaß P, so daß $P(A) \leq P(B) \Leftrightarrow A \precsim B$ für alle $A, B \in \mathcal{S}$ gilt. Ferner existiert im Fall der Existenz eines Ereignisses $A^* \in \mathcal{S}$ mit $P(A^*) \in (0, 1)$ für jedes Ereignis $A \in \mathcal{S}$ und für beliebiges $0 \leq \lambda \leq 1$ ein Ereignis $B \subseteq A$ mit $P(B) = \lambda\ P(A)$. Die Funktion $g: [0, 1] \rightarrow [0, 1]$ wird durch $g[P(A)] = C(A)$ für alle $A \in \mathcal{S}$ definiert. Offensichtlich gilt $g[0] = 0$ und $g[1] = 1$. Ebenso offensichtlich ist g streng monoton steigend. Aufgrund der Eindeutigkeit von P und C ist auch g eindeutig bestimmt. ■

6 Zur Berücksichtigung der potentiellen Enttäuschung des Entscheidungsträgers: Eine Ungewißheitsaxiomatisierung der Disappointment Aversion Theorie von Gul auf der Grundlage reichhaltiger Ergebnis- und Zustandsräume

6.1 Empirische Befunde zum Einfluß der potentiellen Enttäuschung des Entscheidungsträgers auf das Entscheidungsverhalten und dessen Beurteilung aus normativer Sicht

Die in den letzten beiden Jahrzehnten erzielten Fortschritte der Entscheidungstheorie wurden im wesentlichen durch empirische Befunde initiiert, die belegen, daß menschliches Entscheidungsverhalten auf systematische Weise von den Vorhersagen der Erwartungsnutzentheorie abweicht. Eine gängige Forschungsstrategie bestand darin, die Axiome der Erwartungsnutzentheorie nach Maßgabe der empirischen Befunde abzuschwächen und auf diesem Wege alternative numerische Repräsentationen der Präferenzrelation zu etablieren. Diese Strategie prägte auch den Aufbau der vorherigen Kapitel. In den verbleibenden beiden Kapiteln werden nun Entscheidungstheorien behandelt, bei deren Entwicklung nicht die Frage "Wie müssen die Axiome der Erwartungsnutzentheorie angesichts der empirischen Befunde modifiziert werden?", sondern die Frage "Warum zeigen die empirischen Untersuchungen von der Erwartungsnutzentheorie abweichendes Verhalten?" im Vordergrund steht. Es geht um den Einfluß der potentiellen Enttäuschung (Disappointment) des Entscheidungsträgers und des potentiellen Bedauerns (Regret) von Entscheidungen auf getroffene (deskriptive Sicht) oder zu treffende (normative Sicht) Entscheidungen. Zunächst werden die Auswirkungen der potentiellen Enttäuschung des Entscheidungsträgers behandelt.

Enttäuschung resultiert aus dem Vergleich dessen, was tatsächlich geschehen ist, mit dem, was geschehen wäre, wenn sich die relevante Umwelt anders entwickelt hätte. Sie wird für die Zwecke dieser Arbeit als das Gefühl definiert, das für den Entscheidungsträger mit dem Eintritt eines in Relation zu der ergriffenen Alternative ungünstigen Ergebnisses einhergeht; das Gegenteil von Enttäuschung ist Freude (Elation).[1] Ein Ergebnis ist demgemäß ent-

---

[1] Man beachte, daß aus dieser Definition nichts über die Einstellung des Entscheidungsträgers gegenüber Enttäuschung und Freude hervorgeht. Ein etwas anderes Begriffsverständnis zeigen Loomes/Sugden, wenn sie z. B. formulieren: "Disappointment and regret are different kinds of *pain* (Hervorhebung durch Kursiv-

täuschend, wenn es in gewisser Weise hinter den Erwartungen des Entscheidungsträgers zurückbleibt; es ist erfreulich, wenn es diese Erwartungen übertrifft.[1] Enttäuschung (Freude) dürfte von den meisten Menschen als unangenehm (angenehm) empfunden werden und das Wohlbefinden c. p. um so stärker beeinflussen, je ungünstiger (günstiger) das eingetretene Ergebnis ist und je unwahrscheinlicher es im Zeitpunkt der Entscheidung schien. Zur Verdeutlichung betrachte man einen Angestellten, dem sein Vorgesetzter in einem Personalgespräch eröffnet, daß er aufgrund guter Leistungen einen Bonus von 5.000 GE erhält. Ob dies für den Angestellten enttäuschend oder erfreulich ist, hängt von seinen Erwartungen vor dem Gespräch ab. Es ist jedenfalls denkbar, nach Einschätzung des Verfassers sogar bis zu einem gewissen Grad wahrscheinlich, daß die bewußte oder unbewußte Antizipation einer Enttäuschung den Angestellten davon abhält, allzu hochgespannte Erwartungen zu bilden, und auf diesem Wege Einfluß auf seine Entscheidungen nimmt.[2] Bemerkenswert ist in diesem Zusammenhang auch das allseits bekannte Phänomen, daß unvoreingenommene Besucher sportlicher Wettkämpfe meist diejenige Mannschaft unterstützen, deren Siegeschancen sie für geringer halten: Unterstützt der Besucher den Favorit, so ist eine (unerwartete) Niederlage in hohem Maße enttäuschend, ein (erwarteter) Sieg dagegen kein Anlaß zu sonderlicher Freude. Unterstützt er den Außenseiter und gewinnt seine Mannschaft, so ist der (unerwartete) Erfolg in hohem Maße erfreulich, eine (erwartete) Niederlage dagegen leicht zu verkraften. Den Außenseiter zu unterstützen, maximiert den erwarteten, aus Enttäuschung und Freude resultierenden Nutzen.[3]

Weitergehende Überlegungen zum Einfluß potentieller Enttäuschung auf das Entscheidungsverhalten knüpfen regelmäßig an dem in Abschnitt IV.A erör-

---

schrift vom Verfasser) that one may experience when one reflects on 'what might have been'."; Loomes/Sugden (1986), S. 281. Die hier zugrundegelegte Definition besitzt den Vorteil, daß sie - analog zur Unterscheidung von Risikoaversion und -freude - die Unterscheidung von Enttäuschungsaversion und -freude erlaubt. Entscheidungsträger, die potentielle Freude stärker als potentielle Enttäuschung gewichten, werden in der Literatur allerdings meist nicht als "disappointment loving", sondern als "elation loving" charakterisiert, was den Beweggründen für entsprechendes Verhalten wohl auch eher gerecht wird.

[1] Die jeweils ergriffene Alternative dient gewissermaßen als Referenzpunkt; vgl. Bell (1985), S. 2. Es wäre aus diesem Grund auch verfehlt, den Einfluß potentieller Enttäuschung auf das Entscheidungsverhalten auf die Risikoeinstellung des Entscheidungsträgers zurückzuführen.

[2] Das Beispiel stammt von Bell; siehe Bell (1985), S. 1. In diesem Zusammenhang sei auch auf das in Abschnitt V.C.1 angeführte Zitat von Bell hingewiesen, wonach Enttäuschungsaversion eine pessimistische Sichtweise zur Folge haben kann.

[3] Vgl. Bell (1985), S. 16-17.

terten Common Ratio Effect an:[1] Der Entscheidungsträger habe die Wahl zwischen dem Erhalt von 3.000 GE und der Teilnahme an einer Lotterie, die 4.000 GE (0 GE) mit Wahrscheinlichkeit 0,8 (0,2) erbringt. Bei einer Entscheidung für die sichere Alternative liegt der Gedanke nahe, daß das Risiko, enttäuscht zu werden und gar nichts zu erhalten, die Chance, 4.000 GE statt 3.000 GE zu gewinnen, überwiegt. Vor die Wahl zwischen zwei Lotterien gestellt, die 3.000 GE (0 GE) mit Wahrscheinlichkeit 0,25 (0,75) und 4.000 GE (0 GE) mit Wahrscheinlichkeit 0,2 (0,8) erbringen, könnte derselbe Entscheidungsträger die zweite Alternative bevorzugen, weil das Risiko, enttäuscht zu werden, nun bei beiden Alternativen besteht. Dies zeigt, wie der Common Ratio Effect mit dem Einfluß potentieller Enttäuschung auf das Entscheidungsverhalten erklärt werden kann. Es macht aber auch deutlich, daß sich dieser Einfluß von anderen Determinanten des Entscheidungsverhaltens kaum isolieren läßt. Denn aus den im Beispiel angeführten Präferenzen kann im Prinzip nur auf einen Verstoß gegen das Unabhängigkeitsaxiom der Erwartungsnutzentheorie für Risikosituationen in Form des Common Ratio Effect geschlossen werden. Ob dieser Verstoß auf die potentielle Enttäuschung des Entscheidungsträgers oder auf andere entscheidungsrelevante Faktoren zurückzuführen ist, ist nicht zu ersehen. Die Frage, welche Bedeutung potentielle Enttäuschung für das in der Realität zu beobachtende Entscheidungsverhalten besitzt, kann daher auf der Basis der bislang durchgeführten empirischen Untersuchungen nicht abschließend beantwortet werden.[2] Unabhängig davon legen die voranstehenden Ausführungen die Vermutung nahe, daß die Berücksichtigung der potentiellen Enttäuschung des Entscheidungsträgers im Ungewißheitskontext eine Möglichkeit darstellt, die in Abschnitt IV.A behandelten Verstöße gegen die Unabhängigkeitseigenschaft der subjektiven Erwartungsnutzentheorie zu erklären.

Auf ähnliche Probleme stößt man, wenn es darum geht, ob die potentielle Enttäuschung des Entscheidungsträgers unter normativen Gesichtspunkten eine Rolle spielen sollte. Die Ausführungen in der Literatur hierzu sind meist relativ unspezifisch und stellen die Bedeutung des psychischen Wohlbefindens in den Vordergrund. Bell etwa führt aus: "Building a utility model that incorporates all of these effects may well be desirable not only to provide a better description of behavior, but also, to the extent that a decision maker is prepared to trade off dollars explicitly to gain a state of psychological satis-

---

[1] Vgl. Bell (1985), S. 4-5; Loomes/Sugden (1986), S. 278-280; Loomes/Sugden (1987b), S. 120-122; Loomes (1988), S. 47-50.

[2] Frühere empirische Untersuchungen von Loomes/Sugden deuteten darauf hin, daß der Common Ratio Effect eher auf die potentielle Enttäuschung als auf das potentielle Bedauern des Entscheidungsträgers zurückzuführen ist; siehe Loomes/ Sugden (1987b), S. 122-128. In neueren Untersuchungen konnte diese Hypothese allerdings nicht erhärtet werden; siehe Loomes (1988), S. 52-61. Eine Diskussion enthält Appleby/Starmer (1987), S. 39-42.

faction, for prescriptive purposes."[1] Einen allgemeineren Standpunkt vertreten Loomes/Sugden: "We cannot see any reason for regarding such a maximand as irrational; nor do we think that any simple experience of satisfaction, whatever its source, can be designated either rational or irrational."[2] Nach Ansicht des Autors spricht aus normativer Sicht jedenfalls so lange nichts gegen die Berücksichtigung der potentiellen Enttäuschung des Entscheidungsträgers, wie dessen Ausbeutung durch andere ausgeschlossen bleibt. In bezug auf Modifikationen von Axiomatik A, die die Einbeziehung potentieller Enttäuschung in das Entscheidungskalkül vorsehen und zu einer Abschwächung der Unabhängigkeitseigenschaft der subjektiven Erwartungsnutzentheorie führen, kann demnach ebenfalls auf die Ausführungen in Abschnitt IV.A verwiesen werden.

6.2 Axiomatik E und Repräsentationstheorem

6.2.1 Anpassung von Axiomatik A im Hinblick auf die Berücksichtigung der potentiellen Enttäuschung des Entscheidungsträgers

Für die Berücksichtigung der potentiellen Enttäuschung des Entscheidungsträgers bieten sich verschiedene Möglichkeiten an:[3] Erstens ist denkbar, die mit dem Eintritt eines Ergebnisses verbundene Enttäuschung (Freude) als Ergebnis sui generis aufzufassen und eine multikriterielle Betrachtung auf der Grundlage der Erwartungsnutzentheorie anzustellen. Diese naheliegende Idee führt jedoch aus zwei Gründen nicht weiter: Zum einen müßte zunächst bestimmt werden, welches Ausmaß an Enttäuschung (Freude) für den Entscheidungsträger mit dem Eintritt eines Ergebnisses einhergeht. Sind die Ergebnisse kardinal meßbar, so bietet sich hierfür die Abweichung des eingetretenen Ergebnisses von dem Erwartungswert der möglichen Ergebnisse im Zeitpunkt der Entscheidung an.[4] Im allgemeinen Fall - wenn es sich bei den

---

[1] Bell (1985), S. 2.

[2] Loomes/Sugden (1986), S. 280. Eine Auseinandersetzung mit der Frage, ob die Berücksichtigung der potentiellen Enttäuschung des Entscheidungsträgers mit dem Rationalitätspostulat der normativen Entscheidungstheorie vereinbar ist, findet sich auch in Sugden (1986), S. 15-16. Siehe des weiteren Machina (1989), S. 1662.

[3] Die bereits in Abschnitt V.C.1 erläuterte Alternative, das Präferenzfunktional der rangabhängigen Nutzentheorie durch den Ansatz einer bestimmten Transformationsfunktion in dasjenige der Disappointment Theorie von Bell zu überführen, bleibt im folgenden außer acht.

[4] Auf diese Weise läßt sich etwa das Präferenzfunktional der Disappointment Theorie von Loomes/Sugden interpretieren; vgl. Loomes/Sugden (1986), S. 271-273. Loomes/Sugden gehen nicht von kardinal meßbaren Ergebnissen, sondern von der Möglichkeit einer kardinalen Nutzenmessung aus.

Ergebnissen um prinzipiell beliebige Sachverhalte handelt - ist dagegen nicht unmittelbar ersichtlich, auf welcher Grundlage die Enttäuschung (Freude) des Entscheidungsträgers bestimmt werden soll. Zum anderen könnten Verstöße gegen die Erwartungsnutzentheorie, die auf den Einfluß potentieller Enttäuschung (Freude) zurückgeführt werden, im Rahmen einer multikriteriellen Betrachtung, die auf den Axiomen der Erwartungsnutzentheorie aufbaut, ohnehin nicht erklärt werden. Die Berücksichtigung der potentiellen Enttäuschung des Entscheidungsträgers verlöre damit ihren Sinn.

Eine zweite Möglichkeit besteht darin, auf der Basis einer Nutzenfunktion mit zwei Argumenten in einem ersten Schritt den Nutzen $v[x_i] = \sum_{j=1}^{n} u[x_i, x_j]\, P(A_j)$ zu bestimmen, der einem Ergebnis x_i im Rahmen der betrachteten Alternative zukommt; die verwendeten Symbole sind in der üblichen Weise zu interpretieren. $u[x_i, x_j]$ berücksichtigt die Enttäuschung (Freude), die aus dem Vergleich des (ex post eingetretenen) Ergebnisses x_i mit dem (ex ante möglichen) Ergebnis x_j resultiert. Aufbauend auf $v[x_i]$ läßt sich dann in einem zweiten Schritt wie gewohnt der Erwartungswert des Nutzens der betreffenden Alternative bestimmen. Man gelangt so zu dem Präferenzfunktional

$$\sum_{i=1}^{n} \sum_{j=1}^{n} u[x_i, x_j]\, P(A_j)\, P(A_i)$$

der quadratischen Nutzentheorie von Chew/Epstein/Segal[1]. Am Rande und ohne Beweis sei angemerkt, daß eine Ungewißheitsaxiomatisierung der quadratischen Nutzentheorie auf der Grundlage des im Rahmen dieser Arbeit verfolgten axiomatischen Ansatzes nicht möglich ist.

Die im folgenden erstmals für Ungewißheitssituationen axiomatisierte Disappointment Aversion Theorie von Gul geht einen dritten Weg, der nach Maßgabe der im letzten Abschnitt enthaltenen Definition von Enttäuschung auf die Erwartungshaltung abstellt, die der Entscheidungsträger der betreffenden Alternative vor der Entscheidung entgegenbringt. Ausgangspunkt ist die Unterscheidung enttäuschender und erfreulicher Ergebnisse: Enttäuschend sind Ergebnisse, die aus der Sicht des Entscheidungsträgers keinen größeren Nutzen als die betrachtete Alternative erbringen. Erfreulich sind Ergebnisse, die der Entscheidungsträger gegenüber der betrachteten Alternative schwach präferiert. Ein Ergebnis, dessen Nutzen demjenigen der betrachteten Alternative entspricht, ist demnach sowohl enttäuschend als auch erfreulich. Im Rahmen einer Alternative kann ein Ergebnis als enttäuschend, im Rahmen einer anderen Alternative kann dasselbe Ergebnis als erfreulich empfunden werden.

---

[1] Vgl. Chew/Epstein/Segal (1991). Überlegungen, ein derartiges Präferenzfunktional zu nutzen, um psychologische Einflußfaktoren zu berücksichtigen, wurden - freilich in einem anderen Kontext - auch von Sarin/Winkler angestellt; vgl. Sarin/Winkler (1992), S. 393-394.

Will man die aus der Unterscheidung enttäuschender und erfreulicher Ergebnisse resultierenden Auswirkungen auf die Präferenzordnung des Entscheidungsträgers axiomatisch erfassen, so wird insbesondere eine Modifikation von Axiom A5 erforderlich, da das Sicherheitsäquivalent einer Teilalternative nicht länger unabhängig davon sein kann, in welche Alternative diese Teilalternative eingebettet ist. Da die Disappointment Aversion Theorie von Gul zwar enttäuschende und erfreuliche Ergebnisse unterscheidet, innerhalb dieser Ergebnisklassen aber nicht weiter differenziert, bleibt das Sicherheitsäquivalent einer Teilalternative jedoch so lange von der zugrundeliegenden Alternative unabhängig, wie diese Teilalternative ausschließlich enttäuschende oder erfreuliche Ergebnisse enthält. Diese Überlegung führt zu dem folgenden Axiomensystem:

Definition E1: Wahrscheinlichkeitsrelation

Für alle $A, B \in \mathcal{S}$ gilt $A \precsim B$, wenn es $x, z \in X$ mit $x \succ z$ gibt, für die gilt

$$x\,A\,z \precsim x\,B\,z.$$

Definition E2: Nullereignis

$A \in \mathcal{S}$ ist ein Nullereignis, wenn für alle $f \in F$ und alle $x, y \in X$ gilt

$$x\,A\,f \sim y\,A\,f.$$

Axiom E1: Schwache Präferenzordnung

Für alle $f, g \in F$ gilt $\quad f \precsim g$ *oder* $g \precsim f$,

für alle $f, g, h \in F$ gilt $\quad f \precsim g$ *und* $g \precsim h \Rightarrow f \precsim h$.

Axiom E2: Starkes Monotonieprinzip (Sure Thing Principle II)

Für alle $f \in F$, alle $x, y \in X$ und alle $A \in \mathcal{S}$ gilt

$$x \precsim y \Leftrightarrow x\,A\,f \precsim y\,A\,f,$$

sofern es sich bei A nicht um ein Nullereignis handelt.

Axiom E3a: Reduktionsprinzip

Für alle $x, y, z \in X$ mit $x \succ z$ und alle $A, B, C, D \in \mathcal{S}$ mit $A \sim C$ und $B \sim D$ gilt

$$x\,A\,y\,B\,z \sim x\,C\,y\,D\,z.$$

Axiom E3b: Symmetrieprinzip

Für alle x, x', y, z, z' $\in X$ *und alle paarweise disjunkten A, B, C, D* $\in \mathcal{S}$ *mit* $x \succsim x\,A\,z\,B\,y$, $x\,C\,z\,D\,y$, $x\,A \cup C\,z\,B \cup D\,y \succsim z$ *und* $x' \succsim x'\,A\,z'\,B\,y$, $x'\,C\,z'\,D\,y$, $x'\,A \cup C\,z'\,B \cup D\,y \succsim z'$ *gilt*

$$x\,A\,z\,B\,y \sim x'\,A\,z'\,B\,y,\; x\,C\,z\,D\,y \sim x'\,C\,z'\,D\,y \Rightarrow$$
$$x\,A \cup C\,z\,B \cup D\,y \sim x'\,A \cup C\,z'\,B \cup D\,y.$$

Axiom E4: Existenz vorziehenswürdiger Ergebnisse

Es gibt x, y, z $\in X$ *mit* $\qquad x \succ y \succ z.$

Axiom E5: Existenz von Sicherheitsäquivalenten für Teilalternativen

Für alle f $\in F$ *und alle A* $\in \mathcal{S}$ *gibt es ein x* $\in X$, *so daß für alle g* $\in F$ *mit* $f(s) \succsim f\,A\,g$ *oder* $f(s) \precsim f\,A\,g$ *für alle s* $\in A$ *gilt*

$$f\,A\,g \sim x\,A\,g.$$

Axiom E6: Atomfreiheit der Ereignisalgebra

Für alle A $\in \mathcal{S}$, *alle x, y* $\in X$ *und alle f, g* $\in F$ *mit* $x\,A\,f \succ g \succ y\,A\,f$ *gibt es ein B* $\in \mathcal{S}$ *mit* $B \subset A$, *so daß gilt*

$$x\,A \setminus B\,y\,B\,f \sim g.$$

Axiom E7: Monotone Stetigkeit der Wahrscheinlichkeitsrelation

Für alle x, z $\in X$ *mit* $x \succ z$, *jede Ereignisfolge* $\{A_i\}$ *mit* $A_i \subseteq A_{i+1}$ *für* $i = 1, 2, \ldots$ *sowie alle B* $\in \mathcal{S}$ *gilt*

$$x \bigcup_{i=1}^{\infty} A_i\,z \precsim x\,B\,z \Leftarrow x\,A_i\,z \precsim x\,B\,z \text{ für alle } i = 1, 2, \ldots .$$

Abgesehen von dem schon behandelten Axiom E5 sind die Definitionen und Axiome von Axiomatik E entweder bereits bekannt oder weitgehend selbsterklärend: Definition E1 entspricht Definition A1, Definition E2 ist eine auf Axiom E2 abgestimmte Version von Definition A2. Die Axiome E1, E3a, E4 und E7 sind identisch mit den Axiomen A1, C3a, B4 bzw. A7. Axiom E2 ist eine restriktivere Version von Axiom A2 und äquivalent mit dem in Axiom AS3 verankerten Sure Thing Principle II von Savage. Axiom E6 verkörpert dieselbe Idee wie Axiom A6. Axiom E3b schließlich etabliert ein einleuchtendes Symmetrieprinzip, das im Rahmen von Axiomatik A aus Definition A2 sowie den Axiomen A1, A2 und A5 abgeleitet werden kann. Die Aufnahme von Axiom E3b wurde aufgrund der an Axiom A5 vorgenommenen Modifikationen notwendig.

Insgesamt betrachtet scheinen die Axiome von Axiomatik E sowohl aus deskriptiver als auch aus normativer Sicht unproblematisch. Zu kritisieren ist allenfalls, daß der Einfluß der potentiellen Enttäuschung des Entscheidungsträgers auf dessen Präferenzordnung nicht klarer in Erscheinung tritt. So ist z. B. intuitiv nicht unmittelbar einsichtig, wieso die Berücksichtigung der potentiellen Enttäuschung des Entscheidungsträgers die Einführung des in Axiom E3b verankerten Symmetrieprinzips erfordert. Trotz dieses Kritikpunktes stellt Axiomatik E einen Fortschritt in dem Bemühen dar, die potentielle Enttäuschung des Entscheidungsträgers axiomatisch zu berücksichtigen. Denn eine für Ungewißheitssituationen axiomatisierte Theorie der Enttäuschung, die weder von kardinal meßbaren Ergebnissen noch a priori von der Möglichkeit einer kardinalen Nutzenmessung ausgeht, lag bislang noch nicht vor.

6.2.2 Repräsentation der Präferenzordnung mittels des Präferenzfunktionals der Disappointment Aversion Theorie von Gul

Zum Beweis, daß sich die mit Axiomatik E vereinbaren Präferenzordnungen mittels des Präferenzfunktionals der Disappointment Aversion Theorie von Gul[1] numerisch repräsentieren lassen, werden im Anhang zu diesem Kapitel zunächst die Existenz eines eindeutig bestimmten, abzählbar additiven und atomfreien subjektiven Wahrscheinlichkeitsmaßes[2] sowie die Geltung des Reduktionsprinzips[3] gezeigt. Anschließend erfolgt der Nachweis, daß für alle $x, y \in X$ ein $x' \in X$ existiert, so daß $x\ A\ y\ B\ z \sim x'\ A \cup B\ z$ für alle $A, B \in \mathcal{S}$ mit konstantem $\frac{P(A)}{P(A)+P(B)}$ und für alle $z \in X$ mit $x, y \succsim x\ A\ y\ B\ z$ oder $x, y \precsim x\ A\ y\ B\ z$ gilt.[4] Des weiteren wird gezeigt, daß aus $x\ A\ z \precsim x'\ A\ z'$ auf $x\ B\ z\ C\ y \precsim x'\ B\ z'\ C\ y$ geschlossen werden kann, sofern $P(A) = \frac{P(B)}{P(B)+P(C)}$ und $x \succsim x\ A\ z$, $x\ B\ z\ C\ y \succsim z$ sowie $x' \succsim x'\ A\ z'$, $x'\ B\ z'\ C\ y \succsim z'$ gelten.[5] Die Ableitung dieses Resultats basiert auf dem in Axiom E3b verankerten Symmetrieprinzip.

Nach diesen Vorarbeiten sind alle Voraussetzungen geschaffen, um den Beweis von Repräsentationstheorem E im Wege des Nachweises der Geltung

---

1 Siehe Gul (1991).

2 Siehe den Beweis von Repräsentationstheorem E, Teil I, im Anhang zu diesem Kapitel.

3 Siehe Lemma E3 im Anhang zu diesem Kapitel.

4 Siehe Lemma E4 im Anhang zu diesem Kapitel.

5 Siehe Lemma E5 im Anhang zu diesem Kapitel.

des Axiomensystems von Gul[1] zu führen. Handelt es sich bei dem Ergebnisraum um ein abgeschlossenes Präferenzintervall, so gilt:[2]

Repräsentationstheorem E

Bei Geltung der Axiome E1 bis E7 existiert genau ein abzählbar additives, atomfreies Wahrscheinlichkeitsmaß P, so daß für alle $A, B \in \mathcal{S}$ gilt

$$P(A) \precsim P(B) \Leftrightarrow A \precsim B.$$

Des weiteren existiert eine Funktion $u: X \to \mathbb{R}$ und eine Konstante d $\in (-1, \infty)$, so daß für alle $x_i \in X$ mit $i = 1, \ldots, n$ und $x_i \precsim x_{i+1}$ für $i = 1, \ldots, n-1$ sowie alle $A_i, B_i \in \mathcal{S}$ mit $i = 1, \ldots, n$ gilt

$$x_n A_n x_{n-1} A_{n-1} \ldots x_2 A_2 x_1 \precsim x_n B_n x_{n-1} B_{n-1} \ldots x_2 B_2 x_1$$

$$\Leftrightarrow$$

$$\frac{1}{1 + P(\bigcup_{i=1}^{i^*} A_i)\, d} \sum_{i=i^*+1}^{n} u[x_i]\, P(A_i) + \frac{1+d}{1 + P(\bigcup_{i=1}^{i^*} A_i)\, d} \sum_{i=1}^{i^*} u[x_i]\, P(A_i)$$

$$\leq$$

$$\frac{1}{1 + P(\bigcup_{i=1}^{i^{**}} B_i)\, d} \sum_{i=i^{**}+1}^{n} u[x_i]\, P(B_i) + \frac{1+d}{1 + P(\bigcup_{i=1}^{i^{**}} B_i)\, d} \sum_{i=1}^{i^{**}} u[x_i]\, P(B_i)$$

mit $\quad x_i \succsim (\precsim)\ x_n A_n x_{n-1} A_{n-1} \ldots x_2 A_2 x_1$ *für* $i > (\leq)\ i^*$

und $\quad x_i \succsim (\precsim)\ x_n B_n x_{n-1} B_{n-1} \ldots x_2 B_2 x_1$ *für* $i > (\leq)\ i^{**}$.

Die Funktion u ist bis auf positive lineare Transformationen eindeutig bestimmt.

Ausgangspunkt der Repräsentation ist die Unterscheidung enttäuschender und erfreulicher Ergebnisse, die sich in einer alternativenspezifischen Zerlegung der Indexmenge {1, ..., n} niederschlägt: Die Ergebnisse der Alternative $x_n A_n x_{n-1} A_{n-1} \ldots x_2 A_2 x_1$ ($x_n B_n x_{n-1} B_{n-1} \ldots x_2 B_2 x_1$) sind für $i \leq i^*$ ($i \leq i^{**}$) enttäuschend und für $i > i^*$ ($i > i^{**}$) erfreulich.[3] Die Faktoren $\frac{1+d}{1 + P(\bigcup_{i=1}^{i^*} A_i)\, d}$

---

[1] Siehe Gul (1991), S. 671-673. Das hier angegebene Präferenzfunktional ist eine an den Ungewißheitsfall angepaßte Version des Präferenzfunktionals von Gul.

[2] Siehe den Beweis von Repräsentationstheorem E, Teil II, im Anhang zu diesem Kapitel.

[3] Man beachte, daß ein Ergebnis im Grenzfall sowohl enttäuschend als auch erfreulich sein kann. i^* (i^{**}) ist daher möglicherweise nicht eindeutig bestimmt, was aber ohne Einfluß auf den Wert des Präferenzfunktionals bleibt.

$\left(\frac{1+d}{1+P(\bigcup_{i=1}^{i^{**}} B_i)\,d}\right)$ bzw. $\frac{1}{1+P(\bigcup_{i=1}^{i^{*}} A_i)\,d}$ $\left(\frac{1}{1+P(\bigcup_{i=1}^{i^{**}} B_i)\,d}\right)$ stellen sicher, daß enttäuschenden und erfreulichen Ergebnissen nach Maßgabe der Konstanten d und der Enttäuschungswahrscheinlichkeit $P(\bigcup_{i=1}^{i^{*}} A_i)$ $(P(\bigcup_{i=1}^{i^{**}} B_i))$ ein unterschiedliches Gewicht beigemessen wird. Für $d = 0$ geht das Präferenzfunktional in dasjenige der subjektiven Erwartungsnutzentheorie über; der Entscheidungsträger ist enttäuschungsneutral. Für $d \in [0, \infty)$ besitzen enttäuschende Ergebnisse ein größeres Gewicht als erfreuliche; der Entscheidungsträger ist enttäuschungsavers. Für $d \in (-1, 0]$ gilt das Gegenteil.

Sollen auf der Grundlage der Disappointment Aversion Theorie Verhaltensempfehlungen erarbeitet werden, so erfordert die Unterscheidung enttäuschender und erfreulicher Ergebnisse eine Gegenüberstellung des Ergebnisnutzens mit dem Nutzenerwartungswert der betreffenden Alternative. Da dieser seinerseits von der Unterscheidung enttäuschender und erfreulicher Ergebnisse abhängt, ist der Wert des Präferenzfunktionals nur implizit bestimmt.[1] Ein Problem für die Entscheidungsfindung resultiert hieraus nicht: wie Gul zeigt, kann der Nutzenerwartungswert einer einfachen Alternative in endlich vielen Schritten ermittelt werden.[2] In welcher Weise der entsprechende Algorithmus modifiziert werden muß, wenn auch Alternativen mit unendlich vielen möglichen Ergebnissen in die Betrachtung einbezogen werden sollen, ist nicht ersichtlich. Es macht demzufolge wenig Sinn, über eine Erweiterung des Geltungsbereichs von Repräsentationstheorem E auf alle Alternativen nachzudenken.

Abschließend bleibt festzuhalten, daß die Disappointment Aversion Theorie bei der Unterscheidung enttäuschender und erfreulicher Ergebnisse direkt auf die Erwartungshaltung des Entscheidungsträgers im Entscheidungszeitpunkt abstellt und der im vorletzten Abschnitt angegebenen Definition von Enttäuschung damit in idealtypischer Weise gerecht wird. Entgegen den im vorletzten Abschnitt angeführten Überlegungen findet jedoch das Ausmaß der Enttäuschung des Entscheidungsträgers keine Berücksichtigung. Der Eintritt eines Verlustes von 100 GE, der im Entscheidungszeitpunkt mit subjektiver Wahrscheinlichkeit 0,2 zu erwarten war, wird demnach als ebenso enttäuschend angesehen wie der Eintritt eines mit subjektiver Wahrscheinlichkeit 0,02 erwarteten Verlustes von 1.000 GE. Mit dem, was gemeinhin unter Enttäuschung verstanden wird, dürfte dies wohl kaum in Einklang zu bringen sein. Die Disappointment Aversion Theorie und ihre hier vorgestellte Axio-

---

[1] Bell führt hierzu aus: "A decision analyst may feel it appropriate to expect the certainty equivalent, an exercise (fortunately convergent) in cyclical reasoning, which may explain why decision analysts take so long to make decisions."; Bell (1985), S. 9.

[2] Siehe Gul (1991), S. 684-685.

matisierung können folglich allenfalls als erster Schritt gewertet werden, den Einfluß potentieller Enttäuschung auf Entscheidungen zu erfassen.

6.3 Grundlegende Implikationen der subjektiven Disappointment Aversion Theorie

Infolge der nur impliziten Bestimmtheit des Wertes des Präferenzfunktionals stößt die Aufdeckung der ökonomischen Implikationen der subjektiven Disappointment Aversion Theorie auf Schwierigkeiten. Dennoch lassen sich einige Resultate ableiten, die den möglichen Einfluß der potentiellen Enttäuschung des Entscheidungsträgers auf dessen Entscheidungen erhellen.

Lineare Indifferenzkurven

Die subjektive Disappointment Aversion Theorie impliziert lineare Indifferenzkurven, die sich in zwei Punkten nordöstlich und südwestlich des Drei-Ergebnis Diagramms schneiden:[1]

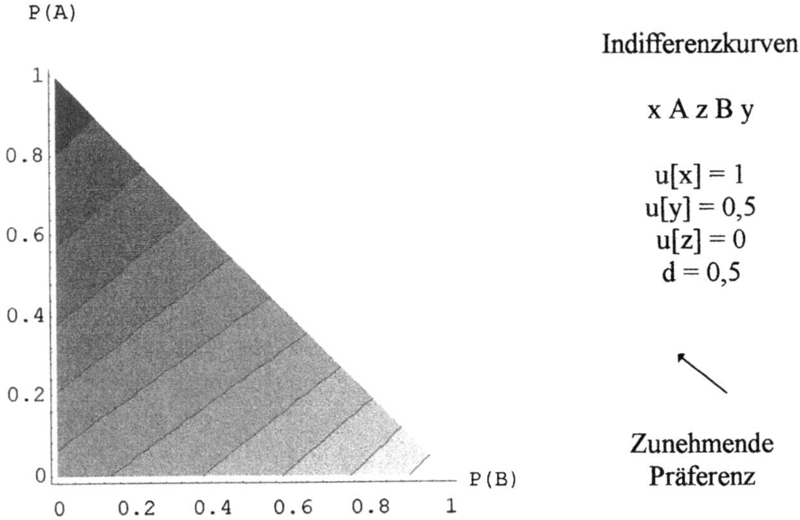

Abbildung 1: Indifferenzkurvenverlauf bei der subjektiven Disappointment Aversion Theorie mit d > 0

---

[1] Zum Indifferenzkurvenverlauf bei der Disappointment Aversion Theorie siehe Gul (1991), S. 678-679.

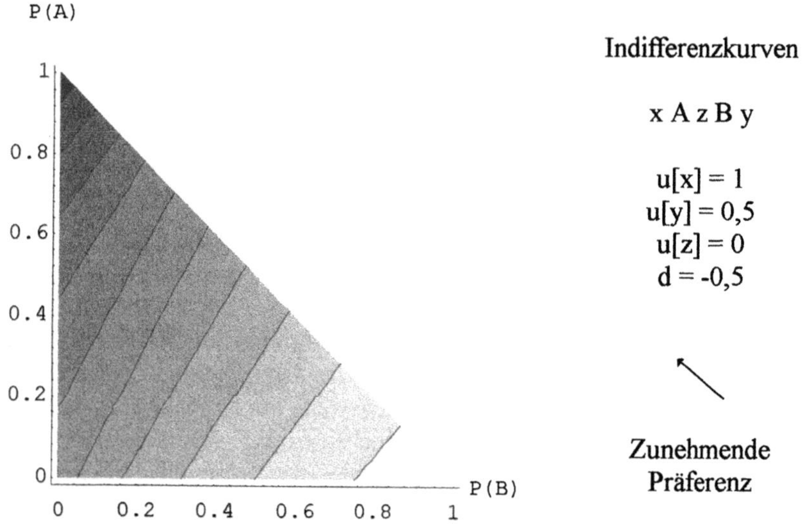

Abbildung 11: Indifferenzkurvenverlauf bei der subjektiven Disappointment Aversion Theorie mit d < 0

Bei einem enttäuschungsaversen Entscheidungsträger (d > 0) verlaufen die Indifferenzkurven wie in Abbildung 10, ansonsten wie in Abbildung 11 dargestellt. Aus der Linearität der Indifferenzkurven ist zu schließen, daß die Präferenzordnung auf der Menge der durch die Alternativen induzierten Ergebnisverteilungen die in Abschnitt II.B.3 erörterte Betweenness-Eigenschaft besitzt.

Stochastische Dominanz

Das stochastische Dominanzprinzip bleibt bei der subjektiven Disappointment Aversion Theorie sowohl in seiner schwachen als auch in seiner strikten Form gewahrt, wenn ausschließlich einfache Alternativen in die Betrachtung einbezogen werden. Dies läßt sich auf der Grundlage der Atomfreiheit des subjektiven Wahrscheinlichkeitsmaßes, des Reduktionsprinzips und des in Axiom E3 verankerten starken Monotonieprinzips problemlos im Wege der vollständigen Induktion zeigen.

Messung von Risikoeinstellungen

Wie üblich handele es sich bei dem Ergebnisraum um eine Teilmenge der reellen Zahlen; die Nutzenfunktion sei streng monoton steigend und zweimal differenzierbar. Ein Entscheidungsträger, dessen Präferenzordnung mit der Disappointment Aversion Theorie in Einklang steht, ist risikoavers im Sinne von Arrow/Pratt, wenn $d \geq 0$ und $u''[x] \leq 0$ für alle $x \in X$ gelten. Anders als bei der Erwartungsnutzentheorie kann das Sicherheitsäquivalent einer Alternative den Erwartungswert des Ergebnisses (für $d < 0$) auch bei einer konkaven Nutzenfunktion überschreiten. Ebenso ist der Fall denkbar, daß das Sicherheitsäquivalent einer Alternative (für $d > 0$) trotz einer konvexen Nutzenfunktion hinter dem Erwartungswert des Ergebnisses zurückbleibt. Die Risikoeinstellung des Entscheidungsträgers läßt sich wie bei Zugrundelegung der Erwartungsnutzentheorie zweckmäßig durch das lokale Risikoaversionsmaß

$$r(x) = -\frac{u''[x]}{u'[x]}$$

charakterisieren. (u_1, d_1) kennzeichnet einen (schwach) risikoaverseren Entscheidungsträger als (u_2, d_2) (das Sicherheitsäquivalent einer Alternative ist für den ersten Entscheidungsträger zumindest nicht größer als für den zweiten), sofern $d_1 \geq d_2$ und $r_1(x) \geq r_2(x)$ für alle $x \in X$ gelten.[1]

Potentiell dynamisch inkonsistentes oder inkonsequentes Entscheidungsverhalten

Die Befolgung der subjektiven Disappointment Aversion Theorie kann zu dynamisch inkonsistentem oder inkonsequentem Entscheidungsverhalten führen.[2] Zur Verdeutlichung gehe man von der Geltung des Reduktionsprinzips für mehrstufige Alternativen aus und betrachte einen Entscheidungsträger, der im Zeitpunkt 0 eine Entscheidung zwischen den Ergebnisverteilungen p und p' plant, die er im Zeitpunkt 1 treffen muß, sofern vorher das Ereignis A eintritt. Tritt A nicht ein, so resultiert in jedem Fall die Ergebnisverteilung q. Da die Präferenzordnung des Entscheidungsträgers auf $\mathcal{P}$ die Unabhängigkeitseigenschaft nicht besitzt, ist der Fall $p \succ p'$ und $P(A)\, p' + (1 - P(A))\, q \succ P(A)\, p + (1 - P(A))\, q$ denkbar. Im Zeitpunkt 0 müßte die Planung des Entscheidungsträgers dann eine Entscheidung zugunsten der Ergebnisverteilung p' vorsehen, sofern eine ganzheitliche Perspektive eingenommen wird. Im Zeitpunkt 1 hingegen erfordert konsequentes Entscheidungsverhalten eine Entscheidung zugunsten der Ergebnisverteilung p. Im Lichte der ursprünglichen Planung wäre diese Entscheidung dynamisch inkonsistent. Das Roll-Back Verfahren zur Lösung mehrstufiger Entscheidungsprobleme führt nicht zwangsläufig zu der gleichen Lösung wie eine ganzheitliche Betrachtung.

Potentiell negativer Wert kostenloser Informationen

Kostenlose Information kann für einen Entscheidungsträger, der der subjektiven Disappointment Aversion Theorie folgt, einen negativen Wert

---

1 Siehe Definition 4 und Theorem 4 in Gul (1991), S. 675-676.

2 Zum folgenden vgl. die in Fußnote 4 auf S. 50 angegebene Literatur, insbesondere Machina (1989), S. 1636-1637.

besitzen, sofern von der Geltung des Reduktionsprinzips für mehrstufige Alternativen ausgegangen und konsequentes Entscheidungsverhalten unterstellt wird. Zur Verdeutlichung betrachte man einen Entscheidungsträger, der die Wahl zwischen den Ergebnisverteilungen P(A) p + (1 - P(A)) q und P(A) p' + (1 - P(A)) q hat, wobei P(A) die Wahrscheinlichkeit eines Ereignisses A symbolisiert. Es gelte $p \succ p'$ und $P(A)\, p' + (1 - P(A))\, q \succ P(A)\, p + (1 - P(A))\, q$, die Entscheidung fällt demnach auf P(A) p' + (1 - P(A)) q. Dem Entscheidungsträger werde nun ein kostenloses Informationssystem angeboten, das vollständigen Aufschluß über den Eintritt des Ereignisses A gibt, bevor eine Entscheidung getroffen werden muß. Da er sich gemäß seiner Präferenzordnung bei konsequentem Entscheidungsverhalten für p entscheidet, wenn der Eintritt des Ereignisses A bekannt ist, kommt die Annahme des Informationssystems einer Entscheidung für die Ergebnisverteilung P(A) p + (1 - P(A)) q, seine Ablehnung einer Entscheidung für die Ergebnisverteilung P(A) p' + (1 - P(A)) q gleich. Das Informationssystem wird strikt abgelehnt und besitzt demzufolge für den Entscheidungsträger einen negativen Wert.[1]

Existenz von Nash Gleichgewichten

Stehen die Präferenzordnungen aller Spieler mit der Disappointment Aversion Theorie in Einklang, so besitzt jedes endliche nichtkooperative Spiel ein Nash Gleichgewicht in gemischten Strategien. Dies resultiert schon daraus, daß das von Nash erzielte Resultat seine Gültigkeit behält, wenn die Präferenzordnungen der Spieler zwar nicht die Unabhängigkeitseigenschaft, aber - wie bei Zugrundelegung der Disappointment Aversion Theorie - die Betweenness-Eigenschaft besitzen und damit quasi-konkav sind.[2]

---

[1] Vgl. die in Fußnote 2 auf S. 177 angegebene Literatur, insbesondere Wakker (1988b).

[2] Zur Definition quasi-konkaver Präferenzrelationen siehe Fußnote 1 auf S. 178; aus der Quasi-Konkavität der Präferenzordnung folgt unter den üblicherweise zusätzlich getroffenen Annahmen die Quasi-Konkavität des Präferenzfunktionals. Siehe dann Debreu (1952); Crawford (1990), S. 137.

6.4 Anhang: Beweis von Repräsentationstheorem E

Lemma E1:

Für alle x, z, x', z' $\in$ X mit x $\succ$ z und x' $\succ$ z' sowie für alle A, B $\in$ $\mathcal{S}$ gilt

$$x\ A\ z \precsim x\ B\ z \Leftrightarrow x'\ A\ z' \precsim x'\ B\ z'.$$

Beweis:

Gemäß Definition E1 und Axiom E3a kann von x A z $\sim$ x B z auf x' A z' $\sim$ x' B z' geschlossen werden. Es bleibt zu zeigen, daß x' A z' $\prec$ x' B z' aus x A z $\prec$ x B z folgt. Nach den Axiomen E1 und E2 sowie Definition E2 gilt z $\precsim$ x A z $\prec$ x B z. Axiom E6 gewährleistet die Existenz eines Ereignisses A' $\in$ $\mathcal{S}$ mit A' $\subset$ B, für das x A z $\sim$ x A' z gilt. Wegen x A' z B \ A' z $\prec$ x A' x B \ A' z nach Axiom E1 kann es sich bei B \ A' gemäß Definition E2 nicht um ein Nullereignis handeln. Aus Axiom E2 resultiert x' A' z' B \ A' z' $\prec$ x' A' x' B \ A' z'. Wie gezeigt gilt x' A z' $\sim$ x' A' z'. Axiom C1 ergibt x' A z' $\prec$ x' B z'. ■

Lemma E2:

1) Für alle A, B, C $\in$ $\mathcal{S}$ gilt
   a) $A \precsim B$ oder $B \precsim A$,
      $A \precsim B$ und $B \precsim C \Rightarrow A \precsim C$,
   b) $A \cap C = B \cap C = \varnothing \Rightarrow [A \precsim B \Leftrightarrow A \cup C \precsim B \cup C]$,
   c) $\varnothing \precsim A \precsim S$ und $\varnothing \prec S$.

2) Für jedes Ereignis A $\in$ $\mathcal{S}$ mit A $\succ$ $\varnothing$ existiert ein Ereignis B $\in$ $\mathcal{S}$ mit B $\subset$ A und A $\succ$ B $\succ$ $\varnothing$.

3) Für jede Folge $\{A_i\}$ mit $A_i \subseteq A_{i+1}$ und $A_i \in \mathcal{S}$ für alle i = 1, 2, ... sowie alle B $\in$ $\mathcal{S}$ mit $A_i \precsim B$ für alle i = 1, 2, ... gilt $\bigcup_{i=1}^{\infty} A_i \precsim B$.

Beweis:

1) a) Folgt aus den Axiomen E4 und E1 sowie Definition E1 und Lemma E1.

   b) Gemäß Axiom E4 existieren x, z $\in$ X mit x $\succ$ z. Nach Definition E1 ist x A z $\precsim$ x B z $\Leftrightarrow$ x A $\cup$ C z $\precsim$ x B $\cup$ C z zu zeigen. Aus Definition E1, dem voranstehenden Ergebnis und Axiom E3a folgt x A z $\sim$ x B z $\Rightarrow$ x A $\cup$ C z $\sim$ x B $\cup$ C z. Als nächstes wird x A z $\prec$ x B z $\Rightarrow$ x A $\cup$ C z $\prec$ x B $\cup$ C z gezeigt. Nach den Axiomen E1 und E2 sowie Definition E2 gilt z $\precsim$ x A z $\prec$ x B z. Axiom E6 gewährleistet die Existenz eines Ereignisses A' $\in$ $\mathcal{S}$ mit A' $\subset$ B, für das x A z $\sim$ x A' z gilt. Es folgt x A $\cup$ C z $\sim$ x A' $\cup$ C z B \ A' z. Aus x A' z B \ A' z $\prec$ x A' x B \ A' z nach Axiom E1 resultiert gemäß Definition E2, daß es sich bei B \ A' nicht um ein Nullereignis handelt. Aus Axiom E2 folgt x A' $\cup$ C z B \ A' z $\prec$ x A' $\cup$ C x B \ A' z. Axiom E1 ergibt x A $\cup$ C z

$\prec$ x B $\cup$ C z. Aus x A z $\sim$ x B z $\Rightarrow$ x A $\cup$ C z $\sim$ x B $\cup$ C z und x A z $\prec$ x B z $\Rightarrow$ x A $\cup$ C z $\prec$ x B $\cup$ C z resultiert x A z $\precsim$ x B z $\Leftrightarrow$ x A $\cup$ C z $\precsim$ x B $\cup$ C z.

c) $\emptyset \precsim A \precsim S$ folgt aus den Axiomen E4 und E2 sowie den Definitionen E1 und E2. $\emptyset \prec S$ resultiert aus Axiom E4 und Definition E1.

2) Aus Definition E1 und E2 sowie den Axiomen E1, E2 und E4 folgt z A z $\prec$ y A z $\prec$ x A z. Gemäß Axiom E6 existiert ein B $\in \mathcal{S}$ mit B $\subset$ A und x B z $\sim$ y A z. Wegen x A z $\succ$ x B z $\succ$ z B z nach Axiom E1 gilt nach Definition E1 A $\succ$ B $\succ \emptyset$.

3) Folgt unmittelbar aus den Axiomen E4 und E7 und Definition E1. ■

Repräsentationstheorem E, Teil I:

Bei Geltung der Axiome E1 bis E7 existiert genau ein abzählbar additives, atomfreies Wahrscheinlichkeitsmaß P, so daß für alle A, B $\in \mathcal{S}$ gilt

$$P(A) \le P(B) \Leftrightarrow A \precsim B.$$

Beweis:

Wie Repräsentationstheorem A, Teil I. ■

Lemma E3:

Für alle $x_i \in X$ und alle $A_i, B_i, C_i, D_i \in \mathcal{S}$ mit $A_i \sim C_i$ und $B_i \sim D_i$ für alle i = 1, ... , n gilt

$$x_n A_n \ldots x_2 A_2 x_1 \precsim x_n B_n \ldots x_2 B_2 x_1 \Rightarrow x_n C_n \ldots x_2 C_2 x_1 \precsim x_n D_n \ldots x_2 D_2 x_1.$$

Beweis:

Der Beweis wird durch vollständige Induktion geführt. Ohne Einschränkung der Allgemeinheit sei von $x_i \precsim x_{i+1}$ für i = 1, ..., n-1 ausgegangen. Aus Axiom E1 folgt $x_1 \sim x_1$, aus den Axiomen E1, E2 und E3a sowie Definition E2 resultiert $x_2 A_2 x_1 \sim x_2 C_2 x_1$ und $x_3 A_3 x_2 A_2 x_1 \sim x_3 C_3 x_2 C_2 x_1$. Von

$$f_{i-1} = x_{i-1} \bigcup_{j=i}^{n} A_j\, x_{i-1} A_{i-1} \ldots x_1 \sim x_{i-1} \bigcup_{j=i}^{n} C_j\, x_{i-1} C_{i-1} \ldots x_1 = f'_{i-1}$$

für i $\ge$ 4 wird ausgegangen. Aus den Axiomen E1 und E2 sowie Definition E2 folgt $x_1 \precsim f_{i-1}$, $f'_{i-1} \precsim x_{i-1}$. Gemäß Axiom E1 existiert ein $i^* \in \{1, ..., i\text{-}2\}$ mit $x_{i^*} \precsim f_{i-1}$, $f'_{i-1} \precsim x_{i^*+1}$. Man betrachte den Fall $i^* \ge 2$; im Fall $i^* = 1$ ist die Beweisführung analog. Aus den Axiomen E1 und E5 resultiert

$$f_{i-1} \sim x_{i-1} \bigcup_{j=i}^{n} A_j\, x_{i-1} A_{i-1} \ldots x_{i^*+1} A_{i^*+1} x'_1 \sim x_{i-1} \bigcup_{j=i}^{n} C_j\, x_{i-1} C_{i-1} \ldots x_{i^*+1} C_{i^*+1} x''_1 \sim f'_{i-1}.$$

Gemäß Induktionsvoraussetzung gilt

$$x_{i-1} \bigcup_{j=i}^{n} A_j\, x_{i-1} A_{i-1} \ldots x_{i^*+1} A_{i^*+1} x'_1 \sim x_{i-1} \bigcup_{j=i}^{n} C_j\, x_{i-1} C_{i-1} \ldots x_{i^*+1} C_{i^*+1} x'_1.$$

Axiom E1 ergibt

$$x_{i-1} \bigcup_{j=i}^{n} C_j\, x_{i-1}\, C_{i-1} \ldots x_{i^*+1}\, C_{i^*+1}\, x''_1 \sim x_{i-1} \bigcup_{j=i}^{n} C_j\, x_{i-1}\, C_{i-1} \ldots x_{i^*+1}\, C_{i^*+1}\, x'_1.$$

Aus den Axiomen E1 und E2 resultiert $x'_1 \sim x''_1$, sofern es sich bei $\bigcup_{j=1}^{i^*} C_j$ und folglich auch $\bigcup_{j=1}^{i^*} A_j$ nicht um Nullereignisse handelt. Aus Axiom E2 und Definition E2 folgt ferner $f_{i-1} \precsim f_i$ und $f'_{i-1} \precsim f'_i$. Axiom E1 ergibt $x_{i^*} \precsim f_i, f'_i$. Gemäß Induktionsvoraussetzung gilt auch

$$x_i \bigcup_{j=i}^{n} A_j\, x_{i-1}\, A_{i-1} \ldots x_{i^*+1}\, A_{i^*+1}\, x'_1 \sim x_i \bigcup_{j=i}^{n} C_j\, x_{i-1}\, C_{i-1} \ldots x_{i^*+1}\, C_{i^*+1}\, x'_1.$$

Aus Axiom E2 bzw., sofern es sich bei $\bigcup_{j=1}^{i^*} A_j$ und $\bigcup_{j=1}^{i^*} C_j$ um Nullereignisse handelt, aus Definition E2 resultiert

$$x_i \bigcup_{j=i}^{n} C_j\, x_{i-1}\, C_{i-1} \ldots x_{i^*+1}\, C_{i^*+1}\, x'_1 \sim x_i \bigcup_{j=i}^{n} C_j\, x_{i-1}\, C_{i-1} \ldots x_{i^*+1}\, C_{i^*+1}\, x''_1.$$

Die Axiome E1 und E5 ergeben

$$x_i \bigcup_{j=i}^{n} A_j\, x_{i-1}\, A_{i-1} \ldots x_1 \sim x_i \bigcup_{j=i}^{n} C_j\, x_{i-1}\, C_{i-1} \ldots x_1.$$

Die angestrebte Aussage ergibt sich aus Axiom E1. ■

Lemma E4:

Für alle $x, y \in X$ gibt es ein $x' \in X$, so daß für alle $A, B \in \mathcal{S}$ mit konstantem $\frac{P(A)}{P(A) + P(B)}$ und für alle $z \in X$ mit $x, y \succsim x\,A\,y\,B\,z$ oder $x, y \precsim x\,A\,y\,B\,z$ gilt

$$x\,A\,y\,B\,z \sim x'\,A \cup B\,z.$$

Beweis:

Gemäß Axiom E5 existiert ein $x'' \in X$, so daß für alle $z \in X$ mit $x, y \succsim x\,A\,y\,B\,z$ oder $x, y \precsim x\,A\,y\,B\,z$ $x\,A\,y\,B\,z \sim x''\,A \cup B\,z$ gilt. Bewiesen wird $x\,A'\,y\,B'\,z' \sim x''\,A' \cup B'\,z'$ für alle $z' \in X$ mit $x, y \succsim x\,A'\,y\,B'\,z'$ oder $x, y \precsim x\,A'\,y\,B'\,z'$ und $\frac{P(A)}{P(A) + P(B)} = \frac{P(A')}{P(A') + P(B')}$. Ohne Einschränkung der Allgemeinheit wird von $P(A) \geq P(A')$ und folglich $P(B) \geq P(B')$ ausgegangen. Man zerlege A und B mittels Repräsentationstheorem E, Teil I, in jeweils 2^n gleichwahrscheinliche Ereignisse und bezeichne diese mit A_i^n und B_j^n, $i, j = 1, \ldots, 2^n$. Gemäß Axiom E5 existiert ein $x' \in X$, so daß für beliebiges $f \in F$ mit $x, y \succsim x\,A_1^n\,y\,B_1^n\,f$ oder $x, y \precsim x\,A_1^n\,y\,B_1^n\,f$

$$x\,A_1^n\,y\,B_1^n\,f \sim x'\,A_1^n \cup B_1^n\,f.$$

gilt. Nach Axiom E1 und Lemma E3 gilt auch $x\,A_1^n\,y\,B_1^n\,f = x\,A_1^n\,y\,B_1^n\,x\,A_2^n\,y\,B_2^n\,f' \sim x'\,A_1^n \cup B_1^n\,x\,A_2^n\,y\,B_2^n\,f' \sim x\,A_1^n\,y\,B_1^n\,x'\,A_2^n \cup B_2^n\,f' \sim x'\,A_1^n \cup B_1^n \cup A_2^n \cup B_2^n\,f'$. Durch induktive Anwendung von Axiom E1 und Lemma E3 läßt sich so auf den behaupteten Zusammenhang für $P(A') = m\,2^{-n}\,P(A)$ und $P(B') = m\,2^{-n}\,P(B)$ mit $m, n \in \mathbb{N}$, $m \leq 2^n$ schließen. Angenommen, die behauptete Aussage wäre unrichtig, wenn sich $P(A')$ und $P(B')$ nicht durch $P(A') = m\,2^{-n}\,P(A)$ bzw. $P(B') = m\,2^{-n}\,P(B)$ mit $m, n \in \mathbb{N}$, $m \leq 2^n$ darstellen lassen. Dann müßte ein $z' \in X$ mit $x, y \succsim x\,A'\,y\,B'\,z'$ oder x, y $\precsim$ x A' y B' z' und $\frac{P(A)}{P(A)+P(B)} = \frac{P(A')}{P(A')+P(B')}$ existieren, so daß für ein nach obiger Konstruktionsvorschrift gewonnenes x' $\in$ X x A' y B' z' $\prec$ x' A' $\cup$ B' z' oder x A' y B' z' $\succ$ x' A' $\cup$ B' z' gilt. Von x A' y B' z' $\succ$ x' A' $\cup$ B' z' und x, y $\succsim$ x A' y B' z' sei ausgegangen, der Widerspruchsbeweis verläuft für die Fälle x A' y B' z' $\succ$ x' A' $\cup$ B' z' und x, y $\precsim$ x A' y B' z', x A' y B' z' $\prec$ x' A' $\cup$ B' z' und x, y $\succsim$ x A' y B' z' sowie x A' y B' z' $\prec$ x' A' $\cup$ B' z' und x, y $\precsim$ x A' y B' z' analog. Ohne Einschränkung der Allgemeinheit sei x $\succsim$ y unterstellt. Gemäß den Axiomen E1 und E2 sowie Definition E2 ist von x' $\succsim$ y $\succsim$ z' auszugehen. Lemma E2 sowie die Axiome E1, E2 und E6 stellen die Existenz eines Ereignisses D $\subset \overline{A \cup B}$ mit D $\succ \varnothing$ sicher, für das x A' y B' z' $\succ$ x' A' $\cup$ B' $\cup$ D z' gilt. Von der Existenz von m, n $\in \mathbb{N}$, m $\leq 2^n$ mit P(A' $\cup$ B' $\cup$ D) = m 2^{-n} P(A $\cup$ B) ist nach Repräsentationstheorem E, Teil I, auszugehen. D wird dann mittels Repräsentationstheorem E, Teil I, so in zwei Ereignisse D_1 und D_2 zerlegt, daß $P(D_1) = \frac{P(A')}{P(A')+P(B')} \cdot P(D)$ und $P(D_2) = \frac{P(B')}{P(A')+P(B')} \cdot P(D)$ gilt. Es folgt

$$\frac{P(A')}{P(A')+P(B')} = \frac{P(A')+P(D_1)}{P(A')+P(B')+P(D)}.$$

Aus den Axiomen E1 und E2 resultiert x A' $\cup$ D_1 y B' $\cup$ D_2 z' $\succsim$ x A' y B' z'. Axiom E1 ergibt x A' $\cup$ D_1 y B' $\cup$ D_2 z' $\succ$ x' A' $\cup$ B' $\cup$ D z'. Gemäß dem ersten Teil des Beweises müßte dagegen x A' $\cup$ D_1 y B' $\cup$ D_2 z' $\sim$ x' A' $\cup$ B' $\cup$ D z' gelten. ∎

Lemma E5:

Für alle x, x', y, z, z' $\in$ X und alle A, B, C $\in \mathcal{S}$ mit $P(A) = \frac{P(B)}{P(B)+P(C)}$ und x $\succsim$ x A z, x B z C y $\succsim$ z und x' $\succsim$ x' A z', x' B z' C y $\succsim$ z' gilt

$$x\,A\,z \precsim x'\,A\,z' \Rightarrow x\,B\,z\,C\,y \precsim x'\,B\,z'\,C\,y.$$

Beweis:

Mittels Repräsentationstheorem E, Teil I, zerlege man A und $\bar{A}$ in jeweils n gleichwahrscheinliche Ereignisse und bezeichne diese mit B_i^n und C_j^n, i, j = 1, ... , n. Es gilt x A z $\sim$ x' A z' $\Rightarrow$ x B_i^n z C_j^n y $\sim$ x' B_i^n z' C_j^n y für x $\succsim$ x A z, x B_i^n z C_i^n y $\succsim$ z und x' $\succsim$ x' A z', x' B_i^n z' C_i^n y $\succsim$ z' und alle i, j $\in$ {1, ..., n}. Für x $\sim$ x' folgt dies aus den Axiomen E1 und E2 sowie Definition E2. Ansonsten sei ohne Einschränkung der Allgemeinheit von x $\prec$ x' ausgegangen; aus Axiom E2 folgt z $\succ$ z'. Angenommen, im Fall x A z $\sim$ x' A z' gälte x B_i^n z C_j^n y $\succ$ x' B_i^n z' C_j^n y (der Widerspruchsbeweis für x B_i^n z C_j^n y $\prec$ x' B_i^n z' C_j^n y verläuft analog). Aus den Axiomen E1 und E2 resultiert x' B_i^n z C_j^n y $\succ$ x B_i^n z C_j^n y $\succ$ x' B_i^n z' C_j^n y. Gemäß Axiom E6 existiert ein Ereignis D $\subset C_j^n$, für das x' B_i^n z $C_j^n \setminus$ D z' D y $\sim$ x B_i^n z C_j^n y gilt. Wegen z, z' $\precsim$ x' B_i^n z $C_j^n \setminus$ D z' D y gemäß Axiom E1 resultiert nach den Axiomen E1 und E5 x B_i^n z C_j^n y $\sim$ x' B_i^n z'' C_j^n y. Aus den Axiomen E1 und E2 folgt z' $\prec$ z''. Induktive Anwendung von Axiom E3b ergibt x A z $\sim$ x' A z''. Aus den Axiomen E1 und E2 resultiert x A z $\succ$ x' A z'. Folglich gilt $x\ A\ z \sim x'\ A\ z' \Rightarrow x\ B_i^n\ z\ C_j^n\ y \sim x'\ B_i^n\ z'\ C_j^n\ y$ und damit auch $x\ A\ z \sim x'\ A\ z' \Rightarrow x\ B\ z\ C\ y \sim x'\ B\ z'\ C\ y$, sofern es sich bei P(B) um ein rationales Vielfaches von P(A) handelt. $x\ A\ z \sim x'\ A\ z' \Rightarrow x\ B\ z\ C\ y \sim x'\ B\ z'\ C\ y$ gilt auch dann, wenn P(B) ein irrationales Vielfaches von P(A) ist. Angenommen, dies wäre nicht der Fall, es gälte $x\ A\ z \sim x'\ A\ z'$ und $x\ B\ z\ C\ y \succ x'\ B\ z'\ C\ y$ (der Widerspruchsbeweis für $x\ B\ z\ C\ y \prec x'\ B\ z'\ C\ y$ verläuft analog). Lemma E2 sowie die Axiome E1, E2 und E6 stellen die Existenz eines Ereignisses $D \subset \overline{B \cup C}$ mit $D \succ \varnothing$ sicher, für das $x\ B\ z\ C \cup D\ y \succ x'\ B \cup D\ z'\ C\ y$ gilt. D wird dann mittels Repräsentationstheorem E, Teil I, so in zwei Ereignisse D_1 und D_2 zerlegt, daß $P(A) = \frac{P(B) + P(D_1)}{P(B) + P(C) + P(D)}$ gilt und $P(B) + P(D_1)$ ein rationales Vielfaches von P(A) ist. Aus den Axiomen E1 und E2 resultiert $x\ B \cup D_1\ z\ C \cup D_2\ y \succ x'\ B \cup D_1\ z'\ C \cup D_2\ y$. Gemäß dem ersten Teil des Beweises müßte dagegen $x\ B \cup D_1\ z\ C \cup D_2\ y \sim x'\ B \cup D_1\ z'\ C \cup D_2\ y$ gelten. Schließlich gilt $x\ A\ z \precsim x'\ A\ z' \Rightarrow x\ B\ z\ C\ y \precsim x'\ B\ z'\ C\ y$, wofür lediglich noch $x\ A\ z \prec x'\ A\ z' \Rightarrow x\ B\ z\ C\ y \precsim x'\ B\ z'\ C\ y$ zu zeigen ist. Zunächst konstruiere man hierfür mittels der Axiome E1, E2, E5 und E6 ein Ergebnis $x'' \in X$ mit $x\ A\ z \sim x''\ A\ z'$. Aus den Axiomen E1 und E2 resultiert $x'' \prec x'$. Nach den obenstehenden Ergebnissen folgt $x\ B\ z\ C\ y \sim x''\ B\ z'\ C\ y$. Die Axiome E1 und E2 ergeben $x\ B\ z\ C\ y \precsim x'\ B\ z'\ C\ y$. ■

Beweis von Repräsentationstheorem E, Teil II:

Der Beweis wird durch Nachweis der Geltung des Axiomensystems von Gul geführt; siehe Gul (1991), S. 671-672. Mit p_f, p_g, p_h seien die durch die einfachen Alternativen f, g, h von P auf X induzierten Ergebnisverteilungen bezeichnet. $\mathcal{P}_s$ umfasse alle solche Ergebnisverteilungen. Zu beweisen sind die Axiome:

1) Für alle $p_f, p_g, p_h \in \mathcal{P}_s$ gilt $p_f \precsim p_g$ oder $p_g \precsim p_f$,
$$p_f \precsim p_g \text{ und } p_g \precsim p_h \Rightarrow p_f \precsim p_h.$$

2) Für alle $p_f \in \mathcal{P}_s$ sind die Mengen $\{p_g \in \mathcal{P}_s\colon p_g \succsim p_f\}$ und $\{p_g \in \mathcal{P}_s\colon p_g \precsim p_f\}$ abgeschlossen bezüglich der durch die L_1 Metrik induzierten Topologie.

3) Für alle $p_f, p_g \in \mathcal{P}_s$, alle $y \in X$ und jede reelle Zahl $\lambda \in [0, 1]$ gilt
$$p_f \precsim p_g \Rightarrow \lambda\, p_f + (1-\lambda)\, y \precsim \lambda\, p_g + (1-\lambda)\, y,$$
sofern es $A, B \in \mathcal{S}$ mit $f(s) \succsim (\precsim)\ p_f$ für $s \in A\ (S \setminus A)$ sowie $g(s) \succsim (\precsim)\ p_g$ für $s \in B\ (S \setminus B)$ mit $P(A) = P(B)$ gibt, so daß $f(s) \succsim (\precsim)\ \lambda\, p_f + (1-\lambda)\, y$ für alle $s \in A\ (S \setminus A)$ mit $p_f(f(s)) > 0$ sowie $g(s) \succsim (\precsim)\ \lambda\, p_g + (1-\lambda)\, y$ für alle $s \in B\ (S \setminus B)$ mit $p_g(g(s)) > 0$ gelten.

4) Für alle $p_f, p_g \in \mathcal{P}_s$ und jede reelle Zahl $\lambda \in (0, 1)$ gilt
$$\lambda\, p_f + (1-\lambda)\, z \precsim \lambda\, p_g + (1-\lambda)\, z \Leftrightarrow \lambda\, x + (1-\lambda)\, p_f \precsim \lambda\, x + (1-\lambda)\, p_g,$$
sofern $z \precsim \lambda\, p_f + (1-\lambda)\, z \precsim y$ und $y \precsim \lambda\, x + (1-\lambda)\, p_f \precsim x$ für alle $y \in X$ mit $p_f(y) > 0$ sowie $z \precsim \lambda\, p_g + (1-\lambda)\, z \precsim y$ und $y \precsim \lambda\, x + (1-\lambda)\, p_g \precsim x$ für alle $y \in X$ mit $p_g(y) > 0$ gelten.

ad 1) Folgt aus Axiom E1 und Lemma E3.

ad 2) Für alle $p_f \in \mathcal{P}_s$ sind die Mengen $\{p_g \in \mathcal{P}_s\colon p_g \prec p_f\}$ und $\{p_g \in \mathcal{P}_s\colon p_g \succ p_f\}$ offen bezüglich der durch die L_1 Metrik induzierten Topologie, sofern ein $\varepsilon > 0$ existiert, so daß für alle $p_h \in \mathcal{P}_s$ mit $d_{L_1}(p_g, p_h) < \varepsilon$ $p_h \prec p_f$ bzw. $p_h \succ p_f$ gilt. Dies ist der Fall, sofern für alle f, g $\in$ F, alle x $\in$ X und alle A $\in$ S mit A $\prec$ S und x A g $\prec$ f (x A g $\succ$ f) ein D $\subseteq$ S \ A mit D $\succ \varnothing$ und x A $\cup$ D g $\prec$ f (x A $\cup$ D g $\succ$ f) existiert. In allen nichttrivialen Fällen gibt es ein Ereignis B $\succ \varnothing$ mit x A g = x A y B g und f $\precsim$ x A $\cup$ B g (f $\succsim$ x A $\cup$ B g). Gemäß Axiom E6 existiert ein Ereignis C $\subseteq$ B mit f $\sim$ x A $\cup$ C y B \ C g. Die angestrebte Aussage resultiert aus Lemma E2 sowie Axiom E2.

ad 3) Induktive Anwendung von Lemma E4 ergibt f $\sim$ x A z und g $\sim$ x' B z'. Aus Lemma E3 folgt g $\sim$ x' A z'. Aus den Axiomen E1 und E2 sowie Definition E2 resultiert x $\succsim$ x A z $\succsim$ z und x' $\succsim$ x' A z' $\succsim$ z'. Mittels Repräsentationstheorem E, Teil I, konstruiere man B, C $\in$ S mit $P(A) = \frac{P(B)}{P(B) + P(C)}$ sowie $P(B) = \lambda\, P(A)$. Gemäß Lemma E5 gilt x A z $\precsim$ x' A z' $\Rightarrow$ x B z C y $\precsim$ x' B z' C y für beliebiges y $\in$ X mit x $\succsim$ x B z C y $\succsim$ z und x' $\succsim$ x' B z' C y $\succsim$ z'. Aus Lemma E3 und der Anwendung von Lemma E4 resultiert $\lambda\, p_f + (1-\lambda)\, y \precsim \lambda\, p_g + (1-\lambda)\, y$.

ad 4) Gemäß induktiver Anwendung von Lemma E4 und Lemma E3 ist y_1 A z $\precsim$ y_2 A z $\Leftrightarrow$ x A y_1 $\precsim$ x A y_2 zu zeigen, wobei es sich weder bei A noch bei S \ A um ein Nullereignis handeln kann. Die angestrebte Aussage folgt aus Axiom E2.

Zum Beweis von Repräsentationstheorem E, Teil II, siehe dann Gul (1991), S. 672-673 und 680-686. ■

7 Zur Berücksichtigung des potentiellen Bedauerns von Entscheidungen: Eine Axiomatisierung der Regret Theorie von Sugden auf der Grundlage reichhaltiger Ergebnis- und Zustandsräume

7.1 Empirische Befunde zum Einfluß potentiellen Bedauerns auf das Entscheidungsverhalten und dessen Beurteilung aus normativer Sicht

Rückblickend kann das, was im Anschluß an eine Entscheidung geschehen ist, in zweierlei Hinsicht mit dem, was unter anderen Umständen geschehen wäre, verglichen werden: Zum einen ist eine Gegenüberstellung des erzielten Ergebnisses mit denjenigen Ergebnissen denkbar, die die ergriffene Alternative bei anderen Umweltentwicklungen erbracht hätte. Der Eintritt eines vergleichsweise ungünstigen Ergebnisses geht für den Entscheidungsträger mit einem Gefühl der Enttäuschung einher, dessen mögliche Auswirkungen auf die Präferenzordnung im letzten Kapitel behandelt wurden. Zum anderen ist eine Gegenüberstellung des erzielten Ergebnisses mit denjenigen Ergebnissen möglich, die sich eingestellt hätten, wenn eine andere Alternative ergriffen worden wäre. Bei einem vergleichsweise ungünstigen Ergebnis bedauert der Entscheidungsträger seine Entscheidung, weil ein vorteilhafteres Ergebnis erzielt worden wäre, wenn er eine andere Entscheidung getroffen hätte. Im folgenden geht es um den Einfluß, den das potentielle Bedauern von Entscheidungen auf das in der Realität zu beobachtende Entscheidungsverhalten nimmt, und um dessen Beurteilung aus normativer Sicht.[1]

Als Bedauern wird das Gefühl bezeichnet, das für den Entscheidungsträger mit dem Eintritt eines im Sinne der obigen Ausführungen ungünstigen Ergebnisses einhergeht; das Gegenteil von Bedauern ist Frohlocken (Rejoicing).[2] Eine Entscheidung zu bedauern (über eine Entscheidung zu frohlokken), dürfte das Wohlbefinden der meisten Menschen um so stärker beeinflussen, je ungünstiger (günstiger) das erzielte Ergebnis in Relation zu den Ergebnissen ist, die sich eingestellt hätten, wenn eine andere Alternative ergriffen worden wäre. Ein unvermeidbarer - und deshalb nicht zu bedauernder - Verlust infolge einer Steuererhöhung z. B. wird vermutlich von den meisten

---

[1] Auf das Minmax-Regret-Kriterium von Savage (1951) wird dabei nicht Bezug genommen.

[2] Bell (1982), S. 962, weist zu Recht darauf hin, daß eine Entscheidung, die zu einem vergleichsweise ungünstigen Ergebnis geführt hat, auch infolge des damit verbundenen Reputationsverlustes bedauert werden kann.

Menschen als weniger belastend empfunden als ein vermeidbarer - und deshalb bedauernswerter - Spekulationsverlust in gleicher Höhe. Umgekehrt wird ein Spekulationsgewinn für die meisten Menschen mit angenehmeren Gefühlen einhergehen als ein gleich hoher Gewinn infolge einer Steuersenkung.[1]

Etliche empirische Phänomene, die im Rahmen dieser Arbeit bereits behandelt wurden - intransitive Präferenzrelationen[2], das Preference Reversal Phänomen[3], der Common Consequence Effect und der Common Ratio Effect[4] -, lassen sich auf das potentielle Bedauern von Entscheidungen zurückführen. Man betrachte z. B. einen Entscheidungsträger, der die Ergebnisverteilung p, die mit Wahrscheinlichkeit 0,1 (0,9) einen Gewinn von 5 Mio. GE (0 GE) erbringt, gegenüber der Ergebnisverteilung q, die mit Wahrscheinlichkeit 0,11 (0,89) zu einem Gewinn von 1 Mio. GE (0 GE) führt, strikt präferiert. Vor die Wahl zwischen zwei Ergebnisverteilungen p' und q' gestellt, die mit Wahrscheinlichkeit 0,1 (0,89, 0,01) zu einem Gewinn von 5 Mio. GE (1 Mio. GE, 0 GE) bzw. mit Sicherheit zu einem Gewinn von 1 Mio. GE führt, müßte dieser Entscheidungsträger gemäß der Erwartungsnutzentheorie die Ergebnisverteilung p' ergreifen. Tut er dies und erzielt keinen Gewinn, so wird er bedauern, nicht die Ergebnisverteilung q' gewählt zu haben, die mit Sicherheit zu einem Gewinn von 1 Mio. GE geführt hätte. Die bewußte oder unbewußte Antizipation dieses Bedauerns könnte dazu führen, daß q' gewählt wird, und erklärt damit den Common Consequence Effect.[5]

Der empirische Nachweis, daß die angeführten Phänomene tatsächlich auf potentielles Bedauern und nicht auf andere Ursachen zurückzuführen sind, erfordert Versuchsanordnungen, die andere Erklärungsmöglichkeiten ausschließen.[6] Die meisten Untersuchungen in dieser Richtung wurden zum Common Ratio Effect angestellt. Spielt potentielles Bedauern in der Realität eine Rolle - so die zugrundeliegende Überlegung -, so hängt die Wertschät-

---

[1] Das Beispiel stammt von Loomes/Sugden (1982), S. 808.

[2] Vgl. Loomes/Sugden (1982), S. 815-816; Loomes/Sugden (1987a), S. 279-280; Machina (1987b), S. 138-140. Siehe auch Kirchsteiger/Puppe (1996).

[3] Vgl. Bell (1982), S. 975-976; Loomes/Sugden (1983a); Loomes/Sugden (1987a), S. 279-280; Appleby/Starmer (1987), S. 38-39; Loomes/Starmer/Sugden (1991a), S. 428-437.

[4] Zum Common Consequence Effect vgl. Loomes/Sugden (1982), S. 812; Loomes/Sugden (1987a), S. 273-279. Zum Common Ratio Effect vgl. Bell (1982), S. 962; Loomes/Sugden (1982), S. 811-812; Loomes/Sugden (1987a), S. 273-279. Einschränkend sei angemerkt, daß die im folgenden behandelten theoretischen Ansätze den Common Consequence Effect und den Common Ratio Effect nur teilweise erklären können; vgl. Fishburn (1987), S. 836-839; Sugden (1986), S. 22; Loomes (1989), S. 111.

[5] Vgl. Bell (1982), S. 962.

[6] Vgl. Loomes/Sugden (1987b), S. 118.

zung, die der Entscheidungsträger einer Alternative entgegenbringt, nicht nur von deren möglichen Ergebnissen, sondern auch von den Ergebnissen ab, die andere Alternativen unter sonst gleichen Umständen erbringen. Läßt sich zeigen, daß die relative Positionierung der Ergebnisse in der Ergebnismatrix einen signifikanten Einfluß auf das in der Realität zu beobachtende Entscheidungsverhalten besitzt (Juxtaposition Effect), so kann auf die empirische Relevanz potentiellen Bedauerns geschlossen werden. Zeigt sich dagegen, daß diese Positionierung ohne Einfluß auf das Entscheidungsverhalten bleibt, so spielt potentielles Bedauern für das in der Realität zu beobachtende Entscheidungsverhalten offenbar keine Rolle.

Leider lassen die vorliegenden empirischen Befunde keine diesbezüglich eindeutigen Schlußfolgerungen zu. Zwar kamen Loomes, Starmer und Sugden in früheren Untersuchungen zu dem Resultat, daß ein mehr oder weniger starker Juxtaposition Effekt in Abhängigkeit vom Untersuchungsdesign tatsächlich auftritt.[1] Spätere Untersuchungen zeigten jedoch, daß die entsprechenden Befunde in erster Linie auf die Art und Weise zurückzuführen waren, wie die Probanden mit Entscheidungsproblemen konfrontiert wurden, und daß der Juxtaposition Effekt bei einer anderen Form der Problemdarstellung weitgehend verschwindet.[2] Ein eindeutiger Nachweis, daß potentielles Bedauern auf das in der Realität zu beobachtende Entscheidungsverhalten Einfluß nimmt, steht demzufolge noch aus. Immerhin stellt seine Berücksichtigung eine Möglichkeit dar, die angeführten empirischen Phänomene zu erklären; eine entsprechende Modifikation von Axiomatik A ist damit unter deskriptiven Gesichtspunkten von Interesse.

In der Literatur zu der Frage, ob potentielles Bedauern unter normativen Gesichtspunkten bedeutsam ist, findet sich mehrheitlich die Auffassung, daß rationales Entscheidungsverhalten die Berücksichtigung des psychischen Wohlbefindens jedenfalls nicht ausschließt.[3] Loomes/Sugden führen aus: "Thus we believe that regret theory does more than predict certain systematic violations of conventional expected utility theory: it indicates that such behaviour is not, in any meaningful sense of the word, irrational."[4] Shoemaker geht sogar noch einen Schritt weiter, indem er behauptet: "... the only serious shaking of EU (Expected Utility, Anmerkung des Verfassers) as a normative choice theory in recent years has come from regret analyses ..."[5] Eine Grenze wird wie üblich da zu ziehen sein, wo potentielles Bedauern dazu führt, daß

---

1 Siehe Loomes/Sugden (1987b); Loomes (1988, 89); Starmer/Sugden (1989).

2 Siehe Harless (1992a); Starmer/Sugden (1993); Humphrey (1995).

3 Eine ausführliche Auseinandersetzung mit der Frage, ob potentielles Bedauern unter normativen Gesichtspunkten von Bedeutung sein kann, enthält Loomes/Sugden (1982), S. 816-822.

4 Loomes/Sugden (1982), S. 819.

5 Schoemaker (1992), S. 2.

der Entscheidungsträger ausgebeutet werden kann. So lange dies nicht der Fall ist, spricht wohl nichts dagegen, es im Rahmen normativer Betrachtungen zu berücksichtigen.

7.2 Axiomatische Erfassung und numerische Repräsentation mengenspezifischer Präferenzordnungen

7.2.1 Mengenspezifische Präferenzordnungen als Instrument zur Berücksichtigung des potentiellen Bedauerns von Entscheidungen

Ebenso wie die potentielle Enttäuschung des Entscheidungsträgers auf verschiedene Weise berücksichtigt werden kann, existieren zur Berücksichtigung des potentiellen Bedauerns von Entscheidungen mehrere Möglichkeiten. Erstens ist auch hier denkbar, das Bedauern einer Entscheidung als eigenständiges Ergebnis aufzufassen und eine multikriterielle Betrachtung auf der Grundlage der Erwartungsnutzentheorie anzustellen. So überzeugend diese Idee klingt, ihre Umsetzung scheitert daran, daß das Ausmaß des Bedauerns nicht operational bestimmt werden kann. Die von Bell[1] für den Fall zweier Alternativen entwickelte Variante, bei der die Differenz des Nutzens des betrachteten Ergebnisses auf der einen und des entgangenen Ergebnisses auf der anderen Seite als Maß für das Bedauern dient, bleibt unbefriedigend, weil die Möglichkeit einer kardinalen Nutzenmessung a priori vorausgesetzt und nicht axiomatisch begründet wird. Generell besitzt die Zugrundelegung der Erwartungsnutzentheorie den Nachteil, daß die im letzten Abschnitt angeführten, auf das potentielle Bedauern von Entscheidungen zurückgeführten Phänomene auf diese Weise nicht erklärt werden können.

Zweitens kann potentielles Bedauern mittels einer Nutzenfunktion mit zwei Argumenten berücksichtigt werden, wie sie auch das Präferenzfunktional der SSA Nutzentheorie vorsieht. Diese Idee liegt der Regret Theorie von Loomes/Sugden[2] zugrunde. Da das Präferenzfunktional von Loomes/Sugden formal demjenigen der SSA Nutzentheorie entspricht, kann ihre Regret Theorie auf Axiomatik B oder das in Abschnitt III.B.1.c behandelte Axiomensystem von Fishburn zurückgeführt werden, sofern man von gewissen Interpretationsunterschieden im Hinblick auf die Nutzenfunktion absieht. Im Unterschied zu Bell gehen Loomes/Sugden nicht davon aus, daß der Ent-

---

1 Siehe Bell (1982), S. 965-970.

2 Siehe zunächst Loomes/Sugden (1982), S. 807-810; eine allgemeinere, der SSA Nutzentheorie angenäherte Version enthält Loomes/Sugden (1987a), S. 271-273. Zum Zusammenhang zwischen der SSA Nutzentheorie, der SSB Nutzentheorie sowie der Regret Theorie von Loomes/Sugden siehe Loomes/Sugden (1983b); Loomes/Sugden (1987a), S. 271-273; Fishburn (1987), S. 832-834.

scheidungsträger die Axiome der Erwartungsnutzentheorie befolgt; sie sind folglich in der Lage, die im letzten Abschnitt angeführten Phänomene mit dem potentiellen Bedauern von Entscheidungen zu erklären. Infolge der Zulässigkeit intransitiver Präferenzrelationen existiert selbst für endliche Alternativenräume nicht in jedem Fall eine Alternative, die gegenüber allen anderen Alternativen schwach präferiert wird. Welche Probleme hieraus für die Entscheidungsfindung resultieren, wurde bereits ausführlich in Kapitel III erörtert. Die dort gefundene Lösung auf der Basis gemischter Alternativen ist zwar für die Zwecke der Berücksichtigung intransitiver Präferenzrelationen befriedigend, wird aber dem Wesen des potentiellen Bedauerns von Entscheidungen nicht gerecht. Die Regret Theorie von Loomes/Sugden ist demzufolge ebenso wie die von Bell grundsätzlich auf den Fall zweier Alternativen ausgelegt.

Vor diesem Hintergrund haben Loomes/Sugden bereits 1987 eine dritte Möglichkeit zur Berücksichtigung des potentiellen Bedauerns von Entscheidungen erörtert, bei der die Präferenzen des Entscheidungsträgers durch mengenspezifische Präferenzrelationen abgebildet werden und die das Problem der Entscheidungsfindung bei mehr als zwei Alternativen auf überzeugende Weise löst.[1] Eine entsprechende Verallgemeinerung der Regret Theorie von Loomes/Sugden für den Fall von mehr als zwei Alternativen wurde 1993 von Sugden axiomatisiert. Der Einführung mengenspezifischer Präferenzrelationen liegt die Überlegung zugrunde, daß die Präferenzen des Entscheidungsträgers von der Gesamtheit der zur Entscheidung anstehenden Alternativen abhängen. Ob der Entscheidungsträger eine Alternative f gegenüber einer Alternative g präferiert, ist dann sinnvoll nur vor dem Hintergrund aller vorhandenen Alternativen festzustellen. Es ist sehr wohl denkbar, daß der Entscheidungsträger die f wählt, wenn es nur um f und g geht, daß aber g ergriffen wird, wenn zusätzlich eine Alternative h in Betracht kommt.[2] Das Vorhandensein der Alternative h könnte nämlich dazu führen, daß der Eintritt vergleichsweise günstiger Ergebnisse der Alternative f nun mit dem Bedauern verknüpft ist, nicht die Alternative h gewählt zu haben, die zu noch günstigeren Ergebnissen geführt hätte. Gleichzeitig mag der Eintritt vergleichsweise ungünstiger Ergebnisse der Alternative g mit einem gewissen Frohlocken darüber einhergehen, nicht die Alternative h ergriffen zu haben, bei der noch ungünstigere Ergebnisse angefallen wären.

Bei Zugrundelegung mengenspezifischer Präferenzrelationen hat das potentielle Bedauern von Entscheidungen nur scheinbar intransitive Präferenzrelationen zur Folge: Ergreift der Entscheidungsträger die Alternative f, wenn f

---

[1] Siehe Loomes/Sugden (1987a), S. 281-282. Luce/Mellers/Chang (1993), S. 124-125, referieren empirische Befunde, die auf die Relevanz mengenspezifischer Präferenzrelationen hindeuten.

[2] Vgl. Sugden (1993), S. 168 und S. 171-173.

und g, die Alternative g, wenn g und h, und die Alternative h, wenn f und h zur Entscheidung anstehen, so beinhaltet dies nach herkömmlicher Analyse einen klaren Verstoß gegen die Transitivitätseigenschaft von Präferenzordnungen. Folgt man dagegen den angeführten Überlegungen, so resultiert aus den bekundeten Präferenzen nur, welche Alternative der Entscheidungsträger bei einem Vergleich jeweils zweier Alternativen vorzieht. Es ist keineswegs davon auszugehen, daß der Entscheidungsträger f gegenüber g, g gegenüber h und h gegenüber f auch dann noch präferiert[1], wenn f, g und h zur Entscheidung anstehen. Insbesondere vor dem Hintergrund des potentiellen Bedauerns von Entscheidungen spricht nichts gegen die Annahme, daß eine auf die Alternativenmenge {f, g, h} bezogene Präferenzrelation die Transitivitätseigenschaft besitzt und daß der anfängliche Eindruck, die Präferenzrelation sei intransitiv, auf die Vernachlässigung der jeweils dritten Alternative zurückzuführen war. Dies vorausgesetzt, ist die Entscheidungsfindung bei mehr als zwei Alternativen unproblematisch.

Die vorstehenden Ausführungen machen deutlich, daß die Einführung mengenspezifischer Präferenzordnungen eine geradezu ideale Möglichkeit darstellt, das potentielle Bedauern von Entscheidungen zu berücksichtigen. Um zu zeigen, wie Axiomatik A in dieser Hinsicht angepaßt werden kann, sind zunächst einige neue Vereinbarungen bezüglich der Notation erforderlich: Teilmengen des Alternativenraums F werden im folgenden mit G und H, Teilmengen des Ergebnisraums X mit Z und Teilmengen der Ereignisalgebra $\mathcal{S}$ mit $\mathcal{R}$ bezeichnet. Z A g symbolisiert eine Menge von Alternativen, die bei Eintritt des Ereignisses A ein Ergebnis aus Z erbringen und ansonsten zu dem durch g zugeordneten Ergebnis führen; für Z = {x, y, z} folgt Z A g = {x A g, y A g, z A g}. H A g und x $\mathcal{R}$ z werden analog definiert: für H = {f, g, h} folgt H A g = {f A g, g, h A g}, für $\mathcal{R}$ = {A, B, C} x $\mathcal{R}$ z = {x A z, x B z, x C z}. Man beachte, daß Z A Z' - und analog Z A H oder H A G - für verschiedene Alternativenmengen stehen kann; für Z = {x, y} und Z' = {y, z} etwa kann es sich bei Z A Z' um {x A y, x A z, y, y A z}, {x A z, y, y A z}, {x A y, y, y A z}, {x A y, x A z, y A z}, {x A y, x A z, y}, {x A z, y} oder {x A y, y A z} handeln. Mengenspezifische Präferenzrelationen werden als dreistellige Relationen ${}_H\precsim$ modelliert. f ${}_H\precsim$ g bedeutet, daß der Entscheidungsträger g gegenüber f schwach präferiert, sofern als Alternativen die Elemente der Menge H offenstehen; in jedem Fall gilt f, g $\in$ H. Wie gewohnt werden auf der Grundlage von ${}_H\precsim$ die Relationen ${}_H\succsim$, ${}_H\prec$, ${}_H\succ$ und ${}_H\sim$ auf H und die Relationen ${}_Z\precsim$, ${}_Z\succsim$, ${}_Z\prec$, ${}_Z\succ$ und ${}_Z\sim$ auf Z definiert.

---

[1] Auf die Tatsache, daß Präferenzrelationen bei mehr als zwei Alternativen als theoretisches Konstrukt zu interpretieren sind, wurde bereits in Abschnitt III.A hingewiesen. Wie mengenspezifische Präferenzrelationen bei mehr als zwei Alternativen empirisch bestimmt werden können, wird im übernächsten Abschnitt behandelt.

7.2.2 Axiomatik F und Repräsentationstheorem

7.2.2.1 Anpassung von Axiomatik A im Hinblick auf mengenspezifische Präferenzordnungen

Der Übergang von einer zwei- zu einer dreistelligen Präferenzrelation erfordert relativ weitgehende Modifikationen von Axiomatik A, die sich am besten im Überblick erschließen:

Definition F1: Wahrscheinlichkeitsrelation

Für alle $A, B \in \mathcal{S}$ gilt $A \precsim B$, wenn es $x, z \in X$ mit $x \,_{\{x,\, z\}}\!\succ z$ gibt, für die gilt $x\,A\,z \,_{\{x,\, x A z,\, x B z,\, z\}}\!\precsim x\,B\,z.$

Definition F2: Nullereignis

$A \in \mathcal{S}$ ist ein Nullereignis, wenn für alle $x, y, z \in X$, alle $Z, Z' \subseteq X$ und alle $Z A Z' \subseteq F$ gilt $x\,A\,z \,_{Z A Z'}\!\sim y\,A\,z.$

Axiom F1: Schwache mengenspezifische Präferenzordnung

Für alle $f, g \in F$ und alle $H \subseteq F$ gilt

$$f \,_{H}\!\precsim g \text{ oder } g \,_{H}\!\precsim f,$$

für alle $f, g, h \in F$ und alle $H \subseteq F$ gilt

$$f \,_{H}\!\precsim g \text{ und } g \,_{H}\!\precsim h \Rightarrow f \,_{H}\!\precsim h.$$

Axiom F2: Monotonieprinzip

Für alle $x, y, z \in X$, alle $Z, Z' \subseteq X$, alle $A \in \mathcal{S}$ und alle $Z A Z' \subseteq F$ gilt

$$x \,_{Z}\!\precsim y \Leftrightarrow x\,A\,z \,_{Z A Z'}\!\precsim y\,A\,z,$$

sofern es sich bei A nicht um ein Nullereignis handelt.

Axiom F3: Spaltenvertauschbarkeit

Für alle $x, y, x', y' \in X$, alle $f, g \in F$, alle $Z, Z' \subseteq X$, alle $H, H' \subseteq F$, alle $A, B \in \mathcal{S}$ mit $A \sim B$ sowie alle $Z A Z' B H$, $Z' A Z B H \subseteq F$ gilt

$$x\,A\,y\,B\,f \,_{Z A Z' B H}\!\precsim x'\,A\,y'\,B\,g \Leftrightarrow y\,A\,x\,B\,f \,_{Z' A Z B H}\!\precsim y'\,A\,x'\,B\,g.$$

Axiom F4: Existenz vorziehenswürdiger Ergebnisse

Es gibt $x, z \in X$ mit $x \,_{\{x,\, z\}}\!\succ z.$

Axiom F5: Existenz von Sicherheitsäquivalenten für Teilalternativen

Für alle $f \in F$, alle $H \subseteq F$ und alle $A \in \mathcal{S}$ gibt es ein $x \in X$, so daß für alle $g, h \in F$, alle $G, G' \subseteq F$ und alle $H\,A\,G \subseteq F$ mit $f\,A\,G' \subseteq H\,A\,G$ und $f\,A\,G \setminus G' \cap H\,A\,G = \emptyset$ gilt

$$f\,A\,g \precsim_{H\,A\,G} h \Leftrightarrow x\,A\,g \precsim_{H\,A\,G \cup x\,A\,G' \setminus f\,A\,G'} h.$$

Axiom F6: Atomfreiheit der Ereignisalgebra

Für alle $A \in \mathcal{S}$, alle $x, z \in X$ und alle $g \in F$ mit $x\,A\,z \succ_{\{x,\, x\,A\,z,\, g,\, z\}} g \succ_{\{x,\, x\,A\,z,\, g,\, z\}} z$ gibt es ein $B \in \mathcal{S}$ mit $B \subset A$, so daß gilt

$$x\,B\,z \sim_{\{x,\, x\,A\,z,\, g,\, x\,B\,z,\, z\}} g.$$

Axiom F7: Monotone Stetigkeit der Wahrscheinlichkeitsrelation

Für alle $x, z \in X$ mit $x \succ_{\{x,\, z\}} z$, jede Ereignisfolge $\{A_i\}$ mit $A_i \subseteq A_{i+1}$ für $i = 1, 2, \ldots$ sowie alle $B \in \mathcal{S}$ gilt

$$x \bigcup_{i=1}^{\infty} A_i\, z \precsim_{\{x,\, x \bigcup_{i=1}^{\infty} A_i\, z,\, x\,B\,z,\, z\}} x\,B\,z \Leftarrow x\,A_i\,z \precsim_{\{x,\, x\,A_i\,z,\, x\,B\,z,\, z\}} x\,B\,z \text{ für alle } i = 1, 2, \ldots .$$

Definition F1 basiert wie Definition A1 auf der Idee, daß die Wahrscheinlichkeitseinschätzungen des Entscheidungsträgers im Hinblick auf zwei Ereignisse A und B aus der Präferenzordnung abgeleitet werden können, die seine Präferenzen beschreibt. In die betrachtete Alternativenmenge sind dabei zweckmäßigerweise nicht nur die Alternativen x A z und x B z, sondern auch die sicheren Alternativen x und z einzubeziehen. Ein Problem für die Bestimmung subjektiver Wahrscheinlichkeiten ergibt sich hieraus - wie im nächsten Abschnitt gezeigt wird - nicht. Bei Definition F2 handelt es sich um eine direkte Übertragung von Definition A2 auf den Fall mengenspezifischer Präferenzordnungen. Bemerkenswert ist allenfalls, daß ein Ereignis A nur dann ein Nullereignis ist, wenn $x\,A\,z \sim_{Z\,A\,Z'} y\,A\,z$ für alle $Z\,A\,Z' \subseteq F$ gilt. Wie üblich korrespondiert Definition F2 mit Axiom F2.

Die Axiome F1, F4, F6 und F7 dürften vor dem Hintergrund der Ausführungen in den vorherigen Kapiteln und Abschnitten selbsterklärend sein und auch intuitiv einleuchten. Axiom F2 beinhaltet das in Axiom A2 verankerte Monotonieprinzip, angepaßt an mengenspezifische Präferenzordnungen. Über seine übliche Funktion hinaus stellt es sicher, daß die Präferenzen des Entscheidungsträgers im Hinblick auf x A z und y A z unabhängig davon sind, welche Alternativen Z A Z' enthält. In Verbindung mit den Axiomen F1 und F5 resultiert aus Axiom F2 das Dominanzprinzip für mengenspezifische Präferenzrelationen:

Dominanzprinzip für mengenspezifische Präferenzrelationen

Für alle x_i, $y_i \in X$, alle $Z_i \subseteq X$ und alle $A_i \in \mathcal{S}$ mit $i = 1, \ldots, n$ gilt

$$x_i \;{}_{Z_i}\!\precsim y_i \text{ für } i = 1, \ldots, n$$

$$\Rightarrow$$

$$x_n A_n x_{n-1} A_{n-1} \ldots x_2 A_2 x_1 \;{}_{Z_n A_n Z_{n-1} \ldots Z_2 A_2 Z_1}\!\precsim y_n A_n y_{n-1} A_{n-1} \ldots y_2 A_2 y_1,$$

sofern zusätzlich $x_i \;{}_{Z_i}\!\prec y_i$ für ein $i \in \{1, \ldots, n\}$ gilt und A_i kein Nullereignis ist, gilt auch

$$x_n A_n x_{n-1} A_{n-1} \ldots x_2 A_2 x_1 \;{}_{Z_n A_n Z_{n-1} \ldots Z_2 A_2 Z_1}\!\prec y_n A_n y_{n-1} A_{n-1} \ldots y_2 A_2 y_1.$$

Zum Verständnis von Axiom F3 nehme man an, der Entscheidungsträger habe die Wahl zwischen endlich vielen einfachen Alternativen, die durch die Zeilen einer Ergebnismatrix charakterisiert werden. Ob der Entscheidungsträger seine Entscheidung im nachhinein bedauert, hängt ausschließlich von der Spalte der Ergebnismatrix ab, die das eingetretene Ereignis betrifft. Dementsprechend bleibt ein Austausch zweier Spalten der Ergebnismatrix ohne Auswirkungen auf die Präferenzordnung, sofern der Entscheidungsträger die jeweiligen Ereignisse für gleichwahrscheinlich hält. Genau dies kommt in Axiom F3 zum Ausdruck. Darüber hinaus stellt Axiom F3 sicher, daß die Präferenzen des Entscheidungsträgers im Hinblick auf eine Alternativenmenge Z A H unabhängig davon sind, welche Alternativen Z A H enthält: In Verbindung mit den Definitionen F1 und F2 sowie den Axiomen F1, F3, F5 und F6 läßt sich zeigen, daß $x \mathrm{A} f \;{}_{Z \mathrm{A} H}\!\precsim y \mathrm{A} g$ für alle $Z \mathrm{A} H \subseteq F$ gilt, sofern dies für ein $Z \mathrm{A} H \subseteq F$ der Fall ist.[1] Auch dies ist intuitiv einleuchtend: Ob eine Entscheidung bedauert wird, hängt davon ab, welche Ergebnisse andere Alternativen erbracht hätten; nur insofern sind die Alternativen, die sich im Entscheidungszeitpunkt angeboten haben, von Bedeutung. Schließlich impliziert Axiom F3 in Verbindung mit den übrigen Axiomen und Definitionen von Axiomatik A, daß für alle $x, z, x', z' \in X$ mit $x \;{}_{\{x, z\}}\!\succ z$ und $x' \;{}_{\{x', z'\}}\!\succ z'$ und alle $A, B \in \mathcal{S}$ $x A z \;{}_{\{x,\, x A z,\, x B z,\, z\}}\!\precsim x B z \Leftrightarrow x' A z' \;{}_{\{x',\, x' A z',\, x' B z',\, z'\}}\!\precsim x' B z'$ gilt,[2] und gewährleistet damit die Unabhängigkeit der Wahrscheinlichkeitsrelation von den zu ihrer Definition herangezogenen Ergebnissen. Das Reduktionsprinzip läßt sich aus Axiomatik F nicht ableiten.

Axiom F5 beinhaltet im wesentlichen die gleiche Aussage wie Axiom A5: zu jeder Teilalternative f existiert ein Sicherheitsäquivalent x, das diese Teilalternative zu ersetzen vermag, ohne daß sich die Präferenzen des Entscheidungsträgers ändern. Das Sicherheitsäquivalent ist wie üblich unabhängig davon, in welche Alternative $f \mathrm{A} g \in H \mathrm{A} G$ die betreffende Teilalternative eingebettet ist, es hängt im vorliegenden Zusammenhang aber zusätzlich von

---

[1] Vgl. Lemma F1a im Anhang zu diesem Kapitel.

[2] Vgl. Lemma F1c im Anhang zu diesem Kapitel.

der Menge H der Teilalternativen ab, der diese Teilalternative angehört. Eine weitere Besonderheit ergibt sich daraus, daß der Ersatz einer Teilalternative durch ihr Sicherheitsäquivalent die maßgebliche Alternativenmenge verändert. Bei schrittweisem Austausch einer Teilalternative in allen Alternativen, die diese Teilalternative enthält, ist folglich die Reihenfolge bedeutsam, in der der Austausch stattfindet. Dies würde der Intuition zuwiderlaufen, da ein und derselben Teilalternative - zumindest bei transitiven Präferenzrelationen - auch ein und dasselbe Sicherheitsäquivalent zuzuordnen sein sollte. Axiom F5 löst dieses Problem, indem jedes Vorkommen einer Teilalternative in der betrachteten Alternativenmenge durch das entsprechende Sicherheitsäquivalent ersetzt wird.

Insgesamt betrachtet erweist sich die axiomatische Behandlung mengenspezifischer Präferenzordnungen als unproblematisch, wenn man von der etwas komplizierter anmutenden Formulierung von Axiom F5 absieht. Hervorzuheben ist besonders Axiom F3, in dem sich intuitiv eingängige Aspekte des potentiellen Bedauerns von Entscheidungen widerspiegeln und das damit einen besonderen Beitrag zur Verständlichkeit von Axiomatik F leistet. In dieser Verständlichkeit und in der durch die Transitivitätseigenschaft mengenspezifischer Präferenzordnungen ermöglichten einfachen Entscheidungsfindung auch bei mehr als zwei Alternativen liegen zentrale Vorteile von Axiomatik F gegenüber Axiomatik B, die zwar die Regret Theorie von Loomes/Sugden zu fundieren vermag, deren Axiome aber nur schwerlich im Hinblick auf das potentielle Bedauern von Entscheidungen interpretiert werden können und deren Anwendungsbereich im vorliegenden Zusammenhang auf Entscheidungsprobleme mit zwei möglichen Alternativen beschränkt ist.

7.2.2.2 Repräsentation mengenspezifischer Präferenzordnungen mittels des Präferenzfunktionals der Regret Theorie von Sugden

Die Wertschätzung, die der Entscheidungsträger einem Ergebnis beimißt, hängt im vorliegenden Zusammenhang nicht nur von diesem Ergebnis selbst, sondern auch von denjenigen Ergebnissen ab, die andere im Entscheidungszeitpunkt verfügbare Alternativen unter sonst gleichen Umständen erbracht hätten. Dementsprechend basiert die mit Axiomatik F korrespondierende numerische Repräsentation auf einer (mengenspezifischen) Nutzenfunktion, die die Menge dieser Ergebnisse als zweites Argument berücksichtigt:[1]

---

[1] Siehe den Beweis von Repräsentationstheorem F, Teil I und Teil II, im Anhang zu diesem Kapitel.

Repräsentationstheorem F

Bei Geltung der Axiome F1 bis F7 existiert genau ein abzählbar additives Wahrscheinlichkeitsmaß P, so daß für alle A, B $\in \mathcal{S}$ *gilt*

$$P(A) \leq P(B) \Leftrightarrow A \precsim B.$$

Im Fall der Existenz eines Ereignisses $A^* \in \mathcal{S}$ *mit* $P(A^*) \in (0, 1)$ *ist P atomfrei.*

Des weiteren existiert eine Funktion $u\colon X \times 2^X \to \mathbb{R}$*, so daß für alle* $x_i, y_i \in X$ *und alle* $A_i \in \mathcal{S}$ *mit* $i = 1, \ldots, n$ *sowie alle* $Z_n A_n Z_{n-1} \ldots Z_2 A_2 Z_1 \subseteq F$ *gilt*

$$x_n A_n x_{n-1} A_{n-1} \ldots x_2 A_2 x_1 \;{}_{Z_n A_n Z_{n-1} \ldots Z_2 A_2 Z_1}\!\precsim y_n A_n y_{n-1} A_{n-1} \ldots y_2 A_2 y_1$$

$$\Leftrightarrow$$

$$\textstyle\sum_{i=1}^{n} u[x_i, Z_i]\, P(A_i) \leq \sum_{i=1}^{n} u[y_i, Z_i]\, P(A_i).$$

Die Funktion u ist bis auf positive lineare Transformationen eindeutig bestimmt.

Zum Beweis von Repräsentationstheorem F wird im Anhang zu diesem Kapitel zunächst gezeigt, daß die Wahrscheinlichkeitsrelation und die Ereignisalgebra alle in Abschnitt II.B.2 aufgeführten Eigenschaften aufweisen, so daß von der Existenz eines eindeutig bestimmten, abzählbar additiven subjektiven Wahrscheinlichkeitsmaßes ausgegangen werden kann; außer im Grenzfall sicherer Erwartungen ist dieses Wahrscheinlichkeitsmaß atomfrei. Mittels der schon im Anhang zu Kapitel III verwendeten Beweistechnik wird dann im weiteren der Nachweis geführt, daß eine bis auf Multiplikationen mit einer positiven Konstanten eindeutig bestimmte Funktion $v\colon X \times X \times 2^X \to \mathbb{R}$ existiert, so daß für alle $x_i, y_i \in X$, alle $Z_i \subseteq X$ und alle $A_i \in \mathcal{S}$ mit $i = 1, \ldots, n$ sowie alle $Z_n A_n Z_{n-1} \ldots Z_2 A_2 Z_1 \subseteq F$ $v[x_i, y_i, Z_i] = -v[y_i, x_i, Z_i]$ und

$$x_n A_n x_{n-1} A_{n-1} \ldots x_2 A_2 x_1 \;{}_{Z_n A_n Z_{n-1} \ldots Z_2 A_2 Z_1}\!\precsim y_n A_n y_{n-1} A_{n-1} \ldots y_2 A_2 y_1$$

$$\Leftrightarrow$$

$$\textstyle\sum_{i=1}^{n} v[x_i, y_i, Z_i]\, P(A_i) \leq 0$$

gilt. Schließlich wird nachgewiesen, daß für beliebiges $Z \subseteq X$ und beliebiges $z \in Z$ $v[x, y, Z] = v[x, z, Z] - v[y, z, Z]$ für alle $x, y \in Z$ gilt; dies ermöglicht die Definition einer Nutzenfunktion $u\colon X \times 2^X \to \mathbb{R}$ mit den in Repräsentationstheorem F angegebenen Eigenschaften. Ist die Nutzenfunktion von ihrem zweiten Argument unabhängig, so entspricht die numerische Repräsentation derjenigen der subjektiven Erwartungsnutzentheorie und es gilt $f \,{}_H\!\precsim g \Leftrightarrow f \,{}_G\!\precsim g$ für alle $f, g \in F$ und alle $H, G \subseteq F$. Umgekehrt hätte die Einführung eines entsprechenden Axioms in Axiomatik F die Geltung der Axiome von Axiomatik A und damit ebenfalls den Übergang zur subjektiven Erwartungsnutzentheorie zur Folge.

Die Nutzung von Repräsentationstheorem F setzt voraus, daß das subjektive Wahrscheinlichkeitsmaß und die mengenspezifische Nutzenfunktion eines Entscheidungsträgers, dessen Präferenzen in Einklang mit Axiomatik F stehen, empirisch bestimmt werden können. Auf den ersten Blick scheint dies jedoch kaum möglich: stellt man den Entscheidungsträger vor die Wahl zwischen f, g und h und ergreift er die Alternative f, so ist hieraus lediglich auf $f \succsim_{\{f, g, h\}} g$ und $f \succsim_{\{f, g, h\}} h$, nicht aber auf $g \succsim_{\{f, g, h\}} h$ oder $h \succsim_{\{f, g, h\}} g$ zu schließen; auch ein direkter Vergleich der Alternativen g und h gibt offenbar keine Auskunft darüber, ob $g \succsim_{\{f, g, h\}} h$ oder $h \succsim_{\{f, g, h\}} g$ gilt. Man mag vor diesem Hintergrund bezweifeln, ob die empirische Bestimmung einer mengenspezifischen Nutzenfunktion überhaupt gelingen kann. Gleiches gilt in bezug auf das subjektive Wahrscheinlichkeitsmaß, das die Wahrscheinlichkeitseinschätzungen des Entscheidungsträgers repräsentiert: aus Definition F1 geht hervor, daß der Entscheidungsträger das Ereignis A jedenfalls nicht für wahrscheinlicher hält als das Ereignis B, sofern $x\,A\,z \precsim_{\{x,\, x A z,\, x B z,\, z\}} x\,B\,z$ mit $x \succ_{\{x, z\}} z$ gilt. Da der Entscheidungsträger gemäß Repräsentationstheorem F stets die Alternative x ergreift, wenn er vor die Wahl zwischen x, x A z, x B z und z gestellt wird und $\bar{A}$ und $\bar{B}$ keine Nullereignisse sind, können scheinbar auch keine Wahrscheinlichkeitseinschätzungen und folglich erst recht keine subjektiven Wahrscheinlichkeitsmaße ermittelt werden. Repräsentationstheorem F wäre für die Zwecke der ökonomischen Modellbildung nutzlos.

Glücklicherweise greifen die angeführten Überlegungen zu kurz: Aus Repräsentationstheorem F geht hervor, daß ein Entscheidungsträger, der das Ereignis A für wahrscheinlicher hält als das Ereignis B, die Alternative x A z auch dann gegenüber der Alternative x B z vorzieht, wenn nur diese beiden Alternativen zur Entscheidung anstehen und $x \succ_{\{x, z\}} z$ gilt. Die Bestimmung eines subjektiven Wahrscheinlichkeitsmaßes bereitet folglich keine Probleme. Gleiches gilt bezüglich der mengenspezifischen Nutzenfunktion, die nachweislich zumindest dann, wenn ausschließlich einfache Alternativen in die Betrachtung einbezogen werden, in endlich vielen Schritten bestimmt werden kann.[1] Eine Vorschrift hierfür läßt sich dem im Anhang angeführten konstruktiven Beweis entnehmen. Hinsichtlich der Möglichkeiten zur empirischen Bestimmung der Eingangsgrößen steht Repräsentationstheorem F den bislang behandelten Repräsentationstheoremen nicht nach.

Schließlich ist zu Repräsentationstheorem F anzumerken, daß die Menge der zulässigen Nutzenfunktionen weiter eingeschränkt werden muß, wenn die Ausbeutung des Entscheidungsträgers ausgeschlossen sein soll. Angenommen, die Einführung dominierter (und folglich niemals ergriffener) Alternativen in die betrachtete Alternativenmenge führe zu einer Veränderung der

---

1 Vgl. Sugden (1993), S. 171 und 179-180.

Präferenzen des Entscheidungsträgers in dem Sinn, das vorher die eine und nachher die andere Alternative bevorzugt wird. Es sind dann Situationen denkbar, in denen ein Außenstehender mit der Möglichkeit, die relevante Alternativenmenge um dominierte Alternativen zu erweitern, die Präferenzen des Entscheidungsträgers im eigenen Interesse manipuliert und ihn auf diesem Wege ausbeutet.[1] Die Einführung dominierter Alternativen in die betrachtete Alternativenmenge darf folglich keine Veränderung von Präferenzen nach sich ziehen, wenn das eingangs genannte Ziel erreicht werden soll. Wie Quiggin zeigt, erfordert dies, daß die Nutzenfunktion durch u[x, max(Z)] dargestellt werden kann, wobei max(Z) ein Ergebnis aus Z bezeichnet, das gegenüber jedem anderen Element aus Z schwach präferiert wird.[2] Aus normativer Perspektive dürfte diese Spezifikation unabdingbar sein.

7.2.3 Gegenüberstellung mit dem Axiomensystem von Sugden

Während Axiomatik F als Modifikation von Axiomensystem A aufgefaßt werden kann, basiert die von Sugden entwickelte Axiomatik auf dem in Abschnitt III.B.1.c erörterten Axiomensystem BF der SSA Nutzentheorie von Fishburn. Ausgangspunkt ist die Überlegung, daß eine Erweiterung des Anwendungsbereichs der auf den Spezialfall zweier Alternativen zugeschnittenen Regret Theorie von Loomes/Sugden, die auf Axiomatik BF zurückgeführt werden kann, die Einführung mengenspezifischer Präferenzrelationen und eine entsprechende Anpassung von Axiomatik BF erfordert. Sugden setzt voraus, daß die jeweils maßgebliche Alternativenmenge endlich viele Elemente enthält; seine Axiome lauten:[3]

Definition FS1: Bedingte Präferenzrelation

Für alle $f, g \in F$, alle $H, G \subseteq F$ und alle $A \in \mathcal{S}$ gilt $f \;{}_{H}{\precsim}_{A}\; g$, wenn für alle $h \in F$ gilt $\quad f\,A\,h \;{}_{HAG}{\precsim}\; g\,A\,h$.

[1] Vgl. Quiggin (1994), S. 156-157.
[2] Siehe Quiggin (1994), S. 157-161.
[3] Siehe Sugden (1993), S. 166-169.

Definition FS2: Wahrscheinlichkeitsrelation

Für alle $A, B \in \mathcal{S}$ mit $A \cap B = \emptyset$ gilt $A \sim B$, wenn $f, g \in F$, $H, H' \subseteq F$, $x, z, x', z' \in X$ sowie $Z, Z' \subseteq X$ mit $x\ {}_Z{\succ}\ z$ und $x'\ {}_{Z'}{\succsim}\ z'$ existieren, so daß gilt

$$x\,A\,z'\,B\,f\ {}_{ZAZ'BH}{\sim}\ z\,A\,x'\,B\,g \Leftrightarrow z'\,A\,x\,B\,f\ {}_{Z'AZBH'}{\sim}\ x'\,A\,z\,B\,g.$$

Definition FS3: Nullereignis

$A \in \mathcal{S}$ ist ein Nullereignis, wenn für alle $f, g \in F$ und alle $H \subseteq F$ gilt

$$f\ {}_H{\precsim}_A\ g.$$

Axiom FS1: Schwache mengenspezifische Präferenzordnung

Für alle $f, g \in F$ und alle $H \subseteq F$ gilt

$$f\ {}_H{\precsim}\ g \text{ oder } g\ {}_H{\precsim}\ f,$$

für alle $f, g, h \in F$ und alle $H \subseteq F$ gilt

$$f\ {}_H{\precsim}\ g \text{ und } g\ {}_H{\precsim}\ h \Rightarrow f\ {}_H{\precsim}\ h.$$

Axiom FS2a: Sure Thing Principle I

Für alle $f, g, h, h' \in F$, alle $H, G, G' \subseteq F$ und alle $A \in \mathcal{S}$ gilt

$$f\,A\,h\ {}_{HAG}{\precsim}\ g\,A\,h \Leftrightarrow f\,A\,h'\ {}_{HAG'}{\precsim}\ g\,A\,h'.$$

Axiom FS2b: Bedingtes Dominanzprinzip

Für alle $f, g \in F$, alle $H \subseteq F$ und alle $A, B \in \mathcal{S}$ mit $A \cap B = \emptyset$ gilt

$$f\ {}_H{\precsim}_A\ g \text{ und } f\ {}_H{\precsim}_B\ g \Rightarrow f\ {}_H{\precsim}_{A \cup B}\ g,$$
$$f\ {}_H{\prec}_A\ g \text{ und } f\ {}_H{\precsim}_B\ g \Rightarrow f\ {}_H{\prec}_{A \cup B}\ g.$$

Axiom FS3: Sure Thing Principle II

Für alle $f, g \in F$, alle $H \subseteq F$, alle $x, y \in X$, alle $Z \subseteq X$ und alle $A \in \mathcal{S}$ gilt $x\ {}_Z{\precsim}\ y \Leftrightarrow x\,A\,f\ {}_{ZAH}{\precsim}_A\ y\,A\,g,$
sofern es sich bei A nicht um ein Nullereignis handelt.

Axiom FS4: Spaltenvertauschbarkeit

Für alle $f, g \in F$, alle $H, H' \subseteq F$, alle $x, z, x', z' \in X$, alle $Z, Z' \subseteq X$ mit $x\ {}_Z{\succ}\ z$ und $x'\ {}_{Z'}{\succsim}\ z'$ sowie für alle $A, B \in \mathcal{S}$ mit $A \cap B = \emptyset$ und $A \sim B$ gilt

$$x\,A\,z'\,B\,f\ {}_{ZAZ'BH}{\precsim}\ z\,A\,x'\,B\,g \Leftrightarrow z'\,A\,x\,B\,f\ {}_{Z'AZBH'}{\precsim}\ x'\,A\,z\,B\,g.$$

Axiom FS5: Existenz vorziehenswürdiger Ergebnisse

Es gibt $x, z \in X$ mit $x\ {}_{\{x,z\}}{\succ}\ z.$

Axiom FS6: Zerlegbarkeit des Zustandsraums

Für alle $f, g \in F$, alle $H \subseteq F$ mit $f\ _H{\prec}\ g$, alle $x, y \in X$ und alle $Z \subseteq X$ existiert eine endliche Zerlegung $\{E_i\}$ von S mit $i = 1, \ldots, n$ und $E_i \in \mathcal{S}$ für alle i, so daß $x\, E_i\, f\ _{Z E_i H}{\prec}\ y\, E_i\, g$ ($x\, E_i\, f\ _{H \cup \{x, y\} \setminus \{f, g\} E_i H}{\prec}\ y\, E_i\, g$, $x\, E_i\, f\ _{Z \cup \{g\} \setminus \{y\} E_i H}{\prec}\ g$, $x\, E_i\, f\ _{H \cup \{x\} \setminus \{f\} E_i H}{\prec}\ g$, $f\ _{Z \cup \{f\} \setminus \{x\} E_i H}{\prec}\ y\, E_i\, g$, $f\ _{H \cup \{y\} \setminus \{g\} E_i H}{\prec}\ y\, E_i\, g$) für alle i gilt.

Auf der Grundlage dieser Axiome zeigt Sugden, daß ein eindeutig bestimmtes, endlich additives subjektives Wahrscheinlichkeitsmaß P sowie eine bis auf Multiplikationen mit einer positiven Konstanten eindeutig bestimmte Funktion $v: X \times X \times 2^X \to \mathbb{R}$ existieren, so daß für alle $x_i, y_i \in X$, alle $Z_i \subseteq X$ und alle $A_i \in \mathcal{S}$ mit $i = 1, \ldots, n$ sowie alle $Z_n A_n Z_{n-1} \ldots Z_2 A_2 Z_1 \subseteq F$

$$x_n A_n x_{n-1} A_{n-1} \ldots x_2 A_2 x_1 \ _{Z_n A_n Z_{n-1} \ldots Z_2 A_2 Z_1}{\precsim}\ y_n A_n y_{n-1} A_{n-1} \ldots y_2 A_2 y_1$$

$$\Leftrightarrow$$

$$\textstyle\sum_{i=1}^{n} v[x_i, y_i, Z_i]\, P(A_i) \leq 0$$

gilt.[1] Die Transitivitätseigenschaft der mengenspezifischen Präferenzrelation wird für den Beweis nicht benötigt; Axiomensystem FS ohne den zweiten Teil von Axiom FS1 ist demnach allgemeiner als Axiomatik F, weil es auch intransitive mengenspezifische Präferenzrelationen zuläßt. Dies hat zur Folge, daß - anders als bei Zugrundelegung von Axiomatik F - nicht in jedem Fall eine bis auf positive lineare Transformationen eindeutig bestimmte Funktion $u: X \times 2^X \to \mathbb{R}$ mit

$$\textstyle\sum_{i=1}^{n} v[x_i, y_i, Z_i]\, P(A_i) \leq 0$$

$$\Leftrightarrow$$

$$\textstyle\sum_{i=1}^{n} u[x_i, Z_i]\, P(A_i) \leq \sum_{i=1}^{n} u[y_i, Z_i]\, P(A_i)$$

existiert. Analog zum Beweis von Repräsentationstheorem F im Anhang zu diesem Kapitel läßt sich jedoch zeigen, daß von der Existenz einer derartigen Funktion ausgegangen werden kann, wenn der zweite Teil von Axiom FS1 berücksichtigt wird. Da die Transitivität der mengenspezifischen Präferenzrelation insbesondere im Zusammenhang mit der Entscheidungsfindung bei mehr als zwei Alternativen auch in der Regret Theorie von Sugden eine unverzichtbare Rolle spielt, wurde das in Repräsentationstheorem F verwendete, in dieser Hinsicht angepaßte Präferenzfunktional Sugden zugeschrieben.[2]

Die Definitionen FS1 und FS3, der erste Teil von Axiom FS1 sowie die Axiome FS2a, FS2b, FS3, FS5 und FS6 sind unschwer als Modifikationen

---

[1] Siehe Theorem 2 in Sugden (1993), S. 171.
[2] Vgl. Quiggin (1994), S. 155.

der entsprechenden Definitionen und Axiome von Axiomatik BF wiederzuerkennen und bedürfen keiner Erläuterung. Von Interesse sind Definition FS2[1] und das damit korrespondierende Axiom FS4[2]. Auffällig ist, daß Definition FS2 lediglich eine Indifferenzrelation einführt und auch nur disjunkte Ereignisse betrifft: Von $A \precsim B$ für beliebige Ereignisse wird ausgegangen, sofern ein Ereignis $B' \subset B$ existiert, so daß $B' \setminus A \sim A \setminus B'$ gilt.[3] Da letzteres insbesondere durch Axiom FS6 gewährleistet ist, gelingt es Sugden, die üblichen Wahrscheinlichkeitsrelationen auf Definition FS2 zurückzuführen. Axiom FS4 schließlich ist identisch mit Axiom F4, sofern man von den unwesentlichen Einschränkungen $x \;_Z{\succ}\; z$ und $x' \;_{Z'}{\succsim}\; z'$ absieht. Es stellt die Unabhängigkeit der Wahrscheinlichkeitsrelation von den zu ihrer Definition herangezogenen Ergebnissen und Alternativen sicher und ist ansonsten ebenso wie Axiom F4 zu interpretieren.

Wie Axiomatik F bildet Axiomensystem FS eine überzeugende Grundlage für die Berücksichtigung des potentiellen Bedauerns von Entscheidungen: Beide Axiomensysteme enthalten intuitiv eingängige Axiome, die - im Gegensatz zu denjenigen der Axiomensysteme B und BF - sinnvoll im Hinblick auf das Bedauern von Entscheidungen interpretiert werden können. Ein Vorteil von Axiomatik FS liegt in den weniger engen strukturellen Restriktionen bezüglich des Ergebnisraums; nachteilig im Vergleich zu Axiomatik F wirkt sich aus, daß das resultierende subjektive Wahrscheinlichkeitsmaß nur endlich und nicht abzählbar additiv ist. Nicht ganz einleuchten will, daß Sugden die im zweiten Teil von Axiom FS1 enthaltene Transitivität der mengenspezifischen Präferenzrelation nicht vollumfänglich zum Inhalt seiner Axiomatik macht und sein Repräsentationstheorem entsprechend anpaßt. Zwar weist das Resultat von Sugden in der dargebotenen Form unter formalen Gesichtspunkten einen größeren Allgemeinheitsgrad auf. Da es bei der Axiomatisierung aber gerade darum geht, die Menge zulässiger Präferenzrelationen so einzuschränken, daß möglichst prägnante Verhaltensimplikationen abgeleitet werden können, und da die Berücksichtigung des potentiellen Bedauerns von Entscheidungen der Transitivität mengenspezifischer Präferenzrelationen intuitiv nicht entgegensteht, sollte diese nach Meinung des Autors als Bestandteil der Regret Theorie aufgefaßt werden.

---

[1] Eine Wahrscheinlichkeitsrelation wird von Sugden nur in einem etwas anderen Kontext definiert; siehe Sugden (1993), S. 166. Definition FS2 beinhaltet die Übertragung dieser Definition auf den vorliegenden Zusammenhang.

[2] Axiom FS4 nimmt bei Sugden keinen Bezug auf eine Wahrscheinlichkeitsrelation; siehe Sugden (1993), S. 169. Hier wurde auf die in Definition FS1 verankerte Wahrscheinlichkeitsrelation zurückgegriffen, um das Axiom einfacher formulieren zu können.

[3] Siehe Sugden (1993), S. 175.

7.3 Grundlegende Implikationen der Regret Theorie von Sugden

Gemäß der Regret Theorie von Sugden hängen Entscheidungen davon ab, welche Alternativen dem Entscheidungsträger im Entscheidungszeitpunkt offenstehen. Die Ableitung von Verhaltensimplikationen wird folglich durch die Notwendigkeit erschwert, möglichst realitätsgerechte Annahmen bezüglich dieser Alternativen zu treffen. Trotz dieser Schwierigkeit dürfte sich die Beschäftigung mit den ökonomischen Implikationen der Regret Theorie von Sugden insbesondere im Kontext mehrstufiger Entscheidungsprobleme als lohnenswert erweisen.

Indifferenzkurven

Die Darstellung und Analyse von Indifferenzkurven im Drei-Ergebnis Diagramm ist sinnvoll nur möglich, wenn von der Geltung des Reduktionsprinzips ausgegangen werden kann. Dies ist bei der Regret Theorie von Sugden - wie in Abschnitt VII.B.2.a bemerkt - nicht der Fall.

Stochastische Dominanz

Die Regret Theorie von Sugden läßt - wie schon aus der mangelnden Geltung des Reduktionsprinzips folgt - Verstöße gegen das stochastische Dominanzprinzip zu. Solche Verstöße werden in der Literatur als typische Konsequenz des potentiellen Bedauerns von Entscheidungen und in diesem Zusammenhang sogar weithin als akzeptabel angesehen; dies hat zur Entwicklung alternativer Dominanzprinzipien geführt, die auf die Besonderheiten entsprechender Entscheidungstheorien zugeschnitten sind.[1]

Messung von Risikoeinstellungen

Mangels Geltung des Reduktionsprinzips kann die Risikoeinstellung eines Entscheidungsträgers, dessen Handeln in Einklang mit Axiomatik F steht, nicht in der üblichen Weise auf der Grundlage der Nutzenfunktion charakterisiert werden.

Dynamisch konsistentes und konsequentes Entscheidungsverhalten bei konstanter entscheidungsrelevanter Alternativenmenge

Ob die Regret Theorie von Sugden mit dynamisch inkonsistentem oder inkonsequentem Entscheidungsverhalten vereinbar ist, hängt davon ab, wie die entscheidungsrelevante Alternativenmenge im Kontext mehrstufiger Entscheidungsprobleme definiert wird. Ändert sich die entscheidungsrelevante Alternativenmenge mit den in vorgelagerten Knoten des Ent-

---

1 Siehe Quiggin (1989, 90); Loomes/Starmer/Sugden (1991b).

scheidungsbaums getroffenen Entscheidungen, so ist dynamisch inkonsistentes oder inkonsequentes Entscheidungsverhalten aufgrund der Mengenspezifität der Präferenzordnung möglich. Bleibt die entscheidungsrelevante Alternativenmenge bis zur vollständigen Auflösung der modellierten Ungewißheit konstant, weil auch die an vorgelagerten Entscheidungsknoten getroffenen Entscheidungen bedauert werden können, so ist das Verhalten des Entscheidungsträgers dynamisch konsistent und konsequent.[1]

Nichtnegativer Wert kostenloser Informationen bei konstanter entscheidungsrelevanter Alternativenmenge

Aus den voranstehenden Ausführungen folgt, daß kostenlose Information im Rahmen der Regret Theorie von Sugden nur dann einen negativen Wert besitzen kann, wenn im Rahmen mehrstufiger Entscheidungsprobleme von einer Änderung der entscheidungsrelevanten Alternativenmenge im Zeitablauf ausgegangen wird. Bleibt die entscheidungsrelevante Alternativenmenge bis zur vollständigen Auflösung der modellierten Ungewißheit konstant, so wird der Entscheidungsträger die Annahme eines kostenlosen Informationssystems gegenüber dessen Ablehnung immer schwach präferieren. Folglich besitzt kostenlose Information unter dieser Voraussetzung stets einen nichtnegativen Wert.

Existenz von Nash Gleichgewichten

Spieltheoretische Gleichgewichtskonzeptionen wurden für die Regret Theorie von Sugden bislang nicht entwickelt. Daß nicht jedes endliche nichtkooperative Spiel ein Nash Gleichgewicht im üblichen Sinne besitzt, wenn die Spieler der Regret Theorie von Sugden folgen, resultiert bereits aus der mangelnden Geltung des Reduktionsprinzips und den daraus folgenden Problemen im Hinblick auf das Konzept gemischter Strategien.

7.4 Anhang: Beweis von Repräsentationstheorem F

Lemma F1a:

Für alle $x, y \in X$, alle $f, g \in F$, alle $Z \subseteq X$, alle $H \subseteq F$ und alle $A \in \mathcal{S}$ gilt $x\,A\,f \;{}_{ZAH}\!\precsim\; y\,A\,g$ für alle $Z\,A\,H \subseteq F$, sofern dies für ein $Z\,A\,H \subseteq F$ gilt.

Beweis:

Durch Anwendung von Axiom F5 erhält man $x\,A\,z \;{}_{ZAZ'}\!\precsim\; y\,A\,z'$. Gilt $x \;{}_{Z}\!\precsim\; y$ und $z \;{}_{Z'}\!\precsim\; z'$ oder $y \;{}_{Z}\!\precsim\; x$ und $z' \;{}_{Z'}\!\precsim\; z$, so folgt die Aussage unmittelbar aus Definition F2

[1] Vgl. Loomes/Sugden (1987a), S. 285-286.

sowie den Axiomen F1 und F2. Von den Fällen $x\ {}_{Z}\!\succ y$ und $z\ {}_{Z'}\!\prec z'$ oder $x\ {}_{Z}\!\prec y$ und $z\ {}_{Z'}\!\succ z'$ wird nur der erste betrachtet; die Beweisführung für den zweiten Fall ist analog. Handelt es sich bei A oder $\bar{A}$ um Nullereignisse, so gilt nach Definition F2 $x\,A\,y\ {}_{\{x,\,x A y,\,y\}}\!\sim y$ bzw. $x\,\bar{A}\,y\ {}_{\{x,\,x \bar{A} y,\,y\}}\!\sim y$. Aus Definition F1 folgt $A \sim \emptyset$ bzw. $\bar{A} \sim \emptyset$. Sind weder A noch $\bar{A}$ Nullereignisse, so gilt nach den Axiomen F1 und F2 $y\ {}_{\{y,\,x A y,\,x \bar{A} y,\,x\}}\!\prec x\,A\,y\ {}_{\{y,\,x A y,\,x \bar{A} y,\,x\}}\!\prec x\,\bar{A}\,y$, $y\ {}_{\{y,\,x A y,\,x \bar{A} y,\,x\}}\!\prec x\,A\,y\ {}_{\{y,\,x A y,\,x \bar{A} y,\,x\}}\!\sim x\,\bar{A}\,y$ oder $y\ {}_{\{y,\,x A y,\,x \bar{A} y,\,x\}}\!\prec x\,\bar{A}\,y\ {}_{\{y,\,x A y,\,x \bar{A} y,\,x\}}\!\prec x\,A\,y$. Im zweiten Fall gilt nach Definition F1 $A \sim \bar{A}$. Im ersten und im dritten Fall gewährleistet Axiom F6 die Existenz von Ereignissen $B \subset \bar{A}$ oder $B' \subset A$ mit $x\,A\,y\ {}_{\{y,\,x A y,\,x B y,\,x \bar{A} y,\,x\}}\!\sim x\,B\,y$ bzw. $x\,\bar{A}\,y\ {}_{\{y,\,x A y,\,x B' y,\,x \bar{A} y,\,x\}}\!\sim x\,B'\,y$, woraus nach den Axiomen F1, F2 und F5 sowie Definition F2 $x\,A\,y\ {}_{\{y,\,x A y,\,x B y,\,x\}}\!\sim x\,B\,y$ bzw. $x\,\bar{A}\,y\ {}_{\{y,\,x B' y,\,x \bar{A} y,\,x\}}\!\sim x\,B'\,y$ und damit nach Definition F1 $A \sim B$ bzw. $\bar{A} \sim B'$ folgt. Durch zweimalige Anwendung von Axiom F3 erhält man in allen Fällen $x\,A\,z\ {}_{Z A Z'}\!\precsim y\,A\,z'$ für alle $Z\,A\,Z' \subseteq F$. Aus der Anwendung von Axiom F5 resultiert $x\,A\,f\ {}_{Z A H}\!\precsim y\,A\,g$ für alle $Z\,A\,H \subseteq F$. ■

Lemma F1b:

Für alle $x, z \in X$ mit $x\ {}_{\{x,\,z\}}\!\succ z$ und alle $A, B \in \mathcal{S}$ sowie alle $\mathcal{R} \subseteq \mathcal{S}$ mit $\emptyset, S \in \mathcal{R}$ gilt

$$x\,A\,z\ {}_{\{x,\,x A z,\,x B z,\,z\}}\!\precsim x\,B\,z \Leftrightarrow x\,A\,z\ {}_{x \mathcal{R} z}\!\precsim x\,B\,z.$$

Beweis:

Resultiert aus Lemma F1a. ■

Lemma F1c:

Für alle $x, z, x', z' \in X$ mit $x\ {}_{\{x,\,z\}}\!\succ z$ und $x'\ {}_{\{x',\,z'\}}\!\succ z'$ und alle $A, B \in \mathcal{S}$ gilt

$$x\,A\,z\ {}_{\{x,\,x A z,\,x B z,\,z\}}\!\precsim x\,B\,z \Leftrightarrow x'\,A\,z'\ {}_{\{x',\,x' A z',\,x' B z',\,z'\}}\!\precsim x'\,B\,z'.$$

Beweis:

Aus Lemma F1b, den Axiomen F1, F2 und F5 sowie Definition F2 folgt $x\,A\,z\ {}_{\{x,\,x A z,\,x B z,\,z\}}\!\precsim x\,B\,z \Leftrightarrow x\,A \setminus B\,z\ {}_{\{x,\,x A\setminus B z,\,x B\setminus A z,\,z\}}\!\precsim x\,B \setminus A\,z$ und $x'\,A\,z'\ {}_{\{x',\,x' A z',\,x' B z',z'\}}\!\precsim x'\,B\,z' \Leftrightarrow x'\,A \setminus B\,z'\ {}_{\{x',\,x' A\setminus B z',\,x' B\setminus A z',\,z'\}}\!\precsim x'\,B \setminus A\,z'$. Es reicht folglich aus, den Fall disjunkter Ereignisse A und B zu betrachten. Im Fall $x\,A\,z\ {}_{\{x,\,x A z,\,x B z,\,z\}}\!\sim x\,B\,z$ gilt nach Definition F1 $A \sim B$. Gemäß Axiom F3 gilt weiter $x'\,A\,z'\,B\,z'\ {}_{\{x',\,x' A z',\,x' B z',\,z'\}}\!\precsim z'\,A\,x'\,B\,z' \Leftrightarrow z'\,A\,x'\,B\,z'\ {}_{\{x',\,x' A z',\,x' B z',\,z'\}}\!\precsim x'\,A\,z'\,B\,z'$. Aus Axiom F1 folgt $x'\,A\,z'\ {}_{\{x',\,x' A z',\,x' B z',\,z'\}}\!\sim x'\,B\,z'$. Im Fall $x\,A\,z\ {}_{\{x,\,x A z,\,x B z,\,z\}}\!\prec x\,B\,z$ resultiert aus Axiom F2 und Definition F2 $z\ {}_{\{x,\,x A z,\,x B z,\,z\}}\!\precsim x\,A\,z\ {}_{\{x,\,x A z,\,x B z,\,z\}}\!\prec x\,B\,z$. Für $z\ {}_{\{x,\,x A z,\,x B z,\,z\}}\!\prec x\,A\,z$ existiert nach Axiom F6 ein Ereignis $A' \subset B$ mit $x\,A\,z\ {}_{\{x,\,x A z,\,x A' z,\,x B z,\,z\}}\!\sim x\,A'\,z$. Aus Lemma F1b resultiert $x\,A\,z\ {}_{\{x,\,x A z,\,x A' z,\,z\}}\!\sim x\,A'\,z$; nach Definition F1 gilt $A' \sim A$. Ferner folgt aus Lemma F1b und Axiom F1 $x\,A'\,z\ {}_{\{x,\,x A z,\,x A' z,\,x B z,\,z\}}\!\prec x\,B\,z$. Gemäß Axiom F5 und Definition F2 kann es sich bei $B \setminus A'$ nicht um ein Nullereignis handeln. Für $z\ {}_{\{x,\,x A z,\,x B z,\,z\}}\!\sim x\,A\,z$ gilt nach Definition F1 $A \sim \emptyset$; man setze $A' = \emptyset$. Wegen $z\ {}_{\{x,\,x A z,\,x B z,\,z\}}\!\prec x\,B\,z$ nach Axiom F1 kann es sich nach Axiom F5 und Definition F2 auch in diesem Fall bei $B \setminus A'$ nicht um ein Nullereignis handeln. Wie oben folgt aus den Axiomen F1 und F3 $x'\,A\,z'\,A'\,z'\,B \setminus A\,z'\ {}_{\{x', x'Az', x'A'z', z'\}} \sim z'\,A\,x'\,A'\,z'\,B \setminus A\,z'$. Lemma F1b ergibt $x'\,A\,z'\ {}_{\{x', x'Az', x'A'z', x'Bz', z'\}}\!\sim x'\,A'\,z'$. Da es sich bei $B \setminus A'$ nicht um ein Nullereignis handelt, gilt nach den Axiomen F1, F2 und F5 $x'\,A\,z'\ {}_{\{x', x'Az', x'A'z', x'Bz', z'\}}\!A\,x'\,B\,z'$. Aus Lemma F1b resultiert $x'\,A\,z'\ {}_{\{x', x'Az', x'Bz', z'\}} \prec x'\,B\,z'$. ■

Lemma F2:

1) Für alle $A, B, C \in \mathcal{S}$ gilt

a) $$A \precsim B \text{ oder } B \precsim A,$$
$$A \precsim B \text{ und } B \precsim C \Rightarrow A \precsim C,$$

b) $$A \cap C = B \cap C = \varnothing \Rightarrow [A \precsim B \Leftrightarrow A \cup C \precsim B \cup C],$$

c) $$\varnothing \precsim A \precsim S \text{ und } \varnothing \prec S.$$

2) Im Falle der Existenz eines Ereignisses $A^* \in \mathcal{S}$ mit $\varnothing \prec A^* \prec S$ existiert für jedes Ereignis $A \in \mathcal{S}$ mit $A \succ \varnothing$ ein Ereignis $B \in \mathcal{S}$ mit $B \subset A$ und $A \succ B \succ \varnothing$.

3) Für jede Folge $\{A_i\}$ mit $A_i \subseteq A_{i+1}$ und $A_i \in \mathcal{S}$ für alle i = 1, 2, ... sowie alle $B \in \mathcal{S}$ mit $A_i \precsim B$ für alle i = 1, 2, ... gilt $\bigcup_{i=1}^{\infty} A_i \precsim B$.

Beweis:

1) a) $A \precsim B$ oder $B \precsim A$ folgt aus den Axiomen F4 und F1 sowie Definition F1 und Lemma F1c. $A \precsim B$ und $B \precsim C \Rightarrow A \precsim C$ resultiert aus den Axiomen F4 und F1 sowie den Lemmata F1b und F1c.

b) Nach Axiom F4 gibt es $x, z \in X$ mit $x\ {}_{\{x, z\}}\!\succ z$. Man betrachte die Alternativenmengen $\{x, x\,A\,z, x\,B\,z, z\}, \{x, x\,A \cup C\,z, x\,B \cup C\,z, z\} \subseteq F$. Gemäß Axiom F5 existieren y und y' mit $x\,A\,z\ {}_{\{x, xAz, xBz, z\}}\!\precsim x\,B\,z \Leftrightarrow z\,C\,y\ {}_{\{x, zCy, zCy', z\}}\!\precsim z\,C\,y'$ und $x\,A \cup C\,z\ {}_{\{x, xA\cup Cz, xB\cup Cz\}}\!\precsim x\,B \cup C\,z \Leftrightarrow x\,C\,y\ {}_{\{x, xCy, xCy', z\}}\!\precsim x\,C\,y'$. Aus den Axiomen F1, F2 und Definition F2 folgt $z\,C\,y\ {}_{\{x, zCy, zCy', z\}}\!\precsim z\,C\,y' \Leftrightarrow x\,C\,y\ {}_{\{x, xCy, xCy', z\}}\!\precsim x\,C\,y'$ und damit $x\,A\,z\ {}_{\{x, xAz, xBz, z\}}\!\precsim x\,B\,z \Leftrightarrow x\,A \cup C\,z\ {}_{\{x, xA\cup Cz, xB\cup Cz, z\}}\!\precsim x\,B \cup C\,z$. Die angestrebte Aussage ergibt sich aus Definition F1.

c) $\varnothing \precsim A \precsim S$ folgt aus den Axiomen F1, F2 und F4 sowie Definition F1 und Lemma F1b. $\varnothing \prec S$ resultiert aus Axiom F4 und Definition F1.

2) Aus $\varnothing \prec A^* \prec S$ folgt nach Definition F1 $x\ {}_{\{x, xA^*z, z\}}\!\succ x\,A^*\,z$ und $x\,A^*\,z\ {}_{\{x, xA^*z, z\}}\!\succ z$. Nach Definition F2 kann es sich bei A^* und $\bar{A}^*$ nicht um Nullereignisse handeln. Aus Axiom F1 folgt $x\ {}_{\{x, xA^*z, z\}}\!\succ x\,A^*\,z\ {}_{\{x, xA^*z, z\}}\!\succ z$. Gemäß Axiom F5 existiert ein $y \in X$ mit $x\ {}_{\{x, y, z\}}\!\succ y\ {}_{\{x, y, z\}}\!\succ z$. Aus den Definitionen F1 und F2 folgt, daß es sich bei A nicht um ein Nullereignis handeln kann. Aus Axiom F2 resultiert $x\,A\,z\ {}_{\{x, xAz, yAz, z\}}\!B\,y\,A\,z\ {}_{\{x, xAz, yAz, z\}}\!\succ z$. Gemäß Axiom F6 existiert ein $B \in \mathcal{S}$ mit $B \subset A$ und $x\,B\,z\ {}_{\{x, xAz, xBz, yAz, z\}}\!\sim$

$y\ A\ z$. Wegen $y\ A\ z \succ_{\{x,\ x A z,\ x B z,\ y A z,\ z\}} z$ nach Axiom F2 und folglich $x\ B\ z \succ_{\{x,\ x A z,\ x B z,\ y A z,\ z\}} z$ nach Axiom F1 kann es sich nach Definition F2 bei B nicht um ein Nullereignis handeln. Aus der Anwendung von Axiom F5 resultiert weiter $x\ A \setminus B\ x' \succ_{\{x,\ x A\setminus B x',\ z A\setminus B x',\ y A z,\ z\}} z\ A \setminus B\ x'$. Folglich kann es sich auch bei $A \setminus B$ nicht um ein Nullereignis handeln. Aus Axiom F2, Definition F1 und Lemma F1c resultiert $B \succ \emptyset$ und $A \setminus B \succ \emptyset$. Aus den obigen Ergebnissen folgt $A \succ B \succ \emptyset$.

3) Folgt unmittelbar aus den Axiomen F4 und F7 sowie Definition F1. ■

Repräsentationstheorem F, Teil I:

Bei Geltung der Axiome F1 bis F7 existiert genau ein abzählbar additives Wahrscheinlichkeitsmaß P, so daß für alle $A, B \in \mathcal{S}$ gilt

$$P(A) \leq P(B) \Leftrightarrow A \precsim B.$$

Im Fall der Existenz eines Ereignisses $A^* \in \mathcal{S}$ mit $P(A^*) \in (0, 1)$ ist P atomfrei.

Beweis:

Wie Repräsentationstheorem A, Teil I. ■

Lemma F3a:[1]

Für alle $x, x', y, y', z \in X$, alle $Z, Z' \subseteq X$, alle paarweise disjunkten Ereignisse $A, A', B, B' \in \mathcal{S}$ mit $A \sim B$ und $A' \sim B'$ und alle $Z'\ A'\ Z\ A\ Z^*, Z'\ B'\ Z\ B\ Z^* \subseteq F$ gilt

$$x'\ A'\ x\ A\ z \precsim_{Z' A' Z A Z^*} y'\ A'\ y\ A\ z \Leftrightarrow x'\ B'\ x\ B\ z \precsim_{Z' B' Z B Z^*} y'\ B'\ y\ B\ z.$$

Beweis:

Resultiert aus Axiom F3. ■

Lemma F3b:

Für alle $x, x', y, y' \in X$, alle $Z, Z' \subseteq X$, alle $A, B \in \mathcal{S}$ mit $A \sim B$ und alle $Z'\ A\ Z$, $Z'\ B\ Z \subseteq F$ gilt

$$x'\ A\ x \precsim_{Z' A Z} y'\ A\ y \Leftrightarrow x'\ B\ x \precsim_{Z' B Z} y'\ B\ y.$$

Beweis:

Folgt aus Axiom F3 sowie Lemma F2. ■

Lemma F3c:

[1] Die folgende Beweisführung entspricht im wesentlichen der im Anhang zu Kapitel III.

Für alle $x', y', x, y \in X$ mit $x' \,{}_{Z'}{\succ}\, y'$, $x \,{}_{Z}{\prec}\, y$, alle $A, B, C \in \mathcal{S}$ mit $A \prec B$ und $A \succ C$ und alle $Z'\,A\,Z$, $Z'\,B\,Z \subseteq F$ gilt

$$x'\,A\,x \;{}_{Z'AZ}{\succsim}\; y'\,A\,y \Rightarrow x'\,B\,x \;{}_{Z'BZ}{\succ}\; y'\,B\,y$$

und

$$x'\,A\,x \;{}_{Z'AZ}{\precsim}\; y'\,A\,y \Rightarrow x'\,C\,x \;{}_{Z'CZ}{\prec}\; y'\,C\,y.$$

Beweis:

Im Lichte von Repräsentationstheorem F, Teil I, und Lemma F3b reicht es aus, nur die Fälle $B = A \cup D$ mit $A \cap D = \emptyset$ und $C = A \setminus E$ mit $E \subset A$ und $P(D), P(E) > 0$ zu betrachten. Im ersten Fall gilt lt. Voraussetzung $x'\,A\,x\,D\,x \;{}_{Z'AZDZ}{\succsim}\; y'\,A\,y\,D\,y$. Aus Axiom F5 folgt $x\,D\,x^* \;{}_{ZDZ^*}{\succsim}\; y\,D\,y^*$. Axiom F2 erfordert $x^* \;{}_{Z^*}{\succ}\; y^*$. Da es sich bei D nicht um ein Nullereignis handelt, folgt aus Axiom F2 auch $x'\,D\,x^* \;{}_{Z'DZ^*}{\succ}\; y'\,D\,y^*$. Aufgrund der Anwendung von Axiom F5 gilt $x'\,B\,x \;{}_{Z'BZ}{\succ}\; y'\,B\,y$. Im zweiten Fall gilt $x'\,A \setminus E\,x'\,E\,x \;{}_{Z'A\setminus EZ'EZ}{\precsim}\; y'\,A \setminus E\,y'\,E\,y$. Anwendung von Axiom F5 ergibt $x'\,E\,x^{**} \;{}_{Z'EZ^{**}}{\precsim}\; y'\,E\,y^{**}$. Analog zu oben ergibt sich $x'\,C\,x \;{}_{Z'CZ}{\prec}\; y'\,C\,y$. ■

Lemma F3d:

Für alle $x', y', x, y \in X$ und alle $Z, Z' \subseteq X$ mit $x' \,{}_{Z'}{\succ}\, y'$, $x \,{}_{Z}{\prec}\, y$ gibt es ein $A \in \mathcal{S}$, so daß für alle $Z'\,A\,Z \subseteq F$ gilt

$$x'\,A\,x \;{}_{Z'AZ}{\sim}\; y'\,A\,y.$$

Beweis:

Resultiert aus Repräsentationstheorem F, Teil I, und Lemma F3c sowie dem Schnittaxiom der reellen Zahlen. ■

Lemma F4:

Für alle $x', y', x, y, z \in X$, alle $Z, Z', Z^* \subseteq X$, alle $A, B, C \in \mathcal{S}$ mit $P(A) = \dfrac{P(B)}{P(B) + P(C)}$ und alle $Z'\,A\,Z$, $Z'\,B\,Z\,C\,Z^* \subseteq F$ gilt

$$x'\,A\,x \;{}_{Z'AZ}{\precsim}\; y'\,A\,y \Leftrightarrow x'\,B\,x\,C\,z \;{}_{Z'BZCZ^*}{\precsim}\; y'\,B\,y\,C\,z.$$

Beweis:

Handelt es sich bei A um ein Nullereignis, so gilt nach Lemma F3b $x'\,A\,x \;{}_{Z'AZ}{\precsim}\; y'\,A\,y \Leftrightarrow x \,{}_{Z}{\precsim}\, y$. Aus den Axiomen F1 und F2 folgt $x \,{}_{Z}{\precsim}\, y \Leftrightarrow x\,B \cup C\,z \;{}_{ZB\cup CZ^*}{\precsim}\; y\,B \cup C\,z$ wegen $P(C) > 0$. Aus Axiom F5 resultiert $x\,B \cup C\,z \;{}_{ZB\cup CZ^*}{\precsim}\; y\,B \cup C\,z \Leftrightarrow x\,B\,x^* \;{}_{ZBZ^{**}}{\precsim}\; y\,B\,y^*$. Aus Lemma F3b und der Anwendung von Axiom F5 ergibt sich $x\,B\,x^* \;{}_{ZBZ^{**}}{\precsim}\; y\,B\,y^* \Leftrightarrow x^* \;{}_{Z^{**}}{\precsim}\; y^* \Leftrightarrow x'\,B\,x^* \;{}_{Z'BZ^{**}}{\precsim}\; y'\,B\,y^* \Leftrightarrow x'\,B\,x\,C\,z \;{}_{Z'BZCZ^*}{\precsim}\; y'\,B\,y\,C\,z$, da es sich bei B ebenfalls um ein Nullereignis handeln muß. Analog läßt sich zeigen, daß die behauptete Aussage auch gilt, sofern es sich bei $\bar{A}$ um ein Nullereignis handelt. Im folgenden wird deshalb von $\emptyset \prec A \prec S$ ausgegangen. In den Fällen $x' \,{}_{Z'}{\precsim}\, y'$ und $x \,{}_{Z}{\precsim}\, y$ oder $x' \,{}_{Z'}{\succsim}\, y'$ und $x \,{}_{Z}{\succsim}\, y$ folgt die behauptete Aussage aus den Axiomen F1, F2 und F5 sowie Lemma F1a. Es bleiben die Fälle

$x' \,{}_{Z'}\!\succ\, y'$ und $x \,{}_{Z}\!\prec\, y$ oder $x' \,{}_{Z'}\!\prec\, y'$ und $x \,{}_{Z}\!\succ\, y$, wobei man sich ohne Einschränkung der Allgemeinheit auf den ersteren beschränken kann.

Es sei zunächst von $P(B) = m\, 2^{-n}\, P(A)$ und folglich $P(C) = m\, 2^{-n}\, P(\bar{A})$ mit $m, n \in \mathbb{N}$ und $m < 2^n$ ausgegangen. Mittels Repräsentationstheorem F, Teil I, zerlege man A und $\bar{A}$ in 2^n und B sowie C in m disjunkte und gleichwahrscheinliche Ereignisse A_i und $\bar{A}_j$ bzw. B_k und C_l mit $i, j = 1, \dots, 2^n$ und $k, l = 1, \dots, m$. Aus Lemma F3a folgt für alle $i \neq i'$ und $j \neq j'$ sowie $k \neq k'$ und $l \neq l'$

$$x' A_i\, x \bar{A}_j\, z \;{}_{Z' A_i Z \bar{A}_j Z^*}\!\precsim\; y' A_i\, y \bar{A}_j\, z \Leftrightarrow x' A_{j'}\, x \bar{A}_{j'}\, z \;{}_{Z' A_{i'} Z \bar{A}_{j'} Z^*}\!\precsim\; y_2 A_{i'}\, y_1 \bar{A}_{j'}\, z,$$

$$x' B_k\, x C_l\, z \;{}_{Z' B_k Z C_l Z^*}\!\precsim\; y' B_k\, y C_l\, z \Leftrightarrow x' B_{k'}\, x C_{l'}\, z \;{}_{Z' B_{k'} Z C_l Z^*}\!\precsim\; y_2 B_{k'}\, y_1 C_{l'}\, z.$$

Aus den Axiomen F1, F2 und F5 resultiert für alle $i, j = 1, \dots, 2^n$ und $k, l = 1, \dots, m$

$$x' A_i\, x \bar{A}_j\, z \;{}_{Z A_i Z \bar{A}_j Z^*}\!\precsim\; y' A_i\, y \bar{A}_j\, z \Leftrightarrow x_{ij}\, A_i \cup \bar{A}_j\, z \;{}_{Z_{ij} A_i \cup \bar{A}_j Z^*}\!\precsim\; y_{ij}\, A_i \cup \bar{A}_j\, z \Leftrightarrow x_{ij} \;{}_{Z_{ij}}\!\precsim\; y_{ij}$$

und $x' B_k\, x C_l\, z \;{}_{Z' B_k Z C_l Z^*}\!\precsim\; y' B_k\, y C_l\, z \Leftrightarrow x_{kl}\, B_k \cup C_l\, z \;{}_{Z_{kl} B_k \cup C_l Z^*}\!\precsim\; y_{kl}\, B_k \cup C_l\, z \Leftrightarrow$ $x_{kl} \;{}_{Z_{kl}}\!\precsim\; y_{kl}$. Bei geeigneter Wahl von n lassen sich immer paarweise disjunkte A_{i^*}, $\overline{A_{j^*}}$, B_{k^*} und C_{l^*} finden. Aus Lemma F3a folgt dann

$$x' A_{i^*}\, x \overline{A_{j^*}}\, z \;{}_{Z' A_{i^*} Z \overline{A_{j^*}} Z^*}\!\precsim\; y' A_{i^*}\, y \overline{A_{j^*}}\, z \Leftrightarrow x' B_{k^*}\, x C_{l^*}\, z \;{}_{Z' B_{k^*} Z C_l Z^*}\!\precsim\; y' B_{k^*}\, y C_{l^*}\, z.$$

Aus der Anwendung von Axiom F5 sowie Axiom F2 und dem voranstehenden Ergebnis folgt $x_{ij} \;{}_{Z_{ij}}\!\precsim\; y_{ij} \Leftrightarrow x_{kl} \;{}_{Z_{kl}}\!\precsim\; y_{kl}$ für alle $i, j = 1, \dots, 2^n$ und $k, l = 1, \dots, m$. Durch induktive Anwendung der Axiome F1, F2 und F5 sowie von Lemma F1a erhält man

$$x_{11}\, A_1 \cup \bar{A}_1 \dots x_{2^n 2^n} \;{}_{Z_{11} A_1 \cup \bar{A}_1 \dots Z_{2^n 2^n}}\!\precsim\; y_{11}\, A_1 \cup \bar{A}_1 \dots y_{2^n 2^n}$$

$$\Leftrightarrow$$

$$x_{11}\, B_1 \cup C_1 \dots x_{mm}\, B_m \cup C_m\, z \;{}_{Z_{11} B_1 \cup C_1 \dots Z_{mm} B_m \cup C_m Z^*}\!\precsim\; y_{11}\, B_1 \cup C_1 \dots y_{mm}\, B_m \cup C_m\, z$$

Hieraus folgt $x' A\, x \;{}_{Z' A Z}\!\precsim\; y' A\, y \Leftrightarrow x' B\, x C\, z \;{}_{Z' B Z C Z^*}\!\precsim\; y' B\, y C\, z$.

Für alle übrigen $P(A) \in (0, 1)$ sei $x' A\, x \;{}_{Z' A Z}\!\prec\; y' A\, y$ angenommen. Gemäß Repräsentationstheorem F, Teil I, und Lemma F3c existiert ein Ereignis A' mit $P(A') > P(A)$, für das $x' A'\, x \;{}_{Z' A' Z}\!\prec\; y' A'\, y$ gilt. Man wähle natürliche Zahlen m und n so, daß $m\, 2^{-n}\, P(A') > P(B)$ und $m\, 2^{-n}\, P(\bar{A}') < P(C)$ ist, und betrachte Ereignisse $B', C' \in \mathcal{S}$ mit $B \subset B'$, $C' \subset C$, $P(B') = m\, 2^{-n}\, P(A')$, $P(C') = m\, 2^{-n}\, P(\bar{A}')$ und $B' \cap C = \varnothing$. Die letztgenannte Bedingung kann für $P(A) < 1$ durch geeignete Wahl von m und n stets eingehalten werden. Nach dem bisher Gezeigten gilt

$$x' B'\, x C'\, z \;{}_{Z' B' Z C' Z^*}\!\prec\; y' B'\, y C'\, z$$

bzw. $\quad x' B\, x' B' \setminus B\, x C'\, z\, C \setminus C'\, z \;{}_{Z' B' Z C' Z^*}\!\prec\; y' B\, y' B' \setminus B\, y C'\, z\, C \setminus C'\, z.$

Durch Anwendung der Axiome F1, F2 und F5 sowie von Lemma F1a erhält man

$$x' B\, x C\, z \;{}_{Z' B Z C Z^*}\!\prec\; y' B\, y C\, z.$$

Umgekehrt läßt sich $x' A\, x \;{}_{Z' A Z}\!\prec\; y' A\, y$ aus $x' B\, x C\, z \;{}_{Z' B Z C Z^*}\!\prec\; y' B\, y C\, z$ herleiten. Wie im Beweis von Lemma F3c zeige man dafür zunächst, daß für alle $C^* \subset C$ mit $P(C^*) > 0$

$$x' B \cup C^*\, x C \setminus C^*\, z \;{}_{Z' B \cup C^* Z C \setminus C^* Z^*}\!\precsim\; y' B \cup C^*\, y C \setminus C^*\, z$$

$$\Rightarrow$$

$$x' B\, x C\, z \;{}_{Z' B Z C Z^*}\!\prec\; y' B\, y C\, z$$

gilt. Folglich läßt sich aus $x'\,B\,x\,C\,z\;{}_{Z'BZCZ^*}\!\prec y'\,B\,y\,C\,z$ sowie Repräsentationstheorem F, Teil I, auf die Existenz eines Ereignisses $C' \in \mathcal{S}$ mit $P(C') > 0$ und $C' \subset C$ schließen, für das

$$x'\,B \cup C'\,x\,C \setminus C'\,z\;{}_{Z'B\cup C'ZC\setminus C'Z^*}\!\prec y'\,B \cup C'\,y\,C \setminus C'\,z$$

gilt. Für das Ereignis $A' \in \mathcal{S}$ mit $P(B \cup C') = m\,2^{-n}\,P(A')$, $P(C \setminus C') = m\,2^{-n}\,P(\bar{A}')$ ergibt sich

$$x'\,A'\,x\;{}_{Z'A'Z}\!\prec y'\,A'\,y.$$

Analog zu oben wähle man m und n so, daß $P(A') > P(A)$ gilt. Aus Lemma F3c folgt $x'\,A\,x\;{}_{Z'AZ}\!\prec y'\,A\,y$. Insgesamt resultiert

$$x'\,A\,x\;{}_{Z'AZ}\!\precsim y'\,A\,y \Leftrightarrow x'\,B\,x\,C\,z\;{}_{Z'BZCZ^*}\!\precsim y'\,B\,y\,C\,z. \;\blacksquare$$

Lemma F5:

Für alle $x, y, x', y', x'', y'' \in X$, alle $Z, Z', Z'' \subseteq X$ mit $x\;{}_{Z}\!\succ y$, $x'\;{}_{Z'}\!\succ y'$, $x''\;{}_{Z''}\!\succ y''$ und alle $A, B, C \in \mathcal{S}$ mit $x\,A\,y'\;{}_{ZAZ'}\!\sim y\,A\,x'$, $x'\,B\,y''\;{}_{Z'BZ''}\!\sim y'\,B\,x''$ und $x\,C\,y''\;{}_{ZCZ''}\!\sim y\,C\,x''$ gilt

$$\frac{P(A)}{P(\bar{A})}\frac{P(B)}{P(\bar{B})} = \frac{P(C)}{P(\bar{C})}.$$

Beweis:

Man setze $\lambda = \dfrac{P(B)}{P(B) + 1 - P(A)}$ und konstruiere mittels Repräsentationstheorem F, Teil I, eine Zerlegung von S mit den Elementen A', B', C' und D' und $P(A') = \lambda\,P(A)$, $P(B') = \lambda\,P(\bar{A})$, $P(C') = (1-\lambda)\,P(B)$ und $P(D') = (1-\lambda)\,P(\bar{B})$. Man betrachte dann die Alternativen

$$x\,A'\,y'\,B'\,x'\,C'\,y''\,D'\,z \text{ und } y\,A'\,x'\,B'\,y'\,C'\,x''\,D'\,z.$$

Nach Lemma F4 gilt

$$x\,A'\,y'\,B'\,z\;{}_{ZA'Z'B'Z^*}\!\sim y\,A'\,x'\,B'\,z \text{ und } x'\,C'\,y''\,D'\,z\;{}_{Z'C'Z''D'Z^*}\!\sim y'\,C'\,x''\,D'\,z.$$

Aus den Axiomen F1, F2 und F5 sowie Lemma F1a folgt

$$x\,A'\,y'\,B'\,x'\,C'\,y''\,D'\,z\;{}_{ZA'Z'B'Z'C'Z''D'Z^*}\!\sim y\,A'\,x'\,B'\,y'\,C'\,x''\,D'\,z.$$

Aus der Definition von λ ergibt sich $P(B') = P(C')$, so daß nach Lemma F3a auch

$$y'\,B'\,x'\,C'\,z\;{}_{Z'B'Z'C'Z^*}\!\sim x'\,B'\,y'\,C'\,z$$

gilt. Die Axiome F1, F2 und F5 sowie Lemma F1a erfordern

$$x\,A'\,y''\,D'\,z\;{}_{ZA'Z''D'Z^*}\!\sim y\,A'\,x''\,D'\,z.$$

Aus Lemma F4 folgt $\quad x\,C^*\,y''\;{}_{ZC^*Z''}\!\sim y\,C^*\,x''$

mit $P(C^*) = \dfrac{P(A')}{P(A') + P(D')}$. Lemma F3c ergibt $P(C^*) = P(C)$. Es folgt

$$\frac{P(A)}{P(\bar{A})}\frac{P(B)}{P(\bar{B})} = \frac{P(C)}{P(\bar{C})}. \;\blacksquare$$

Beweis von Repräsentationstheorem F, Teil II:

Der Beweis wird durch Angabe einer Konstruktionsvorschrift für u geführt. Zunächst wird eine Hilfsfunktion $v: X \times X \times 2^X \to \mathbb{R}$ konstruiert, so daß für alle x_i, $y_i \in X$ mit $i = 1, \ldots, n$ und alle $Z_n\, A_n\, Z_{n-1}\, A_{n-1} \ldots Z_2\, A_2\, Z_1 \subseteq F$ gilt

$$x_n\, A_n\, x_{n-1}\, A_{n-1} \ldots x_2\, A_2\, x_1 \;{}_{Z_n A_n Z_{n-1} Z_{n-1} \ldots Z_2 A_2 Z_1}\!\precsim\; y_n\, A_n\, y_{n-1}\, A_{n-1} \ldots y_2\, A_2\, y_1$$

$$\Leftrightarrow$$

$$\textstyle\sum_{i=1}^{n} v[x_i, y_i, Z_i]\, P(A_i) \le 0.$$

v ist bis auf Multiplikationen mit einer positiven Konstanten eindeutig bestimmt.

Nach Axiom F4 existieren zwei Ergebnisse x^*, $z^* \in X$ mit $x^* \;{}_{\{x^*, z^*\}}\!\succ\; z^*$. Man setze $v[x^*, z^*, \{x^*, z^*\}] = 1$. Für beliebige $x, z \in X$ mit $x, z \in Z$ definiere man v durch:

$$v[x, z, Z] = 0 \qquad \text{für } x \;{}_{Z}\!\sim\; z,$$

$$v[x, z, Z] = \frac{P(A)}{P(\bar{A})} \text{ mit } x^*\, A\, z \;{}_{\{x^*, z^*\}\, A\, Z}\!\sim\; z^*\, A\, x \qquad \text{für } x \;{}_{Z}\!\succ\; z,$$

$$v[x, z, Z] = -v[z, x, Z] \qquad \text{für } x \;{}_{Z}\!\prec\; z.$$

Die Existenz des Ereignisses $A \in \mathcal{S}$ mit $x^*\, A\, z \;{}_{\{x^*, z^*\}\, A\, Z}\!\sim\; z^*\, A\, x$ für $x^* \;{}_{\{x^*, z^*\}}\!\succ\; z^*$ und $x \;{}_{Z}\!\succ\; z$ sowie die Unabhängigkeit von $\{x^*, z^*\}\; A\; Z \subseteq F$ wird durch Lemma F3d sichergestellt. Die Unabhängigkeit von dem spezifischen Ereignis A gewährleistet Lemma F3b.

Man betrachte beliebige einfache Alternativen $f, g \in F$ mit

$$f = x_n\, A_n\, x_{n-1}\, A_{n-1} \ldots x_2\, A_2\, x_1$$

$$g = y_n\, A_n\, y_{n-1}\, A_{n-1} \ldots y_2\, A_2\, y_1$$

Zunächst ersetze man für alle $i \in \{1, \ldots, n\}$ mit $P(A_i) = 0$ x_i und y_i durch beliebige $x_{i'}$, $y_{i'} \in X$ mit $P(A_{i'}) > 0$. Aus Axiom F5 und Lemma F3b folgt $x_i\, A_i\, f \;{}_{Z_i A H}\!\precsim\; y_i\, A_i\, g \Leftrightarrow x_i\, A_i\, x' \;{}_{Z_i A Z'}\!\precsim\; y_i\, A_i\, y' \Leftrightarrow x' \;{}_{Z'}\!\precsim\; y' \Leftrightarrow x_{i'}\, A_i\, x' \;{}_{Z_{i'} A Z'}\!\precsim\; y_{i'}\, A_i\, y' \Leftrightarrow x_{i'}\, A_i\, f \;{}_{Z_{i'} A H}\!\precsim\; y_{i'}\, A_i\, g$. Wegen $v[x_i, y_i, Z_i]\, P(A_i) = v[x_{i'}, y_{i'}, Z_{i'}]\, P(A_i) = 0$ nimmt auch das Präferenzfunktional unverändert den Wert $\sum_{i=1}^{n} v[x_i, y_i, Z_i]\, P(A_i)$ an. Im folgenden kann demnach von $P(A_i) > 0$ für alle $i = 1, \ldots, n$ ausgegangen werden. Gilt für alle $i = 1, \ldots, n$ $x_i \;{}_{Z_i}\!\sim\; y_i$, $x_i \;{}_{Z_i}\!\prec\; y_i$ oder $x_i \;{}_{Z_i}\!\succ\; y_i$, so folgt nach den Axiomen F1, F2 und F5 sowie Lemma F1a $f \;{}_{H}\!\sim\; g$, $f \;{}_{H}\!\prec\; g$ bzw. $f \;{}_{H}\!\succ\; g$. Da in diesen Fällen des weiteren $v[x_i, y_i, Z_i] = 0$, $v[x_i, y_i, Z_i] < 0$ bzw. $v[x_i, y_i, Z_i] > 0$ für alle $i = 1, \ldots, n$ gilt, folgt auch $\sum_{i=1}^{n} v[x_i, y_i, Z_i]\, P(A_i) = 0$, $\sum_{i=1}^{n} v[x_i, y_i, Z_i]\, P(A_i) < 0$ bzw. $\sum_{i=1}^{n} v[x_i, y_i, Z_i]\, P(A_i) > 0$.

Sind $j, k \in \{1, \ldots, n\}$ mit $x_j \;{}_{Z_j}\!\succ\; y_j$ und $y_k \;{}_{Z_k}\!\succ\; x_k$ vorhanden, so existiert nach Lemma F3d ein Ereignis $B \in \mathcal{S}$ mit $x_j\, B\, x_k \;{}_{Z_j B Z_k}\!\sim\; y_j\, B\, y_k$. Gilt $P(B) = \frac{P(A_j)}{P(A_j) + P(A_k)}$, so werden x_j, y_j, x_k und y_k durch beliebiges $z \in X$ ersetzt. Nach Lemma F4 folgt $x_j\, A_j\, x_k\, A_k\, z \;{}_{Z_j A_j Z_k A_k Z^*}\!\sim\; y_j\, A_j\, y_k\, A_k\, z$. Aus den Axiomen F1, F2 und F5 ergibt sich $x_j\, A_j\, x_k\, A_k\, z \;{}_{Z_j A_j Z_k A_k Z^*}\!\sim\; y_j\, A_j\, y_k\, A_k\, z \Leftrightarrow x^*\, A_j \cup A_k\, z \;{}_{Z_{jk} A_j \cup A_k Z^*}\!\sim\; y^*\, A_j \cup A_k\, z \Leftrightarrow x^* \;{}_{Z_{jk}}\!\sim\; y^*$. Ebenfalls nach den Axiomen F1, F2 und F5 gilt $x_j\, A_j\, x_k\, A_k\, f \;{}_{Z_j A_j Z_k A_k H}\!\precsim\; y_j\, A_j\, y_k\, A_k\, g \Leftrightarrow x^*\, A_j \cup A_k\, x^{**} \;{}_{Z_{jk} A_j \cup A_k Z^{**}}\!\precsim\; y^*\, A_j \cup A_k\, y^{**} \Leftrightarrow x^{**} \;{}_{Z^{**}}\!\precsim\; y^{**} \Leftrightarrow$

$z\ A_j \cup A_k\ x^{**}\ {}_{Z^*\ A_j \cup A_k\ Z^{**}}\!\precsim z\ A_j \cup A_k\ y^{**} \Leftrightarrow z\ A_j \cup A_k\ f\ {}_{Z^*\ A_j \cup A_k\ H}\!\precsim z\ A_j \cup A_k\ g$. Die Präferenzrelation zwischen den Alternativen bleibt also durch den Austausch von (x_j, y_j) und (x_k, y_k) durch (z, z) unberührt. Aus der Definition von v und Lemma F5 folgt $v[x_k, y_k, Z_k] = -v[x_j, y_j, Z_j]\ \frac{P(B)}{P(\bar{B})}$. Hieraus resultiert $v[x_j, y_j, Z_j]\ P(A_j) + v[x_k, y_k, Z_k]\ P(A_k) = v[z, z, Z^*]\ [P(A_j) + P(A_k)] = 0$, so daß auch das Präferenzfunktional weiterhin den Wert $\sum_{i=1}^{n} v[x_i, y_i, Z_i]\ P(A_i)$ annimmt. Gilt $P(B) < \frac{P(A_j)}{P(A_j) + P(A_k)}$ - den Fall $P(B) > \frac{P(A_j)}{P(A_j) + P(A_k)}$ behandele man analog - so wird mittels Repräsentationstheorem F, Teil I, ein Ereignis $A_{j^*} \subset A_j$ mit $P(A_{j^*}) = P(A_k)\ \frac{P(B)}{P(\bar{B})}$ konstruiert. Es folgt $P(B) = \frac{P(A_{j^*})}{P(A_{j^*}) + P(A_k)}$. Wie beschrieben ersetze man (x_j, y_j) bzw. (x_k, y_k) in $A_{j^*} \cup A_k$ durch (z, z). An der Präferenzordnung zwischen den Alternativen und auch am Wert des Präferenzfunktionals ändert sich wiederum nichts. Den beschriebenen Prozeß führe man so oft durch, bis entweder alle Ergebnisse der beiden Alternativen durch z ersetzt wurden oder alle Ergebnisse einer Alternative präferiert werden. In jedem Fall folgt

$$x_n\ A_n\ x_{n-1}\ A_{n-1} \ldots x_2\ A_2\ x_1\ {}_{Z_n A_n Z_{n-1} Z_{n-1} \cdots Z_2 A_2 Z_1}\!\precsim y_n\ A_n\ y_{n-1}\ A_{n-1} \ldots y_2\ A_2\ y_1$$
$$\Leftrightarrow$$
$$\sum_{i=1}^{n} v[x_i, y_i, Z_i]\ P(A_i) \leq 0.$$

v ist bis auf Multiplikationen mit einer positiven Konstanten eindeutig bestimmt. Daß jede solche Transformation v' von v die behauptete Beziehung erfüllt, ist offensichtlich. Zum Beweis, daß sich jede Funktion v', die die behauptete Beziehung erfüllt, durch Multiplikation von v mit einer positiven Konstanten gewinnen läßt, betrachte man $x', z' \in X$ mit $x'\ {}_Z\!\succ z'$. Da v' die behauptete Beziehung erfüllt, gilt $v'[x^*, z^*, \{x^*, z^*\}]\ P(\bar{A}) = v'[x', z', Z]\ P(A)$ mit $x'\ A\ z^*\ {}_{Z\ A\ \{x^*, z^*\}}\!\sim z'\ A\ x^*$. Man betrachte dann die Transformation $\tilde{v}' = \frac{v[x^*, z^*, \{x^*, z^*\}]}{v'[x^*, z^*, \{x^*, z^*\}]}\ v'$. Es folgt $\tilde{v}'[x', z', Z] = \frac{P(\bar{A})}{P(A)}$. Für beliebiges $x, z \in X$ mit $x\ {}_Z\!\succ z$ gilt nun einerseits $v[x, z, Z] = \frac{P(B)}{P(\bar{B})}$ mit $x^*\ B\ z\ {}_{\{x^*, z^*\}\ B\ Z}\!\sim z^*\ B\ x$ und andererseits $\tilde{v}'[x, z, Z] = \tilde{v}'[x', z', Z]\ \frac{P(C)}{P(\bar{C})} = \frac{P(\bar{A})}{P(A)}\ \frac{P(C)}{P(\bar{C})}$ mit $x'\ C\ z\ {}_{Z\ C\ Z}\!\sim z'\ C\ x$, weil auch $\tilde{v}'$ die behauptete Beziehung erfüllt. Es folgt $\tilde{v}'[x, z, Z] = \frac{P(\bar{A})}{P(A)}\ \frac{P(\bar{B})}{P(B)}\ \frac{P(C)}{P(\bar{C})}\ v[x, z, Z]$. Aus Lemma F5 resultiert $\frac{P(\bar{A})}{P(A)}\ \frac{P(\bar{B})}{P(B)}\ \frac{P(C)}{P(\bar{C})} = 1$, so daß $\tilde{v}'[x, z, Z] = v[x, z, Z]$ und damit $v' = \frac{v'[x^*, z^*, \{x^*, z^*\}]}{v[x^*, z^*, \{x^*, z^*\}]}\ v$ gilt.

Im nächsten Schritt ist zu zeigen, daß auf der Grundlage der Funktion v eine bis auf positive lineare Transformationen eindeutig bestimmte Funktion u definiert werden kann, so daß für alle $x, y \in Z$ und alle $Z \subseteq X$ $v[x, y, Z] = u[x, Z] - u[y, Z]$ gilt. Nachgewiesen wird hierfür $v[x, y, Z] = v[x, z, Z] - v[y, z, Z]$ für alle $x, y \in Z$ und beliebiges $z \in Z$. Ist diese Eigenschaft erfüllt, so läßt sich durch $u[y, Z] = v[y, z, Z]$ für alle $y \in Z$ und festes $z \in Z$ eine bis auf positive lineare Transformationen eindeutig bestimmte Funktion mit den geforderten Eigenschaften angeben. Von $x \;{}_{Z}{\succ}\; y \;{}_{Z}{\succ}\; z$ wird ausgegangen; in allen anderen Fällen ist der Beweis entweder trivial oder analog. Laut Definition gilt $v[x, y, Z] = \frac{P(\bar{A})}{P(A)}$ mit $x^* \, A \, y \;{}_{\{x^*, z^*\} A Z}{\sim}\; z^* \, A \, x$, $v[x, z, Z] = \frac{P(B)}{P(\bar{B})}$ mit $x^* \, B \, z \;{}_{\{x^*, z^*\} B Z}{\sim}\; z^* \, B \, x$ und $v[y, z, Z] = \frac{P(C)}{P(\bar{C})}$ mit $x^* \, C \, z \;{}_{\{x^*, z^*\} C Z}{\sim}\; z^* \, C \, y$. Aus Lemma F3d folgt die Existenz von Ereignissen D und E mit $x \, D \, z \;{}_{Z D Z}{\sim}\; z \, D \, y$ bzw. $x \, E \, z \;{}_{Z E Z}{\sim}\; y \, E \, y$. Aus Lemma F5 folgt $\frac{P(B)}{P(\bar{B})} \frac{P(D)}{P(\bar{D})} = \frac{P(C)}{P(\bar{C})}$ bzw. $\frac{P(A)}{P(\bar{A})} \frac{P(E)}{P(\bar{E})} = \frac{P(C)}{P(\bar{C})}$. Aus Axiom F2 folgt $P(D) \le P(E)$. Lemma F4 ergibt $x \, D \, z \, D' \, z \;{}_{Z D Z D' Z}{\sim}\; y \, D \, y \, D' \, z$ mit $P(E) = \frac{P(D)}{P(D) + P(D')}$. Gemäß Axiom F1 gilt $z \, D \, y \, D' \, y \;{}_{Z D Z D' Z}{\sim}\; y \, D \, y \, D' \, z$. Nach den obenstehenden Ergebnissen erfordert dies $v[z, y, Z] \, P(D) + v[y, z, Z] \, (1 - P(D) - P(D')) = 0$ oder $2 \, P(D) = 1 - P(D')$. Hieraus folgt $P(E) = \frac{P(D)}{P(\bar{D})}$. Insgesamt gilt damit $\frac{P(A)}{P(\bar{A})} = \frac{P(B)}{P(\bar{B})} - \frac{P(C)}{P(\bar{C})}$ bzw. $v[x, y, Z] = v[x, z, Z] - v[y, z, Z]$ für alle $x, y \in Z$ und beliebiges $z \in Z$. Es folgt

$$x_n \, A_n \, x_{n-1} \, A_{n-1} \ldots x_2 \, A_2 \, x_1 \;{}_{Z_n A_n Z_{n-1} Z_{n-1} \ldots Z_2 A_2 Z_1}{\precsim}\; y_n \, A_n \, y_{n-1} \, A_{n-1} \ldots y_2 \, A_2 \, y_1$$

$$\Leftrightarrow$$

$$\sum_{i=1}^{n} u[x_i, Z_i] \, P(A_i) \le \sum_{i=1}^{n} u[y_i, Z_i] \, P(A_i). \blacksquare$$

8 Zusammenfassung und Ausblick

Die Axiomatisierung von Entscheidungstheorien ist seit jeher eines der zentralen Anliegen der entscheidungstheoretischen Forschung. Aus gutem Grund: ohne Axiomatik bleibt ein Kalkül zur Bestimmung tatsächlich ergriffener oder zu ergreifender Alternativen eine bloße Rechenvorschrift, deren Zusammenhang mit tatsächlichem Entscheidungsverhalten oder mit rationaler Entscheidungsfindung, wenn überhaupt vorhanden, so doch zumindest unklar ist. Erst die in einem Axiomensystem verankerten Verhaltensannahmen oder -postulate begründen einen Homomorphismus zwischen einer Präferenzrelation auf der einen und einer Relation auf der Menge der reellen Zahlen auf der anderen Seite und schaffen so - zusammen mit der intendierten Interpretation der verwendeten Symbole - eine tragfähige Brücke zwischen dem jeweiligen Kalkül und der Realität, deren formaler Gehalt sich in einem Repräsentationstheorem niederschlägt. Entscheidungstheoretische Ansätze, die auf wahlfreien (choiceless) Nutzenfunktionen beruhen, d. h. von der Existenz eines kardinal meßbaren Nutzens a priori ausgehen, ohne diese axiomatisch zu begründen, wurden deshalb in der Vergangenheit stets mit Skepsis betrachtet. Die nach ihrem Entdecker Allais benannten empirischen Phänomene sind heute Gegenstand der entscheidungstheoretischen Grundausbildung; seine auf der Existenz wahlfreier Nutzenfunktionen basierenden Ansätze spielen dagegen so gut wie keine Rolle mehr.

Woran es reinen Rechenvorschriften zur Entscheidungsfindung meistens ermangelt, sind Meßvorschriften bezüglich der verwendeten Eingangsgrößen. Was nutzt es, über eine Anleitung zur Ermittlung der optimalen Alternative zu verfügen, wenn deren Anwendung die Kenntnis des Nutzens der möglichen Ergebnisse voraussetzt, in der Realität aber keine adäquate Möglichkeit besteht, diesen Nutzen zu bestimmen? Existieren entsprechende Meßvorschriften, so läßt sich in der Regel auch eine Axiomatik angeben, auf die das betrachtete Kalkül zurückgeführt werden kann. Z. B. führte die Idee Ramseys, Wahrscheinlichkeitseinschätzungen auf der Basis von Wahlakten zu bestimmen, zur Entwicklung des Axiomensystems der subjektiven Erwartungsnutzentheorie von Savage. Umgekehrt lassen sich Meßvorschriften bezüglich der Eingangsgrößen eines entscheidungstheoretischen Kalküls regelmäßig aus dessen Axiomatik ableiten. Häufig spiegeln sie sich sogar in dem - dann notwendigerweise konstruktiven - Beweis des entsprechenden Repräsentationstheorems wider; klassisches Beispiel hierfür ist der Beweis des Repräsentationstheorems der subjektiven Erwartungsnutzentheorie von Savage.

Über ihre meßtheoretischen Funktionen hinaus, teilweise auch damit zusammenhängend, erfüllen Axiomensysteme in der Entscheidungstheorie zwei weitere wichtige Funktionen:[1] Im deskriptiven Kontext erlauben sie es, Entscheidungstheorien auf zumindest annähernd realitätsgerechte Verhaltensannahmen zurückzuführen. Die gängige Praxis, in ökonomischen Erklärungs- und Prognosemodellen von erwartungsnutzenmaximierenden Agenten auszugehen, beinhaltet z. B. nichts anderes als die Zugrundelegung der als Verhaltensannahmen interpretierten Axiome der Erwartungsnutzentheorie. Wäre ein entsprechendes Axiomensystem nicht bekannt, so könnte zwar weiterhin von erwartungsnutzenmaximierenden Agenten ausgegangen werden; die Maximierung einer reellwertigen Funktion läßt sich aber nicht ohne weiteres als realitätsgerechte Verhaltensannahme interpretieren. Aus deskriptiver Sicht sollten Axiomensysteme in erster Linie einen möglichst weiten Anwendungsbereich aufweisen, um als Grundlage für vielfältige Modelle dienen zu können; zudem sollten die Axiome intuitiv verständlich sein und unschwer als Verhaltensannahmen gedeutet werden können.

Aus normativer Sicht ermöglichen es Axiomensysteme, die auf der Grundlage einer Entscheidungstheorie generierten Verhaltensempfehlungen auf Verhaltenspostulate zurückzuführen, die menschlichen Entscheidungsträgern plausibel gemacht werden können. Jemandem, der in der Realität verantwortlich Entscheidungen treffen muß, ist mit der Bereitstellung einer Rechenvorschrift zur Bestimmung der optimalen Alternative allein nicht gedient. Echte Entscheidungsunterstützung erfordert es, ihn mit den zugrundeliegenden Verhaltenspostulaten vertraut zu machen und davon zu überzeugen, daß ein Verstoß gegen diese Postulate zu auch von ihm unerwünschten Konsequenzen führen kann. Ist ein entsprechendes Axiomensystem nicht bekannt, so kann die Anwendung der Rechenvorschrift zwar weiterhin empfohlen, aber kaum nachvollziehbar begründet werden; ein verantwortungsvoller und kritischer Entscheidungsträger wird einer solchen Empfehlung - mit Recht - nicht blind vertrauen. Um normative Funktionen erfüllen zu können, sollten Axiomensysteme vor allem intuitiv verständlich und plausibel sein; darüber hinaus ist auch im normativen Kontext ein weiter Anwendungsbereich wünschenswert.

---

[1] Luce/Krantz/Suppes/Tversky beschreiben die vier wichtigsten Funktionen von Axiomatisierungen so: "The first is to make explicit the exact details of an argument or theory that, before the axiomatization, was either incomplete or unclear. The second is to isolate, abstract, and study more fully a class of mathematical structures that have recurred in many important contexts, often with quite different surface forms. ... The third is the study of what sorts of things can be axiomatized in particular ways. And the fourth is to provide the scientist with a compact way to summarize and represent an empirical situation, one that allows a systematic exploration of the implications of the postulates."; Luce u. a. (1990), S. 196-197. Im Text wurde nur auf die für die Entscheidungstheorie wichtigsten Funktionen Bezug genommen.

Axiome gleichen Leitplanken, die eine Spannweite zulässiger Entscheidungen abgrenzen, gleichzeitig aber Raum für subjektive Präferenzen lassen. Werden die Leitplanken zu eng gesetzt, so reicht die Spannweite zulässiger Entscheidungen nicht aus, um das beobachtbare Entscheidungsverhalten vollständig zu erklären. Lassen sie zu viel Raum, so bleibt die Spannweite zulässiger Entscheidungen so groß, daß keine numerische Repräsentation der Präferenzrelation existiert, auf deren Grundlage aussagekräftige Verhaltensimplikationen abgeleitet werden können. Den empirischen Befunden, nach denen keine der bislang entwickelten Entscheidungstheorien das in der Realität zu beobachtende Entscheidungsverhalten in seiner ganzen Bandbreite abzudekken vermag,[1] ist daher nicht durch die Entwicklung von Entscheidungstheorien zu begegnen, die die Menge zulässiger Präferenzrelationen weniger stark einschränken. Stattdessen bietet es sich an, alternative, auf spezifische Problemstellungen oder -konstellationen zugeschnittene Entscheidungstheorien zu entwerfen, die in Abhängigkeit von dem zu modellierenden ökonomischen Sachverhalt zum Einsatz kommen. Zweckmäßigerweise werden bei dieser Vorgehensweise auch die Beziehungen zwischen den alternativen Entscheidungstheorien erforscht. Ein Beispiel ist der von Bell angeführte Zusammenhang zwischen Pessimismus und Enttäuschungsaversion, der sich in einer partiellen Entsprechung der subjektiven rangabhängigen Nutzentheorie und der Disappointment Theorie von Bell niederschlägt.[2]

Sollte sich die zunehmend in der Literatur anzutreffende Auffassung durchsetzen, daß auch von der Erwartungsnutzentheorie abweichendes Entscheidungsverhalten das Prädikat "rational" verdienen kann, so wäre die unter normativen Gesichtspunkten optimale Alternative künftig in einem zweistufigen Prozeß zu bestimmen: Zunächst müßte sich der Entscheidungsträger für eine Menge von Verhaltenspostulaten in Gestalt eines Axiomensystems entscheiden, die seinen Präferenzen am besten entspricht. Erst daran anschließend würden wie bisher die Eingangsgrößen des entsprechenden Kalküls und darauf aufbauend die optimale Alternative bestimmt. Der Spielraum möglicher Entscheidungen würde dann im normativen Kontext durch einen gewissen Freiraum im Hinblick auf die Auswahl der maßgeblichen Verhaltenspostulate ergänzt. Auch aus normativer Sicht ist die Entwicklung und Axiomatisierung alternativer Entscheidungstheorien folglich ein wichtiges Anliegen.

Die vorstehenden Ausführungen beleuchten den Hintergrund, vor dem in der vorliegenden Arbeit ein axiomatischer Ansatz der Entscheidungstheorie für

---

1 Siehe z. B. Chew/Waller (1986); Appleby/Starmer (1987); Camerer (1989, 92); Daniels/Keller (1990); Kagel/MacDonald/Battalio (1990); Gigliotti/Sopher (1992); Harless (1992b); Harless/Camerer (1992); Sopher/Gigliotti (1993b); Hey/Orme (1994); Wu (1994); Camerer/Ho (1994); Wakker/Erev/Weber (1994); Fennema/Wakker (1996).

2 Siehe dazu die Ausführungen in Abschnitt V.C.1.

Ungewißheitssituationen vorgestellt wurde, in dessen Kern die Annahme der Existenz von Sicherheitsäquivalenten für Teilalternativen steht. Die Eigenschaften dieses Ansatzes wurden bereits in der Einleitung ausführlich erörtert. Im Hauptteil der Arbeit zeigte sich seine Leistungsfähigkeit: es gelang nicht nur die Entwicklung von Axiomensystemen für Entscheidungstheorien, die im Ungewißheitskontext bereits axiomatisiert worden sind - dies ist angesichts der weitergehenden strukturellen Restriktionen des verfolgten Ansatzes nicht verwunderlich -, es gelang auch die Axiomatisierung einiger wichtiger Entscheidungstheorien - insbesondere der gewichteten Nutzentheorie und der Disappointment Aversion Theorie -, für die eine Axiomatisierung im Ungewißheitskontext bislang noch ausstand. Darüber hinaus konnte der Anwendungsbereich der SSA Nutzentheorie auf Alternativen mit unendlich vielen möglichen Ergebnissen ausgeweitet und eine alternative Charakterisierung wahrscheinlichkeitsbasierter Präferenzen im Sinne von Grant entwickelt werden, die gleichzeitig eine subjektive implizit gewichtete Nutzentheorie axiomatisch fundiert. Alle auf der Grundlage des verfolgten Ansatzes entwickelten Axiomensysteme sind intuitiv eingängig und leicht verständlich, da die präferenzbildenden Axiome nahezu durchgängig auf der Grundlage von Ergebnissen formuliert werden konnten. Infolge ihrer besonderen Eingängigkeit sind auch die vorgestellten Axiomensysteme der subjektiven Erwartungsnutzentheorie, der Choquet Nutzentheorie und der Regret Theorie von Sugden von Interesse.

Im Kern des verfolgten Ansatzes steht die Überlegung, daß Ergebnisse zweckmäßigerweise nicht als finale Sachverhalte, sondern als Positionen zu interpretieren sind, die für den Entscheidungsträger in Abhängigkeit von der weiteren Entwicklung der relevanten Umwelt zu einem höheren oder einem geringeren Nutzen führen. Würde man Ergebnisse tatsächlich als finale Sachverhalte deuten, so könnte sich die Entscheidungstheorie im Prinzip nur mit Entscheidungen beschäftigen, die den gesamten Lebensweg des Entscheidungsträgers in Abhängigkeit von der Entwicklung der relevanten Umwelt ein für allemal festlegen. Tatsächlich jedoch betreffen die untersuchten Entscheidungsprobleme regelmäßig nur einen Ausschnitt dieser "Grand World"[1] als der Summe aller Entscheidungssituationen, denen sich ein Entscheidungsträger im Laufe seines Lebens ausgesetzt sieht. Die Reinterpretation von Ergebnissen ist daher als erster Schritt zu einer dem Erfahrungsobjekt der Entscheidungstheorie besser entsprechenden Perspektive anzusehen, bei der isolierte, d. h. aus dem Kontext der Grand World herausgelöste Entscheidungssituationen (Small Worlds) im Vordergrund stehen.

---

1 Die Begriffe Grand World und Small World wurden von Savage eingeführt, um die im Text erläuterte Problematik zu charakterisieren; siehe Savage (1954), S. 82-91.

Der Zusammenhang zwischen Grand World und Small World wirft eine Fülle hochaktueller Probleme in bezug auf dynamische Aspekte des Entscheidungsverhaltens auf, deren Klärung wohl nur auf der Grundlage mehrstufiger Entscheidungsmodelle gelingen kann. Auch in dieser Hinsicht bietet der im Rahmen dieser Arbeit verfolgte Ansatz interessante Möglichkeiten: Z. B. wäre denkbar, die Existenz von Sicherheitsäquivalenten lediglich für Alternativen in nachgelagerten Entscheidungsknoten zu postulieren. Auf diese Weise ließe sich im Rahmen einer dann auf mehrstufige Entscheidungsprobleme ausgerichteten Axiomatik eine Äquivalenz von zeitlich nachgelagerten Teilalternativen und Ergebnissen etablieren, die mit der Interpretation von Ergebnissen als Positionen in besonderer Weise harmoniert und die ein neues Licht auf den Zusammenhang zwischen dynamisch konsistentem und konsequentem Entscheidungsverhalten werfen könnte. Da die Grenze der modellierten Ungewißheit infolge eines entsprechenden Axioms in gewisser Weise unbestimmt bliebe, könnte auf diesem Wege möglicherweise auch ein Beitrag zur Lösung des Problems der Abgrenzung von Entscheidungssituationen geleistet werden. Die Klärung solcher und ähnlicher Fragen ist nicht mehr Gegenstand der vorliegenden Untersuchung; schon diese knappen Anmerkungen lassen jedoch vermuten, daß der im Rahmen dieser Arbeit verfolgte Ansatz insbesondere im Hinblick auf die Erforschung dynamischen Entscheidungsverhaltens weiteres Potential besitzt.

Symbolverzeichnis

x, y, z	Ergebnisse
X	Ergebnisraum / Menge der sicheren Alternativen
Z	Teilmenge des Ergebnisraums
$\mathcal{X}$	σ-Algebra auf dem Ergebnisraum
$\mathcal{T}$	Topologie auf dem Ergebnisraum
s, t, r	Zustände
S	Zustandsraum
A, B, C	Ereignisse
$\mathcal{S}$	Ereignisalgebra
$\mathcal{R}$	Teilmenge der Ereignisalgebra
f, g, h	Alternativen
s(f)	Sicherheitsäquivalent der Alternative f
F	Alternativenraum
G, H	Teilmengen des Alternativenraums
p_H, q_H	Gemischte Alternativen
$p_H(f)$	Wahrscheinlichkeit der Alternative f bei der gemischten Alternative p_H
$\mathcal{P}_H$	Menge der gemischten Alternativen
$\mathcal{F}$	Produkttopologie auf $X^{\|S\|}$
$\precsim, \succsim, \prec, \succ, \sim$	Präferenz- oder Wahrscheinlichkeitsrelationen
$\precsim_A, \succsim_A, \prec_A, \succ_A, \sim_A$	Bedingte Präferenzrelationen
${}_H\precsim, {}_H\succsim, {}_H\prec, {}_H\succ, {}_H\sim$	Mengenspezifische Präferenzrelationen
$\precsim^*, \succsim^*, \prec^*, \succ^*, \sim^*$	Plausibilitätsrelationen
P	(Additives) Wahrscheinlichkeitsmaß
C	Nichtadditives Wahrscheinlichkeitsmaß
C^*	Duales nichtadditives Wahrscheinlichkeitsmaß
Π	Kern eines nichtadditiven Wahrscheinlichkeitsmaßes
u[·], u[·, ·]	Nutzenfunktionen

$w[\cdot]$	Plausibilitätsfunktion der gewichteten Nutzentheorie
$w[\cdot, \cdot]$	Gewichtungsfunktion der implizit gewichteten Nutzentheorie
$g[\cdot]$	Transformationsfunktion der rangabhängigen Nutzentheorie
$g^P[\cdot]$	Transformationsfunktion der Prospekttheorie
e	Konstante der Disappointment Theorie von Bell
d	Konstante der Disappointment Aversion Theorie von Gul
p, q	Ergebnisverteilungen
p(x)	Wahrscheinlichkeit des Ergebnisses x bei der Ergebnisverteilung p
$\mathcal{P}$	Menge der Ergebnisverteilungen
$\mathbb{R}$	Menge der reellen Zahlen
$\mathbb{R}^+$	Menge der positiven reellen Zahlen
$\mathbb{N}$	Menge der natürlichen Zahlen
λ, μ, ν	Reelle Zahlen im Intervall [0, 1]
a, b, c, d	Reelle Zahlen
m, n	Natürliche Zahlen
i, j, k, l	Indizes
I, J	Indexmengen
$r(\cdot), r(\cdot, \cdot)$	Lokale Risikoaversionsmaße
$r^s(\cdot, \cdot)$	Symmetrisches lokales Risikoaversionsmaß
$\int_S^{Co}$	Oberes Choquet Integral
$\int_S^{Cu}$	Unteres Choquet Integral

Abbildungsverzeichnis

Literaturverzeichnis

Allais, M. (1953): Le Comportement de l'Homme Rationnel devant le Risque: Critique des Postulats et Axiomes de l'Ecole Americaine, in: Econometrica, Vol. 21, 1953, S. 503-546.

Allais, M. (1979): The So-called Allais Paradox and Rational Decisions under Uncertainty, in: Expected Utility Hypotheses and the Allais Paradox, hrsg. von M., Allais, O. Hagen, Reidel Dordrecht 1979, S. 437-699.

Anscombe, F. J.; Aumann, R. J. (1963): A Definition of Subjective Probability, in: Annals of Mathematical Statistics, Vol. 34, 1963, S. 199-205.

Appleby, L.; Starmer, C. (1987): Individual Choice under Uncertainty: A Review of Experimental Evidence, Past and Present, in: Surveys in the Economics of Uncertainty, hrsg. von J. D. Hey, P. J. Lambert, Oxford 1987, S. 25-45.

Armstrong, W. E. (1950): A Note on the Theory of Consumer's Behaviour, in: Oxford Economic Papers, Vol. 2, 1950, S. 119-122.

Arrow, K. J. (1970): Essays in the Theory of Risk-Bearing, Amsterdam London 1970.

Arrow, K. J. (1972): Exposition of the Theory of Choice under Uncertainty, in: Decision and Organization, hrsg. von C. B. McGuire, R. Radner, Amsterdam London 1972, S. 19-55.

Arrow, K. J.; Hurwicz, L. (1977): An Optimality Criterion for Decision-making under Ignorance, in: Studies in Resource Allocation Processes, hrsg. von K. J. Arrow, L. Hurwicz, Cambridge New York 1977, S. 463-471.

Battalio, R. C.; Kagel, J. H.; MacDonald, D. N. (1985): Animals' Choices over Uncertain Outcomes: Some Initial Experimental Results, in: American Economic Review, Vol. 75, 1985, S. 599-613.

Becker, G. M.; DeGroot, M. H.; Marschak, J. (1964): Measuring Utility by a Single-Response Sequential Method, in: Behavioral Science, Vol. 9, 1964, S. 226-232.

Becker, S. W.; Brownson, F. O. (1964): What Price Ambiguity? Or the Role of Ambiguity in Decision-Making, in: Journal of Political Economy, Vol. 72, 1964, S. 62-73.

Bell, D. E. (1982): Regret in Decision Making under Uncertainty, in: Operations Research, Vol. 30, 1982, S. 961-981.

Bell, D. E. (1985): Disappointment in Decision Making under Uncertainty, in: Operations Research, Vol. 33, 1985, S. 1-27.

Bernasconi, M. (1992): Different Frames for the Independence Axiom: An Experimental Investigation in Individual Decision Making under Risk, in: Journal of Risk and Uncertainty, Vol. 5, 1992, S. 159-174.

Bernasconi, M.; Loomes, G. (1992): Failures of the Reduction Principle in an Ellsberg-Type Problem, in: Theory and Decision, Vol. 32, 1992, S. 77-100.

Bernoulli, D. (1738): Specimen theoriae novae de mensura sortis, Commentarii Academiae Scientiarum Imperialis Petropolitanae, Tomus 5, 1738, S. 175-192; Exposition of a New Theory on the Measurement of Risk, in: Econometrica, Vol. 22, 1954, S. 23-36, aus dem Lateinischen übersetzt von L. Sommer; Entwurf einer neuen Theorie zur Bewertung von Lotterien, in: Die Betriebswirtschaft, 56. Jg., 1996, S. 733-742, aus dem Lateinischen übersetzt von L. Kruschwitz und P. Kruschwitz.

Bier, V. M.; Connell, B. L. (1994): Ambiguity Seeking in Multi-attribute Decisions: Effects of Optimism and Message Framing, in: Journal of Behavioral Decision Making, Vol. 7, 1994, S. 169-182.

Bierman, H. (1989): The Allais Paradox: A Framing Perspective, in: Behavioral Science, Vol. 34, 1989, S. 46-52.

Billot, A. (1991): Cognitive Rationality and Alternative Belief Measures, in: Journal of Risk and Uncertainty, Vol. 4, 1991, S. 299-324.

Blackwell, D. (1953): Equivalent Comparisons of Experiments, in: Annals of Mathematical Statistics, Vol. 24, 1953, S. 265-272

Blackwell, D.; Girshik, M. A. (1954): Theory of Games and Statistical Decisions, New York London 1954.

Bolker, E. D. (1967): A Simultaneous Axiomatization of Utility and Subjective Probability, in: Philosophy of Science, Vol. 34, 1967, S. 333-340.

Border, K. C.; Segal, U. (1994): Dynamic Consistency Implies Approximately Expected Utility Preferences, in: Journal of Economic Theory, Vol. 63, 1994, S. 170-188.

Bordley, R. F.; Hazen, G. (1991): SSB and Weighted Linear Utility as Expected Utility with Suspicion, in: Management Science, Vol. 37, 1991, S. 396-408.

Camerer, C. (1989): An Experimental Test of Several Generalized Utility Theories, in: Journal of Risk and Uncertainty, Vol. 2, 1989, S. 61-104.

Camerer, C. (1992): Recent Tests of Generalizations of Expected Utility Theory, in: Utility Theories: Measurements and Applications, hrsg. von W. Edwards, Boston Dordrecht London 1992, S. 207-251.

Camerer, C.; Ho, T.-H. (1994): Violations of the Betweenness Axiom and Nonlinearity in Probability, in: Journal of Risk and Uncertainty, Vol. 8, 1994, S. 167-196.

Camerer, C.; Kunreuther, H. (1989): Experimental Markets for Insurance, in: Journal of Risk and Uncertainty, Vol. 2, 1989, S. 265-300.

Camerer, C.; Loewenstein, G.; Weber, M. (1989): The Curse of Knowledge in Economic Settings: An Experimental Analysis, in: Journal of Political Economy, Vol. 97, 1989, S. 1232-1254.

Camerer, C.; Weber, M. (1992): Recent Developments in Modeling Preferences: Uncertainty and Ambiguity, in: Journal of Risk and Uncertainty, Vol. 5, 1992, S. 325-370.

Campbell, D. T. (1986): Rationality and Utility from the Standpoint of Evolutionary Biology, in: Journal of Business, Vol. 59, 1986, S. 355-364.

Carlin, P. S. (1992): Violations of the Reduction and Independence Axioms in Allais-Type and Common-Ratio Effect Experiments, in: Journal of Economic Behavior and Organization, Vol. 19, 1992, S. 213-235.

Chateauneuf, A. (1985): On the Existence of a Probability Measure Compatible with a total Preorder on an Boolean Algebra, in: Journal of Mathematical Economics, Vol. 14, 1985, S. 43-52.

Chateauneuf, A. (1988): Uncertainty Aversion and Risk Aversion in Models with Nonadditive Probabilities, in: Risk, Decision and Rationality, hrsg. von B. R. Munier, Dordrecht u. a. 1988, S. 615-627.

Chateauneuf, A.; Cohen, M. (1994): Risk Seeking with Diminishing Marginal Utility in a Non-Expected Utility Model, in: Journal of Risk and Uncertainty, Vol. 9, 1994, S. 77-91.

Chew, S. H. (1983): A Generalization of the Quasilinear Mean with Applications to the Measurement of Income Inequality and Decision Theory resolving the Allais Paradox, in: Econometrica, Vol. 51, 1983, S. 1065-1092.

Chew, S. H. (1989): Axiomatic Utility Theories with the Betweenness Property, in: Annals of Operations Research, Vol. 19, 1989, S. 273-298.

Chew, S. H.; Epstein, L. G. (1989): Axiomatic Rank-Dependent Means, in: Annals of Operations Research, Vol. 19, 1989, S. 299-309.

Chew, S. H.; Epstein, L. G.; Segal, U. (1991): Mixture Symmetry and Quadratic Utility, in: Econometrica, Vol. 59, 1991, S. 139-163.

Chew, S. H.; Epstein, L. G.; Wakker, P. (1993): A Unifying Approach to Axiomatic Non-expected Utility Theories: Correction and Comment, in: Journal of Economic Theory, Vol. 59, 1993, S. 183-188.

Chew, S. H.; Karni, E. (1994): Choquet Expected Utility with a Finite-State Space - Commutativity and Act-Independence in: Journal of Economic Theory, Vol. 62, 1994, S. 469-479.

Chew, S. H.; Karni, E.; Safra, Z. (1987): Risk Aversion in the Theory of Expected Utility with Rank Dependent Probabilities, in: Journal of Economic Theory, Vol. 42, 1987, S. 370-381.

Chew, S. H.; Wakker, P. (1996): The Comonotonic Sure-Thing Principle, in: Journal of Risk and Uncertainty, Vol. 12, 1996, S. 5-27.

Chew, S. H.; Waller, W. S. (1986): Empirical Tests of Weighted Utility Theory, in: Journal of Mathematical Psychology, Vol. 30, 1986, S. 55-72.

Choquet, G. (1955): Theory of Capacities, in: Annales de l'Institut Fourier, Vol. 5, 1955, S. 131-295.

Cohen, M.; Jaffray, J.-Y. (1988a): Certainty Effect versus Probability Distortion: An Experimental Analysis of Decision Making under Risk, in: Journal of Experimental Psychology: Human Perception and Performance, Vol. 14, 1988, S. 554-560.

Cohen, M.; Jaffray, J.-Y. (1988b): Preponderence of the Certainty Effect over Probability Distortion in Decision Making under Risk, in: Risk, Decision and Rationality, hrsg. von B. R. Munier, Dordrecht u. a. 1988, S. 173-187.

Cohen, M.; Jaffray, J.-Y.; Said, T. (1985): Individual Behavior under Risk and under Uncertainty: An Experimental Study, in: Theory and Decision, Vol. 18, 1985, S. 203-228.

Cox, J. C.; Epstein, S. (1989): Preference Reversals without the Independence Axiom, in: American Economic Review, Vol. 79, 1989, S. 408-426.

Crawford, V. P. (1990): Equilibrium without Independence, in: Journal of Economic Theory, Vol. 50, 1990, S. 127-154.

Curley, S. P.; Yates, J. F. (1985): The Center and Range of the Probability Interval as Factors Affecting Ambiguity Preferences, in: Organizational Behaviour and Human Decision Processes, Vol. 36, 1985, S. 273-287.

Curley, S. P.; Yates, J. F. (1989): An Empirical Evaluation of Descriptive Models of Ambiguity Reactions in Choice Situations, in: Journal of Mathematical Psychology, Vol. 33, 1989, S. 397-427.

Curley, S. P.; Yates, J. F.; Abrams, R. A. (1986): Psychological Sources of Ambiguity Avoidance, in: Organizational Behaviour and Human Decision Processes, Vol. 38, 1986, S. 230-256.

Currim, I. S.; Sarin, R. K. (1989): Prospect versus Utility, in: Management Science, Vol. 35, 1989, S. 22-41.

Daniels, R.; Keller, L. R. (1990): An Experimental Evaluation of the Descriptive Validity of Lottery-Dependent Utility Theory, in: Journal of Risk and Uncertainty, Vol. 3, 1990, S. 115-134.

Dardanoni, V. (1990): Implications of Behavioral Consistency in Dynamic Choice under Uncertainty, in: Theory and Decision, Vol. 29, 1990, S. 223-234.

Davis, J. M. (1958): The Transitivity of Preferences, in: Behavioral Science, Vol. 3, 1958, S. 26-33.

de Finetti, B. (1937): Foresight: Its Logical Laws, Its Subjective Sources, in: Studies in Subjective Probability, hrsg. von H. E. Kyburg, H. E. Smokler, New York 1964, S. 97-158, übersetzt von H. E. Kyburg von 'La Prévision ses Lois Logiques, ses Sources Subjectives', in: Annales de l'Institute Henri Poincaré, Vol. 7, 1937, S. 1-68.

Debreu, G. (1952): A Social Equilibrium Existence Theorem, in: Proceedings of the National Academy of Sciences, Vol. 38, 1952, S. 886-893.

Dekel, E. (1986): An Axiomatic Characterization of Preferences under Uncertainty: Weakening the Independence Axiom, in: Journal of Economic Theory, Vol. 40, 1986, S. 304-318.

Dekel, E.; Safra, Z.; Segal, U. (1991): Existence and Dynamic Consistency of Nash Equilibrium with Non-expected Utility Preferences, in: Journal of Economic Theory, Vol. 55, 1991, S. 229-246.

Diedrich, R. (1996): Zur Relevanz alternativer entscheidungstheoretischer Konzeptionen für die ökonomische Forschung, in: Betriebswirtschaftliche Forschung und Praxis, 48. Jg. 1996, S. 617-639.

Domotor, Z. (1978): Axiomatization of Jeffreys Utilities, in: Synthese, Vol. 39, 1978, S. 165-210.

Dow, J.; Riberio da Costa Werlang, S. (1994): Nash Equilibrium under Knightian Uncertainty: Breaking Down Backward Induction, in: Journal of Economic Theory, Vol. 64, 1994, S. 305-324.

Dyckerhoff, R. (1994): Choquet-Erwartungsnutzen und antizipierter Nutzen. Ein Beitrag zur Entscheidungstheorie bei einem und mehreren Attributen, Dissertation Hamburg 1994.

Eichberger, J.; Grant, S. (1997): Dynamically Consistent Preferences with Quadratic Beliefs, in: Journal of Risk and Uncertainty, Vol. 12, 1997, S. 189-207.

Einhorn, H. J. (1982): Learning from Experience and Suboptimal Rules in Decision Making, in: Judgment under Uncertainty: Heuristics and Biases, hrsg. von Kahneman, D., Slovic, P., Tversky, A., Cambridge u. a. 1982, S. 268-283.

Einhorn, H. J.; Hogarth, R. M. (1985): Ambiguity and Uncertainty in Probabilistic Inference, in: Psychological Review, Vol. 92, 1985, S. 433-461.

Einhorn, H. J.; Hogarth, R. M. (1986): Decision Making under Ambiguity, in: Journal of Business, Vol. 59, 1986, S. S225-S250.

Einhorn, H. J.; Hogarth, R. M. (1988): Decision Making under Ambiguity: A Note, in: Risk, Decision and Rationality, hrsg. von B. R. Munier, Dordrecht u. a. 1988, S. 327-336.

Eisenberger, R. (1996): Ein Kapitalmarktmodell unter Ambiguität, Heidelberg 1996.

Eisenführ, F.; Weber, M. (1994): Rationales Entscheiden, 2. Aufl., Berlin u. a. 1994.

Ellsberg, D. (1961): Risk, Ambiguity and the Savage Axioms, in: Quarterly Journal of Economics, Vol. 75, 1961, S. 643-669.

Ellsberg, D. (1963): Reply, in: Quarterly Journal of Economics, Vol. 77, 1963, S. 336-342.

Epstein, L. G.; Le Breton, M. (1993): Dynamically Consistent Beliefs Must Be Bayesian, in: Journal of Economic Theory, Vol. 61, 1993, S. 1-22.

Erev, I. (1992): The Effect of Explicit Probability Estimates on Violations of Subjective Expected Utility Theory in the Allais Paradox, in: Decision Making under Risk and Uncertainty: New Models and Empirical Findings, hrsg. von J. Geweke, Dordrecht 1992, S. 117-124.

Farquhar, P. H. (1984): Utility Assessment Methods, in: Management Science, Vol. 30, 1984, S. 1283-1300.

Fellner, W. (1961): Distortion of Subjective Probabilities as a Reaction to Uncertainty, in: Quarterly Journal of Economics, Vol. 75, 1961, S. 670-689.

Fennema, H.; Wakker, P. (1996): A Test of Rank-Dependent Utility in the Context of Ambiguity, in: Journal of Risk and Uncertainty, Vol. 13, 1996, S. 19-35.

Fennema, H.; Wakker, P. (1997): Original and Cumulative Prospect Theory: A Discussion of Empirical Differences, in: Journal of Behavioral Decision Making, Vol. 10, 1997, S. 53-64.

Fishburn, P. C. (1967a): Bounded Expected Utility, in: Annals of Mathematical Statistics, Vol. 38, 1967, S. 1054-1060.

Fishburn, P. C. (1967b): Preference-Based Definitions of Subjective Probability, in: Annals of Mathematical Statistics, Vol. 38, 1967, S. 1605-1617.

Fishburn, P. C. (1969): A General Theory of Subjective Probabilities and Expected Utilities, in: Annals of Mathematical Statistics, Vol. 40, 1969, S. 1419-1429.

Fishburn, P. C. (1970): Utility Theory for Decision Making, New York u. a. 1970.

Fishburn, P. C. (1972a): Subjective Expected Utility with Mixture Sets and Boolean Algebras, in: Annals of Mathematical Statistics, Vol. 43, 1972, S. 917-927.

Fishburn, P. C. (1972b): Mathematics of Decision Theory, Paris 1972.

Fishburn, P. C. (1975a): Unbounded Expected Utility, in: Annals of Statistics, Vol. 3, 1975, S. 884-896.

Fishburn, P. C. (1975b): A Theory of Subjective Expected Utility with Vague Preferences, in: Theory and Decision, Vol. 6, 1975, S. 287-310.

Fishburn, P. C. (1978): On Handa's "New Theory of Cardinal Utility" and the Maximization of Expected Return, in: Journal of Political Economy, Vol. 86, 1978, S. 321-324.

Fishburn, P. C. (1981a): Subjective Expected Utility: A Review of Normative Theories, in: Theory and Decision, Vol. 13, 1981, S. 139-199.

Fishburn, P. C. (1981b): An Axiomatic Characterization of Skew-Symmetric Bilinear Functionals, with Applications to Utility Theory, in: Economics Letters, Vol. 8, 1981, S. 311-313.

Fishburn, P. C. (1982): Nontransitive Measurable Utility, in: Journal of Mathematical Psychology, Vol. 26, 1982, S. 31-67.

Fishburn, P. C. (1983): Transitive Measurable Utility, in: Journal of Economic Theory, Vol. 31, 1983, S. 293-317.

Fishburn, P. C. (1984a): Dominance in SSB Utility Theory, in: Journal of Economic Theory, Vol. 34, 1984, S. 130-148.

Fishburn, P. C. (1984b): SSB Utility Theory: An Economic Perspective, in: Mathematical Social Science, Vol. 8, 1984, S. 63-94.

Fishburn, P. C. (1986): The Axioms of Subjective Probability, in: Statistical Science, Vol. 1, 1986, S. 335-358.

Fishburn, P. C. (1987): Reconsiderations in the Foundations of Decision under Uncertainty, in: Economic Journal, Vol. 97, 1987, S. 825-841.

Fishburn, P. C. (1988a): Nonlinear Preference and Utility Theory, Brighton 1988.

Fishburn, P. C. (1988b): Normative Theories of Decision Making under Risk and under Uncertainty, in: Non-Conventional Preference Relations in Decision Making, hrsg. von J. Kacprzyk, M. Roubens, Berlin u. a. 1988, S. 1-21.

Fishburn, P. C. (1988c): Expected Utility: An Anniversary and a New Era, in: Journal of Risk and Uncertainty, Vol. 1, 1988, S. 267-283.

Fishburn, P. C. (1989a): Non-Transitive Measurable Utility Theory for Decision under Uncertainty, in: Journal of Mathematical Economics, Vol. 18, 1989, S. 187-207.

Fishburn, P. C. (1989b): Foundations of Decision Analysis: Along the Way, in: Management Science, Vol. 35, 1989, S. 387-405.

Fishburn, P. C. (1991a): Nontransitive Preferences in Decision Theory, in: Journal of Risk and Uncertainty, Vol. 4, 1991, S. 113-134.

Fishburn, P. C. (1991b): On the Theory of Ambiguity, in: International Journal of Information and Management Science, Vol. 2, 1991, S. 1-16.

Fishburn, P. C. (1992): Nontransitive Preferences and Normative Decision Theory, in: Decision Making under Risk and Uncertainty: New Models and Empirical Findings, hrsg. von J. Geweke, Dordrecht 1992, S. 3-10.

Fishburn, P. C. (1993): The Axioms and Algebra of Ambiguity, in: Theory and Decision, Vol. 34, 1993, S. 119-137.

Fishburn, P. C.; LaValle, I. H. (1988): Context-Dependent Choice with Nonlinear and Nontransitive Preferences, in: Econometrica, Vol. 56, 1988, S. 1221-1239.

Fishburn, P. C.; Rosenthal, R. W. (1986): Noncooperative Games and Nontransitive Preferences, in: Mathematical Social Sciences, Vol. 12, 1986, S. 1-7.

Fishburn, P. C.; Wakker, P. (1995): The Invention of the Independence Condition for Preferences, in: Management Science, Vol. 41, 1995, S. 1130-1144.

Frey, B. S.; Eichenberger, R. (1989): Anomalies and institutions, in: Zeitschrift für die gesamte Staatswissenschaft, 145. Jg., 1989, S. 423-437.

Ganzach, Y. (1996): Preference Reversals in Equal-Probability Gambles: A Case for Anchoring and Adjustment, in: Journal of Behavioral Decision Making, Vol. 9, 1996, S. 95-109.

Gärdenfors, P.; Sahlin, N.-E. (1982): Unreliable Probabilities, Risk Taking, and Decision Making, in: Synthese, Vol. 53, 1982, S. 361-386.

Gärdenfors, P.; Sahlin, N.-E. (1983): Decision Making with Unreliable Probabilities, in: British Journal of Mathematical and Statistical Psychology, Vol. 36, 1983, S. 240-251.

Gerke, W.; Bienert, H. (1993): Überprüfung des Dispositionseffektes und seiner Auswirkungen in computerisierten Börsenexperimenten, in: Zeitschrift für betriebswirtschaftliche Forschung, Sonderheft 31, 1993, S. 169-194.

Gigliotti, G.; Sopher, B. (1992): Testing Alternative Representations of Behavior under Uncertainty, in: Decision Making under Risk and Uncertainty: New Models and Empirical Findings, hrsg. von J. Geweke, Dordrecht 1992, S. 125-132.

Gilboa, I. (1987): Expected Utility with Purely Subjective Non-Additive Probabilities, in: Journal of Mathematical Economics, Vol. 16, 1987, S. 65-88.

Gilboa, I. (1989): Duality in Non-Additive Expected Utility Theory, in: Annals of Operations Research, Vol. 19, 1989, S. 405-414.

Gilboa, I.; Schmeidler, D. (1989): Maxmin Expected Utility with Non-Unique Prior, in: Journal of Mathematical Economics, Vol. 18, 1989, S. 141-153.

Gilboa, I.; Schmeidler, D. (1993): Updating Ambiguous Beliefs, in: Journal of Economic Theory, Vol. 59, 1993, S. 33-49.

Gosh, D.; Ray, M. R. (1997): Risk, Ambiguity, and Decision Choice: Some Additional Evidence, in: Decision Sciences, Vol. 28, 1997, S. 81-104.

Grant, S. (1995): Subjective Probability without Monotonicity: Or How Machina's Mom may also be Probabilistically Sophisticated, in: Econometrica, Vol. 63, 1995, S. 159-189.

Green, J. (1987): "Making Book against Oneself," the Independence Axiom, and Nonlinear Utility Theory, in: Quarterly Journal of Economics, Vol. 101, S. 87, S. 785-796.

Grether, D. M.; Plott, Ch. R. (1979): Economic Theory of Choice and the Preference Reversal Phenomenon, in: American Economic Review, Vol. 69, 1979, S. 623-638.

Gul, F. (1991): A Theory of Disappointment Aversion, in: Econometrica, Vol. 59, 1991, S. 667-686.

Gul, F. (1992): Savage's Theorem with a Finite Number of States, in: Journal of Economic Theory, Vol. 57, 1992, S. 99-110.

Hagen, O. (1979): Towards a Positive Theory of Preference under Risk, in: Expected Utility Hypotheses and the Allais Paradox, hrsg. von M. Allais, O. Hagen, Reidel Dordrecht 1979, S. 271-301.

Hagen, O. (1991): Expected Utility Theory - The "Confirmation" that Backfires, in: Progress in Decision, Utility and Risk Theory, hrsg. von A. Chikan, Dordrecht Boston London 1991, S. 105-114.

Hagen, O. (1992): Survival Through the Allais Paradox, in: Theory and Decision, Vol. 32, 1992, S. 209-217.

Hammond, P. J. (1988a): Consequentialist Foundations for Expected Utility, in: Theory and Decision, Vol. 25, 1988, S. 25-78.

Hammond, P. J. (1988b): Consequentialism and the Independence Axiom, in: Risk, Decision and Rationality, hrsg. von B. R. Munier, Dordrecht u.a. 1988, S. 503-516.

Handa, J. (1977): Risk, Probabilities and a New Theory of Cardinal Utilities, in: Journal of Political Economy, Vol. 85, 1977, S. 97-122.

Harless, D. W. (1992a): Actions versus Prospects: The Effect of Problem Representation on Regret, in: American Economic Review, Vol. 82, 1992, S. 634-649.

Harless, D. W. (1992b): Predictions about Indifference Curves inside the Unit Triangle. A Test of Variants of Expected Utility Theory, in: Journal of Economic Behavior and Organization, Vol. 18, 1992, S. 391-414.

Harless, D. W.; Camerer, C. F. (1994): The Predictive Utility of Generalized Expected Utility Theories, in: Econometrica, Vol. 62, 1994, S. 1251-1289.

Hazen, G. B. (1987): Subjectively Weighted Linear Utility Theory, in: Theory and Decision, Vol. 23, 1987, S. 261-282.

Hazen, G. B. (1989): Ambiguity Aversion and Ambiguity Content in Decision Making under Uncertainty, in: Annals of Operations Research, Vol. 19, 1989, S. 415-433.

Hazen, G. B. (1992): Decision versus Policy: An Expected Utility Resolution of the Ellsberg Paradox, in: Decision Making under Risk and Uncertainty: New Models and Empirical Findings, hrsg. von J. Geweke, Dordrecht 1992, S. 25-35.

Hazen, G. B.; Lee, J.-S. (1991): Ambiguity Aversion in the Small and in the Large for Weighted Linear Utility, in: Journal of Risk and Uncertainty, Vol. 4, 1991, S. 177-212.

Heath, Ch.; Tversky, A. (1991): Preference and Belief: Ambiguity and Competence in Choice under Uncertainty, in: Journal of Risk and Uncertainty, Vol. 4, 1991, S. 5-28.

Hey, J. D.; Orme, Ch. (1994): Investigating Generalizations of Expected Utility Theory Using Experimental Data, in: Econometrica, Vol. 62, 1994, S. 1291-1326.

Hilton, R. W. (1989): Failure of Blackwell's Theorem under Machina's Generalization of Expected-Utility Analysis without the Independence Axiom, in: Journal of Economic Behavior and Organization, Vol. 13, 1989. S. 233-244.

Hodges, J. L.; Lehmann, E. L. (1952): The Use of Previous Experience in Reaching Statistical Decisions, in: Annals of Mathematical Statistics, Vol. 23, 1952, S. 396-407.

Hogarth, R. M. (1989): Ambiguity and Competitive Decision Making: Some Implications and Tests, in: Annals of Operations Research, Vol. 19, 1989, S. 31-50.

Hogarth, R. M.; Einhorn, H. J. (1990): Venture Theory: A Model of Decision Weights, in: Management Science, Vol. 36, 1990, S. 780-803.

Hogarth, R. M.; Kunreuther, H. (1989): Risk, Ambiguity, and Insurance, in: Journal of Risk and Uncertainty, Vol. 2, 1989, S. 5-35.

Hogarth, R. M.; Reder, M. W. (1986): Editors' Comments: Perspectives from Economics and Psychology, in: Journal of Business, Vol. 59, 1986, S. S185-S207.

Holt, Ch. A. (1986): Preference Reversals and the Independence Axiom, in: American Economic Review, Vol. 76, 1986, S. 508-515.

Humphrey, St. J. (1995): Regret Aversion or Event-Splitting Effects? More Evidence under Risk and Uncertainty, in: Journal of Risk and Uncertainty, Vol. 11, 1995, S. 263-274.

Irwin, J. R.; Slovic, P.; Lichtenstein, S.; McClelland, G. H. (1993): Preference Reversals and the Measurement of Environmental Values, in: Journal of Risk and Uncertainty, Vol. 6, 1993, S. 5-18.

Jeffrey, R. C. (1967): Logik der Entscheidungen, Wien München 1967.

Jensen, N. E. (1967): An Introduction to Bernoullian Utility Theory. I. Utility Functions, in: Swedish Journal of Economics, Vol. 69, 1967, S. 163-183.

Kadane, J. B. (1992): Healthy Scepticism as an Expected-Utility Explanation of the Phenomena of Allais and Ellsberg, in: Decision making under risk and uncertainty: new models and empirical findings, hrsg. von J. Geweke, Dordrecht 1992, S. 11-23.

Kagel, J. H.; MacDonald, D. N.; Battalio, R. C. (1990): Tests of "Fanning Out" of Indifference Curves: Results from Animal and Human Experiments, in: American Economic Review, Vol. 80, 1990, S. 912-921.

Kahn, B. E.; Sarin, R. K. (1988): Modeling Ambiguity in Decisions Under Uncertainty, in: Journal of Consumer Research, Vol. 15, 1988, S. 265-272.

Kahneman, D. (1992): Reference Points, Anchors, Norms, and Mixed Feelings, in: Organizational Behaviour and Human Decision Processes, Vol. 51, 1992, S. 296-312.

Kahneman, D.; Knetsch, J. L.; Thaler, R. H. (1990): Experimental Tests of the Endowment Effect and the Coase Theorem, in: Journal of Political Economy, Vol. 98, 1990, S. 1325-1348.

Kahneman, D.; Knetsch, J. L.; Thaler, R. H. (1991): The Endowment Effect, Loss Aversion, and Status Quo Bias, in: Journal of Economic Perspectives, Vol. 5, 1991, S. 193-206.

Kahneman, D.; Tversky, A. (1979): Prospect Theory: An Analysis of Decision under Risk, in: Econometrica, Vol. 47, 1979, S. 263-291.

Karmarkar, U. S. (1978): Subjectively Weighted Utility: A Descriptive Extension of the Expected Utility Model, in: Organizational Behavior and Human Performance, Vol. 21, 1978, S. 61-72.

Karmarkar, U. S. (1979): Subjectively Weighted Utility and the Allais Paradox, in: Organizational Behavior and Human Performance, Vol. 24, 1979, S. 67-72.

Karni, E.; Safra, Z. (1987): "Preference Reversal" and the Observability of Preferences by Experimental Methods, in: Econometrica, Vol. 55, 1987, S. 675-685.

Karni, E.; Safra, Z. (1988): "Preference Reversals" and the Theory of Decision Making under Risk, in: Risk, Decision and Rationality, hrsg. von B. R. Munier, Dordrecht u. a. 1988, S. 163-172.

Karni, E.; Safra, Z. (1989a): Dynamic Consistency, Revelation in Auctions and the Structure of Preferences, in: Review of Economic Studies, Vol. 56, 1989, S. 421-434.

Karni, E.; Safra, Z. (1989b): Ascending Bid Auctions with Behaviorally Consistent Bidders, in: Annals of Operations Research, Vol. 19, 1989, S. 435-446.

Karni, E.; Safra, Z. (1991): Behavioral Consistency in Sequential Decisions, in: Progress in Decision, Utility and Risk Theory, hrsg. von A. Chikan, Dordrecht Boston London 1991, S. 323-329.

Karni, E.; Schmeidler, D. (1986): Self-Preservation as a Foundation of Rational Behavior under Risk, in: Journal of Economic Behavior and Organization, Vol. 7, 1986, S. 71-81.

Karni, E.; Schmeidler, D. (1991): Atemporal Dynamic Consistency and Expected Utility Theory, in: Journal of Economic Theory, Vol. 54, 1991, S. 401-408.

Kashima, Y.; Maher, P. (1995): Framing of Decisions under Ambiguity, in: Journal of Behavioral Decision Making, Vol. 8, 1995, S. 33-49.

Keller, L. R. (1985): The Effects of Problem Representation on the Sure-Thing and Substitution Principles, in: Management Science, Vol. 31, 1985, S. 738-751.

Keller, L. R. (1992): Properties of Utility Theories and Related Empirical Phenomena, in: Utility Theories: Measurements and Applications, hrsg. von W. Edwards, Boston Dordrecht London 1992, S. 3-23.

Kelsey, D. (1994): Maxmin Expected Utility and Weight of Evidence, in: Oxford Economic Papers, Vol. 46, 1994, S. 425-444.

Kelsey, D. (1995): Dutch Book Arguments and Learning in a Nonexpected Utility Framework, in: International Economic Review, Vol. 36, 1995, S. 187-206.

Keppe, H.-J.; Weber, M. (1993): Ambiguität und Kompetenz in experimentellen Märkten, in: Zeitschrift für betriebswirtschaftliche Forschung, Sonderheft 31, 1993, S. 195-225.

Keppe, H.-J.; Weber, M. (1995): Judged Knowledge and Ambiguity Aversion, in: Theory and Decision, Vol. 39, 1995, S. 51-77.

Kirchsteiger, G.; Puppe, C. (1996): Intransitive Choices Based on Transitive Preferences: The Case of Menu-Dependent Information, in: Theory and Decision, Vol. 41, 1996, S. 37-58.

Kraft, C. H.; Pratt, J. W.; Seidenberg, A. (1959): Intuitive Probability on Finite Sets, in: Annals of Mathematical Statistics, Vol. 30, 1959, S. 408-419.

Krantz, D. H.; Luce, R. D.; Suppes, P.; Tversky, A. (1971): Foundations of Measurement, Volume 1. Additive and Polynomial Representations, San Diego u. a. 1971.

LaValle, I. H. (1992): Small Worlds and Sure Things: Consequentialism by the Back Door, in: Utility Theories: Measurements and Applications, hrsg. von W. Edwards, Boston Dordrecht London 1992, S. 109-136.

LaValle, I. H.; Wapman, K. R. (1986): Rolling Back Decision Trees requires the Independence Axiom, in: Management Science, Vol. 32, 1986, S. 382-385.

Lehrer, E. (1991): On a Representation of a Relation by a Measure, in: Journal of Mathematical Economics, Vol. 20, 1991, S. 107-118.

Lichtenstein, S.; Slovic, P. (1971): Reversals of Preference between Bids and Choices in Gambling Decisions, in: Journal of Experimental Psychology, Vol. 89, 1971, S. 46-55.

Lichtenstein, S.; Slovic, P. (1973): Response-Induced Reversals of Preference in Gambling: An extended Replication in Las Vegas, in: Journal of Experimental Psychology, Vol. 101, 1973, S. 16-20.

Lindman, H. R. (1971): Inconsistent Preferences among Gambles, in: Journal of Experimental Psychology, Vol. 89, 1971, S. 390-397.

Loehman, E. (1994): Rank Dependent Expected Utility: Stochastic Dominance, Risk Preference, and Certainty Equivalence, in: Journal of Mathematical Psychology, Vol. 38, 1994, S. 159-197.

Loomes, G. (1988): Further Evidence of the Impact of Regret and Disappointment in Choice under Uncertainty, in: Economica, Vol. 55, 1988, S. 47-62.

Loomes, G. (1989): Predicted Violations of the Invariance Principle in Choice under Uncertainty, in: Annals of Operations Research, Vol. 19, 1989, S. 103-113.

Loomes, G. (1990): Preference Reversal: Explanations, Evidence and Implications, in: Annals of Operations Research, Vol. 23, 1990, S. 65-90.

Loomes, G. (1991): Evidence of a New Violation of the Independence Axiom, in: Journal of Risk and Uncertainty, Vol. 4, 1991, S. 91-108.

Loomes, G.; Starmer, Ch.; Sugden, R. (1991a): Observing Violations of Transitivity by Experimental Methods, in: Econometrica, Vol. 59, 1991, S. 425-439.

Loomes, G.; Starmer, Ch.; Sugden, R. (1991b): Are Preferences Monotonic? Testing some Predictions of Regret Theory, in: Econometrica, Vol. 59, 1991, S. 17-33.

Loomes, G.; Sudgen, R. (1983a): A Rationale for Preference Reversal, in: American Economic Review, Vol. 73, 1983, S. 428-432.

Loomes, G.; Sudgen, R. (1986): Disappointment and Dynamic Consistency in Choice under Uncertainty, in: Review of Economic Studies, Vol. 53, 1986, S. 271-282.

Loomes, G.; Sudgen, R. (1987a): Some Implications of a More General Form of Regret Theory, in: Journal of Economic Theory, Vol. 41, 1987, S. 270-287.

Loomes, G.; Sugden, R. (1982): Regret theory: An Alternative Theory of Rational Choice under Uncertainty, in: Economic Journal, Vol. 92, 1982, S. 805-824.

Loomes, G.; Sugden, R. (1983b): Regret Theory and Measurable Utility, in: Economics Letters, Vol. 12, 1983, S. 19-21.

Loomes, G.; Sugden, R. (1987b): Testing for Regret and Disappointment in Choice under Uncertainty, in: Economic Journal, Vol. 97 (Supplement), 1987, S. 118-129.

Luce, R. D. (1956): Semiorders and a Theory of Utility Discrimination, in: Econometrica, Vol. 24, 1956, S. 178-191.

Luce, R. D. (1988): Rank-Dependent, Subjective Expected-Utility Representations, in: Journal of Risk and Uncertainty, Vol. 1, 1988, S. 305-332.

Luce, R. D.; Krantz, D. H. (1971): Conditional Expected Utility, in: Econometrica, Vol. 39, 1971, S. 253-271.

Luce, R. D.; Krantz, D. H.; Suppes, P.; Tversky, A. (1990): Foundations of Measurement, Volume 3. Representation, Axiomatization, and Invariance, San Diego u. a. 1990.

Luce, R. D.; Mellers, B. A.; Chang, S.-J. (1993): Is Choice the Correct Primitive? On Using Certainty Equivalents and Reference Levels to Predict Choices Among Gambles, in: Journal of Risk and Uncertainty, Vol. 6, 1993, S. 115-143.

Luce, R. D.; Narens, L. (1985): Classification of Concatenation Measurement Structures according to Scale Type, in: Journal of Mathematical Psychology, Vol., 29, 1985, S. 1-72.

MacCrimmon, K. R. (1968): Descriptive and Normative Implications of the Decision Theory Postulates, in: Borch, K.; Mossin, J. (Hrsg.): Risk and Uncertainty, New York 1968, S. 3-23.

MacCrimmon, K. R.; Larsson, S. (1979): Utility theory: Axioms versus 'Paradoxes', in: Expected Utility Hypotheses and the Allais Paradox, hrsg. von M. Allais, O. Hagen, Reidel Dordrecht 1979, S. 333-409.

MacDonald, D. N.; Huth, W. L.; Taube, P. M. (1992): Generalized Expected Utility Analysis and Preference Reversals. Some Initial Results in the Loss Domain, in: Journal of Economic Behavior and Organization, Vol. 17, 1992, S. 115-130.

Machina, M. J. (1982): "Expected Utility" Analysis without the Independence Assumption, in: Econometrica, Vol. 50, 1982, S. 277-323.

Machina, M. J. (1983): Generalized Expected Utility Analysis and the Nature of Observed Violations of the Independence Axiom, in: Foundations of Utility and Risk Theory with Applications, hrsg. von B. P. Stigum, F. Wenstop, Dordrecht u.a. 1983, S. 263-293.

Machina, M. J. (1987a): Decision-Making in the Presence of Risk, in: Science, Vol. 236, 1987, S. 537-543.

Machina, M. J. (1987b): Choice under Uncertainty: Problems Solved and Unsolved, in: Economic Perspectives, Vol. 1, 1987, S. 121-154.

Machina, M. J. (1989): Dynamic Consistency and Non-Expected Utility Models of Choice under Uncertainty, in: Journal of Economic Literature, Vol. 27, 1989, S. 1622-1668.

Machina, M. J.; Schmeidler, D. (1992): A More Robust Definition of Subjective Probability, in: Econometrica, Vol. 60, 1992, S. 745-780.

Machina, M. J.; Schmeidler, D. (1995): Bayes without Bernoulli: Simple Conditions for Probabilistically Sophisticated Choice, in: Journal of Economic Theory, Vol. 67, 1995, S. 106-128.

Marschak, J. (1950): Rational Behavior, Uncertain Prospects, and Measurable Utility, in: Econometrica, Vol. 18, 1950, S. 111 -141.

Marschak, J. u. a. (1975): Personal Probabilities of Probabilities, in: Theory and Decision, Vol. 6, 1975, S. 121-153.

May, K. O. (1954): Intransitivity, Utility, and the Aggregation of Preference Patterns, in: Econometrica, Vol. 22, 1954, S. 1-13.

McCord, M.; deNeufville, R. (1986): "Lottery equivalents": Reduction of the certainty effect problem in utility assessment, in: Management Science, Vol. 32, 1986, S. 56-60.

Montesano, A. (1990): On the Definition of Risk Averson, in: Theory and Decision, Vol. 29, 1990, S. 53-68.

Montesano, A. (1991a): A Comparison of two Definitions of Risk Aversion, in: Progress in Decision, Utility and Risk Theory, hrsg. von A. Chikan, Dordrecht Boston London 1991, S. 331-336.

Montesano, A. (1991b): Measures of Risk Aversion with Expected and Nonexpected Utility, in: Journal of Risk and Uncertainty, Vol. 4, 1991, S. 271-283.

Montesano, A. (1992): Risk Aversion Measures with Expected and Non-Expected Utility, in: Decision Making under Risk and Uncertainty: New Models and Empirical Findings, hrsg. von J. Geweke, Dordrecht 1992, S. 69-81.

Morrison, D. G. (1967): On the Consistency of Preferences in Allais' Paradox, in: Behavioral Science, Vol. 12, 1967, S. 373-383.

Moskowitz, H. (1974): Effects of Problem Representation and Feedback on Rational Behaviour in Allais and Morlat-Type Problems, in: Decision Sciences, Vol. 5., 1974, S. 225-242.

Munier, B. R. (1988): A Guide to Decision-Making under Uncertainty, in: Risk, Decision and Rationality, hrsg. von B. R. Munier, Dordrecht u. a. 1988, S. 1-34.

Nakamura, Y. (1989): Risk Attitudes for Nonlinear Measurable Utility, in: Annals of Operations Research, Vol. 19, 1989, S. 311-333.

Nakamura, Y. (1990): Subjective Expected Utility with Non-additive Probabilities on Finite State Spaces, in: Journal of Economic Theory, Vol. 51, 1990, S. 346-366.

Nakamura, Y. (1992): Multisymmetric Structures and Non-expected Utility, in: Journal of Mathematical Psychology, Vol. 36, 1992, S. 375-395.

Nakamura, Y. (1993): Subjective Utility with Upper and Lower Probabilities on Finite States, in: Journal of Risk and Uncertainty, Vol. 6, 1993, S. 33-48.

Nakamura, Y. (1995a): Probabilistically Sophisticated Rank Dependent Utility, in: Economics Letters, Vol. 48, 1995, S. 441-447.

Nakamura, Y. (1995b): Rank Dependent Utility for Arbitrary Consequence Spaces, in: Mathematical Social Sciences, Vol. 29, 1995, S. 103-129.

Nash, J. (1950): Equilibrium Points in N-Person Games, in: Proceedings of the National Academy of Sciences, Vol. 36, 1950, S. 48-49.

Nehring, K. (1994): On the Interpretation of Sarin and Wakker's "A Simple Axiomatization of Nonadditive Expected Utility", in: Econometrica, Vol. 62, 1994, S. 935-938.

Oginuma, T. (1994): A Theory of Expected Utility with Nonadditive Probability, in: Journal of Mathematical Economics, Vol. 23, 1994, S. 451-473.

Ordonez, L. D.; Mellers, B. A.; Chang, S.-J.; Roberts, J. (1995): Are Preference Reversals Reduced When Made Explicit?, in: Journal of Behavioral Decision Making, Vol. 8, 1995, S. 265-277.

Pfanzagl, J. (1959): Die axiomatischen Grundlagen einer Theorie des Messens, Würzburg 1959.

Pfanzagl, J: (1971): Theory of Measurement, 2. Aufl., Würzburg Wien 1971.

Plott, Ch. R. (1986): Rational Choice in Experimental Markets, in: Journal of Business, Vol. 59, 1986, S. S301-S327.

Pommerehne, W. W.; Schneider, F.; Zweifel, P. (1982): Economic Theory of Choice and the Preference Reversal Phenomenon: A Reexamination, in: American Economic Review, Vol. 72, 1982, S. 569-574.

Ponsard, Cl. (1990): Some Dissenting Views of the Transitivity of Individual Preferences, in: Annals of Operations Research, Vol. 23, 1990, S. 279-288.

Pratt, J. W. (1964): Risk Aversion in the Small and in the Large, in: Econometrica, Vol. 32, 1964, S. 122-136.

Prelec, Dr. (1990): A "Pseudo-Endowment" Effect, and its Implications for Some Recent Nonexpected Utility Models, in: Journal of Risk and Uncertainty, Vol. 3, 1990, S. 247-259.

Quiggin, J. (1982): A Theory of Anticipated Utility, in: Journal of Economic Behaviour and Organization, Vol. 3, 1982, S. 323-343.

Quiggin, J. (1985): Subjective Utility, Anticipated utility, and the Allais Paradox, in: Organizational Behaviour and Human Decision Processes, Vol. 35, 1985, S. 94-101.

Quiggin, J. (1989): Sure Things - Dominance and Independence Rules for Choice under Uncertainty, in: Annals of Operations Research, Vol. 19, 1989, S. 335-357.

Quiggin, J. (1990): Stochastic Dominance in Regret Theory, in: Review of Economic Studies, Vol. 57, 1990, S. 503-511.

Quiggin, J. (1993): Generalized Expected Utility Theory: The Rank-Dependent Model, Boston 1993.

Quiggin, J. (1994): Regret Theory with General Choice Sets, in: Journal of Risk and Uncertainty, Vol. 8, 1994, S. 153-165.

Quiggin, J.; Wakker, P. (1994): The Axiomatic Basis of Anticipated Utility: A Clarification, in: Journal of Economic Theory, Vol. 64, 1994, S. 486-499.

Raiffa, H. (1961): Risk, Ambiguity, and the Savage Axioms: Comment, in: Quarterly Jorunal of Economics, Vol. 75, 1961, S. 690-694.

Raiffa, H. (1968): Decision Analysis. Introductory Lectures on Choices under Uncertainty, Reading u. a. 1968.

Ramsey, F. P. (1926): Truth and Probability, in: Studies in Subjective Probability, hrsg. von H. E. Kyburg, H. E. Smokler, New York London Sydney 1964, S. 61-92.

Reilly, R. J. (1982): Preference Reversal: Further Evidence and Some Suggested Modifications in Experimental Design, in: American Economic Review, Vol. 72, 1982, S. 576-584.

Ritzberger, Kl. (1996): On Games under Expected Utility with Rank Dependent Probabilities, in: Theory and Decision, Vol. 40, 1996, S. 1-27.

Roberts, H. V. (1963): Risk, Ambiguity, and the Savage Axioms: Comment, in: Quarterly Journal of Economics, Vol. 77, 1963, S. 327-336.

Robson, A. J. (1996): A Biological Basis for Expected and Non-expected Utility, in: Journal of Economic Theory, Vol. 68, 1996, S. 397-424.

Rothschild, M.; Stiglitz, J. E. (1970): Increasing Risk: I. A Definition, in: Journal of Economic Theory, Vol. 2, 1970, S. 225-243.

Rothschild, M.; Stiglitz, J. E. (1971): Increasing Risk: II. Its Economic Consequences, in: Journal of Economic Theory, Vol. 3, 1971, S. 66-84.

Russell, Th.; Thaler, R. (1985): The Relevance of Quasi Rationality in Competitive Markets, in: American Economic Review, Vol. 75, 1985, S. 1071-1082.

Safra, Z.; Segal, U.; Spivak, A. (1990): Preference Reversal and Nonexpected Utility Behavior, in: American Economic Review, Vol. 80, 1990, S. 922-930.

Safra, Z.; Sulganik, E. (1995): On the Nonexistence of Blackwell's Theorem-Type Results with General Preference Relations, in: Journal of Risk and Uncertainty, Vol. 10, 1995, S. 187-201.

Samuelson, P. A. (1952): Probability, Utility, and the Independence Axiom, in: Econometrica, Vol. 20, 1952, S. 670-678.

Samuelson, W.; Zeckhauser, R. (1988): Status Quo Bias in Decision Making, in: Journal of Risk and Uncertainty, Vol. 1, 1988, S. 7-59.

Sarin, R. (1992): What Now for Generalized Utility Theory, in: Utility Theories: Measurements and Applications, hrsg. von W. Edwards, Boston Dordrecht London 1992, S. 137-163.

Sarin, R.; Wakker, P. (1992): A Simple Axiomatization of Nonadditive Expected Utility, in: Econometrica, Vol. 60, 1992, S. 1255-1272.

Sarin, R.; Wakker, P. (1994): Folding Back in Decision Tree Analysis, in: Management Science, Vol. 40, 1994, S. 625-628.

Sarin, R.; Wakker, P. (1997): A Single-Stage Approach to Anscombe and Aumann's Expected Utility, in: Review of Economic Studies, Vol. 64, 1997, S. 399-409.

Sarin, R.; Weber, M. (1993): Effects of Ambiguity in Market Experiments, in: Management Science, Vol. 39, 1993, S. 602-615.

Sarin, R.; Winkler, R. L. (1992): Ambiguity and Decision Modeling: A Preference-Based Approach, in: Journal of Risk and Uncertainty, Vol. 5, 1992, S. 389-407.

Savage, L. J. (1951): The Theory of Statistical Decision, in: Journal of the American Statistical Association, Vol. 46, 1951, S. 55-67.

Savage, L. J. (1954): The Foundations of Statistics, New York London 1954.

Scarsini, M. (1992): Dominance Conditions in Non-Additive Expected Utility Theory, in: Journal of Mathematical Economics, Vol. 21, 1992, S. 173-184.

Schauenberg, B. (1990): Dreiecksdiagramm in der Diskussion um die Erwartungsnutzentheorie, in: Zeitschrift für betriebswirtschaftliche Forschung, 42. Jg., 1990, S. 135-151.

Schlee, E. (1990): The Value of Information in Anticipated Utility Theory, in: Journal of Risk and Uncertainty, Vol. 3, 1990, S. 83-92.

Schlee, E. (1991): The Value of Perfect Information in Nonlinear Utility Theory, in: Theory and Decision, Vol. 30, 1991, S. 127-131.

Schmeidler, D. (1986): Integral Representation without Additivity, in: Proceedings of the American Mathematical Society, Vol. 97, 1986, S. 255-261.

Schmeidler, D. (1989): Subjective Probability and Expected Utility without Additivity, in: Econometrica, Vol. 57, 1989, S. 571-587.

Schoemaker, P. J. (1991): Choices Involving Uncertain Probabilities. Tests of Generalized Utility Models, in: Journal of Economic Behavior and Organization, Vol. 16, 1991, S. 295-317.

Schoemaker, P. J. (1992): Subjective Expected Utility Theory Revisited: A Reduction ad Absurdum Paradox, in: Theory and Decision, Vol. 33, 1992, S. 1-21.

Segal, U. (1987a): The Ellsberg Paradox and Risk Aversion: An Anticipated Utility Approach, in: International Economic Review, Vol. 28, 1987, S. 175-202.

Segal, U. (1987b): Some Remarks on Quiggin's Anticipated Utility, in: Journal of Economic Behavior and Organization, Vol. 8, 1987, S. 145-154.

Segal, U. (1988): Does the Preference Reversal Phenomenon Necessarily Contradict the Independence Axiom?, in: American Economic Review, Vol. 78, 1988, S. 233-236.

Segal, U. (1989): Anticipated Utility: A Measure Representation Approach, in: Annals of Operations Research, Vol. 19, 1989, S. 359-373.

Segal, U. (1990): Two-Stage Lotteries without the Reduction Axiom, in: Econometrica, Vol. 58, 1990, S. 349-377.

Segal, U. (1992): The Independence Axiom Versus the Reduction Axiom: Must We Have Both?, in: Utility Theories: Measurements and Applications, hrsg. von W. Edwards, Boston Dordrecht London 1992, S. 165-183.

Segal, U. (1993): The Measure Representation: A Correction, in: Journal of Risk and Uncertainty, Vol. 6, 1993, S. 99-107.

Segal, U. (1997): Dynamic Consistency and Reference Points, in: Journal of Economic Theory, Vol. 72, 1997, S. 208-219.

Seidenfeld, T. (1988): Decision Theory without "Independence" or without "Ordering": What is the Difference?, in: Economics and Philosophy, Vol. 4, 1988, S. 267-290.

Shafer, Gl. (1986): Savage Revisited, in: Statistical Science, Vol. 1, 1986, S. 463-501.

Sherman, R. (1974): The Psychological Difference Between Ambiguity and Risk, in: Quarterly Journal of Economics, Vol. 88, 1974, S. 166-169.

Sieben, G. (1968): Bewertung von Erfolgseinheiten, unveröffentlichte Habilitationsschrift, Köln 1968.

Sinn, H.-W.; Weichenrieder, A. J. (1993): Die biologische Selektion der Risikopräferenz, in: Risiko ist ein Konstrukt. Wahrnehmungen zur Risikowahrnehmung, hrsg. von der Bayerischen Rück, München 1993, S. 71-88.

Slovic, P.; Lichtenstein, S. (1983): Preference Reversals: A Broader Perspective, in: American Economic Review, Vol. 73, 1983, S. 596-605.

Slovic, P.; Tversky, A. (1974): Who accepts Savage's Axiom?, in: Behaviour Science, Vol. 19, 1974, S. 368-373.

Sopher, B.; Gigliotti, G. (1993a): Intransitive Cycles: Rational Choice or Random Error? An Answer Based on Estimation of Error Rates with Experimental Data, in: Theory and Decision, Vol. 35, 1993, S. 311-336.

Sopher, B.; Gigliotti, G. (1993b): A Test of Generalized Expected Utility Theory, in: Theory and Decision, Vol. 35, 1993, S. 75-106.

Starmer, Chr.; Sugden, R. (1989): Probability and Juxtaposition Effects: An Experimental Investigation of the Common Ratio Effect, in: Journal of Risk and Uncertainty, Vol. 2, 1989, S. 159-178.

Starmer, Chr.; Sugden, R. (1993): Testing for Juxtaposition and Event-Splitting Effects, in: Journal of Risk and Uncertainty, Vol. 6, 1993, S. 235-254.

Stinchcombe, M. B. (1997): Countably Additive Subjective Probabilities, in: Review of Economic Studies, Vol. 64, 1997, S. 124-146.

Sugden, R. (1986): New Developments in the Theory of Choice under Uncertainty, in: Bulletin of Economic Research, Vol. 38, 1986, S. 1-24, wiederabgedruckt in: Surveys in the economics of uncertainty, hrsg. von J. D. Hey, P. J. Lambert, Oxford 1987, S. 1-24.

Sugden, R. (1993): An Foundation for Regret Theory, in: Journal of Economic Theory, Vol. 60, 1993, S. 159-180.

Thießen, F. (1993): Das Paradoxon von Maurice Allais. Zeigt es die Notwendigkeit einer zu erneuernden Verhaltenstheorie?, in: Zeitschrift für betriebswirtschaftliche Forschung, 45. Jg., 1993, S. 157-174.

Tversky, A. (1969): Intransitivity of Preferences, in: Psychological Review, Vol 76, 1969, S. 31-48.

Tversky, A.; Kahneman, D. (1986): Rational Choice and the Framing of Decisions, in: Journal of Business, Vol. 59, 1986, S. S251-S278.

Tversky, A.; Kahneman, D. (1992): Advances in Prospect Theory: Cumulative Representation of Uncertainty, in: Journal of Risk and Uncertainty, Vol. 5, 1992, S. 297-323.

Tversky, A.; Slovic, P.; Kahneman, D. (1990): The Causes for Preference Reversal, in: American Economic Review, Vol. 80, 1990, S. 204-215.

Tversky, A.; Wakker, P. (1995): Risk Attitudes and Decision Weights, in: Econometrica, Vol. 63, 1995, S. 1255-1280.

v. Neumann, J. (1928): Zur Theorie der Gesellschaftsspiele, in: Mathematische Annalen, Vol. 100, 1928, S. 295-320.

v. Neumann, J.; Morgenstern, O. (1944): Theory of Games and Economic Behavior, 1. Aufl., Princeton 1944.

v. Nitzsch, R.; Weber, M. (1986): Die verläßliche Bestimmung von Nutzenfunktionen, in: Zeitschrift für betriebswirtschaftliche Forschung, 38. Jg., 1986, S. 844-862.

v. Winterfeldt, D.; Edwards, W. (1986): Decision Analysis and Behavioral Research, Cambridge u. a. 1986.

van Acker, P. (1990): Transitivity Revisited, in: Annals of Operations Research, Vol. 23, 1990, S. 1-35.

Villegas, C. (1964): On Qualitative Probability σ-Algebras, in: Annals of Mathematical Statistics, Vol. 35, 1964, S. 1787-1796.

Wakker, P. (1984): Cardinal Coordinate Independence for Expected Utility, in: Journal of Mathematical Psychology, Vol. 28, 1984, S. 110-117.

Wakker, P. (1988a): The Algebraic versus the Topological Approach to Additive Representations, in: Journal of Mathematical Psychology, Vol. 32, 1988, S. 421-435.

Wakker, P. (1988b): Nonexpected Utility as Aversion of Information, in: Journal of Behavioral Decision Making, Vol. 1, 1988, S. 169-175.

Wakker, P. (1989a): Continuous Subjective Expected Utility with Non-Additive Probabilities, in: Journal of Mathematical Economics, Vol. 18, 1989, S. 1-27.

Wakker, P. (1989b): Additive Representation of Preferences: A New Foundation of Decision Analysis, Dordrecht 1989.

Wakker, P. (1989c): Subjective Expected Utility with Nonincreasing Risk Aversion, in: Annals of Operations Research, Vol. 19, 1989, S. 219-228.

Wakker, P. (1990a): Under Stochastic Dominance, Choquet-Expected Utility and Anticipated Utility are Identical, in: Theory and Decision, Vol. 29, 1990, S. 119-132.

Wakker, P. (1990b): Characterizing Optimism and Pessimism Directly through Comonotonicity, in: Journal of Economic Theory, Vol. 52, 1990, S. 453-463.

Wakker, P. (1991): Additive Representations of Preferences on Rank-Ordered Sets. I. The Algebraic Approach, in: Journal of Mathematical Psychology, Vol. 35, 1991, S. 501-531.

Wakker, P. (1993a): Savage's Axioms Usually Imply Violation of Strict Stochastic Dominance, in: Review of Economic Studies, Vol. 60, 1993, S. 487-493.

Wakker, P. (1993b): Additive Representations on Rank-Ordered Sets. II. The Topological Approach, in: Journal of Mathematical Economics, Vol. 22, 1993, S. 1-26.

Wakker, P. (1993c): Clarification of Some Mathematical Misunderstandings about Savage's Foundations of Statistics, 1954, in: Mathematical Social Sciences, Vol. 25, 1993, S. 199-202.

Wakker, P. (1993d): Unbounded Utility for Savages "Foundations of Statistics", and Other Models, in: Mathematics of Operations Research, Vol. 18, 1993, S. 446-485.

Wakker, P. (1993e): Counterexamples to Segal's Measure Representation Theorem, in: Journal of Risk and Uncertainty, Vol. 6, 1993, S. 91-98.

Wakker, P. (1994): Separating Marginal Utility and Probabilistic Risk Aversion, in: Theory and Decision, Vol. 36, 1994, S. 1-44.

Wakker, P. (1996): The Sure-Thing Principle and the Comonotonic Sure-Thing Principle: An Axiomatic Analysis, in: Journal of Mathematical Economics, Vol. 25, 1996, S. 213-227.

Wakker, P.; Erev, I.; Weber, E. U. (1994): Comonotonic Independence: The Critical Test between Classical and Rank-Dependent Utility Theories, in: Journal of Risk and Uncertainty, Vol. 9, 1994, S. 195-230.

Wakker, P.; Tversky, A. (1993): An Axiomatization of Cumulative Prospect Theory, in: Journal of Risk and Uncertainty, Vol. 7, 1993, S. 147-176.

Wald, A. (1950): Statistical Decision Functions, New York London, 1950.

Weber, M. (1989): Ambiguität in Finanz- und Kapitalmärkten, in: Zeitschrift für betriebswirtschaftliche Forschung, 41. Jg., 1989, S. 447-471.

Weber, M. (1990): Risikoentscheidungskalküle in der Finanzierungstheorie, Stuttgart 1990.

Weber, M. (1991): Neue Verhaltensannahmen als Basis für Modelle der Investitions- und Finanzierungstheorie?, in: Betriebswirtschaftslehre und Ökonomische Theorie, hrsg. von Ordelheide, D.; Rudoph, B.; Büsselmann, E., 1991, S. 311-327.

Weber, M. (1993a): Ambiguitätseffekte in experimentellen Märkten, in: Rheinisch-Westfälische Akademie der Wissenschaften (Hrsg.): Vorträge N 397, Opladen 1993, S. 33-47.

Weber, M. (1993b): Besitztumseffekte: Eine theoretische und experimentelle Analyse, in: Die Betriebswirtschaft, 53. Jg., 1993, S. 479-490.

Weber, M.; Camerer, C. (1987): Recent Developments in Modelling Preferences under Risk, in: Operations Research Spektrum, Vol. 9, 1987, S. 129-151.

Wedell, D. H.; Böckenholt, U. (1990): Moderation of Preference Reversals in the Long Run, in: Journal of Experimental Psychology, Vol. 16, 1990, S. 429-438.

Winkler, R. L. (1991): Ambiguity, Probability, Preference, and Decision Analysis, in: Journal of Risk and Uncertainty, Vol. 4, 1991, S. 285-297.

Wu, G. (1994): An Empirical Test of Ordinal Independence, in: Journal of Risk and Uncertainty, Vol. 9, 1994, S. 39-60.

Yaari, M. E. (1987): The Dual Theory of Choice under Risk, in: Econometrica, Vol. 55, 1987, S. 95-115.

Yates, J. F.; Zukowski, L. G. (1976): Characterization of Ambiguity in Decision Making, in: Behavioral Science, Vol. 21, 1976, S. 19-25.

GPSR Compliance

The European Union's (EU) General Product Safety Regulation (GPSR) is a set of rules that requires consumer products to be safe and our obligations to ensure this.

If you have any concerns about our products, you can contact us on ProductSafety@springernature.com

In case Publisher is established outside the EU, the EU authorized representative is:

Springer Nature Customer Service Center GmbH
Europaplatz 3
69115 Heidelberg, Germany

Batch number: 10815974

Printed by Printforce, the Netherlands